창세기 40일 묵상

하나님이 시작하셨습니다!

God has begun the work!

창세기 40일 묵상

하나님이 시작하셨습니다!

God has begun the work!

2020년 6월 1일 초판 1쇄 인쇄
2020년 6월 7일 초판 1쇄 발행

지은이 | 유요한
펴낸이 | 김영호
펴낸곳 | 도서출판 동연
등 록 | 제1-1383호(1992년 6월 12일)
주 소 | 서울시 마포구 월드컵로 163-3
전 화 | (02) 335-2630
팩 스 | (02) 335-2640
이메일 | yh4321@gmail.com

ISBN 978-89-6447-583-6 04230
ISBN 978-89-6447-582-9 04230(세트)

창세기
40일 묵상

유요한 목사 **성서강해 1**

God has begun the work!

하나님이
시작하셨습니다!

유요한 지음

동연

하나님이 시작하셨습니다!

주 안에서 사랑하는 성도님들에게!

창세기創世記는 신구약 성경 66권을 시작하는 첫 번째 책입니다. 교회에 다니면서 신앙생활 하는 사람이라면 누구나 적어도 한 번쯤은 창세기를 읽어보았을 것입니다. 아니 전체 내용을 자세히 읽어보지는 않았다고 하더라도 그 속에 어떤 이야기가 기록되어 있는지 대충은 알고 있습니다.

최초의 인간 아담과 하와가 선악과를 따먹다가 에덴동산에서 쫓겨난 이야기, 아브라함과 사라 부부가 노년에 기적적으로 아들을 얻게 된 이야기, 쌍둥이로 태어난 에서와 야곱 사이에 벌어지는 갈등과 화해의 이야기, 형제들에 의해 멀리 이집트로 팔려 가는 신세가 되었지만 결국에는 총리가 되었다는 요셉의 이야기를 모르는 사람은 아마도 없을 것입니다.

그런데 잘 안다고 생각하는 그런 선입관이 사실은 문제입니다. 그것으로 인해 오히려 창세기의 진가를 제대로 알아차리지 못하기 때문입니다.

창세기에 대한 오해

어떤 분들은 창세기를 그저 옛날 옛적에 호랑이 담배 먹던 시절의 전래 동화집 정도로 취급합니다. 그도 그럴 것이 아담의 계보(창 5:1-30)에 보면 그 당시 사람들은 보통 9백 세를 살았다고 합니다. 그것을 역사적인 사실로 받아들이는 것은 쉽지 않은 일입니다.

또 어떤 분들은 '창세기創世記'를, 그 제목의 피상적인 의미처럼, 이 세상(世)이 창조(創)되던 때의 기록(記)으로만 생각하기도 합니다. 마치 '요한계시록'을 마지막 때에 이 세상이 어떻게 멸망하는지에 대한 계시로 생각하듯이, 그 반대로 '창세기'를 이 세상이 어떻게 창조되었는지에 대한 설명으로 간주하는 것이지요.

그러다 보니까 한술 더 떠서 '창조'를 '과학'으로 증명하려고 애쓰는 분들도 생겨났습니다. 그들은 창세기의 창조 이야기를 문자적으로 받아들입니다. 그래서 지구의 나이가 6천 년 정도밖에 되지 않는다고 주장합니다. 그리고 그것을 성경이 말하려고 하는 '창조신앙'의 전부라도 되는 듯이 강변하려고 합니다.

물론 우리는 우연한 빅뱅Big Bang에 의해 우주가 형성되었고, 무작위적인 자연의 선택에 의해 생명체가 진화하였다는 그런 가설假說에는 결코 동의할 수 없습니다. 그러나 그렇다고 해서 우주의 나이나 연대기에 대한 과학의 연구 결과를 창세기의 기록에 대한 문자적인 해석에 근거하여 무턱대고 거부할 이유도 없습니다.

이 모든 것은 창세기에 대한 오해로부터 비롯되었습니다. 창세기는 인류 역사 이전의 시대에 대한 상상력의 산물이 아닙니다. 더군다나 창조에 대한 과학적인 진술이 아닙니다. 이른바 '진화론進化論'을 반박하기 위해서 기록된 책이 아니라는 말입니다. 그리고 창세기의 내용이 오류가 없는 역사적인 사실이라는 것을 과학적으로 증명해낸다고 해서 하나님에 대한 믿음이 생겨나는 것도 아닙니다.

그렇다면 창세기는 과연 어떤 책일까요? 우리가 창세기에서 읽어내야 할 내용이 무엇일까요?

하나님이 시작하신 일

창세기는 '하나님이 시작하신 일'에 대한 기록입니다. 그 일(the work)

에는 물론 '창조사건'도 포함되어 있습니다. 그러나 창세기는 '어떻게how'가 아니라 '왜why'에 주목합니다. 하나님이 이 세상을 "어떻게 만드셨는지"가 아니라 "왜 만드셨는지"에 관심이 있다는 말입니다. 특별히 인간을 창조하신 하나님의 목적에 집중하고 있습니다.

성경의 나머지 책들은 하나님이 시작하신 그 일이 인류의 역사를 통해서 성취되어온 과정을 기록합니다. 그 일은 성육신하신 예수 그리스도를 통해서 새로운 전환점을 맞았습니다. 그리고 주님이 재림하실 때에 그 일은 모두 완성될 것입니다. 성경 제일 마지막에 놓여있는 요한계시록이 그 내용을 담고 있습니다.

자, 그렇다면 하나님이 이 세상을 창조하실 때에 시작하셨고, 인류의 역사를 통해서 지금까지 계속 이끌어 오셨고 또한 역사의 마지막 때에 마침내 이루실 '그 일'은 과연 무엇일까요? 성경은 그 일을 한 마디로 '하나님 나라The Kingdom of God'라고 말합니다. 하나님의 뜻대로 통치하는 그 나라를 이 땅에 완성하는 일입니다.

그런데 하나님에게 왜 그 일이 그렇게 중요할까요? 왜냐하면 우리 인간의 구원이 그 일에 달려있기 때문입니다. 그렇다면 하나님은 왜 우리의 구원에 그토록 마음을 쓰시는 것일까요? 왜냐하면 우리를 사랑하시기 때문입니다. 얼마나 사랑하시는지 하나님은 당신의 형상을 따라 우리를 만드셨습니다(창 1:26). 당신의 손으로 우리를 직접 빚으시고, 그 코에 당신의 영, 생기生氣를 불어넣으신 것입니다(창 2:7).

그래서 사도 바울은 말합니다.

우리는 하나님의 작품입니다!(엡 2:10a, 새번역)

그렇습니다. 우리는 하나님이 만드신 걸작입니다. 문제는 하나님께서 만들어주신 본래의 목적대로 살지 못하는 인간의 슬픈 현실입니다.

죄의 유혹에 너무나 쉽게 속아 넘어가는 인간의 연약함입니다. 그러나 하나님은 우리를 포기하지 않으셨습니다. 포기하는 대신에 더욱 사랑하여 구원하기로 작정하셨습니다. 예수 그리스도를 통해 우리를 다시 지으시기로 하셨던 것입니다.

메시지 성경은 그것을 이렇게 표현합니다.

> 우리는 우리 자신을 만들 수도, 구원할 수도 없습니다. 만들고 구원하는 일은 하나님이 하시는 일입니다. 하나님은 그리스도 예수를 통해 우리 각 사람을 지으셨습니다. 그렇게 하신 것은 그분께서 하시는 일, 곧 우리를 위해 마련해 놓으신 선한 일, 우리가 해야 할 그 일에 우리를 참여시키시려는 것입니다(엡 2:10, 메시지).

하나님이 하시는 일에는 '만드는 일'(the making)과 '구원하는 일'(the saving)이 모두 포함되어 있습니다. 따라서 성경이 말하는 '창조'는 태초에 일어난 일회적인 사건이 아닙니다. 하나님은 지금도 그리스도 예수를 통해서 우리 각 사람을 창조하고 계십니다. 우리 안에 찌그러져 있는 '하나님의 형상'을 다시 회복하고 계십니다. 그렇게 우리를 하나님 나라에 적합한 모습으로 빚어가고 계시는 것입니다.

그것이 신구약 성경을 통해서 일관되게 선포되고 있는 하나님의 뜻입니다. 창세기는 그 일을 시작하신 하나님을 우리에게 소개하고 있습니다. 바로 그 하나님을 우리는 창세기에서 만나야 합니다.

하나님을 만난 사람들

인간의 구원을 위해서 일하시는 이와 같은 하나님을 가장 먼저 만난 사람들이 있습니다. 바로 이스라엘 사람들입니다. 그들은 출애굽 사건을 통해서 역사 속에 개입하시는 참 하나님을 만났습니다. 또 그 하나님이 오래전에 그들의 조상에게 '약속의 땅'을 주기로 약속하신 바로 그 분임을 알게 되었습니다. 그리고 마침내 그 하나님이 이 세상을 창조하신 분이라는 사실도 깨닫게 되었던 것입니다.

물론 그 사실을 분명히 드러내어 알게 하신 분은 바로 하나님 자신입니다. 인간의 상상력으로는 이 세상을 운영해나가는 하나님의 섭리를 감히 짐작조차 할 수 없습니다. 참 하나님을 만나기 전까지는 수수께끼 같은 인생이요, 도무지 해결할 수 없는 문제이지만, 하나님을 포함시키고 나면 순식간에 모두 풀려버립니다. 바로 그 고백이 "태초에 하나님이 천지를 창조하시니라"(창 1:1)인 것입니다.

메시지 성경의 저자 피터슨Eugene H. Peterson은 다음과 같은 말로 창세기 서론을 시작합니다.

가장 먼저, 하나님이 계신다. 하나님은 삶을 주관하신다. 하나님은 삶의 기초이시다. 하나님이 그 어떤 것보다 우선이라는 의식이 없다면, 우리는 어느 것 하나 똑바로 이해할 수 없다. 삶을 바로 이해할 수 없을 뿐 아니라, 삶을 제대로 살아갈 수도 없다. 하나님은 가장자리에만 계신 분이 아니고, 선택사항 중 하나이신 분도 아니며, 주말에만 뵙는 분도 아니다. 하나님은 중심과 주변 어디에나 계신 분이며, 처음이요 마지막이신 분이다. 오직 하나님, 하나님, 하나님이다!

정말 그렇습니다. 하나님이 '먼저first'입니다. 하나님이 '기초foundational'입니다. 하나님이 '우선primacy'입니다. 그런데 많은 사람은 하나님을 인생의 가장자리에 두고 있습니다. 하나님을 여러 가지 선택 중의 하나로 취급하고 있습니다. 그래서 아직까지도 어둠의 지배를 받으며 혼돈 속에서 그렇게 헤매고 있는 것입니다.

하나님을 중심에 모셔 들여야 합니다. 가장 먼저 하나님을 선택해야 합니다. 그러면 우리 인생에 빛이 창조됩니다. 어둠의 세력이 물러가고, 질서가 잡힙니다. 인생의 고유한 목적이 드러나고, 우리가 걸어가야 할 길이 보입니다. 그렇게 하나님이 다스리는 나라가 우리에게 시작되는 것입니다.

창세기는 이 세상의 모든 사람을 그 길로 초대하고 있습니다. 앞으로 40일 동안 우리 모두 그 길을 걷게 될 것을 기대합니다. 창세기 말씀을 매일 묵상하면서 우리의 구원을 위해 이미 오래전에 시작하신 하나님의 일을 발견하기를 소망합니다. 또 우리를 위해 마련해 놓으신 그 선한 일에 우리도 또한 참여할 수 있기를 기도합니다.

창세기는 하나님과의 바른 관계로부터 우리의 삶을 다시 시작할 수 있게 해줍니다. 이번에 창세기를 묵상하면서 그동안 씨름해왔던 인생의 해묵은 숙제들이 한꺼번에 해결되는 기쁨을 맛보게 될 것입니다.

2020년 2월 26일
창세기 40일 묵상의 길을 시작하며
그리스도의 종 한강중앙교회 담임목사 유 요 한

말씀 묵상을 위한 팁

저는 한 지역교회a local church를 섬기는 목회자입니다. 교회 안에서 목회자가 감당해야 할 많은 사역이 있지만, 그중에서 가장 중요한 것은 뭐니 뭐니 해도 '말씀 사역'일 것입니다. 지금까지 헤아릴 수 없을 만큼 많은 설교를 해오면서 또한 얼마나 많은 시행 착오를 겪어왔는지 모릅니다. 말씀을 묵상하고 설교를 준비하는 일은 언제나 제 힘에 부치는 압박이었습니다.

그러던 어느 날, 설교에 대한 새로운 원칙을 발견하게 되었습니다. 이 원칙은 성경을 대하는 자세와 말씀을 묵상하는 태도를 근본적으로 바꾸어놓았습니다.

성경이 말하게 하라! Let the Bible Speak!

그동안 저는 성경을 하나님의 말씀이라 고백하면서도 성경이 직접 말하게 하지는 않았습니다. 오히려 시대적인 상황 속에서 또는 성도들의 현실 속에서 직면하고 있는 여러 가지 문제들에 대한 답을 성경에서 찾으려고 해왔습니다. 설교는 제가 찾은 근사한 답을 전하는 통로였습니다. 그러다 보니 새로운 설교를 만들어내는 일이 점점 더 힘들어질 수밖에요. 그렇게 성경을 열심히 두리번거린다고 해서 말씀 묵상의 깊이가 더해지는 것도 아니었습니다. 성경 본문은 단지 필요에 따라서 취사선택하는 대상이고, 많은 경우에 미리 정해놓은 답을 증명하기 위한 수단으로 사용되었기 때문입니다.

그러던 저에게 "성경이 말하게 하라!"는 가르침이 아프게 부딪혀왔습니다. 그리고 그 앞에 무릎 꿇었습니다. 그렇습니다. 성경의 주인공은 하나님이십니다. 하나님은 지금도 성경을 통해서 우리에게 말씀하고 싶어 하십니다. 하나님이 우리의 목적을 달성하기 위한 수단이 아니듯이, 성경 또한 우리의 필요를 채우는 수단으로 사용하면 안 됩니다. 겸손하게 하나님의 말씀 앞에 서야 합니다. 그리고 그 말씀에 귀를 기울여야 합니다.

따라서 저와 같은 설교자가 해야 할 일은 '성경을 잘 해석하여 전하는 것'이 아니라 '성경이 직접 말하게 하는 것'이어야 합니다. 성도들이 성경 본문에 대한 설교자의 해석을 듣게 할 것이 아니라, 성경이 말하려고 하는 메시지를 들을 수 있도록 도와주어야 합니다. 그러기 위해서 우선 성도들이 성경을 충분히 읽게 해야 합니다. 성경 이야기가 어렵게 느껴지지 않도록 해야 합니다. 그러면 하나님이 말씀하십니다. 그 말씀이 삶을 변화시킵니다.

어떻게 성경이 말하게 할 것인가 씨름하던 중에 제 나름대로 한 가지 방법을 터득하게 되었습니다. 그것은 바로 '성경을 성경으로 풀이하는 것'입니다. 이는 흔히 알고 있는 것처럼, 신약이나 구약의 다른 부분의 말씀을 가져다가 본문에 대한 이해를 높이는 그런 방식이 아닙니다. 오히려 한 본문에 대한 여러 가지 성경의 번역을 직접 읽으면서 비교해 보는 것입니다.

성경 번역 그 자체에 이미 뜻풀이가 담겨 있기에 그것을 자세히 들여다보는 것만으로도 본문의 메시지를 어느 정도 파악할 수 있습니다. 저는 '개역개정판 성경'을 주로 사용하지만, 그 외에도 한글로 번역된 다른 성경들을 반드시 참조합니다. 예전에는 '공동번역'과 '표준새번역'을 많이 읽었는데, 요즘에는 '메시지 성경'을 더 많이 읽고 있습니다.

필요한 경우에는 히브리어나 헬라어 원어 성경을 찾아보기도 하지만, 대부분은 영어 성경을 활용합니다. 제가 주로 활용하는 번역은 NIVNew International Version, KJBKing James Bible, NASBNew American Standard Bible, AMPAmplified Bible,

CEVContemporary English Version, ESVEnglish Standard Version 그리고 MSGThe Message 등입
니다. 그 외에도 사용 가능한 여러 가지 번역을 참조합니다.

그러다 보니까 한 본문을 묵상할 때에 저는 최소한 10개 정도의 번역
을 읽게 됩니다. 특히 영어 성경은 그 어순이 성경의 원어와 거의 일치하
고 있기 때문에 우리말 성경으로는 잘 드러나지 않는 메시지의 강조점을
발견하는 데 큰 도움이 됩니다. 물론 반드시 이렇게 해야 성경의 메시지
를 발견할 수 있다고 주장하려는 것은 아닙니다.

저는 말씀을 묵상할 때마다 다음과 같은 원칙에 충실하려고 애써
왔습니다.

1. 성경을 직접 충분히 읽게 하자

성경 본문을 가능한 한 많이 기록해 놓았습니다. 여러분이 따로 성경
을 찾으실 필요가 없을 정도입니다. 다른 내용은 그냥 눈으로 읽어가더
라도 성경 본문이 나오면 반드시 소리를 내어 읽어 주십시오. 자신의 목
소리가 귀에 들리도록 소리 내어 읽으면 그만큼 더 잘 이해가 되고 또한
은혜가 됩니다.

2. 본문을 잘 이해하게 하자

가능한 한 쉽게 본문의 내용을 이해할 수 있도록 애를 썼습니다. 필요
한 부분에서는 영어 성경이나 다른 번역을 인용하기도 했습니다. 혹시라
도 성경의 원어인 히브리어나 헬라어 또는 영어가 자주 인용되는 것에
거부감을 느끼는 분들이 있다면, 본문의 의미를 보다 잘 설명하기 위한
저의 선한 의도를 생각하여 널리 양해해주시기 바랍니다.

3. 목회자의 묵상이 먼저다

목회자가 성도들을 가르치려고만 하면 그 설교는 딱딱한 강의가 되

기 쉽습니다. 목회자는 말씀을 가르치는 교사이기 전에 먼저 말씀을 묵상하는 사람이어야 합니다. 본문에 담겨 있는 메시지의 영적인 의미들을 깨닫고 그것을 먼저 자신에게 적용하려고 해야 합니다. 제가 말씀을 묵상하면서 받은 은혜를 성도들과 함께 솔직하게 나누려고 애를 썼습니다.

이것이 말씀을 묵상하는 유일한 방법이라고 말할 수는 없습니다. 단지 이 방법은 제게 주어진 목회의 자리에서 말씀을 붙들고 치열하게 살아온 삶을 통해 얻은 열매입니다. 이 묵상이 누군가에게 하나님의 메시지를 발견하는 통로로 사용되기를 소망합니다.

차 례

가장 위대한 선언

읽을 말씀: **창세기 1:1**

새길 말씀: 태초에 하나님이 천지를 창조하시니라(창 1:1).

　오늘부터 우리는 창세기 묵상을 시작합니다. 모든 성경은 성령의 감동으로 기록된 하나님의 말씀입니다(딤후 3:16). 성경 66권의 말씀 속에는 '하나님의 숨God-breathed'이 깃들어 있습니다. 그렇기에 어느 구절 하나도 소홀히 취급할 수 없습니다. 하지만 굳이 세 권의 책을 선택하라고 한다면, 저는 서슴지 않고 '창세기'와 '로마서'와 '요한계시록'을 선택할 것입니다. 왜냐하면 '하나님의 일하심'에 대한 성경 전체의 맥을 짚어주고 있는 높은 산봉우리와 같은 책들이기 때문입니다.

　창세기에서 우리는 '창조의 하나님God of Creation'을 만날 수 있습니다. 그분이 왜 이 세상을 창조하셨는지, 그 본래의 목적과 이유를 발견하게 됩니다. 로마서에서 우리는 '구원의 하나님God of Salvation'을 만날 수 있습니다. 그분이 우리의 구원을 위해서 어떤 일을 하셨는지 또한 지금도 우리 가운데에서 어떤 일을 하고 계시는지 알게 됩니다. 그리고 요한계시록에서 우리는 '완성의 하나님God of Completion'을 만날 수 있습니다. 그분이 이 세상을 창조하실 때에 시작하셨고 또한 예수 그리스도를 통해서 선포하셨던 '하나님 나라'가 마침내 완성되는 그 생생한 모습을 확인하게 됩니다.

그러나 가장 중요한 것은 시작입니다. 우리 속담에 "첫 단추를 잘 꿰어야 한다"는 말이 있습니다. "시작이 반"이라는 말도 있습니다. 창세기가 바로 성경의 첫 단추입니다. 인류 구원을 위한 '하나님의 일하심'이 시작된 책입니다. 첫 단추를 잘 꿰어야 성경 전체의 맥을 바르게 잡을 수 있습니다. 시작이 잘되어야 끝까지 흐트러짐 없이 갈 수 있습니다. 특히 창세기 1장과 2장이 매우 중요합니다. 이 두 장의 무게가 성경의 나머지 1,187장의 무게와 같다고 말해도 결코 지나침이 없습니다.

앞으로 40일 동안 우리는 창세기 말씀을 매일 묵상하게 될 것입니다. 이 묵상을 통해서 이미 오래전에 우리의 구원을 위해 하나님께서 시작하신 '그 일the work'을 발견하기를 소망합니다. 그리고 하나님과의 바른 관계로 돌아가서 우리의 삶을 다시 시작하게 되기를 소망합니다. 그리하여 그동안 우리 안에 찌그러져 있던 '하나님의 형상'이 회복되고, 장차 이 땅에 이루어질 하나님 나라에 적합한 모습으로 매일 빚어지기를 간절히 소망합니다.

그런데 창세기는 요한계시록만큼이나 많은 오해를 받는 책입니다. 요한계시록을 어려운 책, 두려운 책, 위험한 책으로 생각하는 사람들이 아직도 많이 있습니다. 그것은 이 세상이 어떻게 멸망하는지에 대한 빗나간 호기심을 가지고 요한계시록을 읽으려고 하기에 생겨나는 오해입니다. 창세기도 마찬가지입니다. 단순히 이 세상이 어떻게 창조되었는지 알고 싶어 하는 호기심으로 접근하면 반드시 오해가 생겨날 수밖에 없습니다.

창세기와 신화

그중에 가장 대표적인 오해는, 창세기를 '옛날이야기' 정도로 취급하는 것입니다. 기독교 신앙을 갖지 않는 분들은 아마도 대부분 이렇게 생각할 것입니다. 문제는 교회를 다니면서 신앙생활을 하는 그리스도인 중에도 이런 태도인 분들이 적지 않다는 사실입니다. 그것은 아마도 창세기 기록의 역사성에 대해 확신하지 못하기 때문일 것입니다. 아브라함 이후의 이른바 '족장사族長史'는 그나마 역사적인 기록으로서 신빙성이 있다고 생각하지만, 그 이전의 이른바 '원역사原歷史'에 대한 기록을 역사적인 사실로 받아들이지 못하는 것이지요.

하긴 우리가 사는 이 지구를 포함하여 온 우주가 단 6일 만에 창조되었다는 성경의 이야기를 액면 그대로 받아들이기는 쉽지 않습니다. 아담의 계보에 등장하는 사람들이 보통 9백 세 이상을 살았다는 이야기는 더더욱 믿기 힘듭니다. 노아 시대에 일어난 '홍수 이야기'도 마찬가지입니다. 역사적인 사실 여부는 내버려 두더라도, 인간의 죄를 심판한다면서 왜 죄 없는 짐승들까지 떼죽음을 당하게 하는지 참으로 이해할 수 없습니다. 게다가 그와 비슷한 '홍수 이야기'가 바빌론 신화에도 나온다는 사실을 알고 나면, 창세기 기록의 진정성까지 의심하게 됩니다.

믿어야 하는데 믿을 수 없는 이런 딜레마로부터 벗어나기 위해 우리가 선택할 수 있는 가장 쉬운 방법은 창세기를 그냥 '옛날이야기'로 취급하는 것입니다. 마치 사람들이 상상력을 동원하여 만들어낸 전래동화처럼, 비록 역사적인 사실은 아니라고 하더라도 도덕적 윤리적인 교훈이 포함된 유익한 이야기 정도로 생각하는 것이지요. 그러면 대답하기 곤란한 문제를 비켜갈 수 있습니다.

그러나 그것은 하나님에 대한 신앙에 더 심각한 문제를 만들어냅니다. 하나님이 이 세상을 창조하시는 이야기가 만일 전래동화와 같은 것이라면, 군이 하나님을 믿어야 할 이유가 없기 때문입니다. 성경의 이야기가 만일 사람들의 상상력에 의해 만들어진 창작물에 불과하다면, 다른 종교에서 이야기하는 신화神話와 아무런 차이가 없습니다. 그렇다면 군이 기독교 신앙을 선택할 이유가 무엇이겠습니까?

창세기와 과학

그래서 등장한 것이 이른바 '창조과학scientific creationism'입니다. 이 운동은 '진화론'의 위협으로부터 기독교 신앙을 지키려는 의도로 시작되었습니다. 창조과학은 교회에서 배우는 '창조'와 학교에서 배우는 '과학' 사이에서 갈등하는 수많은 젊은 그리스도인들의 신앙을 지킨다는 명분으로, 창세기가 기록하고 있는 창조사건을 과학적으로 증명해내려고 했습니다.

그러나 창조과학은 곧바로 자기모순에 빠지게 되었습니다. 진화론을 공격하려다가 과학 자체를 부정하게 된 것입니다. 그리고 그들의 좋은 의도와는 다르게 결과적으로 교회에 엄청난 악영향을 끼쳤습니다. 창조과학의 주장들은 오히려 많은 그리스도인을 교회로부터 떠나게 만들었습니다. 게다가 하나님의 말씀인 성경을 세상 사람들의 눈에 반지성적인 집단의 경전처럼 비치게 했습니다.

창조과학의 핵심적인 두 가지 주장은 이른바 '젊은 지구론'과 '홍수 지질론'입니다. 그들은 우주와 지구의 나이를 6천 년이라고 주장합니다. 이 나이는 창세기에 나오는 족보를 바탕으로 계산한 것입니다. 게다가 노아의 홍수 때에 지구에 큰 격변이 있었고 이 과정을 통해서 1년여에 걸친 짧은 시간에 지층과 화석이 모두 만들어졌다고 주장합니다. 이는 지질학자들이 밝혀낸 지구의 나이와 현격한 차이를 보입니다.

저는 여기에서 창조과학이 만들어낸 논쟁에 대해 자세히 다루고 싶지 않습니다. 단지 창조과학 운동의 배경에는 성경을 문자적으로 이해하는 근본주의가 자리 잡고 있고, 더 밀접하게는 기독교가 이단으로 인정하고 있는 안식교의 성경해석이 있다는 점을 지적할 필요는 있습니다. 창조과학의 입장을 따르지 않는 사람들을 모두 불신앙적인 진화론자로 낙인찍어버리는 폐쇄성이 그들의 근본주의적인 뿌리를 잘 드러냅니다.

창조과학은 바른 신앙도 아니고 정통 과학도 아닙니다. 그들이 주장하는 창조론은 창세기가 말하려고 하는 창조 이야기와 같지 않습니다. 창세기는 진화론을 반박하기 위해서 기록된 책이 아닙니다. 우리가 믿고 있는 창조주 하나님은 과학보다 훨씬 더 위대하신 분입니다. 창세기의 내용들을 과학적으로 증명해내야만 사람들이 하나님을 믿게 될까요? 아닙니다. 오히려 하나님을 믿을 때 과학이 미처 설명하지 못하는 부분까지도 온전히 이해할 수 있게 되는 것입니다.

우리가 앞으로 창세기를 읽으면서 그 속에 깃들어 있는 '하나님의 숨'을 발견하여 함께 호흡하기를 원한다면, 적어도 이 두 가지의 잘못된 선입관을 걷어내야 합니다. 창세기는 전래동화나 신화神話가 아닙니다. 더욱이 과학적인 진술도 아닙니다. 그렇다면 창세기는 과연 어떤 책일까요? 우리는 창세기를 어떻게 읽어나가야 할까요? 아니 하나님은 창세기를 통해 우리에게 무엇을 말씀하고 계시는 것일까요?

창세기의 제목

오늘 본문을 함께 읽겠습니다.

태초에 하나님이 천지를 창조하시니라(창 1:1).

우리말 제목 '창세기創世記'는 하나님이 세상(世)을 만든(創) 기록(記)이라는 뜻입니다. 오늘 본문을 잘 요약하는 것처럼 보입니다. 그러나 창세기 전체의 내용과 강조점을 충분하게 담아내는 제목이라고 말할 수는 없습니다. 왜냐하면 창세기는 하나님이 이 세상을 "어떻게how 만드셨는지"보다 "왜why 만드셨는지"에 더 큰 관심이 있기 때문입니다. 게다가 창세기는 우주의 기원보다는 인간 창조의 목적에 더 집중하고 있습니다. 그리고 창조 때의 일보다는 족장들의 삶에 대한 기록이 훨씬 더 많은 분량을 차지하고 있습니다. 따라서 '창세기'라는 명칭은 사실상 이 책에 잘 어울리지 않습니다.

그래도 영어 제목 'Genesis제네시스'보다는 '창세기'가 훨씬 낫습니다. 'Genesis'는 우리말 성경에서 '족보', '후손', '세대' 등으로 번역되는 '톨레돗toledoth, generations'이라는 단어에서 나왔습니다. 창세기에는 이 단어가 자주 등장합니다(창 6:9, 10:1, 11:27). 이것을 헬라어로 '게네시스genesis'라고 번역했고, 칠십인 역(LXX)에서는 아예 책의 제목으로 삼았습니다. 결국 'Genesis'가 영어 성경의 제목이 되었던 것입니다. 물론 창세기에는 최초의 인간 아담으로부터 시작된 족보가 기록되어 있습니다. 그러나 창세기의 주요 관심사는 족보를 소개하는 것이 아닙니다.

자, 그렇다면 이스라엘 사람들은 이 책을 무엇이라 불렀을까요? 그들은 보통 가장 먼저 나오는 단어로 책의 이름을 정하곤 했습니다. 창세기도 그에 따라서 첫 단어인 '베레시트bereshit'로 이 책의 제목으로 삼았습니다. 우리말 '태초에'로 번역된 바로 그 단어입니다. '태초'란 '큰'(太) '처음'(初)이라는 뜻입니다. 공동번역은 '한 처음'이라고 합니다. 대부분의 영어 성경은 'in the beginning'으로 표현합니다.

저는 이것이 창세기에 가장 잘 어울리는 제목이라고 생각합니다. 왜냐하면 창세기는 태초에 '하나님이 시작하신 일'에 대한 기록이기 때문입니다. 물론 '그 일the work' 속에는 인간을 창조하고 구원하고 또한 마지막때에 하나님 나라를 완성하는 그 모든 것이 포함되어 있습니다. 그러나모든 일에는 시작이 가장 중요합니다. 하나님이 '그 일'을 시작하는 첫 단추가 무엇이었습니까?

시공(時空)의 창조

그것은 '시간'과 '공간'을 창조하는 일이었습니다. '태초太初'는 이 세상에 시간時間이라는 개념이 처음으로 도입되던 때를 의미합니다. 그리고 '천지天地'는 생명이 존재할 수 있도록 만들어진 공간空間을 의미합니다. 시간과 공간은 따로 존재할 수 없습니다. 이 세상에 존재하는 모든 사물은 반드시 시간과 공간의 제약을 받게 되어 있습니다. 같은 시간에 다른 장소에 동시에 있을 수는 없습니다.

인간은 시간과 공간을 선택하여 출생할 수 없습니다. 태어나 보니 그 시간이었고 눈을 떠보니 그 장소였을 뿐입니다. 부모님이나 국적을 자기 마음대로 고를 수도 없습니다. 주어진 환경에서 주어진 인생을 살기 시작할 뿐입니다. 물론 열심히 노력하다 보면 어느 정도 사회적인 신분을 바꿀 수도 있습니다. 열심히 운동하면 건강하게 오래 살 수도 있습니다. 그러나 주어진 시간과 공간을 벗어날 수 있는 사람은 이 세상에 하나도 없습니다.

지금까지의 인류 역사도 역시 시간과 공간 속에서 만들어져왔습니다. 이집트의 문명과 역사는 나일강을 중심으로 형성되었습니다. 중국의 문명과 역사는 황허강을 중심으로 형성되었습니다. 한때 세상을 주름잡던 제국들도 시간의 흐름과 함께 흥망성쇠를 거쳐 모두 사라지고 말았습니다. 시간과 공간을 초월한 영원한 제국이나 영원한 문명이란 이 세상에 존재하지 않습니다. 왜 그럴까요? 왜냐하면 하나님이 그렇게 창조해 놓으셨기 때문입니다.

'시간'과 '공간'의 창조가 하나님이 꿰어놓으신 첫 단추입니다. 그 누구도 이 단추를 억지로 풀거나 되돌릴 수가 없습니다. 좋든지 싫든지 간에 그냥 있는 그대로 받아들여야 합니다. 그리고 그것에서부터 인생을 시작해야 합니다. 그것이 바로 "태초에 하나님이 천지를 창조하시니라"에 담겨 있는 메시지입니다.

하나님은 처음 시간과 처음 공간을 창조하셨을 뿐만 아니라, 역사의 종말에 새로운 시간과 새로운 공간을 창조하실 것입니다. 요한계시록은 이렇게 증언합니다.

> 또 내가 새 하늘과 새 땅을 보니 처음 하늘과 처음 땅이 없어졌고 바다도 다시 있지 않더라(계 21:1).

새 하늘과 새 땅을 창조하실 수 있는 분이 과연 누구입니까? 처음 하늘과 처음 땅을 창조하신 하나님이십니다! 개인의 인생도, 인류의 역사와 문명도 그 시작과 끝은 오직 하나님에게 달려있는 것입니다. 하나님은 말씀하셨습니다.

> 나는 알파와 오메가요, 처음과 마지막이요, 시작과 마침이라(계 22:13).

성경은 사람들의 동의를 구하기 위해서 '설명'하려고 하지 않습니다. 그냥 일방적으로 '선언'할 뿐입니다. 현대인들은 이런 식의 표현에 익숙하지 않습니다. 강한 거부감을 느끼는 사람들도 있습니다. 그들은 진리를 상대적인 것으로 생각합니다. 논리적으로 과학적으로 그럴듯하게 설득하지 않으면 도무지 받아들이려고 하지 않습니다. 그러나 시간과 공간의 창조를 어떤 식으로 설명할 수 있을까요? 그것을 과학적으로 증명할 수 있을까요? 아니 과학적으로 증명해낸다고 해서 사람들이 과연 그것을 진리로 받아들이게 될까요?

아닙니다. 이 세상은 '자기 지혜'로는 결코 하나님을 알 수 없습니다

(고전 1:21). 오히려 하나님의 지혜를 믿음으로 받아들일 때에만 인생의 모든 수수께끼가 풀리고, 우리의 구원을 위한 하나님의 일하심이 확실하게 드러나는 것입니다.

하나님 먼저!

메시지 성경은 오늘 본문을 다음과 같이 풀이합니다.

> 모든 것의 시작은 이러하다. 하나님께서 하늘과 땅을 창조하셨다. 보이는 모든
> 것과 보이지 않는 모든 것을 창조하셨다(창 1:1, 메시지).
> First this: God created the Heavens and Earth – all you see, all you
> don't see.

하나님은 우리가 볼 수 있는 것뿐만 아니라, 볼 수 없는 것까지도 모두 창조하셨습니다. 그것이 먼저입니다. 그것으로부터 시작해야 합니다. 시간과 공간을 창조하신 하나님을 가장 먼저 앞세우지 않고서는 그 어느 것도 제대로 이해할 수 없습니다. 우리가 어디서 와서 어디로 가는지 우리 삶의 목적과 의미를 정확하게 이해하려면 하나님으로부터 시작해야 합니다. 하나님 이외의 다른 것으로부터 시작하려고 하기에 사람들은 늘 그렇게 뒤죽박죽으로 살다가 허무하게 생애를 마감하는 것입니다.

산상수훈을 마무리하는 대목에서 우리 주님은 인생을 살아가는 두 가지 방법에 대해서 말씀하셨습니다(마 7:24-27). 사람들은 모래 위에 집을 지을 수도 있고, 반석 위에 집을 지을 수도 있습니다. 모래 위에 세운 집은 보기에는 아무리 그럴듯하더라도 결국에는 비바람을 견디지 못하고 무너지게 되어있습니다. 그러나 반석 위에 세운 집은 어떤 경우에도 결코 무너지지 않습니다.

창세기는 바로 이 반석에 대해 우리에게 증언하고 있는 것입니다. 이 반석은 하나님께서 이 세상을 만드실 때 이미 확고하게 다져놓으셨습니다. 그 위에 집을 지어야 합니다. 하나님을 우리 삶의 기초로 삼아야 합니다. 우리들의 시간과 공간을 미리 정해놓으신 하나님을 우리 인생의 첫 단추로 꿰어야 합니다. 하나님이 먼저입니다. 매사에 하나님을 인정하고, 하나님을 포함시키는 것으로 인생을 출발해야 합니다.

창세기는 하나님을 인생의 기초로 삼은 사람들과 그렇지 않은 사람들의 극명한 차이를 우리에게 보여줄 것입니다. 그리고 우리에게 어떤 인생을 살아갈 것인지 물을 것입니다. 우리는 지금 무엇 위에 집을 세우고 있습니까? 우리가 살아가고 있는 시간과 공간은 하나님의 작품입니다. 우리 또한 하나님의 작품입니다. 하나님 안에서만 인생의 진정한 가치와 목적을 발견할 수 있습니다.

창세기 40일 묵상의 길을 걷는 동안 우리를 향한 하나님의 말씀, 가장 위대한 선언을 발견하게 되기를 간절히 소망합니다. 그 선언은 "태초에 하나님이 천지를 창조하시니라"입니다.

* **묵상 질문**: 내가 인생의 '기초'로 삼고 있는 것은 무엇입니까?

* **오늘의 기도**: 창조주 하나님으로부터 시작할 수 있게 하옵소서. 가장 먼저 하나님을 선택하게 하시고, 우리의 중심에 하나님을 모셔드리게 하옵소서. 어떤 경우에도 하나님을 우리 인생의 들러리로 삼지 않게 하옵소서. 오직 하나님 안에서 우리의 고유한 목적을 발견하게 하옵소서. 예수님의 이름으로 기도합니다. 아멘.

제 1 막

원역사(原歷史) 이야기
: 하나님의 창조질서

| 창세기 1-11장 |

두 가지 창조 이야기

읽을 말씀: 창세기 1:2-2:25

새길 말씀: 이것이 천지가 창조될 때의 하늘과 땅의 내력이니, 여호와 하나님이 땅과
하늘을 만드시던 날에…(창 2:4).

창세기가 성경의 첫 단추라면, 창세기의 첫 단추는 바로 1장과 2장입
니다. 이 두 장은 사실 성경 전체의 첫 단추라고 불러야 마땅합니다. 그만
큼 중요하다는 뜻입니다. 왜냐하면 이 세상을 창조하신 하나님의 본래
의도와 목적이 바로 여기에 고스란히 담겨 있기 때문입니다. 그것을 이
해하지 못하면 그 나머지 성경을 또한 바르게 이해할 수 없습니다.

창세기 1장과 2장은 '창세기創世記'라는 제목에 가장 잘 어울리는 본문
입니다. 그러나 하나의 줄거리로 읽히지 않습니다. 앞부분에서는 땅이
혼돈한 상태에서 시작하여 빛이 만들어지고 궁창이 만들어집니다. 땅과
바다가 나누어지면서 점점 질서가 잡혀 나갑니다. 그러다가 제일 마지막
에 인간이 창조되고 하나님이 안식하십니다. 그렇게 창조의 이야기가 끝

나나 싶었는데, 갑자기 비가 내리지 않는 땅이 등장하고 이번에는 하나
님이 흙으로 사람을 지으시는 장면이 나옵니다. 그리고 그 갈빗대로 여
자를 만드시고 마지막에는 두 사람이 부부로 맺어집니다.

이러한 불연속성의 이유가 성서학자들의 오랜 연구를 통해서 밝혀졌
습니다. 창세기 1장과 2장에는 서로 다른 두 가지 창조 이야기가 담겨
있었던 것입니다. 그런데 이 말을 오해하지 마십시오. 두 가지 사건에 대
한 두 기록이 아니라, 한 가지 사건에 대한 두 기록입니다. 그러니까 하나
님께서 이 세상을 창조하신 똑같은 일에 대한 두 가지의 서로 다른 기록
이 존재하고 있는 것이지요.

두 가지 이야기

첫 번째 이야기와 두 번째 이야기가 어떻게 다른지 알기 위해서, 우리
는 두 이야기가 서로 교차하고 있는 2장 4절을 주의 깊게 살펴보아야 합
니다.

> 이것이 천지가 창조될 때에 하늘과 땅의 내력이니 여호와 하나님이 땅과 하늘을
> 만드시던 날에…(창 2:4).

여기에서 상반 절 "이것이 천지가 창조될 때에 하늘과 땅의 내력이
니…"(This is the account of the heavens and the earth when they were created.
NIV)가 첫 번째 이야기의 결론 부분입니다. 그리고 하반 절 "여호와 하나
님이 땅과 하늘을 만드시던 날에…"(when the LORD God made the earth
and the heavens, NIV)가 두 번째 이야기의 도입 부분입니다.

학자들이 이렇게 구분하는 몇 가지 근거가 있습니다. 우선 사용되는
하나님의 이름이 다릅니다. 첫 번째 이야기는 "태초에 하나님이 천지를

창조하시니라"(1:1)로 시작하여 계속해서 '하나님'이라고 표현합니다. 히브리어로는 '엘로힘Elohim'이라고 합니다. 그러나 두 번째 이야기에서는 갑자기 하나님의 이름이 '여호와 하나님Yahweh Elohim'으로 바뀝니다. 그리고 계속해서 '여호와 하나님'이라고 부릅니다.

게다가 첫 번째 이야기는 '천지天地' 즉 '하늘과 땅'이라고 표현합니다. 그리고 창조의 초점이 하늘에서부터 점점 땅으로 내려옵니다. 그에 비해서 두 번째 이야기는 그 순서가 바뀌어 '땅과 하늘'이라고 합니다. 즉 '지천地天'입니다. 그리고 처음부터 오직 땅에만 집중합니다. 흙을 빚어서 사람을 만드시고 에덴동산을 창설하여 그곳에 살게 하는 이야기로 시작됩니다.

또한 첫 번째 이야기가 '창조하다bara', create'라는 동사를 사용하는 것과 대조적으로 두 번째 이야기는 '만들다asah, make'라는 동사를 사용합니다. 어쨌든 분명한 것은 창세기에 기록된 창조 이야기는 하나가 아니라는 사실입니다. 개역성경으로 읽으면 그것이 분명하게 드러나지 않지만, 새번역 성경은 다음과 같이 구분하여 번역합니다.

하늘과 땅을 창조하실 때의 일은 이러하였다. 주 하나님이 땅과 하늘을 만드실 때에, …(창 2:4, 새번역).

이를 통해서 우리는 창조의 이야기가 하나가 아니라 두 개라는 사실을 확실히 알 수 있습니다. 상반 절 "하늘과 땅을 창조하실 때의 일은 이러하였다"는 1장 1절부터 시작된 첫 번째 이야기의 결론이고, 하반 절 "주 하나님이 땅과 하늘을 만드실 때에…"는 두 번째 이야기의 도입입니다.

오경의 문서들

그런데 이렇게 창조 이야기를 굳이 두 가지로 구분하여 설명하려고 하는 이유가 무엇일까요? 그것은 성경이 강조하고 있는 메시지를 정확하게 파악하기 위해서입니다.

학자들은 첫 번째 창조 이야기를 'P 문서Priestly Document'라고 부릅니다. '제사장 문서'라는 뜻입니다. 그리고 두 번째 창조 이야기를 'J 문서Jahwist Document'라고 부릅니다. 하나님의 이름을 '야훼여호와'라고 부르는 문서라는 뜻입니다. 이것을 처음 발견한 학자들이 독일 사람들이었기 때문에 'Y 문서' 대신에 'J 문서'로 부르게 되었습니다.

학자들은 이외에도 창세기부터 신명기까지의 다섯 권의 책, 즉 오경五經, Torah을 구성하는 두 가지 문서가 더 있다는 사실을 밝혀냈습니다. 그것은 북이스라엘에서 만들어진 'E 문서Elohist Document' 요시아 종교개혁을 반영하는 신명기의 'D 문서Deuteronomist Document'입니다. 이 네 가지 문서 중에서 가장 오래된 전승은 기원전 950년경 남유다에서 만들어진 'J 문서'이고, 제일 마지막에 만들어진 전승은 기원전 550년경 바빌론 포로기 때 만들어진 'P 문서'입니다.

어쨌든 서로 다른 이 네 가지 문서가 최종적으로 편집되는 과정에서 'P 문서'를 보관해오던 제사장들이 중요한 역할을 하게 되었고, 그래서 현재와 같은 모습으로 오경이 만들어지게 된 것입니다. 굳이 이 문서들의 전문적인 이름을 기억하려고 애쓸 필요는 없습니다. 단지 창세기를 포함한 오경이 모세 한 사람에 의해서 기록된 것이 아니라, 여러 그룹의 사람들이 기록한 문서들이 함께 묶여 졌다는 사실을 알면 그것으로 충분합니다.

그런데 창세기를 시작하는 첫 부분에 왜 두 가지 문서가 이렇게 나란히 놓이게 되었을까요? 왜냐하면 한 가지 이야기로는 충분하지 않기 때문입니다. 그것은 마치 신약성경에 4복음서가 나란히 놓여있는 것과 같습니다. 복음서는 예수님의 행적과 가르침을 기록한 책입니다. 마가가 최초의 복음서를 기록한 이후에 마태나 누가나 요한이 계속해서 복음서를 기록했습니다. 그 이유가 무엇일까요? 하나의 복음서로는 예수님의 모든 생애와 그 의미를 충분히 담을 수 없기 때문입니다.

창조 이야기도 마찬가지입니다. 앞으로 우리가 살펴보게 되겠지만 'P 문서'와 'J문서'의 강조점이 서로 다릅니다. 그러나 그것은 서로 충돌하거나 서로 모순되지 않습니다. 오히려 이 세상을 창조하시고 그 속에 인간을 살게 하신 하나님의 계획과 목적을 서로 보완하여 잘 드러내고 있습니다.

이 대목에서 우리는 또다시 "모든 성경은 하나님의 감동으로 되었다" (딤후 3:16)는 고백을 하지 않을 수 없게 됩니다. 400년은 결코 짧은 시간이 아닙니다. 그 차이에도 두 문서는 창조주 하나님의 마음을 모두 잘 담아내고 있습니다. 왜냐하면 같은 하나님의 숨으로 호흡하고 있었기 때문입니다. 같은 하나님이 주신 감동으로 창조 이야기를 기록했기 때문입니다. 'J 문서'만으로는 부족하기에 하나님은 'P 문서'를 통해 그것을 보완하셨던 것입니다.

창조 이전의 상태

오늘은 첫 번째 창조 이야기(창 1:2-2:4a)의 앞부분을 조금 더 살펴보도록 하겠습니다. 1장 2절입니다.

> **땅이 혼돈하고 공허하며 흑암이 깊음 위에 있고 하나님의 영은 수면 위에 운행하시니라(창 1:2).**

우리는 창조주 하나님을 '무無에서 유有를 창조하시는 하나님'으로 설명하곤 합니다. 물론 그렇습니다. 하나님은 얼마든지 그렇게 할 수 있는 전능하신 분입니다. 그러나 첫 번째 이야기는 하나님의 창조 사역을 '무'에서 '유'를 창조하시는 것으로 설명하지 않습니다. 오히려 '혼돈'으로부터 '질서'를 잡아나가시는 것으로 묘사하고 있습니다.

본문을 주의 깊게 살펴보면, 하나님이 빛을 창조하시기 이전에 적어도 두 가지가 있었다는 사실을 알 수 있습니다. 하나는 '땅'이고 다른 하나는 '물'입니다. 물론 그것도 모두 하나님께서 창조하신 것임에 틀림없습니다. 그러나 땅은 '혼돈'하고 '공허'한 상태였습니다. 히브리어 '토후tohu, 혼돈'는 겉모습의 형체가 없음(formlessness)을, '보후bohu, 공허'는 속이 비어 있음(emptiness)을 묘사하는 말입니다.

이사야의 설명을 통해서 이것이 무엇을 의미하는지 조금 더 잘 이해하게 됩니다.

> 대저 여호와께서 이같이 말씀하시되 하늘을 창조하신 이 그는 하나님이시니 그가 땅을 지으시고 그것을 만드셨으며 그것을 견고하게 하시되 혼돈하게 창조하지 아니하시고 사람이 거주하게 그것을 지으셨으니 나는 여호와라. 나 외에 다른 이가 없느니라(사 45:18).

여기에서 "땅을 지으시고 그것을 견고하게 하셨다"는 말씀에 주목하십시오. 첫 번째 창조 이야기에 언급된 혼돈하고 공허한 땅은 하나님이 이미 창조하신 것입니다. 그러나 그 땅이 견고하지 않아서 사람이 거주할 수 없었습니다. 그래서 그것을 견고하게 만드셔서 사람이 그 위에서 살 수 있도록 하셨다는 것입니다. 그러니까 오늘 본문은 하나님이 땅을 견고하게 하기 이전의 상태를 묘사하고 있는 것입니다.

또 창조 이전의 상태는 '흑암'이 '깊음' 위에 있었습니다. '토후'와 '보후'가 땅의 상태를 묘사하고 있다면, '코섹choshek, 흑암'과 '테홈tehom, 깊음'은 물의 상태를 묘사하고 있습니다. 성경에서 '테홈'은 그 끝을 알 수 없는 깊은 바다abyss를 의미하는데(시 33:7, 42:7), 그 위에 깜깜한 어둠 즉 '코섹'이 덮고 있었던 것입니다. 그런 곳에 어떻게 생명체가 살 수 있겠습니까. 지금까지의 설명을 이해하는 것은 그다지 어렵지 않습니다.

문제는 그다음입니다. '하나님의 영'이 수면 위에 운행하고 계셨다고 합니다. 성경에서 '하나님의 영'은 '성령'을 가리키는 말입니다. 그래서 많은 사람이 이것을 태초부터 삼위일체 하나님이 존재하고 계셨음을 증명하는 구절로 인용하곤 합니다. 그러나 땅은 혼돈하고 공허한 상태였고 물은 흑암이 깊음을 덮고 있는 상태였는데 왜 뜬금없이 하나님의 영이 수면 위로 움직이고 있는 것일까요? 지금까지의 설명과 무언가 잘 어울리지 않습니다.

우리말 '영spirit'에 해당되는 히브리어 '루아흐ruach'는 다른 곳에서는 '바람wind'으로 번역되고 있습니다(창 8:1; 출 15:10; 민 11:31). 그리고 하나님이 일으키시는 '루아흐'는 아주 '강렬한 바람'을 의미합니다(출 10:19). 그것은 마치 '하나님의 산'이 아주 '높은 산'을 의미하는 것과 같습니다(시 68:15; 36:6).

따라서 천지창조 이전의 혼돈스러운 상태를 묘사하고 있는 본문의 문맥으로 볼 때 이 말씀은 '하나님의 영'이 물 위를 유유자적하게 돌아다니고 있는 그런 모습이 아니라, 몹시 사나운 '광풍狂風'이 수면 위로 휘몰아치는 모습에 대한 설명으로 해석하는 것이 더 합리적입니다.

혼돈에서 질서를

그렇다면 첫 번째 창조 이야기에서 강조하려고 하는 것은 무엇일까요? 하나님의 창조 사역은 '혼돈'에서 '질서'를 만드는 것이라는 사실입니다. 제대로 된 형체도 내용물도 없는 땅과 흑암이 뒤덮고 있어 그 밑바닥의 깊이를 헤아릴 수 없는 물과 그 모든 것을 뒤죽박죽으로 만들고 있는 휘몰아치는 광풍의 무질서와 혼돈 속으로 하나님은 가장 먼저 한 줄기 빛을 창조하십니다.

³하나님이 이르시되 빛이 있으라 하시니 빛이 있었고 ⁴빛이 하나님이 보시기에

좋았더라. 하나님이 빛과 어둠을 나누사 5하나님이 빛을 낮이라 부르시고 어둠을 밤이라 부르시니라. 저녁이 되고 아침이 되니 이는 첫째 날이니라(창 1:3-5).

하나님이 창조하신 빛은 어둠의 장막을 뚫고 들어와 세상의 어지러운 상태를 밝히 드러내고, 밤과 낮 그리고 저녁과 아침으로 이어지는 하루의 질서를 만들어냅니다. 바로 이것이 첫 번째 창조 이야기가 강조하려고 하는 메시지입니다.

하나님의 위대함은 무無에서 유有를 창조하시는 것으로 드러날 수 있습니다. 사실 엄밀하게 따지고 보면 창조 사역을 시작하기 전에 존재하고 있던 '땅'이나 '물'이나 '흑암'이나 '광풍'도 모두 하나님의 작품입니다. 그것만으로도 하나님의 위대함은 충분히 증명되고도 남습니다. 그러나 한걸음 더 나아가 하나님은 그것으로부터 질서를 만들어 가십니다. 빛과 어둠을 나누시고, 저녁이 되고 아침이 되는 하루의 리듬을 만드십니다.

무엇을 위한 질서입니까? '생명'을 위한 질서입니다. 누구를 위한 리듬입니까? '인간 창조'를 위한 리듬입니다. 우리 인간이 이 땅에서 이렇게 생명을 누리며 살아갈 수 있도록 하나님은 태초에 질서의 빛, 생명의 빛을 만드신 것입니다. 그렇습니다. 하나님의 진정한 위대함은 '전능'이 아니라 '사랑'으로 드러납니다. '복음'은 하나님이 이 세상을 창조하시는 장면에서부터 이렇게 분명히 계시되고 있는 것입니다.

여기에서 우리가 한 가지 더 주목할 것이 있는데, 그것은 바로 하나님의 감탄사입니다. 하나님은 당신이 창조하신 빛을 보고 '좋다!towb, 토브'하십니다(1:4). 그런데 곰곰이 생각해보면 이제 시작입니다. 앞으로 할 일이 많이 있습니다. 궁창을 만들어야 하고, 뭍이 드러나게 해야 합니다. 식물이 자라게 하고 새와 물고기와 땅의 짐승을 종류대로 만들어야 합니다. 무엇보다도 당신의 형상을 닮은 인간을 창조하려면 아직도 갈 길이 멉니다. 이제 겨우 첫날의 사역을 마쳤을 뿐입니다.

그런데도 하나님은 매우 흡족해하십니다. 무엇이 그리 좋으실까요? 왜 그렇게 흡족해 하시는 것일까요? 그 이유는 '인간 창조'를 향한 기대로 하나님의 마음이 한껏 부풀어계셨기 때문입니다. 그래서 하나님은 그렇게 기뻐하시는 겁니다. 보이십니까? 바로 이 하나님의 사랑이 우리를 구원하기 위해 생명의 빛이신 예수 그리스도를 이 땅에 보내신 것입니다(요 1:9).

우리의 희망

태초에 하나님께서 천지를 창조하실 때 이 지구는 그야말로 혼돈 그 자체였습니다. 형체도 없는 땅과 흑암이 덮고 있는 물과 그 모든 것을 삼켜버리듯이 휘몰아치는 광풍으로 인해 그 어디에도 생명체가 존재할 수 없는 곳이었습니다.

이 세상은 인간의 죄로 인해 언제든지 창조 이전의 혼돈으로 되돌아갈 수 있습니다. 인류의 역사가 그것을 증명합니다(창 7:11; 렘 4:23). 지금 우리 사회가 목격하고 있는 온갖 혼돈과 무질서는 하나님과 바른 관계를 맺지 못하며 살아가는 인간들의 죄가 빚어낸 결과입니다. 만일 하나님께서 그냥 내버려 두신다면 이 지구는 조만간 아무도 살 수 없는 혼돈의 땅이 되고 말 것입니다.

죄악이 가득한 이 세상은 과연 어디에서 희망을 찾을 수 있을까요? 생명의 빛을 창조하시고 '좋다!' 말씀하신 하나님에게로 돌아가야 합니다. 하나님과 바른 관계를 맺고 그 안에서 살아가기 시작해야 합니다. 그러기 위해서 우리는 예수 그리스도 안에 있는 '생명의 빛'을 먼저 받아들여야 합니다(요 1:4).

빛이 들어와야 어둠이 걷힙니다. 빛이 들어와야 비로소 무엇이 잘못되었는지 알게 됩니다. 빛이 들어와야 창조의 질서가 회복되기 시작합니다. 비록 서툴고 부족한 신앙생활일지라도 우리 안에 있는 빛으로 인해 하나님은 '좋다!' 하실 것입니다. 그리하여 마침내 하나님의 형상을 온전히 회복할 때까지 우리를 도우시며 인도하실 것입니다.

창세기를 묵상하는 동안 우리의 삶이 생명의 빛을 창조하시는 하나님께로 돌아가게 되기를 소망합니다. '혼돈의 땅'을 '질서의 땅'으로, '죽음의 땅'을 '생명의 땅'으로 만들어가기를 원하시는 창조주 하나님을 만나기를 소망합니다. 그리하여 하나님 안에서 다시 시작하는 우리의 나머지 신앙생활이 되기를 간절히 소망합니다.

* **묵상 질문**: 내 인생의 현주소는 '혼돈'과 '질서' 중 어디에 더 가깝습니까?
* **오늘의 기도**: 죄가 지배하는 혼돈의 땅에서 살지 않게 하옵소서. 예수 그리스도 안에 있는 생명의 빛을 믿음으로 받아들이고, 혼돈에서 질서를 창조하시는 하나님께 돌아가게 하옵소서. 그리하여 우리의 삶을 덮고 있던 어둠이 완전히 걷히게 하시고, 하나님이 창조하시는 새날을 맞이하게 하옵소서. 예수님의 이름으로 기도합니다. 아멘.

창조의 패턴

읽을 말씀: 창세기 1:2-25

새길 말씀: 하나님이 이르시되 천하의 물이 한 곳으로 모이고 물이 드러나라 하시니 그대로 되니라. 하나님이 물을 땅이라 부르시고 모인 물을 바다라 부르시니 하나님이 보시기에 좋았더라(창 1:9-10).

　창세기 1장과 2장은 말 그대로 '창세기創世記'입니다. 하나님이 이 세상을 창조하시던 때의 일들이 기록되어 있습니다. 본문을 자세히 살펴보면서 우리는 창조 이야기가 하나가 아니라 두 개라는 사실을 알게 되었습니다. 두 이야기의 관심이나 강조점이 서로 다릅니다. 그렇지만 서로 보완하여 하나님의 계획과 목적을 잘 설명하고 있습니다. 그래서 두 개의 이야기가 나란히 놓여있게 된 것이지요.

　우선 첫 번째 이야기부터 살펴보기 시작했습니다. 첫 번째 이야기는 하나님의 창조 사역을 혼돈에서 질서를 잡아나가는 것으로 설명합니다. 형체도 내용물도 없는 땅, 그 깊이를 헤아릴 수 없는 물, 그 모든 것을 뒤죽박죽으로 만들어버리는 광풍이 몰아치는 무질서와 혼돈 속으로 하나님은 한 줄기 빛을 창조하십니다. 그리고 밤과 낮을 나누고 저녁과 아침으로 이어지는 하루의 질서와 리듬을 만들어냅니다. 그것이 '어둠'과 '혼돈'의 땅을 '질서'와 '생명'의 땅으로 바꾸어나가는 창조의 시작이었습니다.

창조 사역의 전개

우리가 이미 잘 알고 있는 대로 하나님의 창조 사역은 모두 7일 동안 진행됩니다. 첫째 날에는 '빛a light'을 창조하셔서 빛과 어둠을 나누셨습니다(1:3-5). 둘째 날에는 '궁창a firmament'을 창조하셔서 위의 물과 아래의 물을 나누셨습니다(1:6-8). 셋째 날에는 아래의 물을 한곳으로 모이게 하여 '뭍the dry land'이 드러나게 하셨고, 그 땅에 각종 '식물'들이 자라게 하셨습니다(1:9-13).

넷째 날에는 하늘의 궁창에 '광명체lights'가 생기도록 하셔서 낮과 밤을 나누어 주관하도록 하셨습니다(1:14-19). 다섯째 날에는 바다와 땅 위 하늘의 궁창에 각각 '물고기'와 '새'들이 살게 하셨습니다(1:20-23). 그리고 여섯째 날에는 땅의 짐승들을 그 종류대로 만드시고, 마지막에는 사람을 창조하셔서 그 모든 것들을 다스리게 하셨습니다(1:24-31). 그리고 일곱째 날에는 안식하셨습니다(2:1-3).

많은 사람은 이 이야기를 읽으면서 성경이 말하는 '하루day'의 개념에 대해 궁금증을 가집니다. 물론 이른바 '창조과학자'들은 '하루'를 문자적으로 받아들입니다. 그래서 하나님이 하루 24시간 7일에 걸쳐 지구와 온 우주를 창조하셨다고 주장합니다. 그들이 말하는 6천 년의 '젊은 지구론'은 그렇게 출발합니다. 그리고 성경이 말하는 '하루'를 문자적으로 믿지 않는 사람들을 불신앙적인 진화론자로 정죄합니다. 정말 그럴까요?

하루 24시간은 지구의 자전自轉과 공전公轉의 속도가 만들어낸 개념입니다. 태양이 없이는 하루가 만들어지지 않습니다. 그런데 첫 번째 창조 이야기에 따르면 태양이 만들어진 것은 첫째 날이 아니라 넷째 날입니다. 하나님이 두 큰 광명체를 만드셔서 '큰 광명체'로 낮을 주관하게 하시고 '작은 광명체'로 밤을 주관하게 하셨다고 했는데(1:16), 여기에서 '큰 광명체'는 태양을 가리키고 '작은 광명체'는 달을 가리킵니다. 자, 그렇다면 그 이전의 3일은 어떻게 정의해야 할까요? 태양 없이 24시간의 하루가 만들어질 수 있습니까?

물론 하나님은 하루 동안에 무슨 일이든지 완성하실 수 있습니다. 하나님은 인간의 천 년을 하루처럼 쓰실 수 있는 분입니다. 사실은 하나님이 무엇을 창조하시는데 그렇게 많은 시간이 필요하지 않습니다. 7일이 아니라 단 하루 만에 온 세상을 만드실 수도 있습니다. 아니 말씀으로 세상을 창조하시는 하나님에게는 하루가 아니라 1분으로도 충분합니다. 그런데 왜 굳이 6일에 걸쳐서 만드시고 일곱째 날에 안식하셨다고 성경은 기록하고 있을까요?

신앙의 언어

이 대목에서 우리가 먼저 이해해야 할 것이 하나 있습니다. 창세기를 비롯한 모든 성경은 '과학'의 언어가 아니라 '신앙'의 언어로 기록되었다는 사실입니다. 신앙의 언어를 과학으로 증명하려고 하는 것은, 마치 시詩를 읽으면서 그 속에서 수학 공식을 찾으려고 하는 것과 같습니다. 삶의 의미와 목적을 깨닫게 해주는 것은 수학 공식이 아닙니다. 우리를 이 모습으로 만드시고 또한 살게 하신 하나님의 뜻과 계획을 발견할 때에 우리는 비로소 인생의 의미와 목적을 깨닫게 되는 것입니다.

예를 들어 "너를 사랑해!"(I love you!)라는 말을 한번 생각해봅시다. 그것을 과학적으로 어떻게 증명할 수 있을까요? 사랑의 고백을 할 때 눈빛의 광도光度로 측정할 수 있을까요? 얼굴의 표정이나 목소리의 떨림이나 아니면 심장의 박동 수로 측정할 수 있을까요? 그것은 과학적으로 증명할 수 없는 언어입니다. 그러나 과학의 언어는 아니지만 "너를 사랑해!"라는 말이 우리의 가슴을 뛰게 하고 또한 이 세상을 살아갈 용기를 갖게 하지 않습니까?

'신앙의 언어'는 바로 '사랑의 언어'입니다. 성경에는 하나님이 우리를 사랑하신다는 말씀으로 가득 채워져 있습니다. 창세기는 하나님이 우리를 사랑하기 때문에 이 세상을 창조하셨다고 말씀합니다. 그래서 우리에게 필요한 모든 환경을 만들어놓으시고, 마지막에 창조의 절정으로서 우리 인간을 창조하셨다고 말씀합니다. 그리고 우리를 향한 특별한 기대가 있으시다고 말씀합니다.

창세기를 읽으면서 우리가 발견해야 하는 것은 바로 그 말씀입니다. 우리를 향한 하나님의 사랑 고백을 발견해야 합니다. 그 고백은 성경 66권 전체를 통해서 계속 증언됩니다. 바로 그 말씀이 우리를 살게 하는 것입니다.

반복되는 패턴

어쨌든 첫 번째 창조 이야기를 통해서도 우리는 하나님이 어떤 분인지, 하나님이 이 세상을 왜 창조하셨는지 그리고 우리 인간을 얼마나 사랑하시는지 알 수 있습니다. 그 메시지를 발견하기 위해서 먼저 우리는 반복되고 있는 창조의 패턴을 이해할 필요가 있습니다.

첫째 날로 다시 돌아가 보겠습니다.

3하나님이 이르시되 빛이 있으라 하시니 빛이 있었고 4빛이 하나님이 보시기에 좋았더라. 하나님이 빛과 어둠을 나누사 5하나님이 빛을 낮이라 부르시고 어둠을 밤이라 부르시니라. 저녁이 되고 아침이 되니 이는 첫째 날이니라(창 1:3-5).

여기에 보면 하나님이 "빛이 있으라"라고 말씀하십니다(say). 그랬더니 말씀하신 그대로 빛이 있었습니다(be). 하나님은 그 빛을 '낮'이라고 부르십니다(call). 그 빛을 보시고 하나님은 "좋다good"고 하십니다. 그렇게 하루가 지나갑니다. 그다음 이야기에서도 똑같은 패턴이 반복됩니다. 셋째 날로 가보겠습니다.

9하나님이 이르시되 천하의 물이 한 곳으로 모이고 뭍이 드러나라 하시니 그대로 되니라. 10하나님이 뭍을 땅이라 부르시고 모인 물을 바다라 부르시니 하나님이 보시기에 좋았더라. … 13저녁이 되고 아침이 되니 이는 셋째 날이니라(창 1:9-10, 13).

이번에는 하나님이 "뭍이 드러나라"라고 말씀하십니다(say). 그랬더니 말씀하신 그대로 됩니다(be). 하나님은 뭍을 '땅'이라 부르시고 모인 물을 '바다'라고 부르십니다(call). 그것을 보시고 하나님은 "좋다good"고 하십니다. 그렇게 또 다른 하루가 지나갑니다. 이와 같은 패턴이 거의 비슷하게 계속 반복됩니다.

하나님의 속성

이 패턴을 통해서 우리는 창조주 하나님의 몇 가지 속성을 발견할 수 있습니다. 그것은 '말씀하시는 하나님', '이루시는 하나님', '명명命名하시는 하나님'입니다.

기독교는 '말씀하시는 하나님'을 믿는 종교입니다. 하나님은 이 세상을 말씀으로 창조하셨습니다. 시편 기자는 노래합니다.

하나님께서 명령하시자 하늘이 생겨나고, 나직이 속삭이시자 불쑥 별들이 나타났다(시 33:6, 메시지).

예수 그리스도는 그 말씀이 육신이 되어 우리 가운데 오신 분입니다(요 1:14). 그분의 말씀은 곧 하나님의 말씀입니다. 믿음은 하나님의 말씀을 들을 때에 생겨납니다(롬 10:17). 말씀을 듣고 지키지 않으면 마지막 때에 그 말씀이 그들을 심판합니다(요 12:48). 하나님은 말씀하십니다. 그리고 그 말씀이 우리를 새롭게 창조하시는 것입니다. 우리는 말씀하시는 하나님을 믿는 사람들입니다.

또 기독교는 '이루시는 하나님'을 믿는 종교입니다. 하나님의 말씀은 곧 현실입니다. 하나님이 "빛이 있으라!"라고 말씀하시니 곧 빛이 생겨나지 않았습니까? 주님이 나사로에게 "나오라!"라고 말씀하시니 죽었던 사람이 무덤에서 살아나오지 않았습니까? 하나님은 말씀하시고 그것을 이루시는 분입니다.

이 일을 옛부터 듣게 한 자가 누구냐. 이전부터 그것을 알게 한 자가 누구냐. 나 여호와가 아니냐(사 45:21).

하나님은 말씀하지 않고는 이루시지 않습니다. 하나님은 약속하시고 반드시 그것을 성취하시는 분입니다. 우리를 창조하신 하나님을 믿는다면, 그의 약속을 믿지 못할 이유가 없습니다.

또 기독교는 '하나님의 주권'을 믿는 종교입니다. 하나님의 주권은 이름을 정하시는 것으로 드러납니다. 우리가 궁창을 '하늘'이라 부르고, 물을 '땅'이라고 부르는 이유가 무엇입니까? 하나님이 그렇게 명명命名하셨기 때문입니다. 아담은 하나님의 허락을 받고 나서야 들짐승과 새들의 이름을 붙였습니다(2:19). 그런데 타락한 인간들은 스스로 이름을 짓겠다고 하면서 바벨탑을 쌓습니다(11:4). 기독교 신앙은 창조주와 피조물의 관계에서 출발합니다. 우리를 향한 하나님의 주권을 인정하는 것이 곧 믿음입니다.

창조의 속성

또 이 패턴을 통해서 우리가 매일의 삶에서 경험할 수 있는 창조의 속성을 발견하게 됩니다. 첫 번째 창조 이야기는 하나님의 창조 사역을 혼돈에서 질서를 잡아나가는 것으로 설명하고 있다고 했습니다. 창조의 출발점은 혼돈과 흑암과 무질서였습니다. 그 속으로 하나님은 빛이 들어오게 하셨습니다. 빛을 창조하심으로 어둠을 이기게 하신 것입니다. 이와 같은 창조 사역은 태초에 단 한 번 일어났던 일이 아닙니다. 매일 우리가 경험하는 일입니다.

성경은 '하루'를 이야기할 때 '아침과 저녁'이라고 하지 않습니다. 언제나 "저녁이 되고 아침이 되니…"(1:5, 8, 13)라고 말합니다. 아침이 아니라 저녁을 하루의 시작으로 보고 있는 것입니다. 이것은 오직 하나님의 창조 사역으로만 설명할 수 있습니다. 우리말 '아침'에 해당되는 히브리어 '보케르boqer'는 본래 '가르다', '쪼개다'라는 뜻이 있습니다. 동이 터 오를 때 아침 햇살이 어둠을 쪼개고 이 세상에 들어옵니다. 그렇게 우리는 매일 하나님의 창조 사역을 경험하고 있는 것입니다.

기독교는 희망의 종교입니다. 이 세상이 아무리 캄캄하고 살기 힘들다고 하더라도 우리는 결코 낙심하거나 절망하지 않습니다. 왜냐하면 하나님이 반드시 어둠을 가르고 새날을 창조하실 것이기 때문입니다. 시편 기자는 이렇게 노래합니다.

주님의 진노는 잠깐이요, 그의 은총은 영원하니, 밤새도록 눈물을 흘려도, 새벽

이 오면 기쁨이 넘친다(시 30:5, 새번역).

우리의 삶이 이렇게 어두워진 것은 죄 때문입니다. 공의로우신 하나님은 우리의 죄에 대해 진노하십니다. 그러나 그 진노는 미움이 아니라 사랑으로부터 나온 것입니다. 하나님의 진노는 잠깐이지만 우리를 향한 하나님의 은총과 사랑은 영원합니다. 비록 밤에는 눈물을 흘리며 잠자리에 들지라도, 아침 햇살이 어둠을 쪼개고 들어올 때는 우리의 삶에 기쁨이 회복될 것입니다.

이것이 바로 우리가 매일의 삶에서 경험하는 창조 사역입니다. 창조주 하나님을 창백한 교리 속에 가두어두지 마십시오. 하나님의 창조사건을 소모적인 논쟁거리로 만들지 마십시오. 우리가 창조 이야기를 읽으면서 발견해야 할 것은, 우리 안에 있는 하나님의 형상을 회복하여 새롭게 창조하기를 원하시는 하나님의 사랑입니다.

나눔과 채움의 창조

앞에서 '하루'에 대한 개념을 설명하면서 '큰 광명체'인 태양이 만들어진 것은 넷째 날의 일이라고 했습니다(1:16). 그렇다면 첫째 날에 만들어진 '빛'은 과연 무엇일까요? 태양이 만들어지기 전에 그 빛은 도대체 어디에서 나오는 것일까요? 그 해답은 첫 번째 창조 이야기의 전체적인 구조를 이해하면 그다지 어렵지 않게 찾을 수 있습니다.

6일 동안의 창조 사역은 3일간씩 '나눔의 창조'와 '채움의 창조'로 나눠집니다. 전반 3일은 후반을 위해서 '준비'하는 기간이고, 후반 3일은 전반의 사역을 '완성'하는 기간입니다. 제가 전반 3일을 '나눔의 창조creation as separation'라고 부르는 것은 실제로 하나님의 창조 사역이 구분하여 나누는 일을 통해서 진행되었기 때문입니다.

첫째 날에 하나님은 '빛'을 창조하셨습니다. 이 세상에 빛이 들어옴으로써 어둠과 나누어지게 되었습니다. 그렇게 낮과 밤의 구별이 생겨나게 된 것입니다. 둘째 날에는 '궁창'을 창조하셔서 위의 물과 아래의 물을 나누셨습니다. 그렇게 하늘과 바다가 서로 구별된 것입니다. 셋째 날에는 아래의 물을 한곳으로 모이게 하여 '뭍the dry land'이 드러나게 하셨습니다. 그렇게 바다와 뭍의 한계가 정해지고 서로 구별되었던 것입니다.

새로움의 창조는 이처럼 구분하여 나누는 것으로부터 시작됩니다. 뒤죽박죽으로 섞여 있는 혼란과 무질서 속에서는 그 어떤 창조적인 사건도 일어나지 않습니다. 생명의 역사는 구분됨으로 만들어집니다.

남성男性과 여성女性은 반드시 구분되어야 합니다. 어중간하게 섞여 있는 제3의 성性을 받아들이는 순간 이 세상은 혼돈과 무질서로 되돌아갈 수밖에 없습니다. 물론 생명도 만들어지지 않습니다. 참 빛이신 예수 그리스도가 오심으로 세상 사람들은 '빛의 자녀'와 '어둠의 자녀'가 나누어집니다(요 3:20-21). 그렇게 나누지 않고서는 구원의 역사 또한 이루어지지 않는 것입니다.

그러나 '나눔'은 '채움'을 위한 준비입니다. 하나님은 구분하여 나누신 다음에 그 공간을 채워나가셨습니다. 저는 그것을 '채움의 창조'(creation as filling)라고 부릅니다.

하나님은 땅에 풀과 씨 맺는 채소와 열매 맺는 나무로 채우셨습니다. 하늘의 궁창에 '광명체lights'가 생기도록 하셨습니다. 이 광명체 속에는 태양과 달의 '두 큰 광명체'와 별들도 포함되어 있습니다. 그 광명체들은 단지 하늘을 채울 뿐만 아니라, '징조signs'와 '계절seasons'과 '날days'과 '해years'를 만들어냈습니다(창 1:14). 이때 비로소 24시간의 '하루'와 봄 여름 가을 겨울로 이어지는 '계절'과 365일로 이루어진 '한 해'라는 시간의 리듬이 생겨나게 된 것입니다.

그렇다면 첫째 날에 만들어진 '빛'은 무엇일까요? 그것은 광명체가 가지고 있는 빛의 속성입니다. 히브리어로 읽으면 '빛'과 '광명체'가 분명히 구분됩니다. '빛'은 '오르or, a light'이고, '광명체'는 '마오르maor, a luminary'입니다. '오르'는 '마오르'가 가지고 있는 속성이고, '마오르'는 '오르'를 드러내는 구체적인 사물입니다. '오르'가 없이는 '마오르'가 만들어질 수 없습니다. 하나님은 '오르'와 '궁창'을 창조하여 준비하신 후에, 그곳에 '마오르'를 채우셨던 것입니다.

하나님은 둘째 날에 궁창을 만드시고 위의 물과 아래 물을 나누셨는데, 그것은 다섯째 날을 위한 준비였습니다. 하나님은 그 속에 움직이는 생물로 가득 채우셨습니다. 아래 물에는 물고기로, 땅 위의 하늘에는 날개 있는 새들로 채우신 것입니다(창 1:21). 여섯째 날에는 땅에서 살아가는 생물들을 그 종류대로 채우셨습니다(창 1:24).

창조주 하나님은 이렇듯 참으로 세밀하신 분입니다. '나눔'으로 '준비'하시고 '채움'으로 '완성'하십니다. 하나님의 창조 사역에는 우연히 되는 일이란 없습니다. 하나님의 일하심 속에는 한 치의 오차도 존재하지 않습니다. 완전하신 하나님은 계획하시고 반드시 그 계획대로 이루십니다.

그러나 하나님의 창조 사역이 완성된 것은 아닙니다. 가장 중요한 하나가 빠져있습니다. 그것은 바로 '인간의 창조'입니다. 오늘 우리가 살펴본 이 모든 과정은 인간 창조를 위한 준비였습니다. 하나님은 우리를 창조하기 위하여 먼저 이 세상을 만드신 것입니다. 우리를 창조하기 위하여 혼돈에서 질서를 만드신 것입니다.

구별되지 않고서는 질서가 세워지지 않습니다. 비우지 않고서는 채워지지 않습니다. 우선순위가 분명해지지 않고서는 삶의 목적이 무엇인지 알 수도 없고 또한 그것을 이룰 수도 없습니다. 질서의 하나님은 우리가 뒤죽박죽 인생으로 사는 것을 원하지 않으십니다. 그렇게 살라고 우리를 창조하지 않으셨습니다.

창세기는 우리가 얼마나 귀한 존재로 창조되었는지 알라고 합니다.

하나님이 우리를 사랑하셔서 이 세상을 창조하셨다고 합니다. 우리를 통해서 이루실 일이 있다고 합니다. 이번에 창세기 말씀을 묵상하면서 하나님의 말씀 안에서 우리 삶의 현주소를 점검하고, 우리를 향한 하나님의 사랑과 기대를 깨닫게 되기를 간절히 소망합니다.

* **묵상 질문:** 첫 번째 창조 이야기를 통해서 내가 발견한 '사랑의 언어'는 무엇입니까?

* **오늘의 기도:** 창조주 하나님을 만나기 전까지 우리 인생은 혼돈과 무질서 속에서 살 수밖에 없음을 고백합니다. 참 빛으로 오신 예수 그리스도를 영접하기 전까지 우리 인생의 진정한 가치를 깨달을 수 없음을 고백합니다. 이제라도 창조주 하나님에 대한 분명한 신앙을 갖게 해주시고, 하나님 안에서 우리 인생의 진정한 의미와 목적을 발견하게 하옵소서. 예수님의 이름으로 기도합니다. 아멘.

사람의 창조

읽을 말씀: **창세기 1:26-31**

새길 말씀: 하나님이 이르시되 우리의 형상을 따라 우리의 모양대로 우리가 사람을 만들고 그들로 바다의 물고기와 하늘의 새와 가축과 온 땅과 땅에 기는 모든 것을 다스리게 하자 하시고…(창 1:26).

지금 우리는 창세기 1장과 2장에 기록되어 있는 두 개의 창조 이야기를 살펴보고 있습니다. 첫 번째 이야기는 혼돈에서 질서를 잡아나가는 창조의 모습을 강조하고 있습니다. 하나님은 물론 '무無'에서 '유有'를 창조하실 수 있는 분입니다. 그러나 '혼돈chaos'에서 '질서order'를 잡아나가는 것 또한 오직 하나님만이 하실 수 있는 일입니다. 특히 생명이 창조되기 위해서는 반드시 질서가 필요합니다.

질서를 만들어가는 하나님의 창조 사역은 또한 그에 잘 어울리는 질서정연한 구조가 있습니다. 그것을 '나눔의 창조'과 '채움의 창조'로 설명했습니다. 지금까지 설명해 온 첫 번째 이야기의 구조를 다음과 같은 표로 정리해볼 수 있습니다.

〈표1〉 첫 번째 창조 이야기 구조(6일)

나눔의 창조(준비)			채움의 창조(완성)	
제1일	빛	→	해, 달, 별	제4일
제2일	궁창	→	물고기와 새	제5일
제3일	땅 / 식물	→	동물	제6일
사람의 창조				

전반의 3일은 후반을 위해서 '준비'하는 기간이었고, 후반의 3일은 전반의 사역을 '완성'하는 기간이었습니다. 하나님은 '나눔separation'으로 준비하셨고, '채움filling'으로 완성하셨습니다. 여섯째 날에 땅에 사는 짐승들을 그 종류대로 만드신 후에, 하나님은 제일 마지막으로 사람을 창조하셨습니다. 자, 이게 무엇을 의미할까요?

그 이전의 모든 과정은 사람을 창조하기 위한 준비였다는 뜻입니다. 다시 말해서 창조 사역의 절정은 바로 '사람의 창조'였던 것입니다. 사람이 살아갈 수 있도록 완벽한 환경을 만들어놓으시고, 시간과 공간의 질서를 빈틈없이 준비해놓으셨던 것입니다.

창조의 격

하나님은 사람을 다른 생물들과 똑같이 취급하지 않으셨습니다. 그것은 사람을 창조하시는 장면과 다른 생물을 창조하시는 장면을 비교해보면 금방 알아차릴 수 있습니다. 먼저 땅의 짐승을 창조하시는 장면을 보겠습니다.

하나님이 이르시되 땅은 생물을 그 종류대로 내되 가축과 기는 것과 땅의 짐승을

종류대로 내라 하시니 그대로 되니라(창 1:24).

우리말 '내다'로 번역된 히브리어 '야차ᵧₐₜₛₐ' 동사를 영어로는 'bring forth생산하다' 또는 'come out나오다' 등으로 번역합니다. NIV 성경은 'produce'를 사용합니다. "Let the land produce living creatures according to their kinds." '생물living creatures'은 무엇으로부터 만들어집니까? '땅the land'으로부터 생산됩니다. 그것은 식물들도 마찬가지입니다. 풀과 채소와 나무들은 모두 '땅'으로부터 생산됩니다(창 1:2). 다시 말해서 식물이나 동물의 기원은 '땅'이라는 것입니다. 그리고 그것으로 충분합니다.

그러나 사람은 다릅니다. 하나님이 사람을 창조하시는 장면입니다.

하나님이 이르시되 우리의 형상을 따라 우리의 모양대로 우리가 사람을 만들고 그들로 바다의 물고기와 하늘의 새와 가축과 온 땅과 땅에 기는 모든 것을 다스리게 하자 하시고…(창 1:26).

자, 그런데 여기에서 이상하게 느껴지는 부분이 있습니다. 우리가 알고 있는 하나님은 분명히 한 분이신데, 왜 자꾸 '우리'라고 말씀하시는 것일까요? 그 문제를 삼위일체론의 교리로 설명하는 분들이 있습니다. 성부, 성자, 성령 하나님이 지금 말씀하고 계시기 때문에 '우리'가 되었다는 것입니다.

그러나 그것은 마치 "하나님의 영은 수면 위로 운행하셨다"(1:2)는 말씀을 태초부터 '성령'이 존재하고 계셨음을 증명하는 구절로 해석하려는 것과 같습니다. 우리가 이미 살펴본 대로 '하나님의 영'은 사실 '광풍狂風'으로 번역하는 것이 문맥상 맞습니다. 우리는 성경이 처음부터 교리적인 관심으로 기록되지 않았다는 사실을 알아야 합니다. 교리를 증명하기 위한 수단으로 본문을 해석하는 방식으로는 성경이 말하려고 하는 메시지를 발견하는데 방해가 될 뿐입니다.

이 말씀은 오히려 하나님이 천상의 존재들과 함께 어전회의御前會議를 하고 계시는 장면으로 이해하는 것이 훨씬 더 설득력이 있습니다. 그것은 이사야와 에스겔이 목격했던 보좌 환상(사 6:1-3; 겔 1:4-10)이나, 사도 요한이 보았던 천상의 예배와 보좌 환상(4:1-11)으로 충분히 설명될 수 있습니다. 다시 말해서 지금 하나님은 천상의 존재들과 함께 사람을 창조할 것을 의논하고 계시는 것입니다.

여기에서 우리는 다른 생물을 만드실 때와는 전혀 다른 하나님의 신중한 모습을 봅니다. 사람의 창조는 이처럼 처음부터 격이 달랐던 것입니다.

사명의 격

'창조의 격'만 달랐던 것이 아닙니다. 주어진 '사명의 격'도 달랐습니다. '사명使命'이란 '맡겨진 임무'를 의미합니다. 하나님께서 이 세상의 만물을 창조하셨을 때 각자에게 맡겨주신 임무가 있었습니다. 하나님이 생물들에게 맡겨주신 임무는 무엇이었을까요?

> 하나님이 그들에게 복을 주시며 이르시되 생육하고 번성하여 여러 바닷물에 충만하라. 새들도 땅에 번성하라 하시니라(창 1:22).

이 구절은 하나님께서 물속에 사는 생물들과 땅 위 하늘의 궁창에 날아다니는 새들을 창조하시고, 그들에게 복을 주시는 장면입니다. '복'을 다른 말로 바꾸면 '사명'이 됩니다. 하나님이 그들에게 주신 사명은 바로 '생육be fruitful'과 '번성multiply'과 '충만fill'입니다.

그렇다면 땅의 생물에게는 어떤 사명을 주셨을까요? 그 장면은 성경에 기록되어 있지 않습니다. 그러나 물이나 하늘의 생물에게 주신 복과 다르지 않기 때문에 반복하지 않았을 뿐이지, 그들의 사명은 분명합니다. '생육'하고 '번성'하여 '충만'하는 것입니다. 그것으로 그들은 하나님이 맡겨주신 사명을 충실하게 감당하는 것입니다.

그러나 하나님이 사람에게 주신 사명은 그와 다릅니다.

하나님이 그들에게 복을 주시며 하나님이 그들에게 이르시되 생육하고 번성하여 땅에 충만하라. 땅을 정복하라. 바다의 물고기와 하늘의 새와 땅에 움직이는 모든 생물을 다스리라 하시니라(창 1:28).

물론 '생육'과 '번성'과 '충만'의 복은 같습니다. 자녀를 낳고 번성하여 온 땅에 가득하게 되는 것은 하나님이 사람에게 주신 사명이요 복입니다. 그러나 그것이 전부는 아닙니다. 만일 그것이 전부라면 다른 생물들과 다를 바가 없습니다. 사람에게는 두 가지 사명이 더 주어졌습니다. 그것은 바로 '정복subdue'과 '다스림dominate'입니다.

그런데 "정복하고 다스리라"라는 말씀이 그동안 많은 오해를 불러일으켜왔습니다. 사람들은 다른 나라를 침략하여 땅을 빼앗는 것을 '정복'이라고 생각합니다. '다스림'도 마찬가지입니다. 마치 독재자가 위에 군림하고 권세를 부리면서 자기 마음대로 생명을 취하고 죽이는 것처럼, 그렇게 생물들을 함부로 취급해도 된다고 생각합니다. 그런 식으로 "정복하고 다스리라"라는 말씀을 생각한 것입니다.

실제로 인간이 들어가는 곳에는 언제나 환경파괴가 일어났습니다. 개발이라는 명목으로 자연을 함부로 훼손하고, 물과 공기를 오염시켜왔습니다. 지금까지 인간의 무분별한 포획으로 인해 멸종당한 동물들이 얼마나 많이 있는지 모릅니다. 그것을 성경 탓으로 돌리는 사람들도 더러 있습니다. 만일 하나님이 "정복하고 다스리라"라고 하지 않았다면, 그렇게 되지는 않았을 거라고 비꼬는 것이지요.

환경파괴는 인간의 탐욕과 죄로 인해 만들어지는 결과이지, 결코 하나님 탓이 아닙니다. 하나님의 말씀은 오히려 정반대였습니다. '정복'과 '다스림'은 파괴를 허락하는 명령이 아니었습니다. 하나님은 분명히 생물들에게는 "생육하고 번성하고 충만하라"라고 하셨습니다. 그리고 사람에게는 "그것들을 정복하고 다스리라"라고 하셨습니다. 무슨 뜻입니까? 생물들이 생육하고 번성하고 충만하도록 잘 보살피라는 뜻입니다.

그래서 이 부분을 메시지 성경은 다음과 같이 풀이합니다.

> … 자녀를 낳고 번성하여라! 온 땅에 가득하여라! 땅을 돌보아라! 바다의 물고기
> 와 공중의 새와 땅 위에 사는 온갖 생물을 돌보아라!(창 1:28, 메시지)

그렇습니다. 사람에게 주어진 특별한 사명은 하나님이 창조하신 세계를 하나님의 대리자로서 책임지고 잘 돌보는 것입니다. 그 사명을 위해서 하나님은 사람을 그렇게 특별한 존재로 창조하셨던 것입니다.

하나님의 형상

하나님은 사람에게 특별한 기대를 가지고 계셨습니다. 그 기대는 '하나님의 형상'으로 사람을 만드는 것으로 표현됩니다.

> 하나님이 자기 형상 곧 하나님의 형상대로 사람을 창조하시되 남자와 여자를 창
> 조하시고…(창 1:27).

'하나님의 형상the image of God'에 대한 설명이 참으로 구구합니다. 그런데 그 대부분의 설명이 지나치게 신학적이어서 오히려 잘 이해가 되지 않습니다. 그것은 '하나님의 형상'이라는 말이 우리가 사용하지 않는 생

소한 용어이기 때문에 더더욱 그렇습니다. 하지만 창세기가 기록되던 당시의 사람들에게 이것은 아주 익숙한 용어였습니다.

'형상(image)'과 '모양(likeness)'은 동의어입니다(창 1:26, 5:1). 그림이나 조각이나 동상같이 우리의 눈으로 볼 수 있게 만들어진 것을 '형상'이라고 합니다. 사무엘상 6장에 보면 하나님의 법궤를 빼앗은 일로 인해서 재앙이 일어나니까, 블레셋 사람들이 그것을 돌려보내기로 합니다. 그때 그들은 땅을 해롭게 하는 '쥐의 형상(images of mice)'을 금으로 만들어 속건 제물로 삼으려고 합니다(삼상 6:5). 쥐의 모양을 본떠서 만든 것이 바로 '쥐의 형상'입니다.

따라서 '하나님의 형상'이란 하나님의 모양을 본떠서 만들어놓은 것이라 할 수 있습니다. 그러면 가장 먼저 '우상'을 생각하게 됩니다. 그러나 '우상'은 그냥 그 자체가 '신'이지 '신의 형상'은 아닙니다. 그렇다면 '하나님의 형상'은 무엇을 가리키는 말이었을까요? 놀랍게도 그것은 '왕'을 가리키는 말이었습니다.

당시에는 왕을 아주 특별한 존재로 생각했습니다. 신의 세계와 인간의 세계가 만나는 교집합 부분에 왕이 있다고 생각했습니다. 그러니까 왕은 신적인 존재이면서 동시에 인간이었던 셈입니다. 어쨌든 왕들은 자신의 지배권을 표시하기 위해서 왕국 곳곳에 '왕의 형상'을 만들어서 세워놓았습니다. 바로 이 '왕의 형상'을 가리켜서 사람들은 '하나님의 형상'이라고 불렀던 것입니다.

그렇다면 '하나님의 형상'으로 사람이 창조되었다는 것은 무엇을 의미할까요? 이 세상의 모든 사람이 왕 같은 귀한 존재로 창조되었다는 뜻입니다. 이것이야말로 가장 위대한 인권선언이 아닐 수 없습니다. 진정한 '인권'은 인본주의가 아니라, 하나님의 창조 질서 안에서 발견되는 것입니다.

왕 같은 존재

하나님이 사람을 왕 같은 존재로 창조하셨다는 사실을 가장 잘 표현한 시편이 하나 있습니다. 그것은 다윗의 시로 알려진 시편 8편입니다.

4사람이 무엇이기에 주께서 그를 생각하시며 인자가 무엇이기에 주께서 그를 돌보시나이까. 5그를 하나님보다 조금 못하게 하시고 영화와 존귀로 관을 씌우셨나이다(시 8:4-5).

여기에서 '하나님'으로 번역된 히브리어가 바로 '엘로힘elohim'입니다. 예전의 개역성경에는 '천사'로 번역되어 있었지만, '하나님'이 더 정확한 표현입니다. 다윗은 사람을 하나님보다 조금 못한 존재로 표현합니다. "조금 못하게 하셨다"라는 것은 "조금 못하게 창조하셨다"라는 뜻입니다. 그렇습니다. 사람은 하나님 같은 존재가 아닙니다. 하나님보다 조금 못하게 만들어진 존재입니다.

물론 사탄은 "하나님처럼 되라!"고 사람들을 유혹합니다(창 3:5). 그렇지만 그 유혹에 넘어가면 안 됩니다. 사람은 결코 하나님처럼 될 수도 없지만, 하나님처럼 되려고 해서도 안 됩니다. 그러나 사람은 하나님 같은 존재는 아니지만, 왕 같은 귀한 존재로 창조되었습니다. 그것이 바로 "영화와 존귀의 관을 씌우셨다"가 의미하는 바입니다. 따라서 '하나님의 형상'은 '왕 같은 존재'와 동의어라고 말할 수 있습니다.

왕이 해야 하는 가장 중요한 일이 무엇입니까? 그것은 정복하고 다스리는 것입니다.

6주의 손으로 만드신 것을 다스리게 하시고 만물을 그의 발아래 두셨으니 7곧 모든 소와 양과 들짐승이며 8공중의 새와 바다의 물고기와 바닷길에 다니는 것이니이다(시 8:6-8).

이 구절은 하나님이 사람을 '하나님의 형상'으로, 즉 '왕 같은 존재'로 만드신 이유를 잘 표현하고 있습니다. 그것은 하나님의 손으로 만드신 만물을 하나님의 뜻에 합당하도록 잘 다스리고 돌보는 것입니다. "정복하고 다스리라"는 명령은 하나님이 창조하신 세계를 함부로 파괴해도 좋다는 허락이 아닙니다.

베드로 사도도 이 표현을 즐겨 사용합니다.

> 그러나 너희는 택하신 족속이요 왕 같은 제사장들이요 거룩한 나라요 그의 소유가 된 백성이니 이는 너희를 어두운 데서 불러 내어 그의 기이한 빛에 들어가게 하신 이의 아름다운 덕을 선포하게 하려 하심이라(벧전 2:9).

여기에서 '왕 같은 제사장들a royal priesthood'에 주목하십시오. 이것은 본래 '제사장 나라'로서 이스라엘에게 부여한 사명이 얼마나 크고 귀한 것인지를 표현하는 말이었습니다(출 19:6). 그런데 이것을 다른 사람들에게 군림하는 폭군이 되어도 좋다는 말로 이해한다면, 그것은 큰 오해입니다. 요한계시록에 나오는 "그리스도와 더불어 천 년 동안 왕 노릇 한다"(계 20:4b)는 표현도 역시 마찬가지입니다.

'하나님의 형상'이든, '왕 같은 존재'이든, 아니면 '왕 같은 제사장'이든 이 세상을 창조하시고 다스리는 진정한 왕이신 하나님으로부터 특별한 사명을 위임받았다는 점에서 다르지 않습니다. 하나님을 대신하여 이 세상을 돌보고 섬기도록 부름을 받은 것입니다. 바로 그 사명으로부터 인생의 진정한 가치와 권위가 드러나는 것입니다.

남자와 여자

마지막으로 우리는 하나님께서 '남자'만 하나님의 형상대로 창조하지 않으셨다는 사실을 기억할 필요가 있습니다. 분명히 "하나님의 형상대로 사람을 창조하시되 남자와 여자를 창조하셨다"(1:27)라고 했습니다. 남자와 여자가 모두 '하나님의 형상', 즉 '왕 같은 존재'로 창조된 것입니다.

그런데 우리는 '사람의 창조'와 관련해서 두 번째 창조 이야기에 더 익숙합니다. 거기에서는 남자가 먼저 창조되었고(2:7), 그 후에 남자의 갈빗대로 여자가 만들어진 것으로 되어 있습니다(2:22). 마치 남자를 돕는 존재로 여자가 창조된 것처럼 생각할 수 있습니다. 실제로 바울은 그 창조의 순서에 근거해서 남자가 여자를 다스려야 한다는 뉘앙스로 말합니다(고전 11:8-10). 심지어 여자는 교회에서 잠잠해야 한다고 가르치기도 합니다(고전 14:34).

그것은 가부장적인 안경을 끼고 창조 이야기를 해석한 것이지, 본래 성경이 담고 있는 메시지는 그런 것이 아닙니다. 이에 대해서는 두 번째 창조 이야기를 다룰 때에 자세히 설명하겠습니다. 어쨌든 첫 번째 이야기만 본다면, 남자와 여자의 창조 순서나 그에 따른 남녀관계의 우열을 거론할 수 없습니다. 오히려 남자와 여자 모두 하나님의 형상을 가진 존재이며, 그들에게 똑같은 사명이 주어졌다는 사실을 고백해야 합니다.

이것이야말로 진정한 '인권선언'입니다. 남자와 함께 여자도 하나님의 형상으로 창조되었습니다. 하나님이 창조하신 세상을 하나님의 뜻대로 가꾸고 다스릴 책임이 주어진 것입니다. 그것을 남자에게만 주어진 특권으로 만들어버리면 안 됩니다. 남자와 여자, 아니 모든 사람에게 주어진 사명이라는 사실을 우리는 결코 잊으면 안 되는 것입니다.

사람은 창조의 꽃입니다. 하나님께서 혼돈으로부터 질서를 만들어내시고, 나눔과 채움을 통해서 이 세상을 창조하신 것은 모두 사람을 창조하기 위한 준비였습니다. 우리는 그런 존재입니다. 하나님의 형상으로 만들어진 왕 같은 귀한 존재입니다. 우리에게는 특별한 사명이 있습니다. 우리를 향한 하나님의 기대가 있습니다.

하나님의 말씀 안에서 우리의 진정한 가치를 발견하고, 하나님이 우리에게 맡겨주신 사명을 따라 살아가는 우리가 되기를 간절히 소망합니다.

* **묵상 질문**: 그동안 나는 '하나님의 형상'을 어떤 식으로 생각해왔습니까?
* **오늘의 기도**: 참으로 부족한 우리를 하나님의 형상으로, 왕 같은 존재로 창조해주셨다는 말씀에 큰 위로와 함께 큰 도전을 받습니다. 하나님이 맡겨주신 사명을 특권으로 변질시키지 않게 하시고 또한 주어진 삶의 환경으로 인해 그 사명을 잊어버리지 않게 하옵소서. 예수님의 이름으로 기도합니다. 아멘.

안식의 창조

읽을 말씀: 창세기 2:1-3

새길 말씀: 하나님이 그가 하시던 일을 일곱째 날에 마치시니 그가 하시던 모든 일을
그치고 일곱째 날에 안식하시니라(창 2:2).

지금까지 살펴본 대로, 첫 번째 창조 이야기의 절정은 바로 '사람의
창조'였습니다. 하나님은 사람이 살아갈 수 있는 환경을 완벽하게 갖추
어 두신 후에, 가장 마지막으로 사람을 창조하셨습니다. 그것도 아무 생
각 없이 적당히 만들지 않으셨습니다. '하나님의 형상'으로, '왕 같은 존
재'로 만드셨습니다. 그리고 하나님을 대신하여 이 세상을 돌보는 막중
한 사명을 맡겨주셨습니다.

이 모든 일에는 하나님의 기대가 담겨 있습니다. 성경 전체를 통해서
계시된 하나님의 기대는 분명합니다. 바로 '하나님 나라The Kingdom of God'가
이루어지는 것입니다. 하나님의 뜻대로 통치하는 그 나라가 이 땅에 완
성되는 것입니다. 하나님은 그 일을 사람을 통해서 이루어가기를 원하셨

습니다. 그래서 특별한 정성을 쏟아 남자와 여자를 창조하시고, 그들이 세상에 충만하도록 복을 주시고 또한 서로 함께 그 일을 해나가도록 같은 사명을 주셨던 것입니다.

이렇게 6일 동안의 창조 이야기를 마무리한다고 하더라도 아무런 손색이 없어 보입니다. 혼돈으로부터 질서를 만드셨고, 완벽한 준비를 거쳐서 사람까지 창조되었으니 말입니다. 실제로 성경은 여섯째 날이 지난 후에 "천지와 만물이 다 이루어졌다"(창 2:1)라고 기록하고 있습니다. 이제는 사람들이 하나님의 대리자로서 일하기 시작하면 되는 것입니다.

그러나 하나님의 창조 사역은 아직 끝나지 않았습니다. 중요한 사역이 하나 더 남아 있습니다. 바로 '안식의 창조'입니다.

멈춤의 날

일곱째 날에도 하나님은 창조 사역을 계속 이어가셨습니다. 그런데 그 사역은 아이러니하게도 '멈춤의 날'을 만드신 것입니다.

> 2하나님이 그가 하시던 일을 일곱째 날에 마치시니 그가 하시던 모든 일을 그치고 일곱째 날에 안식하시니라. 3하나님이 그 일곱째 날을 복되게 하사 거룩하게 하셨으니 이는 하나님이 그 창조하시며 만드시던 모든 일을 마치시고 그 날에 안식하셨음이니라(창 2:2-3).

'마치다'로 번역된 히브리어 '칼라kalah' 동사는 본래 '완성하다to be complete'라는 뜻입니다. 하나님께서 당신이 하시던 일을 일곱째 날에 그만두신 것이 아니라 완성하셨습니다. 이날 하나님이 하신 일이 무엇입니까? 바로 '안식'이었습니다. 우리말 '안식하다'에 해당되는 히브리어는 '샤바트shabath'인데, 이는 '중단하다' 또는 '멈추다cease'라는 뜻을 가졌습니다(수

5:12). 그러니까 하나님께서 '멈춤'으로 창조 사역을 '완성'하신 것입니다.

그런데 하나님께서 지난 6일 동안 너무 열심히 일해서 피곤하셨던 것일까요? 그래서 휴식이 필요하셨을까요? 또는 더이상 할 일이 없어서 멈추신 것일까요? 아닙니다. 창조주 하나님은 피곤하지도 곤비하지도 않으신 분입니다(사 40:28). 사람을 창조하여 그들에게 사명을 맡겼다고 해서 하나님의 할 일이 갑작스럽게 없어진 것도 아닙니다. 오히려 이제 막 시작되었습니다. 그렇다면 무엇입니까?

일곱째 날은 하나님을 위해서 만드신 날이 아닙니다. 지난 엿새 동안의 창조와 마찬가지로 일곱째 날도 사람을 위해서 만들어졌습니다. 시간의 리듬을 일주일로 정하시고, 그중의 하루는 이렇게 모든 것을 멈추는 날로 '창조'하신 것입니다. 저는 이것을 '안식의 창조'라고 부릅니다. 하나님의 대리자로서 사람이 지켜야 할 가장 중요한 사명은 바로 '안식'입니다. 하나님이 맡겨주신 사명은 '안식'으로부터 시작해야 한다는 것입니다.

하나님은 그 날을 "복되게 하시고 거룩하게 하셨다"(3절)라고 합니다. 우리말 "거룩하게 하다"에 해당되는 히브리어 '카다시qadash' 동사는 본래 '구별하다to be set apart'라는 뜻입니다. 그날은 다른 날들과 구별되어야 한다는 것입니다. 어떻게 구별할 수 있을까요? 그동안 해오던 일을 모두 멈추면 됩니다. '멈춤'으로 '구별'할 수 있습니다.

그렇게 하면 그날이 '복된 날'이 됩니다. 앞에서 '복'을 '사명'이라고 설명했습니다. 일곱째 날을 복된 날이 되게 하려면, 그날 무조건 멈추어야 합니다. 바로 그것이 사람에게 맡겨진 특별한 사명입니다. 이 세상을 하나님의 뜻대로 돌보기 위해서 일주일에 하루를 멈추어 서는 일부터 시작해야 한다는 것입니다.

안식일 규례

이와 같은 하나님의 뜻은 이스라엘이 출애굽할 때 시내산에서 받은 십계명으로 더욱 분명하게 선포되었습니다. 십계명은 출애굽기(출 20:3-17)와 신명기(신 5:7-21)에 각각 기록되어 있는데, 먼저 출애굽기 본문의 안식일 규례부터 살펴보겠습니다.

> 8안식일을 기억하여 거룩하게 지키라. 9엿새 동안은 힘써 네 모든 일을 행할 것이나 10일곱째 날은 네 하나님 여호와의 안식일인즉 너나 네 아들이나 네 딸이나 네 남종이나 네 여종이나 네 가축이나 네 문안에 머무는 객이라도 아무 일도 하지 말라(출 20:8-10).

출애굽기 본문은 안식일 규례를 하나님의 창조 사역과 관련하여 설명하고 있습니다. 일주일의 엿새 동안은 힘써 모든 일을 행해야 하지만, 일곱째 날에는 아무 일도 해서는 안 된다고 말씀하십니다. 그 이유가 무엇입니까?

> 이는 엿새 동안에 나 여호와가 하늘과 땅과 바다와 그 가운데 모든 것을 만들고 일곱째 날에 쉬었음이라. 그러므로 나 여호와가 안식일을 복되게 하여 그날을 거룩하게 하였느니라(출 20:11).

그 이유는 하나님께서 천지를 창조하실 때에 일곱째 날에 쉬셨기 때문이라고 합니다. 물론 앞에서 설명한 대로 하나님에게 쉬는 날이 필요해서 안식일을 만드신 것이 아닙니다. 안식일은 사람을 위해서 만들어졌습니다.

일주일에 하루를 멈추는 것은 물론 사람 자신을 위해서이기도 하지만, 이 지구의 건강한 생태계를 지키기 위해서도 꼭 필요한 일입니다. 멈춤의 날을 준수하는 것은 창조 세계를 돌보는 하나님의 대리자로서 사람에게 맡겨진 가장 중요한 사명입니다.

안식일 규례에 대한 신명기 본문의 설명은 대체로 출애굽기 본문과 대동소이합니다. 가장 두드러지게 다른 점은 안식일을 '창조 사역'이 아니라 '출애굽 사건'과 관련하여 설명한다는 것입니다.

> 너는 기억하라. 네가 애굽 땅에서 종이 되었더니 네 하나님 여호와가 강한 손과 편 팔로 거기서 너를 인도하여 내었나니 그러므로 네 하나님 여호와가 네게 명령하여 안식일을 지키라 하느니라(신 5:15).

이집트 땅에서 종살이하던 이스라엘 사람들은 '고된 노동'에 시달렸습니다(출 2:23). '고된 노동'이란 물론 노동의 강도가 심했다는 뜻도 있지만, 그보다는 휴식 없이 계속 일했다는 뜻이 더 강합니다. 모세가 파라오에게 처음 요구한 것은 "광야로 사흘 길쯤 가서 예배하는 것"(출 5:3)이었습니다. 요즘 말로 바꾸면 하나님께 예배할 수 있도록 며칠 휴가를 달라는 뜻입니다. 바로는 물론 일언지하—言之下에 거절하지요.

출애굽 당시에 남의 밑에서 종살이하는 것은 곧 쉬지 않고 일하는 것을 의미했습니다. 그렇게 종살이하던 이스라엘 사람들을 하나님은 구원하여 인도해 내셨던 것입니다. 그렇다면 이제부터 이스라엘 백성들은 어떻게 살아야 할까요? 일주일에 하루는 일을 멈추어야 합니다. 하나님이 명령하신 안식일을 지켜야 합니다. 그것이 바로 노예 생활에서 구원받은 자유인의 표식입니다.

멈추지 못하는 현실

'안식일'로 번역된 히브리어 '욤 하샤바트yowm hash-shabath'는 바로 '멈춤
의 날the day of cessation'입니다. 단지 일만 멈추는 것이 아닙니다. 노는 것도
멈추고, 오락하는 것도 멈추는 것입니다. 수십 명 또는 수백 명의 노예를
부리면서 사는 주인에게는 사실상 일 년 365일이 '노는 날'입니다. 그런
사람들에게도 과연 안식일이 필요할까요?

물론 필요합니다. 왜냐하면 그런 사람들도 멈추어야 할 것이 있기 때
문입니다. 일주일의 하루는 돈 버는 것도 멈추고, 욕심부리는 것도 멈추
어야 합니다. 남들에게 일 시키는 것도 멈추고, 걱정하고 염려하는 것도
멈추어야 합니다. 모든 것을 멈추고 하나님 안에서 '안식'하는 멈춤의 날
이 바로 '안식일'입니다. 그렇게 사는 것이 하나님이 창조하신 사람의 본
래 모습입니다.

그런데 우리의 현실은 어떻습니까? 바쁜 현대인들은 일주일에 하루도
멈추지 못합니다. 오히려 쉬는 것을 게으름이요 죄악이라고 생각합니다.
어떤 사람들은 주일에 가게 문을 닫으면 금방이라도 망하는 줄 압니다.
남들은 다 문 열어놓고 장사를 하는데 나만 문 닫으면 큰 손해가 난다고
생각합니다. 그래서 아침 일찍 교회에 와서 잠깐 예배드리고, 그 길로 바
로 출근하는 사람들도 있습니다. 물론 나름대로 피치 못할 사정이 있겠지
만, 중요한 것은 일주일에 하루도 멈추어 서지 못한다는 사실입니다.

믿음의 공동체도 마찬가지입니다. 그동안 한국교회를 지배해온 '성장
제일주의'는 '안식일'조차도 일하는 날로 만들어버렸습니다. 주일마다 목
회자는 목회자대로, 교인들은 교인들대로 얼마나 분주한지 모릅니다. 어
떤 특별 행사라도 있으면 그날에는 온몸이 녹초가 됩니다. 모든 것을 멈추
고 영적인 에너지를 충전하라고 하나님께서 정해놓으신 날, 우리는 오히
려 영적인 에너지를 완전히 방전하며 바쁘게 지냅니다. 그러면서 자랑스

럽게 말하지요. "지난 몇 년 동안 나는 하루도 쉬지 않고 열심히 일했어!"

하나님을 알지 못하는 세상 사람들에게는 그게 자랑거리일지 모르지만, 우리 그리스도인들에게는 오히려 부끄러워해야 할 일이라는 사실을 알아야 합니다. 적어도 일주일에 하루는 멈추어야 합니다. 멈추어야 할 때 멈추지 못하고, 안식해야 할 때 안식하지 못하는 것은 하나님의 명령에 불순종하는 것입니다. 하나님께서 우리를 위해 창조해놓으신 '멈춤의 날'을 무용지물無用之物로 만드는 것입니다.

그것은 단지 계명을 어기는 것으로 그치지 않습니다. 멈춤을 통해서 하나님께서 우리에게 주시려고 준비해놓으신 복을 잃어버리게 됩니다.

멈춤의 복

이사야 30장에 보면 이스라엘 백성들이 나라가 망해가는 풍전등화와 같은 위기 상황에 놓여 있을 때에 하나님께서 하신 말씀이 기록되어 있습니다.

> 주 여호와 이스라엘의 거룩하신 이가 이같이 말씀하시되 너희가 돌이켜 조용히 있어야 구원을 얻을 것이요 잠잠하고 신뢰하여야 힘을 얻을 것이거늘…(사 30:15).

여기에서 "돌이킨다"라는 것은 '회개in repentance'를, "조용히 있다"라는 말은 '쉼in rest'을 의미합니다. 외적이 침입해 들어온다고 야단법석하지 말고, 회개하면서 가만히 멈추어 쉬고 있으라는 겁니다. 그래야 구원을 얻게 된다는 것입니다. 나라가 망하게 되었다고 호들갑 떨지 말고 그냥 '잠잠하면서in quietness' 하나님을 '신뢰하여야in confidence' 힘을 얻게 된다는 것입니다.

그런데 이스라엘 백성들은 그렇게 하지 않았습니다.

… 너희가 원하지 아니하고 이르기를 아니라 우리가 말 타고 도망하리라 … 우리가 빠른 짐승을 타리라 하였으므로 너희를 쫓는 자들이 빠르리니…(사 30:16).

날랜 말을 타고 죽기 살기로 열심히 도망간다고 해서 그 위기에서 탈출할 수 있을까요? 아닙니다. 우리의 대적들은 더 날랜 말을 타고 더 빨리 쫓아옵니다. 그렇다면 우리가 어떻게 해야 구원을 받게 됩니까? 하나님께서 우리를 위해 준비해놓으신 구원의 길이 무엇입니까? 멈추어 서서 하나님을 기다리는 것입니다.

그러나 여호와께서 기다리시나니 이는 너희에게 은혜를 베풀려 하심이요 일어나시리니 이는 너희를 긍휼히 여기려 하심이라. 대저 여호와는 정의의 하나님이심이라. 그를 기다리는 자마다 복이 있도다(사 30:18).

그렇습니다. 모든 것을 멈추고 하나님 구원의 때를 기다리는 것입니다. 하나님께서 은혜를 베푸시는 때를, 하나님께서 우리를 긍휼히 여기시는 때를 기다리는 것입니다. 그것이 바로 우리가 멈춤을 통해서 누리게 되는 하나님의 복입니다. 안식일은 바로 그 은혜를 맛볼 수 있도록 우리에게 허락해놓으신 축복의 통로입니다.

강제로 멈춤

'안식일' 규례는 '안식년'과 '희년'의 규례로 이어지는 출발입니다. 하나님은 이 안식의 계명들을 매우 중요하게 여기셨습니다. 다른 모든 계명은 바로 여기에서부터 시작됩니다. 그런데 만일 우리가 안식을 지키지 않는다면 어떻게 될까요? 우리가 멈추지 않는다면 하나님이 강제로 멈추게 하십니다. 레위기에 이런 말씀이 기록되어 있습니다.

내가 너희를 여러 민족 중에 흩을 것이요 내가 칼을 빼어 너희를 따르게 하리니 너희의 땅이 황무하며 너희의 성읍이 황폐하리라(레 26:33).

이스라엘은 하나님이 특별히 선택하신 민족입니다. 그러나 그들을 망하게 하여 여러 민족 중에 흩어버리실 것이라고 경고하십니다. 그런데 그 이유가 무엇인지 아십니까?

34너희가 원수의 땅에 살 동안에 너희의 본토가 황무할 것이므로 땅이 안식을 누릴 것이라. 그때에 땅이 안식을 누리리니 35너희가 그 땅에 거주하는 동안 너희가 안식할 때에 땅은 쉬지 못하였으나 그 땅이 황무할 동안에는 쉬게 되리라(레 26:34-35).

이스라엘을 망하게 하시는 이유는 놀랍게도 그들이 안식하지 않았기 때문입니다. 아니 자기는 안식했는지 모르지만, 다른 사람들을 안식하게 하지 않았습니다. 하나님이 주신 땅도 안식하게 하지 않았습니다. 그래서 그들을 망하게 하여 타국에서 포로 생활을 하는 동안 강제로 땅을 쉬게 만들겠다는 것입니다.

이와 같은 하나님의 경고는 불행하게도 실제로 이루어졌습니다.

이에 토지가 황폐하여 땅이 안식년을 누림 같이 안식하여 칠십 년을 지냈으니 여호와께서 예레미야의 입으로 하신 말씀이 이루어졌더라(대하 36:21).

예레미야는 바빌론 포로 기간을 70년으로 예고했습니다(렘 25:11). 그런데 왜 하필 70년일까요? 이스라엘 백성들이 약속의 땅에서 적어도 일흔 번의 안식년을 지키지 못했기 때문입니다. 다시 말해서 적어도 490년 동안 이스라엘 백성들은 안식년을 지키지 못했던 것이지요. 그것을 나라를 망하게 함으로써 한꺼번에 지키게 만드신 것입니다.

멈춤에는 하나님의 계획과 섭리가 담겨 있습니다. 우리는 멈춤으로 시작해야 합니다. 멈추어야 할 때 멈추지 않으면 큰일 납니다. 그것은 하나님이 이 세상을 창조하실 때부터 만들어놓으신 법칙입니다.

저항으로서의 안식일

'월터 브루그만Walter Brueggemann'이 쓴 책 중에 "Sabbath as Resistance: Saying No to the Culture of Now"(안식일은 저항이다)라는 제목의 책이 있습니다. 구약성서 학자로서 그는 특별히 '안식일'의 의미에 대해서 관심을 가지고 연구했습니다. 그는 이스라엘을 주변 나라들과 차별화시킨 가장 중요한 실천이 바로 안식일 준수였다고 하면서, 오늘날의 그리스도인들도 '소비주의'와 '성공주의'라는 세상의 문화에 대해 '아니No!'라고 분명하게 말해야 한다고 주장합니다.

이 책 중에 다음과 같은 말이 인상 깊게 남습니다.

The well-being of creation does not depend on endless work.
창조의 행복은 끝없는 일에 달려 있는 것이 아니다.

일을 놓지 않는다고 더 행복해지는 것은 아닙니다. 오히려 우리를 더욱더 세상의 종이 되게 할 뿐입니다. 우리가 안식일을 지키는 것은, 이 세상을 향하여 하나님의 하나님 됨을 선언하는 행위입니다. 하루라도 쉬지 않고 열심히 일해야 성공할 수 있다고 강요하는 이 세상을 향해서, 일주일에 하루를 멈추어 섬으로써 강력하게 저항하는 것입니다.

이런 우스갯소리가 있습니다. 어느 목사님이 주일을 포함하여 휴가를 다녀오시겠다고 하니까, 그 교회 장로님이 이렇게 말하더랍니다. "목사님, 우는 사자와 같이 두루 다니며 삼킬 자를 찾아다니는 사탄 마귀는 절대로 휴가를 다녀오지 않는다지요" 그랬더니 목사님이 이렇게 대답하셨답니다. "장로님, 맞습니다. 그런데 저는요, 사탄 마귀처럼 살고 싶지 않답니다."

멈추지 않고 계속 달리게 하는 것이 사탄 마귀의 전략이라는 것을 우리는 알아야 합니다. 그런 의미에서 사탄은 지금 대성공을 거두는 중입니다. 합격을 위해서, 승진을 위해서, 돈을 벌기 위해서, 더 큰 즐거움을 찾기 위해서, 사람들은 일주일에 하루도 제대로 쉬지 못하고 계속 달리고 또 달리고 있기 때문입니다.

하나님의 창조 질서로 돌아가야 합니다. 세상이 우리를 어떻게 생각하든지, 일주일에 하루는 모든 것을 멈추고 서야 합니다. 그것이 우리를 향한 하나님의 뜻입니다. 그렇게 살기 시작할 때 우리는 비로소 이 세상을 돌보는 선한 청지기의 사명을 제대로 감당할 수 있게 되는 것입니다. 우리의 삶에 멈춤의 날이 회복되기를 간절히 소망합니다.

* **묵상 질문**: 나에게 '멈춤의 날'이 있습니까?
* **오늘의 기도**: 하나님께서는 우리를 위해 멈춤의 날을 창조해주셨지만, 우리는 일에 대한 욕심과 하나님의 말씀에 대한 불순종으로 인해 멈추어 서지 못하고 참다운 쉼을 맛보지 못하고 있습니다. 이제부터라도 하나님의 창조 섭리와 질서에 따라서 순종하며 살아갈 수 있도록 우리를 온전히 다스려 주옵소서. 예수님의 이름으로 기도합니다. 아멘.

두 번째 창조 이야기

읽을 말씀: 창세기 2:4b-17

새길 말씀: 여호와 하나님이 땅의 흙으로 사람을 지으시고 생기를 그 코에 불어 넣으시니
　　　　사람이 생령이 되니라(창 2:7).

　　지난 시간까지 우리는 혼돈에서 질서를 잡아나가는 첫 번째 창조 이
야기를 살펴보았습니다. 하나님은 '나눔의 창조'로 준비하셨고, '채움의
창조'로 완성하셨습니다. 그렇게 모든 준비를 마친 후에 하나님은 사람
을 '하나님의 형상'으로 창조하셨고, 그에게 지구의 환경을 보존하고 그
안에 사는 생물들을 돌보는 막중한 사명을 맡겨주셨습니다. 또 그 일을
일단 '멈춤'으로 시작하는 비결까지 가르쳐주셨습니다.

　　지금까지 살펴본 내용을 정리하면 다음과 같습니다.

<표2> 첫 번째 창조 이야기 구조(7일)

나눔의 창조(준비)			채움의 창조(완성)	
제1일	빛	→	해, 달, 별	제4일
제2일	궁창	→	물고기와 새	제5일
제3일	땅 / 식물	→	동물	제6일
	사람의 창조			
	제7일: 안식의 창조			

이 표를 통해서 우리는 첫 번째 창조 이야기의 핵심적인 내용은 바로 '사람의 창조'라는 사실을 거듭 확인할 수 있습니다. 모든 시간과 공간의 질서는 사람을 위해 창조된 것이었습니다. 하나님의 기대와 시선은 사람을 향하고 있습니다. 그를 하나님의 형상, 즉 왕 같은 존재로 만드신 것이나, 그에게 다른 생물을 책임 있게 돌보는 사명을 주신 것으로 하나님의 기대는 잘 드러납니다.

이 이야기를 읽다 보면 우리의 어깨가 저절로 으쓱해집니다. 우리는 하나님의 특별한 관심과 사랑의 대상이기 때문입니다. 그래서 사도 바울은 이렇게 말합니다. "우리는 하나님의 작품입니다!"(엡 2:10a, 새번역) 그렇습니다. 우리는 하나님이 만드신 걸작傑作입니다. 우리는 하나님의 기대를 한 몸에 받고 있는 특별한 존재입니다.

문제는 하나님의 기대를 채우지 못하는 우리의 현실입니다. 하나님이 창조해주신 목적대로 살지 못하는 우리의 연약함입니다. 하나님의 형상으로 창조되기는 했지만, 왕 같은 존재의 가치를 드러내지 못하는 우리의 인생살이입니다. 그에 대한 설명이 바로 두 번째 창조 이야기입니다. 사람에게는 태생적인 한계가 있었던 것입니다.

창조 이전의 상태

첫 번째 창조 이야기는 땅이 '혼돈_{토후, tohu}'하고 '공허_{보후, bohu}'한 상태에서부터 하나님이 본격적으로 창조 사역을 시작하셨다고 기록합니다(창 1:2). 히브리어 '토후'는 형체가 없음_{formlessness}을, '보후_{bohu}, 공허'는 속이 비어 있음_{emptiness}을 뜻한다고 했습니다. 그런 땅에서는 어떤 생명체도 살 수 없습니다. 하나님은 혼돈의 상태에서 출발하여 하나씩 질서를 잡아나가셨고, 사람이 살아갈 수 있는 최적의 환경을 만들어가셨지요.

그렇다면 두 번째 창조 이야기는 어떻게 시작될까요?

> 4… 여호와 하나님이 땅과 하늘을 만드시던 날에 5여호와 하나님이 땅에 비를 내리지 아니하셨고 땅을 갈 사람도 없었으므로 들에는 초목이 아직 없었고 밭에는 채소가 나지 아니하였으며 6안개만 땅에서 올라와 온 지면을 적셨더라(창 2:4a-6).

이 이야기를 보면 땅은 있었지만 '초목'과 '채소'가 나지 않았다고 합니다. 여기에서 '초목'은 '관목 덤불_{bush}'(창 21:15)을, '채소'는 '식용식물herb'을 가리킵니다. 초목과 채소가 나지 않았던 이유를 두 가지로 설명합니다. 하나님이 비를 내리지 않았고, 땅을 경작할 사람이 없었기 때문입니다.

그러나 물이 전혀 없었던 것은 아닙니다. '안개_{mist}'가 땅에서 올라와 지면을 적셨다고 하니 말입니다. 땅을 적실 정도라면 그것으로 얼마든지 농사를 지을 수 있습니다. 그리고 첫 번째 이야기처럼 땅이 아주 나쁜 상태에 있었던 것도 아니었습니다. 단지 가꿀 사람이 없어서 황무지荒蕪地로 방치되고 있었습니다.

첫 번째 이야기와는 분위기가 확실히 다릅니다. 거기서는 사람이 창조되기 전에 풀과 씨 맺는 채소와 열매 맺는 나무들이 이미 땅에 자라고 있었습니다(1:12). 그런 후에 풀을 먹고 사는 짐승과 새가 창조되었습니다. 그리고 제일 마지막에 사람이 창조되었고, 하나님은 그들에게 '씨 맺는 모든 채소'와 '열매 맺는 모든 나무'를 먹을거리로 주셨습니다(1:29).

이러한 차이를 옳고 그름으로 선택하려고 하면 안 됩니다. 두 이야기의 핵심적인 내용은 같습니다. 창조의 절정은 사람입니다. 그러나 사람의 역할에 대해서는 서로 다른 강조점을 가지고 있습니다. 첫 번째 이야기는 창조의 질서를 유지하고 다스리는 '왕 같은' 역할에 강조점을 두고 있는 반면에, 두 번째 이야기는 밭을 가꾸는 '농부 같은' 역할에 강조점을 두고 있는 것입니다.

아다마와 아담

사람이 창조되는 순서에 있어서도 두 이야기는 큰 차이를 보입니다. 첫 번째 이야기에서는 사람이 가장 마지막에 창조되지만, 두 번째 이야기에서는 사람이 가장 먼저 창조됩니다. 그러나 그 이유는 똑같습니다. 그만큼 사람의 창조가 중요하다는 뜻입니다.

> 여호와 하나님이 땅의 흙으로 사람을 지으시고 생기를 그 코에 불어넣으시니 사람이 생령이 되니라(창 2:7).

바로 이 대목에서 우리는 사람이 '흙'이라는 재료로 창조되었다는 사실을 알게 됩니다. 우리말 '흙'으로 번역된 히브리어는 '아다마adamah'입니다. 이 말은 물론 '흙soil'이라는 뜻도 있지만 '먼지', '티끌dust', 심지어는 '때dirt'라는 뜻도 가지고 있습니다. 사람은 하나님의 창조 사역에 가장 중요한 존재이지만, 그 재료는 값비싼 다이아몬드나 금이 아니라 그렇게 흔하고 가치 없는 '흙'과 '먼지'를 사용하신 것입니다!

흥미로운 것은 그뿐만이 아닙니다. 우리말 '사람'에 해당되는 히브리어가 바로 '아담adam'입니다. 최초의 인간인 '아담'의 이름과 같습니다. '아다마'와 '아담'은 같은 어근을 가지고 있습니다. 그러니까 '사람아담'이란 '흙아다마'에서 나온 존재라는 뜻입니다. 최초의 인간은 아예 그것을 자신의 이름, 자신의 정체성으로 삼고 있는 것입니다. 그렇습니다. 아담의 후손으로서 모든 사람은 흙에서 나온 존재입니다. 결국 흙으로 돌아가야 합니다(창 3:19).

여기에서 우리는 인간의 가치가 재료로부터 나오는 것은 아니라는 사실을 확인하게 됩니다. 그렇다면 무엇으로부터 인간의 가치가 나오는 것일까요? 그것은 하나님이 그 코에 불어넣으신 '생기生氣' 즉 '생명의 기운'으로부터 나옵니다. '생기'에 해당되는 히브리어는 '네샤마neshamah'입니다. 영어로는 'breath숨'으로 번역합니다. 우리말 성경 다른 곳에서는 '호흡'으로 번역되기도 합니다(신 20:16; 수 10:40).

'네샤마'와 동의어로 사용되는 말이 바로 '루아흐ruach'입니다. '영spirit' 또는 '바람wind'으로 번역되는 단어입니다. 하나님이 홍수를 일으켜 '생명의 기운'이 있는 모든 육체를 멸할 것이라 말씀하셨는데(창 6:17), '생명의 기운'을 줄이면 '생기'가 됩니다. '호흡'을 의미하는 말입니다. 그런데 여기에서 '기운'은 '루아흐'를 번역한 것입니다. 그러니까 '네샤마'와 '루아흐'는 사실상 같은 뜻으로 서로 혼용되고 있는 것이지요.

에스겔의 '해골 골짜기 환상'에서도 역시 마찬가지입니다. 에스겔은 하나님이 명령하신 대로 해골과 뼈에게 대언합니다. 그러자 뼈들이 서로 연결되고 힘줄이 생기고 가죽이 덮입니다. 그렇지만 그 속에 '생기'는 없었습니다(겔 37:8). 다시 말해서 '호흡'을 하지는 못했다는 겁니다. 이번에는 '생기'를 향해서 에스겔이 대언합니다. 그러자 시체들 속으로 '생기'가 들어가자 모두 살아 일어나 큰 군대가 됩니다(겔 37:10). 여기에서 '생기'가 바로 '루아흐'입니다.

사람에게 만일 '생기네샤마'가 없다면 그냥 흙덩어리이고 죽은 시체일 뿐입니다. 하나님이 '생기루아흐'를 직접 불어넣으셔야 사람은 비로소 '생령生靈' 즉 '생명체a living being'가 될 수 있습니다. 따라서 사람은 하나님과 호흡하며 살아가는 동안에만 가치 있는 존재가 됩니다. 하나님의 영이 떠나가는 순간 그 사람은 아무것도 아닙니다. 이것이 '아다마adamah'로 만들어진 모든 '아담adam'의 한계요 운명입니다.

에덴동산의 창설

하나님은 그렇게 사람을 먼저 창조하신 후에 그가 살 곳을 만드십니다. 그곳이 바로 에덴동산입니다.

> 8여호와 하나님이 동방의 에덴에 동산을 창설하시고 그 지으신 사람을 거기 두시니라. 9여호와 하나님이 그 땅에서 보기에 아름답고 먹기에 좋은 나무가 나게 하시니 동산 가운데에는 생명 나무와 선악을 알게 하는 나무도 있더라(창 2:8-9).

'동방의 에덴'은 '동쪽에 있는 에덴Eden in the east'이라는 뜻입니다. 동쪽이 아담이 창조된 곳으로부터인지, 아니면 이스라엘 사람들이 살던 팔레스타인으로부터인지 견해가 분분합니다. 그곳의 정확한 위치를 아무도 모릅니다. 에덴이 근원이 되어 흘러나온 네 강 중에 '유브라데'가 있어(창 2:14), 아마도 메소포타미아의 유프라테스강과 티그리스강이 만나는 곳 어디쯤으로 추측합니다만, 그것도 정확하지 않습니다. 에덴의 위치가 알려지지 않는 것은 아마 노아 때의 홍수로 인해서 지형이 달라졌기 때문으로 보입니다. '에덴동산의 소재'를 파악하는 것보다 '에덴동산의 상실'에 주목하는 것이 더 중요합니다.

여기에 보면 하나님이 "동산을 창설하셨다"라고 합니다. 우리말 '창설하다'에 해당되는 히브리어는 '나타nata' 동사인데, 영어로는 'to plant심다'라는 뜻입니다. '동산童山'으로 번역된 '간gan'은 본래 '뜰garden'이라는 뜻입니다. 그러니까 하나님께서 자그마한 정원을 만들어놓으신 것입니다. 그곳이 바로 아담의 집이었습니다. 그곳에 하나님은 '보기에 아름답고 먹기에 좋은 나무'가 나게 하셨습니다. 사람을 창조하기 이전의 초목이나 채소가 하나도 없었던 상황(2:5)과 비교해보면 그야말로 '낙원'입니다.

하나님은 황무지와 같은 땅을 경작할 사람이 없어서 흙으로 최초의 사람을 만드셨습니다. 그 이야기만 읽으면 마치 부려먹기 위해서 사람을 만들기로 한 것이 아닐까 하는 의심이 들기도 합니다. 그런데 정작 사람을 지으신 후에는 그를 위해 하나님께서 손수 나무를 심으시고 아름다운 정원을 만드셨습니다. 그리고 그곳으로 그 사람을 이끌어 살게 하셨습니다.

여호와 하나님이 그 사람을 이끌어 에덴동산에 두어 그것을 경작하며 지키게 하시고…(창 2:15).

물론 그곳에서 무위도식無爲徒食 한 것은 아닙니다. 그 사람에게 맡겨주신 사명이 있습니다. 그것은 에덴동산을 경작하며cultivate 지키는keep 것입니다. 규모에 있어서는 차이가 있을지 모르지만 근본적으로는 첫 번째 이야기의 "정복하고 다스리라"(1:28)라는 말씀과 크게 다르지 않습니다. 하나님이 창조하신 세상을 가꾸고 돌보는 책임이 사람에게 있다는 것입니다. 바로 그 때문에 하나님은 사람의 창조에 그토록 정성을 기울이셨던 것입니다.

선악을 알게 하는 나무

그러나 두 번째 창조 이야기가 특별히 강조하려고 하는 메시지가 있습니다. 그것은 에덴동산 가운데에 '생명 나무the tree of life'와 '선악을 알게 하는 나무the tree of the knowledge of good and evil'를 두신 이유입니다.

16여호와 하나님이 그 사람에게 명하여 이르시되 동산 각종 나무의 열매는 네가 임의로 먹되 17선악을 알게 하는 나무의 열매는 먹지 말라. 네가 먹는 날에는 반드시 죽으리라 하시니라(창 2:16-17).

하나님은 그 사람에게 "동산 각종 나무의 열매는 임의로 먹으라"고 하셨습니다. NIV 성경은 이 부분을 "You are free to eat from any tree in the garden"이라고 번역합니다. 어떤 나무의 열매를 따 먹든지 '무료'라는 겁니다. 이것이 에덴동산을 관리하고 돌보는 사람에게 허락해주신 자유로운 선택의 권리입니다.

그러나 그 자유에는 '한계'가 있었습니다. 하나님은 '선악을 알게 하는 나무의 열매'를 금하셨던 것입니다. 그것을 먹으면 "죽을지도 모른다"(you may die)라고 하지 않으셨습니다. "반드시 죽는다"(you shall surely die)고 경고하셨습니다. 그렇다면 어떻게 해야 할까요? 그 나무를 제외하고 다른 나무의 열매를 먹으면 됩니다. 특히 에덴동산 가운데에는 두 나무가 있었습니다. 그중 하나를 금지했다면, 나머지를 먹으면 됩니다. 그것이 무엇입니까? '생명 나무'입니다.

이 대목에서 사람들은 하나님이 왜 선악을 알게 하는 나무를 심어놓으셨는지 궁금해합니다. 왜냐하면 그다음 이야기를 잘 알고 있기 때문입니다. 뱀의 모습을 한 사탄이 그 나무의 열매로 아담과 하와를 유혹했기 때문입니다. 그래서 만일 하나님이 그 나무를 만들어놓지 않으셨다면, 그 나무의 열매를 따먹지 말라고 하지 않으셨다면, 아담과 하와가 사탄의 유혹에 넘어가지 않았을 것이라 생각합니다. 정말 그럴까요?

선善과 악惡을 분별하여 알게 된다는 것은 사실 나쁜 일이 아닙니다.

어렸을 때에는 무엇이 '선'인지 무엇이 '악'인지 분별하지 못합니다. 그러나 점점 자라면서 선악을 분별하게 됩니다. 그것은 자연스러운 일이고 또한 그렇게 되어야 마땅합니다. 그런데 왜 하나님은 선과 악을 알게 해 주는 나무의 실과를 먹지 못하도록 금하셨을까요? 사탄의 말처럼 정말 사람들이 "하나님처럼 될까 봐"(창 3:5) 두려워서 그러셨을까요?

아닙니다. "선악을 안다"는 말은 "선한 일과 악한 일을 구분할 줄 안다"는 그런 뜻이 아닙니다. 오히려 "선악의 기준을 정한다"는 뜻입니다. 선악의 기준을 정하실 수 있는 분은 오직 하나님 한 분이어야 합니다. 그렇다면 어떻게 그 나무가 '선악을 알게 하는 나무'가 될 수 있을까요? 그 나무가 왜 선과 악을 구분하는 기준이 될 수 있을까요?

왜냐하면 그 나무의 열매를 따먹지 않는 것이 '선'이고, 따먹는 것이 '악'이기 때문입니다. 다시 말해서 하나님의 명령에 순종하는 것이 '선'이고, 불순종하는 것이 '악'입니다. 그래서 선악을 알게 하는 나무입니다. 그 열매가 특별하기 때문이 아닙니다. 그 나무는 창조주 되시는 하나님과 피조물인 사람 사이의 근본적인 차이를 상징합니다. 그 차이를 인정할 때에만, 다시 말해서 하나님을 하나님으로 섬길 때만 피조물인 사람이 에덴에서 영원히 살 수 있는 것입니다.

사람의 한계

그것이 흙으로 빚어진 사람이 가지고 있는 태생적인 한계입니다. 두 가지 창조 이야기를 비교해보면 창조 사역의 절정이 '사람의 창조'에 있다는 것을 분명히 밝힌다는 점에 있어서는 전혀 다르지 않습니다. 그러나 강조점은 서로 다릅니다. 첫 번째 창조 이야기는 왕 같은 존재로 창조된 사람의 가치와 사명을 더 강조하는데 비해서, 두 번째 창조 이야기는 사람이 태생적으로 가지고 있는 한계를 더 강조합니다.

사람아담의 태생적인 한계는 '흙아다마'으로 만들어졌다는 사실로부터 출발합니다. 사람의 가치는 창조의 재료인 '흙'에서 나오지 않습니다. 하나님이 그 코에 불어넣으신 '생기生氣'로부터 나옵니다. '생기'는 곧 하나님의 '영'이라고 했습니다. 사람은 하나님의 영으로 하나님과 호흡하며 살아가는 동안에만 가치 있는 인생을 살 수 있도록 창조된 것입니다. 따라서 하나님의 영이 떠나가는 것이 사람에게는 곧 죽음입니다.

그렇다면 사람은 언제 죽게 될까요? 육신적인 죽음은 호흡이 떠날 때옵니다. 그러나 영적인 죽음은 하나님이 불어넣은 생기가 떠날 때 옵니다. 하나님의 생기는 하나님의 명령에 불순종할 때 떠나갑니다. 선악을알게 하는 나무의 열매를 따먹지 말라고 하나님께서 분명히 말씀하셨는데, 그 명령에 순종하지 않고 따먹을 때 사람은 반드시 죽게 되어있습니다. 바로 그때 하나님의 영이 사람에게서 떠나기 때문입니다.

이제 우리는 두 가지 창조 이야기가 나란히 놓여있는 이유를 알게 되었습니다. 첫 번째 이야기는 우리가 가지고 있는 무한한 가능성과 특별한 사명에 대해서 말해줍니다. 우리를 향한 하나님의 기대와 시선을 느끼게 해줍니다. 하나님의 형상으로 창조된 우리 자신에 대해서 자부심을 느끼게 해줍니다.

그러나 그것이 전부가 아닙니다. 두 번째 이야기는 우리를 한없이 겸손하게 합니다. 우리가 흙으로 만들어진 존재라는 사실을 알게 해줍니다. 하나님의 영을 호흡하지 않고서는 우리는 한시라도 가치 있는 인생을 살지 못하고 또한 영원한 생명을 누리지도 못하는 피조물이라는 사실을 깨닫게 해줍니다.

두 가지 모두 우리에게 필요합니다. 하나님이 우리를 창조해주신 목적과 그 이유에 대해서 균형 잡힌 시각을 갖게 해주기 때문입니다. 또 우리가 직면하고 있는 모든 문제의 원인과 그 해답을 발견하게 해주기 때문입니다. 하나님이 만들어놓은 창조 질서 속에서만 에덴이 에덴일 수 있습니다. 우리가 에덴을 상실한 것은 창조 질서를 잃어버렸기 때문입니다.
　 우리의 삶에 균형 잡힌 창조 질서가 회복되기를 간절히 소망합니다.

* **묵상 질문**: 나는 지금 하나님이 주신 생기로 호흡하고 있습니까?
* **오늘의 기도**: 우리는 흙으로 지어진 존재이며 하나님이 불어넣어주신 생기
로 호흡하는 동안에만 가치 있는 인생을 살 수 있음을 잊지 않게 하옵소서. 또
매사에 하나님의 하나님 되심을 인정할 수 있는 믿음을 주옵소서. 그리하여
하나님이 다스리는 나라에서 영원히 사는 복을 누리게 하옵소서. 예수님의
이름으로 기도합니다. 아멘.

돕는 배필의 창조

읽을 말씀: 창세기 2:18-25

새길 말씀: 여호와 하나님이 이르시되 사람이 혼자 사는 것이 좋지 아니하니 내가 그를
위하여 돕는 배필을 지으리라 하시니라(창 2:18).

　　첫 번째 창조 이야기는 위로부터 내려오는 '하늘과 땅天地'의 창조에
관심이 있습니다. 혼돈에서 질서를 만드시는 창조와 그 질서를 유지하기
위한 사람의 창조에 대해서 이야기합니다. 그에 비해서 두 번째 창조 이
야기는 아래로부터 시작되는 '땅과 하늘地天'의 창조에 관심이 있습니다.
특히 흙으로 만들어진 사람이 가지고 있는 태생적인 한계에 대해서 이야
기합니다. 사람은 하나님의 생기로 호흡할 때에만 가치 있는 존재이며,
하나님의 명령에 순종할 때에만 살 수 있는 존재임을 밝힙니다.

　　이러한 창조 이야기들을 통해서 우리는 하나님이 본래 계획하셨던 이 세
상의 창조 질서에 대한 전체적인 그림을 그릴 수 있게 됩니다. 지금까지 살
펴본 두 가지 창조 이야기의 차이점을 다음과 같이 정리해볼 수 있습니다.

구 분	첫 번째 창조 이야기 (창 1:1-2:4a)	두 번째 창조 이야기 (창 2:4b-25)
신명(神名)	하나님(엘로힘)	여호와 하나님
창조 이전 상태	혼돈과 무질서	황무지
창조의 순서	수목 → 동물 → 사람	사람 → 수목 → 동물
사람의 창조	하나님 형상 / 남녀 동시	흙과 생기 / 남녀 구분
에덴동산	없음	있음
사람의 역할	지구 다스리는 자	에덴동산지기

이와 같은 차이에도 두 이야기의 핵심적인 내용은 달라지지 않습니다. 창조의 절정은 바로 사람의 창조라는 것입니다. 창조의 순서를 다르게 배치한 것도 사실 같은 이유에서입니다. 그만큼 사람의 창조가 중요한 위치를 차지하고 있다는 뜻입니다.

두 이야기가 가장 큰 차이를 보이는 부분은 역시 사람에 대한 이해입니다. '하나님의 형상'으로 지음받았다는 것과 '흙'으로 지음받았다는 것은 하늘과 땅 만큼의 차이가 있습니다. 남자와 여자의 관계에 대해서도 마찬가지입니다. 첫 번째 이야기에서는 남녀에게 아무런 차별이 없습니다. 동시에 창조됩니다. 그러나 두 번째 이야기에서는 창조 순서에 차이가 있습니다. 거기에는 남녀 차별이 존재하는 현실에 대한 비평이 담겨 있습니다. 오늘 우리가 살펴보려고 하는 내용입니다.

다른 사람의 창조

하나님은 또 다른 사람을 창조하려고 하십니다. 그 이유는 혼자 사는 것이 보기에 좋지 않았기 때문입니다.

여호와 하나님이 이르시되 사람이 혼자 사는 것이 좋지 아니하니 내가 그를 위하

여 돕는 배필을 지으리라 하시니라(창 2:18).

우리가 이미 살펴본 대로 하나님은 입버릇처럼 언제나 '좋다Good!'고 하셨습니다. 빛을 창조하신 후에도 '좋다' 하셨고, 뭍이 드러나게 하신 후에도 '좋다' 하셨습니다. "하나님이 보시기에 좋았더라"(창 1:4, 12, 18, 21, 25)가 첫 번째 창조 이야기의 반복되는 특징입니다. 그와 달리 이 대목에서 하나님은 사람이 혼자 사는 것을 보고 '좋지 않다Not Good!'고 하십니다. 하나님의 입에서 이런 말씀이 나오는 것은 처음 있는 일입니다. 그러면서 '돕는 배필'을 짓겠다고 말씀합니다.

'돕는 배필'은 성경에서 많은 오해를 받아온 말 중의 하나입니다. 가장 큰 오해는 주연主演을 돋보이게 도와주는 조연助演 정도로 생각하는 것입니다. 실제로 대부분의 영어 성경은 그런 식으로 번역합니다. 'a helper suitable for him'(NIV), 'a helper who is just right for him'(NLT), 'a helper fit for him'(ESV)처럼 '돕는 배필'을 마치 조연배우처럼 생각하는 것입니다. 그래서 주인공인 아담에게 가장 잘 어울리는 배우자로 해석합니다.

설상가상으로 거기에 남녀의 창조 순서가 더해지면 더 많은 오해를 불러일으키게 됩니다. 우리는 처음 만들어진 사람은 '아담'이고 나중에 만들어진 사람은 '하와'라는 것을 잘 압니다. 남자가 먼저 창조되었고 그다음에 여자가 창조된 것이지요. 그러니까 '아담'이 주연이라면 '하와'는 자연스럽게 조연이 되는 셈입니다. 여성이 남성을 돕는 존재로 창조되었다는 이야기가 되는 겁니다.

사도 바울은 실제로 이와 같은 방식으로 '돕는 배필'을 이해했습니다.

8남자가 여자에게서 난 것이 아니라, 여자가 남자에게서 났습니다. 9또 남자가 여자를 위하여 지으심을 받은 것이 아니라, 여자가 남자를 위하여 지으심을 받았습니다(고전 11:8-9, 새번역).

그러나 분명히 말씀드리지만, 이것은 창조 이야기의 본래 의도와는 전혀 상관없는 바울 개인의 해석입니다. 하나님은 '처음 사람'이 혼자서 사는 모습이 보기에 좋지 않아서 또 다른 '두 번째 사람'을 만들려고 하신 것이지, '남자'의 필요를 채워주는 보조적인 역할을 하는 도우미로 '여자'를 만들려고 하신 게 아닙니다.

돕는 배필이란

그와 같은 하나님의 의도는 우리말 '돕는 배필'에 해당되는 히브리어 '에셀 크네그도ezer knegdow'를 자세히 들여다보면 확실하게 알게 됩니다.

먼저 '에셀ezer'은 '도움help' 또는 '돕는 자helper'란 뜻입니다. 사무엘 시대에 이스라엘 백성들이 하나님께 예배하기 위해 미스바에 모였을 때 블레셋 군사들이 공격해옵니다. 그때 하나님이 개입하셔서 이스라엘은 대승을 거두게 되지요. 그리고 나서 사무엘은 큰 돌을 세우고 '에벤에셀'이라고 부릅니다. 히브리 원어 그대로 표현하면 '에벤 하에셀Eben Haezer'입니다. '그 도움의 돌stone of the help'이라는 뜻입니다(삼상 7:12). '하에셀' 즉 '그 도움'이란 구체적으로 '하나님의 도움'을 가리킵니다.

아브라함이 다마스쿠스 출신의 양자를 들이고 나서 그의 이름을 '엘리에셀Eli-ezer'이라고 부릅니다(창 15:2). 모세가 미디안에서 광야 생활을 하면서 얻은 둘째 아들의 이름도 '엘리에셀'이었습니다(출 18:4). '엘리에셀'이라는 이름은 구약성경에 자주 언급되는 인기 있는 이름 중의 하나입니다(대상 7:8, 15:24, 23:17). 이를 직역하면 "나의 하나님은 도움이시다"(My God is help)입니다. 그러니까 '돕는 자'라고 해서 '조연'이나 '도우미' 정도로 생각하면 안 됩니다. 하나님을 대신하여, 하나님처럼 돕는 자이기 때문입니다.

'크네그도knegdow'는 성경에서 오직 여기에만 등장하는 단어입니다. 이는 '~같이like'를 뜻하는 전치사 '크'와 '맞은 편in front of'이라는 뜻의 '네게드' 그리고 3인칭 소유격(his) 접미사 '오'가 합해진 말입니다. 우리말로 직역 하면 '그의 맞은편에 있는 대칭'이 됩니다. 이것을 NIV 성경은 'suitable적 절한'으로, ESV 성경은 'fit꼭 맞는'으로 번역하고 있지만, 본래의 의미를 충 분히 담아내지 못합니다.

오히려 우리말 '배필'이 더 좋은 번역으로 보입니다. '배필'에서 '배配' 는 배우자를 의미하고, '필匹'은 '짝' 또는 '맞수'를 의미합니다. 부부夫婦로 서 서로에게 짝이 되면서, 동시에 맞상대가 될 만한 사람을 의미하는 것 입니다. 바로 이것이 창조 이야기가 말하려고 하는 '크네그도'입니다. 물 론 싸움의 맞상대가 아니라, 인격과 사랑의 맞상대가 되어야 하겠지만 말입니다.

그렇다면 '에셀'과 '크네그도'를 연결하면 어떤 뜻이 될까요? 그것은 '하나님의 도움을 주는 맞상대'입니다. 다시 말해서, '에셀 크네그도돕는 배필'는 서로의 부족함을 채워주기 위해 하나님께서 짝으로 주신 동등한 상대를 가리키는 것입니다. 여기에는 주종主從의 개념이 들어설 틈이 없 습니다. 오히려 남편이든 아내이든 서로에게 돕는 배필이 되어야 한다는 하나님의 명령이 담겨 있습니다. 왜냐하면 사람은 다른 사람의 도움이 있어야만 완성될 수 있는 그런 한계를 가진 존재이기 때문입니다.

돕는 배필의 실험

흥미로운 것은 '돕는 배필'을 지으시겠다고 말씀하신 하나님이 곧바 로 두 번째 사람을 창조하지 않으셨다는 사실입니다. 오히려 들짐승과 새를 먼저 지으십니다. 그 이유가 무엇일까요?

19여호와 하나님이 흙으로 각종 들짐승과 공중의 각종 새를 지으시고 아담이 무엇이라고 부르나 보시려고 그것들을 그에게로 이끌어 가시니 아담이 각 생물을 부르는 것이 곧 그 이름이 되었더라. 20아담이 모든 가축과 공중의 새와 들의 모든 짐승에게 이름을 주니라…(창 2:19-20a).

하나님은 흙으로 각종 들짐승과 공중의 새들을 지으셨습니다. 창조의 재료가 사람과 다르지 않습니다. '흙'을 빚어 만드셨습니다. 그러나 짐승들에게는 '생기', 즉 하나님의 '숨'을 불어넣지 않으셨습니다. 그들에게 '생명'은 주셨지만 '생기'는 주지 않으셨던 것입니다. 다시 말해서 동물들의 창조와 사람의 창조는 그 격이 달랐던 것입니다. 그것은 첫 번째 창조 이야기의 메시지와 다르지 않습니다.

그러고 나서 하나님은 그것들을 아담에게 이끌어 가셨습니다. 그 이유를 본문은 "아담이 무엇이라고 부르나 보시기 위해서"(to see what he would name them, NIV)라고 기록합니다. '부르다call'는 '이름을 짓다name'라는 뜻입니다. 성경에서 이름을 지어준다는 것은 특별한 의미가 있습니다. 그것은 주권을 드러내는 행위입니다.

하나님은 궁창을 '하늘'이라고 부르셨고 물을 '땅'이라고 부르셨습니다(창 1:8, 10). 그렇게 함으로써 하나님은 하늘과 땅에 대한 자신의 주권을 드러내셨습니다. 여기서도 마찬가지입니다. 만일 아담이 동물들의 이름을 붙여준다면 그것은 아담과 동물들 사이에 주종의 관계가 세워지는 것입니다. 아담은 실제로 모든 동물에게 이름을 붙여주었습니다. 아담이 부르는 것이 곧 그 이름이 되었습니다.

이것을 단지 아담의 지능을 시험하는 장면으로 보면 안 됩니다. 앞에서 하나님은 분명히 아담의 '돕는 배필'을 만들겠다고 하셨습니다. 그러고 나서 동물들을 만드셔서 아담에게 직접 데려오신 것입니다. 그 이유가 무엇일까요? 그중에서 아담이 '돕는 배필'로 받아들일 만한 존재가 있는지 확인하기 위해서입니다. 그렇지만 아담은 동물 중에서 돕는 배필을 찾지 못했습니다.

만일에 그중에서 '돕는 배필'을 찾았다면 아담이 과연 어떤 이름을 붙여주었을까요? 이름을 붙이면 안 됩니다! 왜냐하면 그와 '돕는 배필'의 관계이지, 주종관계가 아니기 때문입니다. 하나님께서 짝으로 주신 동등한 상대를 마치 동물에게 이름을 지어주듯이 그렇게 대할 수는 없는 일입니다. 만일 그렇게 한다면 그것이야말로 '돕는 배필'에 대한 모욕이 될 것입니다.

여자의 창조

하나님은 아담이 동물 중에서 '돕는 배필'을 찾지 못하자, 이번에는 그의 갈빗대로 여자를 만드셨습니다.

> 21여호와 하나님이 아담을 깊이 잠들게 하시니 잠들매 그가 그 갈빗대 하나를 취하고 살로 대신 채우시고 22여호와 하나님이 아담에게서 취하신 그 갈빗대로 여자를 만드시고 그를 아담에게로 이끌어 오시니 23아담이 이르되 이는 내 뼈 중의 뼈요 살 중의 살이라. 이것을 남자에게서 취하였은즉 여자라 부르리라 하니라(창 2:21-23).

하나님은 우선 아담을 깊이 잠들게 하셨습니다. 여기에서 '깊은 잠'이란 의식이 없는 상태가 아닙니다. 의식은 있지만 아무것도 할 수 없는 상태를 의미합니다. 아브람이 하나님과 계약을 맺는 장면에서 '깊은 잠'에 들었던 것도 같은 경우입니다(창 15:12). 그런데 왜 아담에게 '깊은 잠'이 필요했을까요? 왜냐하면 그것은 사람이 개입해서는 안 되는 일이기 때문입니다. 한 사람에게서 또 다른 한 사람을 만들어내는 대수술은 오직 하나님만 하셔야 할 일입니다. 그래서 '창조'입니다.

하나님은 아담의 '갈빗대'를 취하셔서 여자를 만드셨습니다. "왜 하필 갈빗대였을까?" 사람들은 이런저런 추측을 합니다만, 히브리어 '첼라tsela'는 성경에서 '갈빗대rib'보다는 '옆구리side'로 더 많이 번역되고 있는 말입니다. 자, 그렇다면 무슨 뜻일까요? 그 뜻은 '돕는 배필'에서 이미 다 설명되었습니다. 하나님은 첫 번째 사람과 동등한 대칭적인 인격체로 두 번째 사람을 창조하신 것입니다.

하나님은 두 번째 사람을 역시 아담에게로 이끌어 오셨습니다. 아담이 그를 무엇이라 부르는지 보려고 하셨던 것입니다. 아담이 무엇이라고 합니까? "이는 내 뼈 중의 뼈요, 살 중의 살이라!" 이것은 설명문이 아니라 감탄문입니다. 메시지 성경은 "Finally! Bone of my bone, flesh of my flesh!"라고 합니다. 쉽게 말하자면, "나와 똑같구나!"입니다. 뼈도 똑같고, 살도 똑같다는 것입니다.

단 한 가지 성性이 다를 뿐입니다. 그래서 아담은 "이것을 남자에게서 취하였은즉 여자라 부르리라"라고 합니다. 어떤 분들은 동물에게 이름을 붙여주는 것과 이것이 다를 게 무어냐고 말할지도 모릅니다. 그런데 아담이 여자에게 붙여준 이름이 있습니다. 그것은 '하와'입니다. '모든 산 자의 어머니'라는 뜻입니다. 중요한 사실은 그렇게 이름을 붙여주는 대목은 선악을 알게 하는 나무의 실과를 따먹은 후의 일이라는 것입니다(창 3:20). 이 세상에 죄가 들어오고 난 다음의 일입니다. 그때 가서야 남자와 여자 사이에 불평등과 주종관계가 시작됩니다. 그러나 아직은 아닙니다.

그렇다면 '여자'는 무슨 뜻일까요? 그것은 '이름'이 아니라 '기원'에 대한 설명입니다. '남자'를 히브리어로는 '잇시ish'라고 하고 '여자'를 '잇샤ishah'라고 합니다. '잇샤'는 '잇시ish'에 여성어미 '아ah'를 붙인 것입니다. 굳이 문자적으로 번역하면 '여성 잇시a female ish'인 셈입니다. 영어의 'man', 'woman'도 이와 비슷합니다.

무슨 뜻입니까? 모든 점에서 남자와 똑같지만 단지 여성이라는 점이 다를 뿐이라는 겁니다. 여기에 성性의 '구분'은 있지만 성의 '차별'은 발견할 수 없습니다. 그것이 하나님이 창조하신 본래의 남녀관계입니다. 아담은 마침내 '돕는 배필', '하나님의 도움을 주는 맞상대'를 발견했던 것입니다.

결혼 제도의 창조

하나님은 곧바로 남자와 여자의 결혼예식을 진행하십니다.

24이러므로 남자가 부모를 떠나 그의 아내와 합하여 둘이 한 몸을 이룰지로다. 25아담과 그의 아내 두 사람이 벌거벗었으나 부끄러워하지 아니하니라(창 2:24-25).

주님께서도 이 말씀을 그대로 인용하시면서 결혼의 의미를 가르치셨습니다(마 19:4-6). 여기에서 우리는 하나님이 제정해놓으신 결혼 제도의 세 가지 원칙을 발견할 수 있습니다.

1. 이성(異性) 결혼의 원칙
반드시 남자와 여자가 결혼해야 합니다. 요즘 동성同性 간의 결혼문제가 사회적인 이슈로 등장하고 있지만, 성경의 가르침은 분명합니다. 그것은 하나님이 창조하신 질서나 섭리가 아닙니다. 오직 이성異性 간의 결혼을 통해서만 "생육하고 번성하여 땅에 충만하라"(창 1:28)라는 사명을 완성할 수 있습니다.

2. 독립(獨立) 결혼의 원칙
두 사람은 반드시 부모를 떠나야 합니다. 경제적으로든, 심리적으로든 부모에게서 떠날 수 있어야 합니다. 우리는 전통적으로 '장가간다', '시집간다'라는 말로 결혼을 표현해왔습니다. 그러나 성경은 '장가'든 '시집'이든 떠나야 한다고 가르칩니다. 그래야 성인으로서 하나의 독립된 가정을 꾸려나갈 수 있기 때문입니다.

3. 합일(合一) 결혼의 원칙

동등한 두 인격체가 합하여 한 몸을 이루어야 합니다. 그리스도인 결혼의 상징symbol은 서로 맞물려 있는 두 고리를 헬라어 '그리스도'를 시작

하는 첫 글자($X\rho$)가 연결하고 있는 모습입니다. 두 사람이 한 몸을 이루는 일은 육체적인 사랑만으로 충분하지 않습니다. 거기에는 반드시 하나님의 중매와 도움이 필요합니다.

그렇게 두 사람은 결혼했습니다. 인류 최초의 가정이 만들어졌습니다. "두 사람이 벌거벗었으나 부끄러워하지 않았다"라는 말씀은 매우 중요한 의미를 담고 있습니다. 두 사람의 관계가 서로 감추는 것이나 속이는 것이 전혀 없었다는 뜻입니다. 서로를 있는 그대로 인정하고 품어주는 관계였다는 뜻입니다. 바로 이것이 또 다른 사람을 창조하여 '돕는 배필'로 허락해주실 때 하나님이 기대했던 인간관계입니다.

앞에서 남자와 여자의 창조 순서에 차이가 있는 것은, 남녀 차별이 존재하는 오늘날의 현실에 대한 비평이 담겨있다고 했지요. 그렇습니다. 하나님의 뜻은 남자와 여자가 우열의 관계나 주종의 관계를 맺고 살아가는 것이 아닙니다. 하나님의 도움을 주는 맞상대로서 서로에게 '돕는 배필'이 되는 것입니다.

그러나 우리는 그런 관계를 맺고 살아가지 못합니다. 얼마 지나지 않아 사람들은 사탄의 유혹에 넘어가 타락하고 말았습니다. 그 결과 사람들 사이의 '평등'과 '조화'의 관계는 '불평등'과 '투쟁'의 관계로 변질되고

말았습니다. 그 이유는 무엇일까요? 어떻게 해야 본래의 관계를 회복할수 있을까요? 바로 그것이 앞으로 창세기가 계속해서 우리에게 이야기하려는 내용입니다.

* **묵상 질문**: 나는 누구에게 '돕는 배필'이 되고 있습니까?
* **오늘의 기도**: 우리는 지배와 종속의 관계에 더 익숙합니다. 다른 사람을 지배하려는 욕망을 성공이라는 이름으로 포장하려 합니다. 사랑으로 시작한 부부관계 조차도 주도권 쟁탈전으로 변질되고 말았습니다. 그것이 바로 하나님의 창조 질서가 파괴된 현실임을 깨닫게 하옵소서. 서로를 '돕는 배필'로 받아들이게 하시고, 하나님이 원하시는 바른 관계를 회복해 갈 수 있도록 우리를 도와주옵소서. 예수님의 이름으로 기도합니다. 아멘.

창세기 묵상 8

유혹의 본질

읽을 말씀: 창세기 3:1-6

새길 말씀: 뱀이 여자에게 이르되 **너희가 결코 죽지 아니하리라. 너희가 그것을 먹는 날에는 너희 눈이 밝아져 하나님과 같이 되어 선악을 알줄 하나님이 아심이니라**(창 3:4-5).

지금까지 우리는 모든 성경과 창세기의 첫 단추가 되는 창세기 1-2장을 살펴보았습니다. 그러면서 두 가지의 창조 이야기가 서로 다른 강조점을 가지고 있지만, '사람의 창조'를 가장 중요하게 여긴다는 점에서는 조금도 다르지 않다는 사실을 알게 되었습니다. 관점이 다른 두 이야기가 오히려 이 세상을 창조하신 하나님의 목적을 더 잘 이해할 수 있게 해주는 것입니다. 그래서 두 이야기가 나란히 기록되어 있는 것이지요.

자, 모든 것이 준비되었습니다. 이제부터는 하나님의 형상으로 창조된 사람들이 하나님의 기대에 부응하여 자신들에게 주어진 사명에 따라서 살아갈 일만 남았습니다. 크게는 '지구를 지키는 자'로서, 작게는 '에덴동산지기'로서, 창조의 질서를 준수하며 자연을 가꾸고 생명을 돌보는 일을 해내야 합니다. 인간 스스로 생육하고 번성하고 땅에 충만하여 하나님이 다스리는 나라를 확장시켜 나가야 합니다.

그러나 그 일은 시작 단계에서부터 큰 암초에 부딪히게 되었습니다. 아담과 하와가 그만 사탄의 유혹에 넘어가서 하나님의 말씀에 불순종하게 되었던 것입니다.

말하는 뱀

사탄은 '말하는 뱀'의 모습으로 등장합니다.

> 그런데 뱀은 여호와 하나님이 지으신 들짐승 중에 가장 간교하니라. 뱀이 여자에게 물어 이르되…(창 3:1a).

뱀을 좋아하는 사람은 아마도 그리 많지 않을 것입니다. 그러나 뱀은 분명히 하나님이 창조하신 들짐승 중의 하나입니다. 우리말 '간교奸巧한'에 해당되는 히브리어 '아룸arum'은 좋은 뜻과 나쁜 뜻을 모두 가지고 있습니다. 잠언에서는 '슬기로운prudent'으로 번역됩니다(잠 12:16, 22:3). 예수님도 제자들을 파송하시면서 "뱀 같이 지혜로우라"(마 10:16)라고 권면하셨습니다. 그러나 욥기에서는 '교활한crafty'으로 번역됩니다(욥 5:12).

뱀이 슬기롭든지 교활하든지 간에, 하나님은 뱀을 '말하는 동물'로 창조하지는 않으셨습니다. 그렇다면 어찌 된 일일까요? 사탄이 뱀의 입을 빌려서 사람과 대화를 하는 겁니다. 마치 하나님이 나귀의 입을 열어 발람을 책망하셨듯이(민 22:28), 사탄에게도 그럴만한 능력이 있었던 것이지요. 그러니 뱀 자체가 본래부터 악한 존재로 창조되었다고 오해하지는 마십시오. 사탄의 도구로 사용되면 누구라도 악한 존재가 될 수 있는 것입니다. 사람도 예외는 아닙니다.

이 대목에서 우리는 '사탄'에 대해서 언급하지 않을 수가 없습니다. 사탄의 기원에 대한 궁금증을 가진 분들이 참 많이 있습니다. 어떤 분은 천사장 중의 하나였던 '루시퍼'를 사탄으로 의심합니다. 그가 하나님의 보좌를 찬탈하려고 반역을 일으켰다가 쫓겨났다고 주장하면서, 이사야 서에 나오는 하늘에서 떨어진 '아침의 아들 계명성'(사 14:12)을 그 근거로 제시하기도 합니다. 그러나 그것은 사실 바빌론 왕국의 멸망에 대한 언급이지, 사탄의 기원을 설명하는 구절이 아닙니다.

성경은 사탄이 어디로부터 나왔는지 그 기원에 대해서 굳이 설명하려고 하지 않습니다. 그러나 사탄은 언제나 하나님을 대적하고 하나님의 백성들을 유혹하는 존재로 성경에 등장합니다. 다윗이 인구 조사를 하게 된 것도, 이스라엘을 대적하는 사탄이 다윗을 충동한 일이라고 기록합니다(대상 21:1). 욥을 폄하하고 참소하여 큰 어려움을 당하게 만든 장본인도 사탄입니다(욥 1:11).

사탄은 공생애를 시작하기 전의 예수님을 시험하고 유혹했습니다(마 4:1-11). 예수님이 십자가의 길을 걷지 않도록 베드로를 부추겨서 방해한 것도 사탄이었습니다(마 16:23). 가룟 유다의 마음속에 사탄이 들어가자, 그는 예수님을 배반하고 팔아넘겼습니다(요 13:27). 아나니아가 땅을 팔아서 헌금을 드리기로 약속했다가 마음을 바꾸게 된 것도 역시 사탄의 역사였습니다(행 5:3). 사탄은 역사의 종말에 하수인을 앞세워서 온 천하를 미혹하고 그리스도인을 박해할 것입니다(계 13:14-15).

이렇듯 사탄은 성경 어디에나 등장합니다. 창세기에서도 마찬가지입니다. 하나님을 대적하려고 하는 존재가 있다는 사실을 창세기는 이미 전제하고 있습니다. 그 존재가 어디부터 나왔는지를 설명하려고 하기 보다는, 사람들이 사탄의 유혹에 넘어가고 있는 현실에 더 관심을 기울입니다. 이 세상에 죄와 악이 들어오게 된 이유와 그 결과에 주목하며, 악한 세상 속에 고통당하며 사는 사람들이 어떻게 구원을 받을 수 있을지에 대한 대답을 찾습니다.

굳이 성경이 기록하지 않는 것을 찾아내어 자신의 궁금증을 해결하려고 애쓰는 것보다, 성경이 말하려고 하는 메시지에 집중하는 것이 하나님의 말씀을 대하는 올바른 태도일 것입니다.

사람의 약점

뱀의 모습으로 등장한 사탄은 이렇게 말을 겁니다.

> … 뱀이 여자에게 물어 이르되 하나님이 참으로 너희에게 동산 모든 나무의 열매를 먹지 말라 하시더냐(창 3:1b).

이 장면에서 우리가 주목할 것은 사탄이 여자를 대화의 상대로 삼고 있다는 사실입니다. 그 이유가 무엇일까요? 아담이 그 자리에 없었기 때문일까요? 아닙니다. 사탄은 분명히 '너희'(2인칭 복수)를 겨냥하여 말하고 있습니다. 선악을 알게 하는 나무의 실과를 실제로 따먹는 장면에서도 하와는 "자기와 함께 있는 남편에게도 주었다"(6절)고 합니다. 아담이 그 자리에 동석하고 있었지만, 사탄은 굳이 아담의 아내에게 말을 걸고 있는 것입니다.

그 이유는 하와에게 치명적인 약점이 하나 있었기 때문입니다. 그 약점은 여자가 신체적으로나 정신적으로 남자보다 열등한 존재이기 때문에 가지게 된 것이 아닙니다. 오히려 두 번째로 창조된 인간이기 때문에 가지게 된 것입니다. 그 약점이 무엇일까요? 바로 '하나님의 말씀'입니다. 하와는 하나님으로부터 직접 말씀을 듣지 못했습니다. 아담으로부터 간접적으로 대충 전해 들었을 뿐입니다.

그래서 뱀이 하와에게 묻습니다. "하나님이 정말 동산 모든 나무의 열매를 먹지 말라고 하셨느냐?" 하나님의 말씀을 확인하는 질문입니다. 그런데 하나님은 "선악을 알게 하는 나무의 열매를 먹지 말라"(창 2:17)고 하셨지, 모든 열매를 먹지 말라고 하지는 않으셨습니다. 사탄은 이런 식으로 하나님의 말씀을 뒤틀어 왜곡합니다. 그렇게 함으로써 의심을 심어주려고 합니다. 하나님의 말씀을 정확하게 알지 못하면 이와 같은 사탄의 속임수에 넘어가게 되어있습니다. 하와가 그랬습니다.

2 여자가 뱀에게 말하되 동산 나무의 열매를 우리가 먹을 수 있으나 3 동산 중앙에 있는 나무의 열매는 하나님의 말씀에 너희는 먹지도 말고 만지지도 말라. 너희가 죽을까 하노라 하셨느니라(창 3:2-3).

하와는 동산 중앙에 있는 나무의 열매를 먹지 말라고 말씀하셨다고 대답합니다. 그러나 그 대답은 정확하지 않습니다. 왜냐하면 동산 중앙에는 '선악 나무'만 있었던 것이 아니기 때문입니다. 앞에서 이미 우리가 살펴본 대로 거기에는 '생명 나무'도 있었습니다(창 2:9). 또 하나님은 "죽을지도 모른다"(you may die)라고 하지 않으셨습니다. "반드시 죽는다"(you shall surely die)라고 경고하셨습니다. 하와는 하나님의 말씀을 아담으로부터 전해 듣기는 했지만 정확하게 알지는 못했던 것입니다.

그런 의미에서 이 세상의 모든 인간은 하와가 가지고 있던 약점을 고스란히 물려받았다고 할 수 있습니다. 하나님의 말씀이 다음 세대에 정확하게 전달되지 않도록 하면 언제나 사탄에게 승산이 있는 것입니다. 그래서 사탄은 하나님의 말씀이 들리지 않도록 끊임없이 방해하고, 하나님의 말씀을 잘 알지 못하는 사람들의 약점을 끝까지 집요하게 물고 늘어지는 것입니다.

그리스도인 부모에게 주어진 가장 큰 책임이 무엇일까요? 자녀들이 사탄의 유혹에 넘어가지 않도록 하나님의 말씀을 정확하게 인수인계해 주는 것입니다. 그 일을 가볍게 여기거나 소홀하게 생각하면 안 됩니다. 그러다가는 우리의 '다음 세대'가 믿음의 '다른 세대'가 되고 말 것입니다.

사탄의 전략

사탄은 사람을 유혹하기 위해서 '하나님 말씀'의 약점을 집중하여 공략할 뿐만 아니라, '선악의 기준'을 애매하게 만드는 전략을 사용합니다.

4뱀이 여자에게 이르되 너희가 결코 죽지 아니하리라. 5너희가 그것을 먹는 날에는 너희 눈이 밝아져 하나님과 같이 되어 선악을 알 줄 하나님이 아심이니라(창 3:4-5).

여기에서 "선악을 안다"라는 말은 "선한 일과 악한 일을 구분할 줄 안다"라는 뜻이 아닙니다. 오히려 "선악의 기준을 정한다"라는 뜻입니다. 선악의 기준은 오직 하나님만 정하실 수 있습니다. 하나님은 '선악을 알게 하는 나무'를 선악의 기준으로 삼으시고, 그 열매를 따먹지 말라고 명령하셨습니다. 하나님의 말씀에 따르면 '선'이고, 따르지 않으면 '악'이 되는 것입니다. 하나님에게 순종하면 '선'이고, 불순종하면 '악'이 되는 것입니다. 그래서 선악을 알게 하는 나무입니다.

그런데 사탄은 하나님의 말씀을 뒤집어버립니다. "그 나무의 열매를 따먹는다고 해서 죽는 일이란 결코 생기지 않아. 그것은 하나님이 겁주려고 한 말일 뿐이야. 오히려 너희의 눈이 밝아져서 하나님처럼 될 것이야. 그러니 너희 자신이 주체가 되어 스스로 선악을 판단하는 멋진 인생을 한번 살아보렴."

이것이 바로 '선악의 기준'을 모호하게 만드는 사탄의 전략입니다. 사탄은 이 전략으로 하나님의 대리자로서의 인생보다 스스로 하나님이 되어 살아가는 인생을 선택하도록 사람들을 유혹해왔던 것입니다. 선악의 기준을 모호하게 만드는 이 전략은 오늘날의 포스트모더니즘Post-modernism으로 꽃피우고 있습니다.

포스트모더니즘이 지배하는 현대 사회의 특징을 흔히 '종교 다원주의'와 '도덕적 상대주의'로 설명합니다. '종교 다원주의Religious pluralism'라는 모든 종교가 나름대로 구원의 길을 가지고 있다고 보는 것입니다. '도덕적 상대주의ethical relativism'라는 보편타당하게 적용될 수 있는 도덕적인 가치는 더 이상 존재하지 않는다는 주장입니다. 사람의 생각에 따라서 얼마든지 윤리의 기준이 달라질 수 있다는 것이지요.

예를 들어서 요즘 동성애와 성소수자에 대한 이슈가 우리나라에서도 사회적인 문제로 점점 크게 부각되고 있습니다. 이 문제에 대한 성경의 태도는 분명합니다. 그것은 '부끄러운 욕심'이요, 하나님이 미워하시는 '죄'요, 이같은 일을 행하는 자는 '사형감'이라고 단호하게 말씀하십니다 (롬 1:24-32).

그러나 요즘 사람들은 이렇게 말하지요. "그것은 네 생각이고, 내 생각은 달라!" "그것은 기독교의 가르침이고, 나는 그 가르침에 동의하지 않아!" 그러면 할 말이 없어집니다. 왜냐하면 요즘 시대에는 절대적인 가치나 기준이 없기 때문입니다. 모든 사람의 생각을 인정해주어야 하기 때문입니다. 바로 이것이 사탄의 전략입니다. 선과 악의 기준을 이런 방식으로 애매하게 만들고 있는 것입니다.

유혹에 넘어가다

사탄에게 시험을 받을 수는 있지만, 그 시험에 빠지면 안 됩니다. 그러나 아담과 하와는 사탄의 유혹을 받았을 뿐만 아니라 그 유혹에 넘어가고 말았습니다. 그 과정을 눈여겨볼 필요가 있습니다.

여자가 그 나무를 본즉 먹음직도 하고 보암직도 하고 지혜롭게 할 만큼 탐스럽기
도 한 나무인지라. 여자가 그 열매를 따먹고 자기와 함께 있는 남편에게도 주매
그도 먹은지라(창 3:6).

하와는 사탄의 말을 듣고 난 후에 그 나무를 보았습니다. 그랬더니 이전과는 다르게 보였습니다. 먹음직도good for food 하고 보암직도pleasing to the eye 하였습니다. 그런데 사실 하나님이 에덴동산에서 자라게 하신 나무들이 본래 다 그랬습니다. "하나님이 그 땅에서 보기에 아름답고 먹기에 좋은 나무가 나게 하셨다"(창 2:9)라고 했습니다. '보기에 아름답고'가 '보암직'이고, '먹기에 좋은'이 '먹음직'입니다. 에덴동산에 있는 다른 나무들이 모두 그랬으니, 사실 새삼스러운 일이라고 할 수 없습니다.

문제는 '지혜롭게 할 만큼 탐스럽기도 한'(desirable for gaining wisdom) 나무로 보였다는 점입니다. 그 나무의 열매를 먹으면 '지혜'를 얻을 것 같아서 빨리 따먹고 싶은 욕망이 생겨났던 것입니다. 그런데 이 지혜는 무엇을 말하는 것일까요? 바로 앞에서 사탄이 유혹했던 지혜입니다. '눈이 밝아져 하나님과 같이 되는' 지혜입니다(5절). 선악을 모두 알아 자기 생각대로 그 기준을 정할 수 있을 것 같은 지혜입니다. 그래서 하나님 없이도 얼마든지 자유롭게 잘 살 수 있을 것 같은 지혜입니다.

그러나 그 지혜는 사탄의 속임수에 불과합니다. 실상은 사람들의 눈을 어둡게 만드는 '무지無知'였습니다. 볼 것은 보지 못하고, 보지 말아야 할 것은 보게 만드는 '편견'이었습니다. 하나님처럼 되기는커녕 사람답게 살지도 못하게 만드는 '어리석음'이었습니다. 선악을 알게 되기는커녕 오직 악을 재생산해내는 통로가 되게 만드는 '오판'이었습니다. 하나님으로부터 자유함을 얻는 것은 고사하고, 오히려 사탄에게 종노릇하게 만드는

'미련함'이었습니다. 잘 먹고 잘 사는 인생이 아니라, 허무하게 죽음으로 끝나는 인생을 살게 하는 '실패'였습니다.

진정한 지혜는 오직 하나님 안에서만 발견되는 것입니다. 하나님을 경외하는 것이 모든 지혜의 출발이라고 했습니다(잠 1:7). 하나님의 말씀을 떠나서는 결코 지혜를 발견할 수 없습니다. 선악을 알게 하는 나무의 열매를 따 먹어야 지혜롭게 되는 것이 아닙니다. 오히려 우리 인생 한가운데에 그 나무를 잘 세워두어야 정말 지혜롭게 되는 것입니다. 하나님을 선악의 기준으로 삼을 때에만 진정 사람답게 살 수 있는 것입니다.

어쨌든 하와는 사탄의 속임수에 넘어가서 그 열매를 따 먹었습니다. 그리고 자기와 함께 있는 남편에게도 그것을 주었습니다. '함께 사는'이 아니라 '함께 있는'입니다. 다시 말해서 결혼생활의 배우자에게 준 것이 아니라 그 장소에 실제로 함께 있었던 아담에게 그 열매를 건네준 것입니다.

바울은 이 일을 여자의 책임으로 떠넘기지만(딤전 2:14), 제가 볼 때 오히려 남자의 책임이 더 큽니다. 하나님의 말씀을 듣고도 정확하게 전달해주지 못한 책임과 사탄과 하와가 나누는 대화에 적극적으로 개입하지 않았던 책임을 면할 수 없습니다. 그렇다고 여자에게는 아무런 책임이 없다는 그런 뜻은 아닙니다. 그것은 인간이 공동으로 책임져야 할 일이지, 다른 사람에게 책임을 떠넘길 일이 아니라는 뜻입니다.

유혹을 이기는 길

사탄의 유혹은 누구에게나 다가옵니다. 예수님도 예외는 아니었습니다. 그러나 예수님은 사탄의 시험을 넉넉히 이기셨습니다. 하나님의 아들이었기 때문일까요? 아닙니다. 어렸을 때부터 하나님의 말씀을 늘 묵상하면서 지내셨기 때문입니다. 사탄에게 엎드려 경배하라는 시험에 주님은 이렇게 대답하십니다.

이에 예수께서 말씀하시되 사탄아 물러가라. 기록되었으되 주 녀의 하나님께 경배하고 다만 그를 섬기라 하였느니라(마 4:10).

주님의 대답은 언제나 '기록되었으되'라는 말로 시작합니다. 무엇이 어디에 기록되었다는 겁니까? 하나님의 말씀이 성경에 기록되었다는 것입니다. 그 말씀으로 사탄의 유혹을 넉넉히 이기셨던 것입니다. 그렇습니다. 하나님의 말씀을 확실하게 붙들고 있으면 얼마든지 이겨낼 수 있습니다. 하나님의 말씀 위에 굳게 서는 실천이야말로 우리가 사탄의 유혹을 이겨내는 유일한 길입니다.

지금도 사탄 마귀는 "우는 사자 같이 두루 다니며 삼킬 자를 찾아다니고"(벧전 5:8) 있습니다. 하나님의 형상으로 지음 받은 우리의 진정한 가치와 사명을 잊어버리고 살도록 유혹합니다. 우리가 가지고 있는 말씀의 약점을 집요하게 파고듭니다. 선악의 기준을 애매하게 만듭니다. 하나님으로부터 자유로워져서 네 마음대로 인생을 살아보라고 권면합니다. 그렇게 우리를 믿음의 길에서 끌어내려 하나님 나라와 전혀 상관없는 사람으로 살도록 유혹하고 있는 것입니다.

그 시험에 빠지지 않기 위해서 우리는 늘 깨어서 기도해야 합니다. 그리고 하나님의 말씀으로 모든 시험을 이기신 예수님의 본을 따라서 살아야 합니다. 야고보 사도는 "하나님께 복종하고 마귀를 대적하라"(약 4:7)고 권면했습니다. 기도로 하나님께 복종하고, 말씀으로 대적하는 자를 사탄 마귀는 결코 감당할 수 없습니다.

* **묵상 질문**: 지금 내가 씨름하고 있는 시험거리는 무엇입니까?
* **오늘의 기도**: 사탄의 속임수에 넘어가지 않게 하옵소서. 그 어떤 달콤한 소리에도 결코 귀 기울이지 않게 하옵소서. 우리의 눈에는 오직 하나님의 말씀

만 보이게 하시고, 우리의 귀에는 오직 하나님의 음성만 들리게 하옵소서. 다른 곳에 한눈 팔다가 영원한 생명을 잃어버리는 어리석은 자가 되지 않게 하옵소서. 예수님의 이름으로 기도합니다. 아멘.

창세기 묵상 9

관계가 깨지다

읽을 말씀: 창세기 3:7-20

새길 말씀: 아담이 이르되 하나님이 주셔서 나와 함께 있게 하신 여자 그가 그 나무 열매
를 내게 주므로 내가 먹었나이다(창 3:12).

사탄의 유혹에 속아 넘어가는 아담과 하와의 이야기는 인류의 역사
를 통해서 계속 반복되어왔습니다. 그것은 태초에 에덴동산에서 단 한
번만 일어난 사건이 아니라, 모든 시대의 모든 사람에게서 계속 일어나
는 사건입니다. 우리도 예외는 아닙니다. 그렇기에 우리를 넘어뜨리기
위해 유혹하는 사탄의 전략과 방법을 잘 알고 있어야 합니다. 시험에 빠
지지 않도록 말씀과 기도로 늘 무장하고 있는 것입니다.

우리가 알아두어야 할 것은 단지 사탄의 전략만이 아닙니다. 사탄의
유혹에 넘어가서 범죄했을 때 나타나는 결과에 대해서도 잘 알고 있어야
합니다. 오늘 우리가 살펴볼 내용입니다.

사람 사이의 장애물

선과 악을 알게 하는 나무의 열매를 따 먹은 후에 아담과 하와에게 가장 처음 나타난 변화는 '눈이 밝아졌다'는 것입니다.

> 이에 그들의 눈이 밝아져 자기들이 벗은 줄을 알고 무화과나무 잎을 엮어 치마로 삼았더라(창 3:7).

앞에서 사탄은 그들에게 분명히 약속했습니다. "너희가 그것을 먹는 날에는 너희 눈이 밝아져 하나님과 같이 될 것이다"(5절). 그렇다면 사탄이 약속한 대로 그대로 이루어졌다는 뜻일까요? 아닙니다. 오히려 정반대입니다. 그들이 눈이 밝아지기는 했는데, 수치심羞恥心에 눈을 뜨게 되었습니다. 벗은 몸을 부끄럽게 생각하게 되었습니다. 그래서 황급하게 무화과나무 잎을 엮어 치마를 만들어 임시로 자신의 수치를 가렸던 것입니다.

그들의 눈이 정말 밝아졌다면, 그들은 하나님의 말씀을 깨달았을 것입니다. 하나님이 그들을 창조하신 이유와 목적을 깨달았을 것입니다. 하나님이 그들에게 품고 계시는 기대가 무엇인지 알게 되었을 것입니다. 그러나 정작 보아야 할 것은 보지 못하고, 자신의 수치와 다른 사람의 수치에만 눈이 밝아졌습니다. 실제로는 눈이 어두워진 것이지요.

이 대목에서 우리는 아담과 하와의 결혼식 장면을 되새길 필요가 있습니다. 그때 그들은 "벌거벗었으나 부끄러워하지 않았다"(2:25)고 했습니다. 두 사람이 서로 감추는 것이나 속이는 것이 전혀 없었다는 뜻이라고 했습니다. 그들은 서로를 있는 그대로 인정하고 품어주는 사이였던 것입니다.

그렇다면 지금은 어떤 사이가 되었을까요? 수치를 가림으로써 그들은 서로에게 드러내지 않고 감추는 비밀을 갖게 되었습니다. 그렇게 사람들 사이를 가로막는 장애물이 만들어지기 시작한 것입니다. 그것이 하나님께 범죄한 인간이 직면하는 현실입니다.

하나님과의 거리

아담과 하와의 사이에만 문제가 생긴 것이 아닙니다. 하나님과 그들 사이에도 문제가 생겼습니다.

> 그들이 그날 바람이 불 때 동산에 거니시는 여호와 하나님의 소리를 듣고 아담과 그의 아내가 여호와 하나님의 낯을 피하여 동산 나무 사이에 숨은지라(창 3:8).

저녁 산들바람이 불 때 동산을 거니시는 하나님의 인기척 소리가 들리자, 그들은 얼른 동산 나무 사이에 숨어버립니다. 평소 같았으면 하나님께 나아가서 반갑게 인사하며 이런저런 이야기를 나누었을 텐데, 이제는 하나님의 얼굴을 뵙게 되는 것이 두려워서 아예 등 돌리고 도망가게 된 것입니다. 그것이 바로 범죄한 사람들의 특징입니다. "도둑이 제 발 저리다"는 속담처럼, 사람들이 먼저 하나님의 얼굴을 그렇게 외면했던 것입니다.

그러나 하나님은 그냥 놔두지 않습니다. 아담을 찾도록 찾아다닙니다.

> 9여호와 하나님이 아담을 부르시며 그에게 이르시되 네가 어디 있느냐. 10이르되 내가 동산에서 하나님의 소리를 듣고 내가 벗었으므로 두려워하여 숨었나이다(창 3:9-10).

"아담아, 네가 어디 있느냐?" 아담이 어디에 있는지 몰라서 하나님이 이렇게 찾으셨을까요? 아닙니다. 단지 그에게 회개와 회복의 기회를 주시기 위해서입니다. 하나님이 찾기 전에 먼저 나와서 자신의 죄를 솔직하게 아뢰고 용서를 구했다면 얼마나 좋았을까요? 죄인은 그렇게 하지 못합니다. 그것이 죄인의 특징입니다. 그러나 하나님이 찾으실 때에라도 대답하면 기회가 있습니다.

아담은 그제야 대답합니다. "내가 벗었으므로 두려워하여 숨었나이다" 여기에서 우리는 하나님과의 사이를 멀어지게 만드는 한 가지 이유를 발견합니다. 그것은 바로 '두려움'입니다. 사실 벗었다는 것이 숨을 이유는 아닙니다. 하나님은 아담과 하와를 창조하신 분입니다. 그분 앞에 벌거벗었다는 것이 무슨 부끄러운 일이겠습니까? 아담이 가지고 있는 두려움은 하나님으로부터 받을 책망 때문입니다. 그래서 숨는 것입니다.

사도 요한은 이렇게 말했습니다.

> 사랑 안에는 두려움이 없고 온전한 사랑이 두려움을 내쫓나니 두려움에는 형벌이 있음이라. 두려워하는 자는 사랑 안에서 온전히 이루지 못하였느니라(요일 4:18).

메시지 성경은 "사랑 안에는 두려움이 들어설 자리가 없습니다"(There is no room in love for fear)라고 풀이합니다. 정말 그렇습니다. 우리가 하나님을 사랑하고 또한 하나님의 사랑을 받고 있다는 확신이 있다면, 하나님과의 사이에 두려움이 들어설 자리가 생기지 않습니다. 우리에게 두려움이 있다는 것은, 하나님과 우리 사이에 틈이 생겼다는 뜻입니다. 하나님과의 관계에 금이 갔다는 뜻입니다.

책임 떠넘기기

죄인의 특징은 서로에게 책임을 떠넘긴다는 사실입니다.

11이르시되 누가 너의 벗었음을 네게 알렸느냐. 내가 네게 먹지 말라 명한 그 나무 열매를 네가 먹었느냐. 12아담이 이르되 하나님이 주셔서 나와 함께 있게 하신 여자 그가 그 나무 열매를 내게 주므로 내가 먹었나이다(창 3:11-12).

"내가 먹지 말라 명한 그 열매를 네가 먹었느냐?" 역시 하나님이 몰라서 이렇게 물으시는 것이 아니지요. 하나님이 이렇게 묻기 전에 먼저 솔직하게 고백하는 것이 맞습니다. 그러나 죄인은 그렇게 하지 못합니다. 그래서 죄인입니다.

"네가 먹었느냐?"는 직설적인 질문을 받자, 아담은 그 모든 책임을 아내에게 떠넘깁니다. 그는 이렇게 말합니다. "하나님이 제게 짝으로 주신 여자가 그 나무의 열매를 주기에, 제가 먹었습니다"(메시지). 아담의 말은 모두 사실fact입니다. 하나님이 그 여자를 아담에게 짝으로 만들어주셨습니다. 그 여자가 선악과의 열매를 아담에게 주었습니다. 그리고 아담이 그것을 먹었습니다. 모두 사실에 근거한 진술입니다.

그러나 속뜻은 다릅니다. "만일 그 여자가 주지 않았다면 나는 먹지 않았을 것입니다" "만일 하나님이 그 여자를 짝으로 주시지 않았다면 이런 일이 벌어지지 않았을 것입니다" 아담은 그 모든 책임을 아내에게, 심지어 하나님에게 돌리고 있는 것입니다.

분명한 것은 자신의 손으로 땄든지 아니면 아내가 따서 주었든지 간에 아담이 그 열매를 먹었다는 사실입니다. 그리고 하나님은 아담에게 그 열매를 먹으면 안 된다고 분명히 말씀하셨다는 사실입니다. 그렇다면 누구의 책임입니까? 자기 입으로 먹은 아담의 책임이지요!

하나님은 아담의 변명에 반박하지 않으시고, 하와에게로 시선을 옮기십니다.

여호와 하나님이 여자에게 이르시되 네가 어찌하여 이렇게 하였느냐. 여자가 이르되 뱀이 나를 꾀므로 내가 먹었나이다(창 3:13).

하와도 할 말은 있었습니다. "만일 뱀이 나를 유혹하지 않았다면 나는 절대로 그 열매를 먹지 않았을 것입니다" 뱀이 하와를 유혹한 것도 물론 사실입니다. 그러나 뱀이 그 열매를 따서 건네준 것은 아닙니다. 하와가 자기 손으로 직접 따먹었고, 남편에게도 적극적으로 권했습니다. 남편을 공범으로 만든 것이지요. 뱀이 별별 말로 유혹한다고 해도 그 유혹에 넘어가면 안 됩니다. 왜냐하면 하나님이 그 열매를 먹으면 안 된다고 말씀하셨기 때문입니다. 그렇다면 누구 책임입니까? 자기 손으로 따먹은 하와의 책임이지요!

이처럼 책임을 떠넘기는 것이 죄인의 특징입니다. 다른 사람에게만 비난의 화살을 돌리지 않습니다. 사회를 탓하고, 환경을 탓하고, 국가를 탓합니다. 그리고 심지어는 창조주 하나님을 탓합니다. 결코 자기 자신을 탓하지는 않습니다. 그래서 이 세상의 죄는 점점 더 깊어지고, 온갖 악행들이 생산되고 있는 것입니다.

하나님의 저주

하나님은 아담과 하와에게는 '왜 그랬는지' 물어보기라도 하셨습니다. 그렇지만 뱀에게는 그러지 않으십니다.

14여호와 하나님이 뱀에게 이르시되 네가 이렇게 하였으니 네가 모든 가축과 들의 모든 짐승보다 더욱 저주를 받아 배로 다니고 살아 있는 동안 흙을 먹을지니라. 15내가 너로 여자와 원수가 되게 하고 네 후손도 여자의 후손과 원수가 되게 하리니 여자의 후손은 네 머리를 상하게 할 것이요 너는 그 발꿈치를 상하게 할 것이니라 하시고…(창 3:14-15).

여기에서 '뱀'은 그냥 '뱀'이 아닙니다. 뱀의 입을 통해서 하와를 유혹했던 '사탄'입니다. 사탄은 구원의 대상이 아닙니다. 그렇기에 대화가 필요하지 않습니다. 자기 변명할 수 있는 기회를 줄 필요도 없습니다. 오직 일방적으로 저주가 선포될 뿐입니다. 사탄에게 내린 저주는 "여자의 후손과 원수가 되게 하겠다"는 것입니다.

여기에서 우리가 주목할 것은 '후손'이 남성 단수형이라는 사실입니다. 만일 여자의 후손이 그 뒤에 태어날 모든 사람을 가리키는 말이라면 이런 식으로 표현하면 안 됩니다. 그렇다면 이것을 어떻게 이해해야 할까요? 그 해답은 갈라디아서에서 찾을 수 있습니다.

> 이 약속들은 아브라함과 그 자손에게 말씀하신 것인데 여럿을 가리켜 그 자손들이라 하지 아니하시고 오직 한 사람을 가리켜 네 자손이라 하셨으니 곧 그리스도라(갈 3:16).

아하! 그렇군요. 하나님은 이미 예수 그리스도를 통한 인류 구원의 계획을 세워놓고 계셨던 것입니다. 사탄은 하나님의 일을 방해하는 존재입니다. 그가 '여자의 후손' 즉 예수님을 대적하고 훼방할 것을 지금 예고하시는 것입니다. 사탄은 기껏해야 예수님의 발꿈치를 상하게 할 뿐이지만 예수님은 사탄의 머리를 상하게 할 것입니다. 예수님은 십자가에 달려 돌아가셨지만 사흘 만에 다시 부활하셨습니다. 그렇게 사탄은 '여자의 후손'에게 참패를 당하고 말았던 것입니다.

요한계시록은 이 일을 다음과 같이 묘사합니다.

> 큰 용이 내쫓기니 옛 뱀 곧 마귀라고도 하고 사탄이라고도 하며 온 천하를 꾀는 자라. 그가 땅으로 내쫓기니 그의 사자들도 그와 함께 내쫓기니라(계 12:9).

여기에 등장하는 '큰 용'은 '옛 뱀'이요 '마귀'요 '사탄'입니다. 그 모두 '적그리스도'를 가리키는 말입니다. 특히 '옛 뱀the ancient serpent'이라는 표현에 주목하십시오. 왜 '옛 뱀'일까요? 그것은 에덴동산에도 등장했고 또한 골고다 언덕에도 등장했기 때문입니다. 에덴동산에서는 하나님으로부터 저주를 받아 땅으로 쫓겨났고, 골고다에서는 죽음 권세를 이기신 예수님에게 참패하고 말았습니다. 그리고 장차 주님이 재림하실 때에 완전히 패배하여 영원한 불못에 던져질 것입니다(계 20:7-10).

이와 같은 구원의 계획이 바로 이곳 에덴동산에서부터 선포되고 있다는 사실이 정말 놀랍지 않습니까! 그렇습니다. 우리는 늘 실패하여 넘어지지만 우리를 구원하시는 하나님의 일하심에는 결코 실패함이 없습니다. 바로 여기에 우리의 희망이 있는 것입니다.

하나님의 심판

하나님은 사탄에게 '저주'하셨지만, 아담과 하와에게는 '심판'하셨습니다. 그 차이가 무엇일까요? 심판은 회복될 가능성이 얼마든지 있지만, 저주는 아무런 희망이 없습니다. 그것이 차이입니다. 먼저 여자에게 내린 심판입니다.

> 또 여자에게 이르시되 내가 네게 임신하는 고통을 크게 더하리니 네가 수고하고 자식을 낳을 것이며 너는 남편을 원하고 남편은 너를 다스릴 것이니라 하시고…(창 3:16).

하나님은 여자에게 '임신하는 고통'과 '해산하는 고통'을 크게 더하셨습니다. 이 말씀은 생명을 잉태하여 해산하는 일이 본래는 그렇게 힘들지 않았다는 것을 의미합니다. 그런데 하나님의 말씀에 불순종하는 죄를 지은 후에 그것이 고통스러운 일이 되고 말았던 것이지요. 그리고 이 심판은 오직 여자에게만 주어졌습니다.

여기에서 우리 눈에 띄는 것은 "너는 남편을 원하고 남편은 너를 다스릴 것이라"는 말씀입니다. 아내가 남편을 원한다는 것과 남편이 아내를 다스린다는 것이 왜 여자에게 주어진 하나님의 심판일까요? NLT 성경은 다음과 같이 아주 쉽게 풀이합니다.

And you will desire to control your husband, but he will rule over you.
너는 남편을 통제하려고 하겠지만, 오히려 남편이 너를 지배할 것이다.

무슨 말씀입니까? 이제부터는 아내와 남편이 서로 주도권 다툼을 벌이게 될 것이라는 예고입니다. 그렇지만 아내는 결국 가부장적인 권위에 굴복하게 되고 불평등하게 살게 될 것이라는 경고입니다. 이것은 심판의 선언입니다. 그 사실을 잊지 말아야 합니다. 죄에 대한 벌이지, 본래 하나님이 만들어놓으신 창조의 질서가 아니라는 말입니다.

본래의 관계는 어땠습니까? 남자든 여자든 모두 하나님의 형상으로 창조되었고, 서로 동등한 '돕는 배필'로 짝지어졌습니다. 그러나 이 세상에 죄가 들어오면서 평등하고 조화로운 관계가 불평등하고 투쟁하는 관계로 바뀌게 되었던 것입니다. 부부 사이에 서로 감추는 비밀이 생기게 되었을 뿐만 아니라, 이제는 불평등한 주종主從의 관계가 만들어진 것입니다. 이것이 바로 하나님의 심판이었습니다.

남자에게도 하나님은 심판을 선언합니다.

17아담에게 이르시되 네가 네 아내의 말을 듣고 내가 네게 먹지 말라 한 나무의 열매를 먹었은즉 땅은 너로 말미암아 저주를 받고 너는 네 평생에 수고하여야 그 소산을 먹으리라. 18땅이 네게 가시덤불과 엉겅퀴를 낼 것이라. 네가 먹을 것은 밭의 채소인즉 19네가 흙으로 돌아갈 때까지 얼굴에 땀을 흘려야 먹을 것을 먹으리니 네가 그것에서 취함을 입었음이라. 너는 흙이니 흙으로 돌아갈 것이니라 하시니라(창 3:17-19).

여자에게 내린 심판이 '해산의 고통'이었다면, 남자에게 내린 심판은 '노동의 고통'입니다. 즉 노동이 고통이 되게 하는 심판입니다. 왜냐하면 땅이 저주를 받아서, 힘들게 수고하지 않고서는 결코 먹거리를 얻을 수 없게 되었기 때문입니다. 보암직하고 먹음직하던 열매를 그저 따먹기만 하던 에덴동산의 삶과 비교하면 하늘과 땅 차이입니다.

그리고 결국에는 죽음으로 인생을 마치게 된다고 하십니다. "너는 흙에서 시작되었으니, 흙으로 끝날 것이다"(메시지). You started out as dirt, you'll end up dirt. 이것은 하나님이 말씀하신 그대로 이루어진 것입니다(2:17).

깨진 창조 질서

하나님께서 창조하신 질서를 한 마디로 표현하면 '막힘이 없는 조화로운 관계'라고 할 수 있습니다. 그림에서 보듯이 사람은 운명적으로 세 가지 관계 속에서 태어나고 살아가게 되어 있습니다. '다른 사람과의 관계'와 '자연 또는 물질과의 관계' 그리고 '창조주 하나님과의 관계'가 그것입니다.

이 세상에 죄가 들어오기 전에 창조주 하나님과의 관계는 마치 '아버지와 자녀'의 관계와 같았습니다. 서로 막힘이 없었고 언제라도 만나서 소통할 수 있었습니다. 다른 사람과의 관계는 서로 존중하며 사랑하는 '돕는 배필'의 관계였습니다. 자연과의 관계는 힘들여 일하지 않아도 자연이 내어주는 열매로 모자람 없이 풍족하게 살 수 있었습니다.

그런데 하나님의 말씀에 불순종한 후에는 이 모든 관계가 깨지고 말았습니다. 그들은 하나님의 낯을 피해서 동산 나무 사이로 숨어 들어갔고, 다른 사람에게 책임을 전가하며 주도권 다툼을 하는 그런 사이가 되었고, 힘겹

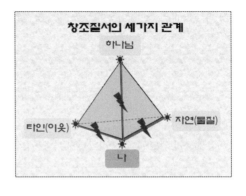

게 일하지 않고서는 자연으로부터 먹거리를 얻어낼 수 없는 껄끄러운 관계가 되었습니다. 이 모두는 하나님의 말씀에 불순종한 결과입니다.

창조 질서가 깨진 현실을 단면적으로 보여주는 장면이 나옵니다. 바로 아담이 그의 아내에게 이름을 붙여주는 장면입니다.

아담이 그의 아내의 이름을 하와라 불렀으니 그는 모든 산 자의 어머니가 됨이더라(창 3:20).

성경에서 이름을 지어준다는 것은 '주권主權'을 드러내는 행위라고 했습니다. 아담은 아내에게 이름을 붙여줌으로써 자신의 지배권을 행사하고 있는 것입니다. 이처럼 본래는 평등한 관계로 창조된 사람들이, 이제는 지배와 종속의 불평등한 관계가 되고 말았습니다. 그것이 바로 오늘날 우리가 살아가고 있는 이 세상의 현실입니다.

그와 같은 현실은 우리가 당연히 받아들여야 할 '운명'이 아닙니다. 오히려 하나님이 의도하셨던 본래의 관계로 돌아가기 위해서 우리가 반드시 넘어서야 할 '장애물'입니다. 하나님이 창조하신 질서는 아직 완전히 회복되지 않았습니다. 그러나 언젠가는 반드시 회복될 것입니다. 그때가 언제일까요? 주님이 재림하실 때입니다. 하나님 나라가 이 땅에 임

하게 될 때에 창조의 질서도 완전히 회복될 것입니다.

＊묵상 질문: 내가 하나님과의 관계를 회복하는 일에 있어서 가장 큰 장애물은 무엇입니까?

＊오늘의 기도: 우리는 하나님의 사랑을 받을 아무런 자격이 없음을 고백합니다. 그러나 우리를 구원하기를 원하시는 하나님의 초대에 믿음으로 응답할 수 있게 하옵소서. 우리의 깨진 관계들이 회복되게 하시고, 무엇보다도 하나님과의 관계부터 온전히 회복될 수 있게 하옵소서. 예수님의 이름으로 기도합니다. 아멘.

창세기 묵상 10

추방과 살인 그리고 은혜

읽을 말씀: 창세기 3:21-4:15

새길 말씀: 여호와께서 가인에게 이르시되 네 아우 아벨이 어디 있느냐. 그가 이르되 내가 알지 못하나이다. 내가 내 아우를 지키는 자니이까(창 4:9).

  "태초에 관계가 있었다." 유대인 철학자 부버Martin Buber의 말입니다. 이 것은 인간의 삶에 있어서 '관계'가 얼마나 중요한 존재론적인 의미가 있는지 잘 설명해줍니다. 태초에 이 세상이 창조될 때에 또한 '관계'가 만들어졌습니다. 하나님과 사람의 관계, 사람과 사람들 사이의 관계 그리고 사람과 자연 사이의 관계가 만들어진 것입니다. 이러한 관계를 떠나서는 그 누구도 존재할 수가 없습니다.

  하나님이 만드신 창조 질서 속에서 이 모든 관계는 조화롭고 또한 평화스러웠습니다. 그런데 하나님의 말씀에 불순종한 인간으로 말미암아 이 관계들은 모두 깨지고 말았습니다. 죄로 인한 하나님과의 관계단절이 다른 사람들과의 관계나 자연과의 관계 파괴로 이어진 것입니다. 바로 그것이 창세기가 말하려고 하는 죄의 역사입니다.

"기대가 크면 실망도 크다"는 말이 있습니다. 하나님은 인간에게 큰 기대를 품고 계셨습니다. 특별한 사랑과 관심으로 사람을 창조하셨고, 하나님의 대리자로 이 세상을 돌보는 막중한 사명도 맡겨주셨습니다. 그런데 사탄의 꼬임에 넘어가서 하나님의 말씀을 거역했습니다. 그리고 그 책임을 서로에게 떠넘기려고 했습니다. 심지어 하나님 탓으로 돌리기도 했습니다. 그것을 보면서 하나님의 마음이 얼마나 실망스러우셨을까요.

결국 하나님은 그들을 '심판'하십니다. 여자에게는 해산의 고통을, 남자에게는 노동의 고통을 더하셨습니다. 이제부터는 서로 속이고 서로 지배하려고 하는 불평등한 관계로 살아가게 될 것을 말씀하셨습니다. 그러나 그것은 '저주'가 아니라 인간이 직면하게 될 고통스러운 현실에 대한 '예고'입니다. 결국 하나님은 아담과 하와를 에덴동산에서 추방하십니다.

이 대목에서 우리는 한 가지 질문을 하게 됩니다. 하나님은 선악 나무의 열매를 따먹으면 반드시 죽는다고 경고하셨습니다. 그렇다면 즉시 사형을 집행해도 됩니다. 그런다고 아무도 하나님을 비난할 수 없습니다. 그런데 왜 그렇게 하지 않고 굳이 추방하시는 것일까요? '사랑의 미련未練' 때문입니다. 사랑하기 때문에 포기하지 않으시는 겁니다. 어떻게든 다시 회복시키고 싶으신 겁니다.

징계에 앞선 은혜

이런 하나님의 마음은 아담과 하와를 추방시키기 전부터 드러납니다.

여호와 하나님이 아담과 그의 아내를 위하여 가죽옷을 지어 입히시니라(창 3:21).

아담과 하와는 무화과나무 잎을 엮어서 임시방편으로 치마를 만들어 수치를 가리고 있었습니다. 그런데 하나님께서 그들을 에덴동산에서 추방하기 전에 손수 옷을 지어 입히신 것입니다. 인간의 죄로 인해 그들을 심판하시지만, 그렇지만 여전히 그들을 사랑하며 보호하시려는 하나님의 마음이 이렇게 표현되고 있는 것이지요. 이것이 바로 '징계에 앞선 은혜'입니다.

여기에서 그냥 아무 옷이 아니라 '가죽옷'을 만들었다는 사실에 우리는 주목해야 합니다. 가죽옷을 만들려면 동물의 희생이 필요합니다. 어느 동물이든지 죽이지 않고서는 가죽을 얻을 수 없기 때문입니다. 하나님은 아담과 하와를 보호하기 위해서 이렇게 동물을 희생시켰던 것입니다. 바로 여기에서부터 구약의 희생 제사가 시작되었습니다. 인간의 죄를 대속하기 위한 제사법이 만들어진 것입니다.

우리는 예수 그리스도의 희생적인 죽음이 구약의 희생 제사에 근거하고 있음을 잘 압니다. 예수님은 세상 죄를 지고 가는 '하나님의 어린 양'(요 1:36)으로 이 땅에 오셨고, 결국 십자가에서 대속제물이 되어 죽으셨습니다. 그것을 믿음으로 받아들이는 사람들을 의롭게 여겨 구원하기로 하나님은 미리 정해놓으셨습니다. 그 일이 바로 여기 에덴동산에서부터 시작되고 있는 것입니다! 하나님은 아담과 하와를 추방하기에 앞서서 그들을 구원하기 위한 위대한 계획을 먼저 세우고 계셨던 것이지요.

생명 나무 접근금지

추방이라는 징계가 집행되는 과정에서도 이와 같은 구원의 계획이 드러납니다.

22여호와 하나님이 이르시되 보라 이 사람이 선악을 아는 일에 우리 중 하나같이

되었으니 그가 그의 손을 들어 생명 나무 열매도 따먹고 영생할까 하노라 하시고 23여호와 하나님이 에덴동산에서 그를 내보내어 그의 근원이 된 땅을 갈게 하시니라(창 3:22-23).

하나님은 사람을 창조하기에 앞서서 천상의 존재들과 회의를 하셨는데(1:26), 그처럼 사람을 에덴동산에서 추방하기에 앞서서 또한 회의를 하십니다. 그런데 "이 사람이 선악을 아는 일에 우리 중 하나같이 되었다"는 말씀을 이해하기가 쉽지 않습니다. 사탄이 아담과 하와를 유혹하면서 했던 말처럼, 그들이 실제로 "하나님과 같이 되었다"(3:5)는 뜻일까요? 그래서 하나님처럼 영생永生하지 못하도록 막겠다는 것일까요?

아닙니다. 선악 나무의 열매를 따먹은 후에 아담과 하와는, 하나님과 같이 되지도 못했고, 선악을 알게 되지도 못했습니다. 단지 선악의 기준을 자기 마음대로 정하게 되었고 하나님과의 관계만 깨졌을 뿐입니다. 그렇다면 하나님의 말씀은 무슨 뜻입니까? 그것은 일종의 풍자적인 표현입니다. 사탄의 속임수에 넘어간 그들의 어리석음을 이런 식으로 빗대어 말하고 있는 것이지요.

그렇다면 생명 나무에 접근하지 못하도록 에덴동산에서 추방하시는 이유는 무엇일까요? 두 가지가 있습니다. 하나는 "반드시 죽으리라"(2:17) 하신 말씀을 이루기 위해서입니다. 하나님의 말씀은 반드시 이루어져야 합니다. 다른 하나는 죄의 문제가 해결된 후에 영생을 얻게 하기 위해서입니다. 죄를 가지고 영생한다면 그것은 곧 '영벌永罰'을 의미하기 때문입니다.

요한계시록에서 언급하는 '둘째 사망' 즉 '불못의 벌'을 자세히 살펴보십시오. 거기서는 죽지도 못하면서 세세토록 밤낮 괴로움을 받아야 합니다(계 20:10). 그것은 '복'이 아니라 '저주'입니다. 그런 의미에서 죽음은 '심판'이며 동시에 '은혜'라고 말할 수 있습니다.

하나님은 사람들을 추방하고 난 후에 에덴동산을 걸어 잠그십니다.

이같이 하나님이 그 사람을 쫓아내시고 에덴동산 동쪽에 그룹들과 두루 도는 불 칼을 두어 생명 나무의 길을 지키게 하시니라(창 3:24).

이제 사람들은 에덴동산으로 다시 들어갈 수 없게 되었습니다. '그룹들'이 불 칼을 들고 지키고 있기 때문입니다. 그런데 창세기는 왜 그 이야기를 이렇게 자세하게 기록해 놓고 있을까요? 생명 나무의 길이 막혀있으니 이제부터 영생을 얻는 일은 아예 생각조차 하지 말라는 뜻일까요?

아닙니다. 오히려 그 반대로, 생명 나무가 여전히 어딘가에 있다는 것을 우리에게 알려줍니다. 물론 그 길은 지금 막혀있습니다. 우리 인간으로부터 접근할 수 있는 방법은 없습니다. 그러나 하나님께서 여시면 얼마든지 들어갈 수 있습니다. 이것은 앞서 언급한 '가죽옷'과 함께, 인간의 구원을 위해서 일하시는 하나님에 대해 기대를 하게 해주는 매우 중요한 모티브입니다.

실제로 그 길은 예수 그리스도를 통해 다시 열렸습니다(요 14:6). 그리고 주님이 재림하실 때에 어린양의 생명책에 기록된 사람들은 새 예루살렘에 들어가서, 생명 나무의 열매를 마음껏 먹게 될 것입니다(계 22:2). 이처럼 에덴동산에서 추방하시는 심판의 이야기를 통해서도, 우리는 이 세상을 구원하시려는 하나님의 원대한 계획을 읽을 수 있는 것입니다.

추방 이후의 삶

아담과 하와는 그렇게 에덴동산에서 추방되었고, 하나님의 말씀처럼 땅을 경작하면서 살게 되었습니다.

1아담이 그의 아내 하와와 동침하매 하와가 임신하여 가인을 낳고 이르되 내가 여호와로 말미암아 득남하였다 하니라. 2그가 또 가인의 아우 아벨을 낳았는데 아벨은 양 치는 자였고 가인은 농사하는 자였더라(창 4:1-2).

여기에서 '아담'을 히브리 원어로 읽으면 '하아담ha-adam'으로 되어 있습니다. 히브리어 문법상 고유명사 앞에는 정관사 '하ha'를 붙일 수 없습니다. 따라서 그냥 '그 사람'이라고 번역하는 것이 더 정확합니다. 어쨌든 '아담'은 그의 이름(adam)이 의미하는 것처럼 이 세상의 모든 '사람'을 상징하고 있는 것입니다.

아담이 그의 아내 하와와 함께 꾸려가는 가족 또한 이 세상의 모든 가족을 대표합니다. 에덴을 상실한 사람들은 누구나 아담과 그의 가족처럼 살아갑니다. 결혼하여 자식을 낳고 키우고 먹고 사는 것이 가장 중요한 일이 됩니다. 지구의 환경을 돌본다거나 지구에 사는 생명체들을 보살핀다거나 하는 일은 아예 꿈도 꾸지 못하고 뒷전으로 밀려납니다.

물론 그 속에서 사람들은 나름대로 행복을 찾습니다. 우선 자녀를 얻는 기쁨이 있습니다. '가인Cain'은 '얻다to get'라는 뜻의 히브리어 '카나qanah' 동사에서 나왔습니다. 자녀를 얻는 것은 부모에게 삶의 이유와 의미를 주는 아주 특별한 일입니다. 아담과 하와에게도 그랬을 것입니다.

하와는 가인을 낳고 "여호와로 말미암아 득남했다"라고 말합니다. 메시지 성경은 "하나님의 도우심으로 사내아이를 얻었다!"라고 표현합니다. 아마도 극심한 출산의 고통을 겪으면서 이런 고백을 하지 않았을까 싶습니다. 자녀를 얻는 것에도 하나님의 도우심이 필요합니다. 그렇게 둘째 아들 '아벨'도 얻었습니다.

가인은 아버지 아담처럼 땅을 일구면서 농사하는 자가 되었습니다. 그리고 아벨은 양 치는 자가 되었습니다. 다들 열심히 일했습니다. 그도 그럴 것이, 땅은 에덴동산에서처럼 그냥 먹을 것을 주지 않았습니다. 매일 땀 흘리면서 일하지 않으면 먹고 살 수가 없습니다. 그래서 열심히 일했고 또한 어느 정도 먹고 살 만큼 안정되었습니다. 이렇게 사는 것이 인생이고 행복이다 싶었을 것입니다.

두 가지 예배

그러나 생각지도 않은 불행한 일이 아담의 가족에게 찾아옵니다. 그 비극은 아이러니하게 하나님께 드리는 예배를 통해서 잉태됩니다.

3세월이 지난 후에 가인은 땅의 소산으로 제물을 삼아 여호와께 드렸고 4아벨은 자기도 양의 첫 새끼와 그 기름으로 드렸더니 여호와께서 아벨과 그의 제물은 받으셨으나 5가인과 그의 제물은 받지 아니하신지라. 가인이 몹시 분하여 안색이 변하니…(창 4:3-5).

가인이 밭에서 거둔 곡식을 하나님께 드린 것은 인류 최초의 예배가 되었습니다. 아마 곡식을 추수한 후에 하나님께 드렸을 것입니다. 성경은 가인이 그 예배를 아버지에게 배웠다고 기록하지 않습니다. 자기 나름대로 생각해서 예배한 것입니다. 그것만으로도 정말 기특합니다. 칭찬받아 마땅한 일입니다.

아벨은 형이 예배하는 모습을 보고 뒤를 따라서 예배했습니다. 물론 하나님께 드린 제물은 달랐습니다. 가인은 곡식을 드렸지만, 아벨은 자신이 기르던 양을 드렸습니다. 직업이 달랐으니 다른 제물을 드리는 것은 지극히 자연스러운 일입니다. 문제는 그다음에 생겼습니다. 하나님은 아벨의 예배를 받으셨지만, 가인의 예배를 받지 않으신 것입니다. 도대체 무엇이 문제였을까요?

많은 사람은 그 이유를 이렇게 추측합니다. "아마도 가인은 가장 좋은 곡식을 바치지는 않았을 것이다. 반면 아벨은 정성스럽게 첫 새끼와 기름을 드렸을 것이다" 그러나 성경 어디에도 가인과 아벨의 정성에 차이가 있었다는 기록은 없습니다. 그냥 하나님이 받거나 받지 않으셨을 뿐입니다. 더더욱 궁금해집니다. 왜 하나님은 그들의 예배에 이렇게 다른 반응을 보이셨을까요?

그런데 사실 이러한 오해는 '받으셨다accepted'는 번역으로 인해 더욱 깊어졌습니다. 이에 해당되는 히브리어는 '샤아shaah' 동사인데, 이것은 '응시하다to gaze'라는 뜻을 가진 말입니다. 하나님이 '아벨과 그의 제물', 즉 양의 첫 새끼를 눈여겨보셨던 것입니다. 그래서 NIV 성경은 이 부분을 'looked with favor'(좋게 보셨다)고 번역합니다. 반면 '가인과 그의 제물'은 눈여겨보지 않으셨던 것이지요.

가인은 자신이 드린 제물을 하나님께서 응시하지 않으신다는 사실을 알아차렸습니다. 어떻게 알게 되었는지 우리는 잘 모릅니다. 아마도 번제 연기의 방향이 하늘을 향해 똑바로 올라가면 하나님이 받으신 것이고, 그렇지 않으면 받지 않으신 것으로 생각했을지도 모릅니다. 어찌 되었든지, 가인은 그것으로 인해 몹시 불쾌했고 또한 안색이 변했습니다. 그런데 이와 같은 가인의 반응이 과연 정당한 것일까요?

가인이 하나님께 예배를 드릴 생각을 한 것은 물론 잘한 일입니다. 그러나 그 예배를 어떻게 받으실 것인지는 하나님에게 달려있습니다. 하나님 마음입니다. 가인이 드린 제물을 하나님이 무조건 받아야 할 이유는 없습니다. 만일 하나님이 받지 않으신다면 어떻게 해야 할까요? 다음에는 받으실만한 예배를 잘 준비하여 드리면 됩니다. 그렇게 화를 내면서 얼굴을 붉힐 일이 아닙니다.

여전히 풀리지 않는 의문이 남아 있습니다. 하나님은 왜 아벨의 제사를 눈여겨보셨던 것일까요? 그것은 그가 드린 '양의 첫 새끼' 때문입니다. 하나님은 이미 '가죽옷'을 통해서 인류 구원을 위한 당신의 속마음을 드러내셨습니다. 구약의 희생 제사와 예수 그리스도의 희생적인 죽음을 염두에 두고 계셨습니다. 그런데 어찌된 일인지 아벨이 양의 첫 새끼를 제물로 드린 겁니다. 그러니 하나님이 눈여겨보실 수밖에요.

가인은 번제의 연기 방향이 어디를 향하는지는 매우 민감했지만, 독생자를 내어주시려고 계획하시는 하나님 아버지의 마음을 알아차리는 데는 둔감했습니다. 그래서 그렇게 화를 내는 것입니다.

가인의 범죄

예배보다 더 중요한 것은 말씀에 순종하는 것입니다. 사무엘은 사울왕에게 "순종이 제사보다 낫다"(삼상 15:22)라고 말했습니다. 만일 선한 동기로 하나님께 예배했다면 또한 그 결과와 상관없이 하나님의 말씀에 순종하여 따르는 것이 올바른 신앙의 태도입니다. 그러나 가인은 그러지 않았습니다.

> 6여호와께서 가인에게 이르시되 네가 분하여 함은 어찌 됨이며 안색이 변함은 어찌 됨이냐. 7네가 선을 행하면 어찌 낯을 들지 못하겠느냐. 선을 행하지 아니하면 죄가 문에 엎드려 있느니라. 죄가 너를 원하나 너는 죄를 다스릴지니라(창 4:6-7).

'예배'는 에덴에서 추방된 인간이 하나님을 만나는 행위입니다. 또한 하나님의 뜻을 발견하는 통로입니다. 하나님의 뜻을 가부可否간에 알게 되었다면 그것에 순종해야 합니다. 하나님은 그렇게 화낼 이유가 아니라고 하면서, 가인에게 말씀하십니다. "선을 행하지 아니하면 죄가 문에 엎드려 있다." 여기에서 '죄'는 죄를 짓게 만드는 장본인, 즉 '사탄'을 의미합니다. 사탄이 문 앞에 웅크리고 있으면서 가인이 나오기를 기다리고 있다는 말씀입니다.

하나님은 가인의 마음에 악한 생각이 이미 들어와 있다는 것을 잘 알고 계셨습니다. 그래서 "죄가 너를 원하나 너는 죄를 다스리라"라고 하십니다. 아벨에 대한 미움과 질투의 죄가 가인을 지배하려고 하지만, 그 악한 생각을 다스려서 이겨내라는 권면입니다. 그러나 악한 생각이 마음에 들어와 일단 자리 잡고 나면, 그것을 쫓아내기란 여간 어려운 일이 아닙니다. 그때는 누가 무슨 말을 해도 들리지 않습니다. 하나님의 말씀도 들리지 않습니다.

결국 가인은 하나님의 권면과 상관없는 선택을 합니다.

8가인이 그의 아우 아벨에게 말하고 그들이 들에 있을 때에 가인이 그의 아우 아벨을 쳐죽이니라. 9여호와께서 가인에게 이르시되 네 아우 아벨이 어디 있느냐. 그가 이르되 내가 알지 못하나이다. 내가 내 아우를 지키는 자니이까(창 4:8-9).

가인이 아벨과 '말했다'고 하는데, 살인의 의도를 가지고 한적한 들로 나가자고 말했는지 아니면 말다툼을 한 것인지 정확하지 않습니다. 무엇이 되었든지 결국 가인은 아벨을 돌로 쳐 죽였습니다. 아벨이 누구입니까? 그의 아우였습니다. 친형제였습니다. 그렇게 인류 최초의 살인사건이 형제 사이에서 벌어진 것입니다. 하나님께 제물을 드리는 일로 시작하여 형제살인으로 마치게 된 것입니다. 하나님께 예배드리고 난 후에, 밖에 나가서 서로 싸우고 죽이는 일이 벌어지는 것입니다. 그것이 에덴에서 추방되어 살아가는 죄인의 현실입니다.

아담과 하와가 선악 나무 열매를 따먹고 숨었을 때처럼, 하나님은 가인에게 직접 찾아오십니다. 그러면서 "네 아우가 어디 있느냐?"고 물으십니다. 하나님이 몰라서 물으신 것이 아닙니다. 솔직하게 털어놓을 수 있는 기회를 주신 것입니다. 그러나 가인은 자신의 죄를 끝까지 감추려고 합니다. 그것이 죄인의 특징입니다.

가인의 추방

하나님은 가인을 추방하심으로 징계하십니다.

14주께서 오늘 이 지면에서 나를 쫓아내시온즉 내가 주의 낯을 뵈옵지 못하리니 내가 땅에서 피하며 유리하는 자가 될지라. 무릇 나를 만나는 자마다 나를 죽이겠나이다. 15여호와께서 그에게 이르시되 그렇지 아니하다. 가인을 죽이는 자는 벌을 칠 배나 받으리라 하시고 가인에게 표를 주사 그를 만나는 모든 사람에게서 죽임을 면하게 하시니라(창 4:14-15).

사실 살인죄는 사형으로 다스려야 마땅하지만, 하나님은 가인을 또 다시 추방하십니다. 아담과 하와에게 그러셨듯이, 가인에게도 기회를 주신 것입니다. 사람들은 죄의 경중輕重을 따지려고 하지만, 하나님 보시기에는 똑같습니다. 모두 사형감입니다(롬 1:29-32). 따라서 누구에게나 두 번째 기회가 주어져야 합니다. 그것이 죄인들을 향한 하나님의 마음입니다.

가인을 추방하는 것으로 끝이 아닙니다. 하나님은 이 일로 인해서 다른 사람들에게 죽임을 당하지 않도록 가인에게 '표식a mark'을 남겨주십니다. 아담과 하와에게 그러셨듯이, 추방의 징계에 앞서서 또다시 은혜를 먼저 베풀어주시는 것입니다. 창세기를 묵상하면 묵상할수록 하나님의 은혜가 얼마나 크고 놀라운지 알 수 있습니다. 우리가 지은 죄에도 또 다시 기회를 주려고 하시는 하나님의 마음을 새롭게 발견합니다.

* **묵상 질문**: 하나님이 주신 '은혜의 표식'이 나에게도 있습니까?
* **오늘의 기도**: 우리가 지은 죄를 심판하면서도 여전히 우리를 포기하지 않으시는 하나님의 사랑을 깨닫게 하옵소서. 같은 죄를 반복하다가 결국 망하고

마는 어리석은 인생을 살지 않게 하시고, 하나님이 주신 두 번째의 기회를 놓치지 말고 꼭 붙잡아서 이제부터 하나님의 뜻에 온전히 순종하며 살아가게 하옵소서. 예수님의 이름으로 기도합니다. 아멘.

가인의 후손, 아벨의 후손

읽을 말씀: 창세기 4:16-5:32

새길 말씀: 에녹이 하나님과 동행하더니 하나님이 그를 데려가시므로 세상에 있지 아니

하였더라(창 5:24).

앞 장에서 우리는 에덴에서 추방되어 온 후에 죄를 범하여 또 다시 추방되는 이야기를 살펴보았습니다. 아담과 하와는 하나님의 말씀에 불순종하여 선악과를 따먹는 죄를 지었습니다. 그런데 그 자녀 세대에 와서는 형제 살인의 비극을 만들어내는 죄로 발전하게 된 것입니다. 죄는 본래 그런 겁니다.

"바늘 도둑이 소도둑 된다"라는 말처럼, 죄는 그 상태로 가만히 머물러 있는 법이 없습니다. 마치 악성 바이러스처럼 죄는 언제나 확대 재생산됩니다. 아버지의 죄가 아들의 죄가 되고, 한 사람의 죄가 여러 사람의 죄가 됩니다. 그러면서 그 증세가 점점 더 심각해집니다. '선의의 거짓말white lies'이 '악의적인 거짓말black lies'로 발전하고, '개인적인 악'이 '구조적인

악'으로 발전하는 것입니다.

문제는 형제 살인의 비극이 하나님께 드리는 예배로부터 잉태되었다는 사실입니다. 가장 경건하고 가장 깨끗한 마음을 가져야 할 예배시간에, 형제를 미워하고 해치려는 악한 마음을 품게 된다는 사실입니다. 하나님이 원하시는 예배, 하나님께 마땅히 드려야 할 예배를 하지 못하면 그렇게됩니다. 그것은 가인 당시나 지금이나 하나도 다를 바가 없습니다.

그런 의미에서 가인의 이야기는 가인 개인만의 이야기가 아닙니다. 에덴동산에서 추방당한 자로서, 이 세상 모든 사람이 직면하고 있는 현실입니다. 인간 자신에게는 아무런 희망을 찾을 수 없습니다. 인간 스스로 하나님의 형상을 회복할 수 있는 길은 없습니다. 그냥 그렇게 내버려둔다면 이 세상은 조만간 창조 이전의 혼란과 무질서의 상태로 돌아가게될 것입니다.

그러나 우리에게 희망이 있는 것은, 인간의 죄와 태생적인 한계에도 끝까지 포기하지 않으시는 하나님의 사랑 때문입니다. 어떻게든 우리를 회복시켜 구원하고 싶어 하시는 하나님의 의지 때문입니다. 그것이 형제 살인범 가인에게 '사형'을 선고하지 않고 '추방'하면서 오히려 보호의 표식을 남겨주신 이유입니다.

가인의 선택

어쨌든 가인은 부모 관계와 형제 관계가 모두 깨진 상태로 멀리 떠나야 하는 신세가 되었습니다. 그가 선택한 곳은 놋 땅이었습니다.

16가인이 여호와 앞을 떠나서 에덴 동쪽 놋 땅에 거주하더니 17아내와 동침하매 그가 임신하여 에녹을 낳은지라. 가인이 성을 쌓고 그의 아들의 이름으로 성을 이름하여 에녹이라 하니라(창 4:16-17).

성경을 가십거리로 읽는 사람들은 이 대목에서 가인의 아내가 갑자기 어디에서 나오게 되었는지 궁금해합니다. 그도 그럴 것이 창세기의 족보에 따르면 최초의 인간 아담과 하와 그리고 그 아들 가인 이외에는 사람이 존재해서는 안 되기 때문입니다. 그러고 보니까 가인도 자신을 죽일 사람을 만나게 될까 봐 전전긍긍했습니다(4:14). 가인은 과연 누구를 두려워한 것일까요?

그래서 엉뚱한 해석이 만들어집니다. 하나님이 두 종류의 인간을 창조하셨다는 겁니다. 첫 번째 창조 이야기에서 등장하는 인간들(1:27)은 영혼 없이 창조된 존재들이고, 두 번째 창조 이야기에서 생기가 들어가서 만들어진 아담(2:7)의 후손들만이 영혼 있는 존재들이라는 식입니다. 그러니까 가인은 영혼이 없는 인간들을 두려워했고 그 속에서 배우자를 만나게 되었다는 해석이지요.

바로 그것이 성경을 문자적으로 받아들이는 '근본주의'가 부딪힐 수밖에 없는 한계입니다. 족보를 문자적으로만 해석하면, 가인과 동시대에 다른 사람이 존재해서는 안 됩니다. 그런 논리적인 모순을 해결하기 위해서 자기 마음대로 성경을 해석하고 있는 것입니다. 그것은 오히려 불필요한 논쟁거리만 만들어낼 뿐, 성경이 담고 있는 메시지를 발견하는 데 아무런 도움이 되지 않습니다.

창세기는 하나님이 처음부터 '아담Adam'이라는 이름을 가진 사람을 만드셨다고 하지 않습니다. 그냥 '사람adam'을 만드셨는데, 후에 그를 '아담'으로 불렀을 뿐입니다. 우리말 성경에는 '아담'이라는 이름이 창세기 2장 19절부터 등장하고 있습니다만, 엄밀하게 말하면 '그 사람'이라고 번역해야 맞습니다. 왜냐하면 정관사 '하ha'가 붙어 있기 때문입니다. 히브리어에서는 고유명사에 정관사를 붙일 수 없다고 이미 말씀드렸습니다.

'아담'이 고유명사로 등장하는 것은 아담 자손의 족보 도입부에 해당되는 4장 25절부터입니다. 따라서 그 이전에 '아담'이라고 되어있는 부분은 사실 '그 사람'이라고 모두 바꾸어야 합니다. 무슨 이야기입니까? "하나님이 흙으로 사람(아담)을 지으셨다"(2:7)라고 할 때, '그 사람'은 사실상 지구상에 존재하는 모든 인간을 의미한다는 사실입니다. 성경은 최초의 인간 한 사람만이 아니라, 이 세상의 모든 사람이 흙으로 창조된 유한한 존재라는 것을 이야기하려고 하는 것입니다.

따라서 가인이 두려워하던 사람들이든지 그의 아내이든지, 모두 하나님이 흙으로 빚어 만든 사람들입니다. 단지 그들이 아담의 자손과 다른 점이 있다면, 창조주 하나님을 전혀 알지 못했다는 사실입니다. 그에 비해 가인은 한때 하나님을 알았습니다. 한때 자발적으로 하나님께 예배했습니다. 그런데 이제 하나님을 떠나서 하나님을 알지 못하는 사람들, 하나님께 예배하지 않는 사람들과 함께 섞여 살게 된 것이지요.

이와 같은 가인의 영적인 상태를 잘 드러내는 표현이 바로, "여호와 앞을 떠나서"입니다. 히브리 원어를 직역하면 '여호와의 얼굴을 떠나서'(from the face of Yahweh)가 됩니다. "하나님의 얼굴을 떠난다"라는 말은 "하나님의 얼굴을 보지 않고 살기로 했다"라는 뜻입니다. 하나님은 가인에게 은혜를 베푸셨습니다. 사형의 벌 대신 추방형을 내렸고, 그를 보호하신다는 표식까지 남겨주셨습니다. 그렇지만 가인은 하나님과 상관없이 사는 방식을 선택한 것입니다.

이것이야말로 배은망덕背恩忘德입니다. 은혜를 모르는 사람입니다. 그런데 바로 그것이 죄인의 속성입니다. 하나님으로부터 용서를 받게 되거나 인생의 위기를 모면하고 나면, 언제 그랬냐 싶게 하나님을 떠납니다. 오히려 하나님으로부터 더 멀어집니다. 그들은 스스로 이름을 짓습니다. 가인은 성을 쌓고 그 아들 '에녹'의 이름을 거기에 붙입니다(17절). 하나님은 그 어디에도 없습니다. 바로 그것이 하나님의 얼굴을 떠나 살기로 선택한 가인의 삶이었던 것입니다.

가인의 후손

이와 같은 가인의 삶은 그의 족보(4:18-23)를 통해 계속 이어집니다. 가장 눈에 띄는 인물은 가인의 6대손 '라멕Lamech'입니다.

> 19라멕이 두 아내를 맞이하였으니 하나의 이름은 아다요 하나의 이름은 씰라였더라. 20아다는 야발을 낳았으니 그는 장막에 거주하며 가축을 치는 자의 조상이 되었고 21그의 아우의 이름은 유발이니 그는 수금과 퉁소를 잡는 모든 자의 조상이 되었으며 22씰라는 두발가인을 낳았으니 그는 구리와 쇠로 여러 가지 기구를 만드는 자요 두발가인의 누이는 나아마였더라(창 4:19-22).

라멕은 성경에서 일부다처제를 소개하고 있는 최초의 인물입니다. 그의 자녀들도 모두 나름대로 성공했습니다. '야발Jabal'은 가축 치는 자의 조상, 즉 큰 '사업가'가 되었습니다. '유발Jubal'은 수금과 퉁소를 잡는 자의 조상, 즉 유명한 '음악가'가 되었습니다. '두발가인Tubal-Cain'은 쇠로 여러 가지 기구를 만드는 능숙한 '기술자'가 되었습니다. '나아마Naamah'는 아마도 대단한 미인이었을 것으로 보입니다. 그러지 않았다면 여기에 굳이 기록되지도 않았을 것입니다.

라멕은 가인의 후손 중에서 가장 성공한 사람입니다. 그는 하나님을 떠나서도 얼마든지 성공할 수 있다는 것을 보여줍니다. 그러나 그것은 물질적인 풍요와 세속적인 아름다움과 힘의 논리가 지배하는 문명에서의 성공입니다. 그 속에는 '하나님의 형상'도, '하나님의 생기'도 들어있지 않습니다. 이 세상을 향한 '하나님의 계획'도 포함되어 있지 않습니다. 단지 자신의 부와 힘만 드러내어 자랑할 뿐입니다.

그의 영적인 상태는 '라멕의 노래'로 적나라하게 드러납니다.

23… 아다와 씰라여, 내 목소리를 들으라. 라멕의 아내들이여 내 말을 들으라. 나의 상처로 말미암아 내가 사람을 죽였고 나의 상함으로 말미암아 소년을 죽였도다. 24가인을 위하여는 벌이 칠 배일진대 라멕을 위하여는 벌이 칠십칠 배이리로다…(창 4:23-24).

무슨 내용입니까? 그는 단지 기분이 상했다는 이유로 사람을 죽였노라고 자랑합니다. 자신에게 잘못하면 일흔일곱 배로 갚아주겠노라고 협박합니다. 폭력과 살인과 복수를 정당화하고 있는 것입니다. 바로 이것이 하나님의 얼굴을 떠나서, 하나님 없이 살아가는 가인의 후손이 다다를 종착점입니다. 그들은 이 세상에서 성공하면 성공할수록 더욱더 하나님의 대적이 될 뿐입니다.

새로운 아들

가인과 그의 후손들은 이렇게 에덴에서 더욱 멀어지고 있지만, 아담과 하와는 에덴에서 가장 가까운 곳에 계속 남아 있었습니다. 그들에게 하나님은 새로운 아들을 주셨습니다.

25아담이 다시 자기 아내와 동침하매 그가 아들을 낳아 그의 이름을 셋이라 하였으니 이는 하나님이 내게 가인이 죽인 아벨 대신에 다른 씨를 주셨다 함이며 26셋도 아들을 낳고 그의 이름을 에노스라 하였으며 그때에 사람들이 비로소 여호와의 이름을 불렀더라(창 4:25-26).

아담이 얻은 새로운 아들은 '셋Seth'이었습니다. 그러나 '셋'은 아담의 셋째 아들이 아닙니다. 가인에게 죽임을 당한 아벨 대신에 하나님이 주신 아들입니다. 아마도 가인이 아들을 낳았을 무렵에 셋이 태어났을지도 모릅니다. 가인과 같은 항렬行列이지만 가인보다 훨씬 늦게 인생을 시작한 것입니다. 그러니 무엇이든지 가인보다 더뎠을 겁니다.

그런데 가인의 후손에게서는 찾아볼 수 없는 특징이 발견됩니다. 셋의 아들이었던 '에노스Enosh'때부터 "여호와의 이름을 불렀다"라는 사실입니다. 이것은 하나님의 이름을 '여호와'라고 불렀다는 그런 뜻이 아닙니다. 하나님의 이름을 부르며 예배했다는 뜻입니다. 메시지 성경은 "그때부터 사람들이 하나님의 이름으로 기도하고 예배하기 시작했다"라고 표현합니다.

여기에서 우리는 복수와 살인을 찬양하는 가인의 후손과 하나님을 예배하고 찬양하는 아벨의 후손이 극명한 대조를 이루는 모습을 봅니다. 그렇습니다. 이 세상 사람들은 모두 하나님이 창조하셨습니다. 그들은 모두 에덴에서 추방되어 이 땅에서 살고 있습니다. 그렇지만 사람이라고 해서 똑같은 사람이 아닙니다. 서로 다른 두 종류의 사람이 있는 것입니다.

하나님의 심판에도 하나님을 떠나지 않는 사람들이 있습니다. 그들은 어떻게든 하나님께 예배합니다. 누구한테 배워서가 아닙니다. 사실 모든 인간은 오직 하나님으로만 채울 수 있는 영적인 갈망을 가지고 태어납니다. 따라서 인간은 본능적으로 하나님을 찾게 되어있습니다. 왜냐하면 '하나님의 형상'으로 지음을 받았기 때문입니다. '하나님의 생기'가 들어가지 않고서는 '생령'이 될 수 없기 때문입니다.

그런데 그와는 반대로 어떻게 해서든지 하나님을 떠나는 사람들이 있습니다. 그들은 의도적으로 하나님의 얼굴을 외면합니다. 가뜩이나 찌그러진 하나님의 형상을 아예 짓뭉개버립니다. 가능한 한 하나님으로부터 멀리 떠나서 하나님 없이 살기로 선택합니다. 오직 물질적인 풍요와 세속적인 즐거움만을 추구하면서 살아갑니다. 물론 나름대로 세상에서 성공할 수 있습니다. 그러나 하나님과 상관없는 성공은 결국 '허무'한 인생으로 끝나고 마는 것입니다.

무엇으로 그들을 구분할 수 있습니까? 하나님을 향한 '예배'를 보면 압니다. 하나님의 이름으로 기도하고 찬양하고 예배하는 사람들은 '아벨의 후손'입니다. 세상의 부귀와 권력을 내세우고 그것을 자랑하고 찬양하는 사람들은 '가인의 후손'입니다.

지금은 가인의 후손이 잘사는 것처럼 보일지도 모릅니다. 이 세상을 주름잡는 것처럼 보일지도 모릅니다. 그러나 오래가지 않습니다. 그 마지막은 하나님의 심판입니다. 조만간 그것을 보게 될 것입니다.

아벨의 후손

창세기 5장은 아담 자손의 10대 족보가 기록되어 있습니다. 그러나 바로 앞에 놓여있는 '가인의 후손'과 대조하는 의미에서 저는 '아벨의 후손'이라고 부릅니다. 이 족보에서도 거듭 반복되고 있는 규칙적인 패턴을 발견할 수 있습니다. '아담Adam'의 예를 들어보겠습니다.

> 3아담은 백삼십 세에 자기의 모양 곧 자기의 형상과 같은 아들을 낳아 이름을 셋이라 하였고 4아담은 셋을 낳은 후 팔백 년을 지내며 자녀들을 낳았으며 5그는 구백삼십 세를 살고 죽었더라(창 5:3-5).

가장 먼저 이름(아담)이 나옵니다. 그리고 큰아들을 낳을 때의 나이(130세)와 그 아들의 이름(셋)이 나옵니다. 그리고 그 후의 여생(800년)과 죽었을 때의 나이(930세)를 언급합니다. 그러니까 큰아들을 낳고 나머지 자녀를 낳고 오래 살다가 죽었다는 것이 패턴의 내용입니다. 그 뒤에는 이름만 바뀌고 숫자만 달라지지 같은 패턴이 반복됩니다.

가장 오래 살았다고 하는 '므두셀라Methuselah'를 한번 보겠습니다.

> 25므두셀라는 백팔십칠 세에 라멕을 낳았고 26라멕을 낳은 후 칠백팔십이 년을

지내며 자녀를 낳았으며 27그는 구백육십구 세를 살고 죽었더라(창 5:25-27).

자그마치 969세를 살았다는 것이 놀라운 일일 뿐, 그 나머지 내용은 똑같습니다. 큰아들 낳고 나머지 자녀들 낳고 오래오래 살다가 죽었다…. 그것이 전부입니다. 하나님과 동행한 '에녹'(창 5:21-24)의 이야기를 제외하면 모두 같습니다. 이 족보가 성경에 기록된 이유가 무엇일까요? 여기에서 우리는 과연 어떤 메시지를 발견할 수 있을까요? 오히려 궁금증만 더해집니다. 그 당시 사람들이 이렇게 오래 살았다는 사실이 좀처럼 믿어지지 않습니다. 이것을 어떻게 받아들여야 할지 잘 모르겠습니다.

이 족보를 다음과 같은 연대표로 정리해놓고 나면 그 의미가 조금씩 보이기 시작합니다. 이 연대표는 아담이 창조되던 해를 기원으로 하여 성경에 기록되어 있는 숫자를 있는 그대로 대입해서 정리한 것입니다.

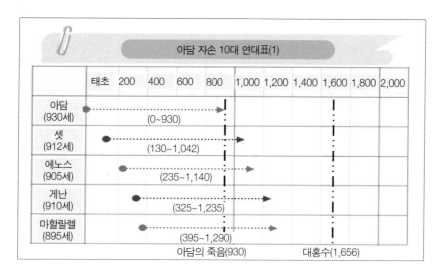

① 우선 아담(1대)에서 라멕(9대)까지는 모두 동시대의 사람들입니다. 단지 노아(10대)만 아담의 생전 모습을 목격하지 못했습니다.

② 노아를 제외한 사람들은 공통으로 두 가지의 죽음을 목격했습니다. 하나는 '아담의 죽음'이고 다른 하나는 '에녹의 죽음'입니다. 아담은 늙어서 죽었고, 에녹은 하나님이 데려가셨습니다.

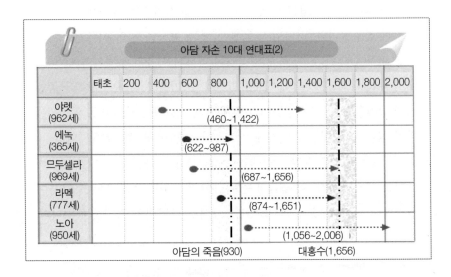

아담 자손 10대 연대표(2)

	태초	200	400	600	800	1,000	1,200	1,400	1,600	1,800	2,000
야렛 (962세)			●								
			(460~1,422)								
에녹 (365세)			●								
			(622~987)								
므두셀라 (969세)				●							
				(687~1,656)							
라멕 (777세)					●						
					(874~1,651)						
노아 (950세)						●					
					(1,056~2,006)						

아담의 죽음(930)   대홍수(1,656)

③ 이들은 모두 노아의 홍수 이전에 죽음을 맞이했습니다. 가장 오래 살았던 '므두셀라'가 죽던 해(태초 1,656년)에 노아의 대홍수 사건이 일어납니다.

④ 그리고 노아로부터 인류의 역사는 새로운 국면을 맞이하게 됩니다. 그러니까 노아가 아담처럼 하나님이 새롭게 창조하시는 세상의 첫 번째 인간이 되는 셈입니다.

자, 그런데 일반적인 상식을 넘어서는 이러한 나이들을 우리는 어떻게 이해해야 할까요? 어떤 분들은 개인의 나이가 아니라 한 부족의 나이라고 주장하기도 합니다. 창조과학은 노아 홍수 이전의 지구가 인간 생존에 최적의 상태였기 때문에 이러한 장수도 얼마든지 가능하다고 말합니다. 또 그것을 과학적으로 증명할 수 있다고 주장합니다. 그러나 설혹 과학적으로 증명한다고 한들 그것이 우리에게 무슨 의미가 있습니까?

거듭 말씀드리지만, 창세기는 '과학적인 언어'가 아니라 '신앙적인 언어'로 기록되었습니다. 이와 같은 족보를 통해서 하나님이 우리에게 말씀하시는 몇 가지 분명한 메시지가 있습니다.

1. 아담(사람)은 결국 죽는다는 사실입니다. 흙에서 온 존재이기에 언젠가 흙으로 돌아가게 되어있습니다. 장수長壽가 곧 영생永生은 아닙니다. 죽음은 하나님의 말씀에 불순종한 인간이 불가피하게 직면하는 하나님의 심판입니다. 사탄은 "결코 죽지 않는다"(창 3:4)라고 호언장담했지만, 그것은 거짓말이요 속임수라는 사실이 이렇게 드러나고 있는 것입니다.

2. 따라서 "얼마나 오래 살 것인가?"보다 "어떻게 살 것인가?"가 더 중요한 문제입니다. 우리는 천년을 하루살이처럼 살 수도 있고, 하루를 천 년 같이 살 수도 있습니다. 만일 결혼하여 자녀를 낳고 잘 먹고 잘 살다가 죽는 것이 인생의 전부라면, 백 년을 살든지 천년을 살든지 무엇이 그리 대단한 일이겠습니까?

3. 인생의 진정한 의미와 목적은 오직 하나님 안에서만 발견할 수 있습니다. 하나님은 우리를 왕 같은 존재로 창조하셨고, 이 세상을 잘 보살피라는 막중한 사명을 우리에게 맡겨주셨습니다. 하나님이 언제 생명을 거두어 가시든지, 우리의 정체성을 잊지 말고 사명에 집중하며 살아야 합니다. 그것이 하나님을 예배하는 아벨의 후손이 살아가는 삶의 방식입니다.

4. 주 안에서 죽는 자들은 복이 있습니다. 하나님께 예배하던 아벨의 후손들은 모두 대홍수의 비극을 경험하지 않고 죽음을 맞이했습니다. 그

러나 죽음이 인생의 끝은 아닙니다. 하나님과 동행하며 살던 에녹은 죽음을 보지 않고 하나님의 부르심을 받았습니다. 우리에게도 그렇게 죽음을 넘어설 수 있는 기회가 주어져 있는 것입니다.

어느 시대나 '가인의 후손'과 '아벨의 후손'이 있습니다. 어떻게든 하나님의 얼굴을 외면하고 떠나는 사람들이 있고, 어떻게든 하나님 앞에 나와 예배하는 사람들이 있습니다. 결국 정체성이 문제입니다. 우리는 언제까지나 '아벨의 후손'으로 남아있기를 소망합니다. 하나님이 우리를 부르시는 그날까지 늘 하나님 앞에 예배하며 우리에게 맡겨주신 사명을 잘 감당하는 '약속의 자녀'가 되기를 소망합니다.

* **묵상 질문**: 내가 '아벨의 후손'이라는 증거는 무엇입니까?
* **오늘의 기도**: 하나님을 알지 못하는 사람들의 성공을 부러워하지 않게 하옵소서. 우리가 하나님을 예배하는 아벨의 후손임을 자랑하게 하시고, 주님이 우리에게 맡겨주신 사명을 가진 청지기임을 감사하게 하옵소서. 그리하여 주님이 부르시는 순간까지 마땅히 있어야 할 곳에 있으며, 마땅히 해야 할 일을 잘 감당하는 약속의 자녀들이 되게 하옵소서. 예수님의 이름으로 기도합니다. 아멘.

홍수 심판, 새로운 창조

읽을 말씀: 창세기 6:1-8:19

새길 말씀: 여호와께서 노아에게 이르시되 너와 네 온 집은 방주로 들어가라. 이 세대에
서 네가 내 앞에 의로움을 내가 보았음이니라(창 7:1).

앞 장에서 우리는 '가인의 후손'과 '아벨의 후손'에 대해서 살펴보았습
니다. '가인의 후손'은 어떻게 해서든지 하나님의 얼굴을 보지 않고 살기
로 작정한 사람들입니다. 그와 대조적으로 '아벨의 후손'은 어떻게 해서든
지 하나님 앞에 나아와 예배하기로 작정한 사람들입니다. 에덴에서 추방
된 이후 이 세상 사람들은 이렇게 두 그룹으로 나누어지게 된 것입니다.

문제는 사람이 땅 위에 번성할수록 '아벨의 후손'은 점점 더 소수가
되어간다는 사실입니다. 하나님의 기대와는 정반대가 되어가는 현실입
니다. 이것은 하나님에게 심각한 고민거리가 되었습니다. 그냥 내버려두
면 창조 이전의 혼돈과 무질서의 상태로 돌아갈 것이 불을 보듯 뻔합니
다. 그렇다면 어떻게 할 것인가? 하나님은 이 세상을 심판하고 새롭게

창조하기로 결심하십니다. 그것이 바로 '홍수 심판' 이야기입니다.

창조 질서의 파괴

하나님이 홍수 심판을 결심하게 된 이유에 대해서 창세기는 다음과 같이 설명합니다.

> 1사람이 땅 위에 번성하기 시작할 때에 그들에게서 딸들이 나니 2하나님의 아들들이 사람의 딸들의 아름다움을 보고 자기들이 좋아하는 모든 여자를 아내로 삼는지라(창 6:1-2).

사람의 '번성'은 '생육', '충만'과 함께 하나님이 사람에게 약속하신 복이었습니다(1:28). 그러나 사람의 '번성'과 함께 이 땅에는 오히려 '부패corruption'와 '포악함violence'이 가득하게 되었다는 것이 문제입니다(6:11). 앞에서 가인의 후손이 이 세상에서 성공하면 성공할수록 더욱더 하나님의 대적이 될 뿐이라고 했는데, 그것이 점점 더 현실로 다가오고 있는 것입니다.

심지어 '하나님의 아들들'이 '사람의 딸들'의 아름다움을 보고 자기들의 마음에 드는 여자를 아내로 삼았다고 합니다. 여기에서 '하나님의 아들들the sons of the Elohim'은 누구이고, '사람의 딸들the daughters of the adam'은 누구인지 궁금해집니다.

어떤 분은 이것을 신화적인 표현으로 설명하려고 합니다. '하나님의 아들들'은 천상의 존재들, 즉 '천사들angers'을 가리킨다는 것이지요. 그러니까 천상의 존재가 인간의 딸들과 성적으로 결합함으로써 타락하게 되었다는 이야기입니다. 그렇게 신과 인간 세계의 경계와 질서가 무너져버렸다는 설명입니다. 이러한 견해는 바로 뒤에 언급되고 있는 거인족 '네피림the Nephilim'의 기원에 대한 설명(6:4)과 맞물려 아주 그럴싸해 보입니다.

분명히 말씀드리지만, 창세기는 신화적인 관심으로 기록된 책이 아닙니다. 오히려 지금까지 계속 이야기해온 것처럼, '아벨의 후손'과 '가인의 후손'으로 설명하는 것이 일관성도 있고 설득력도 있습니다. '하나님의 아들들'은 '아벨의 후손'을 가리키고, '사람의 딸들'은 '가인의 후손'을 가리키고 있다는 것이지요. 하나님을 예배하는 경건한 하나님의 백성들이 하나님을 예배하지 않는 여자들의 미모에 마음을 빼앗겨서 덜컥 결혼하는 일들이 일반화되고 있는 세상에 대한 고발입니다.

바로 그것이 이 땅에서 '아벨의 후손'이 점점 더 소수가 되어갈 뿐만 아니라, 이 세상이 점점 더 부패하고 폭력적이 되어가는 가장 중요한 이유였던 것입니다. 자, 그렇다면 '네피림'은 어떻게 설명할 수 있을까요? 폭력이 지배하고 있는 세상에서는 오직 힘 있는 사람이 최고입니다. 거인 족을 영웅으로 숭배하는 문화는 폭력과 살인과 보복을 정당화해온 가인의 후손이 다다르게 되는 종착역입니다. 그렇게 이 세상은 하나님의 기대와는 정반대의 길로 치닫고 있었습니다.

하나님의 한탄

그와 같은 세상을 보시면서 하나님의 마음은 어떠셨을까요?

> 5여호와께서 사람의 죄악이 세상에 가득함과 그의 마음으로 생각하는 모든 계획이 항상 악할 뿐임을 보시고 6땅 위에 사람 지으셨음을 한탄하사 마음에 근심하시고…(창 6:5-6).

이 세상을 창조하실 때 하나님의 마음은 '기쁨'으로 가득 차 있었습니다. 매일 '좋다' '좋다'고 말씀하셨고, 사람의 창조를 모두 완료한 후에는 '매우 좋다'고 하셨습니다(1:31). 그러나 그 기쁨은 이제 '한탄恨歎'이 되었습니다. '한숨과 탄식'으로 바뀌었던 것입니다. NIV 성경은 이를 'regret 후회하다'로 번역합니다. 하나님이 큰 기대를 가지고 이 세상을 창조하여 사람에게 맡긴 그 모든 일을 후회하게 되셨다는 것입니다.

하나님의 선택은 두 가지입니다. 상관하지 않고 그냥 되는 대로 내버려 두거나, 아니면 없던 것으로 되돌리거나입니다. 만일 하나님이 개입하지 않고 그냥 내버려 둔다면 사람들은 서로 지지고 볶고 살다가 결국 망하게 되겠지요. 그렇게 창조 이전의 혼돈과 무질서로 돌아가게 되겠지요. 만일 없던 것으로 되돌리면 어떻게 될까요? 하나님이 시작하신 일이 결국 실패한 것이 되고 맙니다. 물론 그런다고 해서 누가 뭐라고 그럴 수도 없습니다.

결국 하나님은 지면을 쓸어버리기로wipe out 결정하십니다.

> 이르시되 내가 창조한 사람을 내가 지면에서 쓸어버리되 사람으로부터 가축과 기는 것과 공중의 새까지 그리하리니 이는 내가 그것들을 지었음을 한탄함이니라 하시니라(창 6:7).

언뜻 보면 두 번째의 선택 같습니다. 없던 것으로 되돌려 버리는 것처럼 보입니다. 사람을 모두 쓸어버리고 또한 동물들과 새들까지 그렇게 하겠다니 말입니다. 그러나 아닙니다. 빛과 궁창은 그대로입니다. 해나 달이나 별도 없어지지 않습니다. 물고기도 마찬가지입니다. 단지 새와 동물과 사람만 쓸어버리겠다는 것입니다. 첫 번째 창조 이야기에서 마지막 부분만 손질하겠다는 뜻입니다.

그렇다면 어떻게 쓸어버리시겠다는 것일까요? 사람을 포함한 그 많은 생명체는 또한 어떻게 하시겠다는 것일까요? 다시 흙을 빚어서 일일이 만드시겠다는 것일까요? 아닙니다. 소수만 남겨두고 그 나머지는 모두 쓸어버리십니다. 그리고 남겨진 사람들로 다시 시작하게 하십니다.

그렇게 선택된 사람이 바로 노아와 그의 가족이었던 것입니다.

하나님의 선택

그런데 하나님은 왜 노아를 선택하셨을까요? 성경은 짤막하게 말합니다.

그러나 노아는 여호와께 은혜를 입었더라(창 6:8).

우리말 '은혜'로 해석된 히브리어는 '켄chen'입니다. 영어로는 'favor호의' 또는 'grace은혜'로 해석되는 말입니다. NIV 성경은 "But Noah found favor in the eyes of the LORD"로 번역합니다. 노아는 하나님의 눈에 좋게 보였다는 뜻입니다. 그래서 하나님의 호의를 받게 되었다는 것이지요. 그래서 메시지 성경은 이렇게 풀이합니다.

그러나 노아만은 달랐다. 노아는 하나님의 눈에 쏙 들었다(창 6:8, 메시지).
But Noah was different. GOD liked what he saw in Noah.

하나님의 눈에 쏙 들었다고 하면, 거기에 다른 설명을 붙일 필요가 없습니다. 하나님이 노아를 좋아하시겠다는데 누가 그것에 대해 시시비비를 가리자고 할 수 있겠습니까? 그러나 우리에게는 여전히 질문이 남아있습니다. 하나님의 눈 밖에 난 사람들은 모두 죽임을 당할 것이기 때문입니다. 만일 하나님이 공평하신 분이라면 당신의 기분에 따라서 '살 사람'과 '죽을 사람'을 구분하지는 않으셨을 것입니다.

그렇다면 왜 하필 노아일까요? 다른 사람들은 왜 노아처럼 하나님의 은혜를 입지 못했을까요? 노아가 하나님의 눈에 쏙 들었던 이유는 무엇이었을까요?

우선 노아가 '하나님의 눈 안에in the eyes of the LORD' 있었다는 사실에서 그 이유를 찾을 수 있습니다. 가인은 '하나님의 얼굴 앞'을 떠나갔습니다 (4:16). 그렇게 하나님의 눈에서 멀어진 것입니다. 그것이 '가인의 후손'의 특징입니다. 그러나 노아는 '하나님의 눈 안에' 있었습니다. 그것은 하나님의 얼굴 앞에 있었다는 뜻입니다. 언제나 하나님께 예배하는 자리에 있었다는 뜻입니다. 그것이 바로 '아벨의 후손'의 특징입니다.

문제는 노아 한 사람만 아벨의 후손은 아니었을 것이라는 사실입니다. 하나님께 예배하는 사람들도 당시에 분명히 있었을 것입니다. 그들은 왜 하나님의 선택을 받지 못했을까요? 그 다음 말씀에서 힌트를 발견할 수 있습니다.

> … 노아는 의인이요 당대에 완전한 자라. 그는 하나님과 동행하였으며…(창 6:9).

노아는 '의인義人'이었습니다. 성경에서 '의인'은 매우 중요한 개념입니다. '의인'으로 불려질만한 사람은 그리 많지 않습니다. 게다가 노아는 당대에 '완전한 자'였습니다. 이에 해당되는 히브리어 '타밈tamim'은 영어로는 'blameless무흠한'으로 번역됩니다. 의로운 사람인데다 아무에게도 책잡힐 일을 하지 않는 사람이니, 하나님이 노아를 눈여겨보시는 것이 당연한 일이겠지요.

그러나 우리는 홍수 이후의 이야기를 통해서 노아가 실제로는 그렇게 의롭지도, 완전하지도 않다는 사실을 잘 알고 있습니다. 그는 실수가 많은 사람이었습니다. 그렇다면 하나님이 노아의 본성을 알아차리지 못하고 있다는 뜻일까요? 그런 사람을 좋게 보셔서 선택하는 것이 과연 옳은 일이라고 할 수 있을까요?

사실 하나님은 노아에 대해서 모르는 것이 하나도 없으십니다. 장차 그의 인간적인 본성이 드러날 것까지도 이미 잘 알고 계셨습니다. 그래도 그를 선택하신 것입니다. 그것이 바로 '은혜'의 본래 의미입니다. 자격이 없음에도 뜻밖의 선물로 주어지는 것이 '은혜'입니다.

그런데 하나님이 노아에게서 특별히 눈여겨보셨던 것이 있습니다. 그것은 그의 의로운 품성이나 깨끗한 행실이 아니었습니다. 노아는 하나님과 동행하고 있었던 것입니다. 그것을 하나님은 귀하게 여기셨던 것입니다. 마치 하나님과 동행하던 에녹을 귀하게 여겨 죽음을 보지 않고 데려가신 것처럼(5:24), 하나님과 동행하던 노아를 구원하기로 작정하셨던 것입니다.

하나님의 선택을 받을만한 충분한 자격을 갖춘 사람은 이 세상에 아무도 없습니다. 노아를 선택하신 것도 그가 완벽하기 때문이 아닙니다. 오히려 그에게서 가능성을 보았기 때문입니다. 어떤 경우에도 하나님과 동행할 수 있는 사람으로 보았기 때문입니다. 그래서 노아와 함께 다시 시작하려고 했던 것입니다.

방주 제작 명령

하나님은 이 세상을 쓸어버리는 방법으로 홍수를 선택하셨습니다. 그리고 노아에게 방주를 제작할 것을 명령했습니다.

14너는 고페르 나무로 너를 위하여 방주를 만들되 그 안에 칸들을 막고 역청을 그 안팎에 칠하라. 15네가 만들 방주는 이러하니, 그 길이는 삼백 규빗, 너비는 오십 규빗, 높이는 삼십 규빗이라. 16거기에 창을 내되 위에서부터 한 규빗에 내고 그 문은 옆으로 내고 상중하 삼층으로 할지니라(창 6:14-16).

우리말 '방주'로 번역된 히브리어 '테바tebah'는 'a box상자'라는 뜻입니다. 방주方舟의 한자어도 '네모난 배'를 의미합니다. 아니, 엄밀한 의미에서 배가 아닙니다. 배가 되려면 적어도 돛이나 방향키나 동력이 있어야 합니다. 그런 것이 전혀 없습니다. 삼층 구조물에 칸들을 만들고 역청을 칠하는 것이 전부입니다. 그리고 지붕에 창문(덮개)이 하나 있을 뿐입니다.

그러니까 처음부터 방향을 잡고 움직이는 배를 만들게 할 생각이 없었던 것입니다. 단지 홍수로부터 목숨을 구할 수 있는 피난처를 만드는 것이 유일한 목적이었습니다. 노아는 방주를 제작하라는 하나님의 명령에 아무런 토를 달지 않습니다. 즉시 순종합니다.

> 노아가 그와 같이 하여 하나님이 자기에게 명하신 대로 다 준행하였더라(창 6:22).

방주 제작은 말처럼 쉬운 일이 아니었습니다. 노아는 전문가도 아니었고 장비를 제대로 갖추고 있는 것도 아닙니다. 게다가 한두 해에 마무리할 수 있는 일도 아닙니다. 방주 제작에 얼마나 소요되었을까요? 노아는 오백 세 된 후에 세 아들을 낳았습니다(5:32). 그리고 나서 하나님께 방주 제작 명령을 받습니다(6:14). 실제로 홍수 심판이 이루어진 것은 노아가 육백세 때의 일입니다(7:6). 그러니까 거의 100년 가까운 시간이 걸린 것입니다.

방주를 제작하는 것도 만만치 않지만, 제가 볼 때 더 큰 문제는 동물들을 쌍쌍이 불러 모으는 일이었습니다(6:19). 세계를 돌아다니면서 그 많은 동물들을 다 모으려면 100년으로도 턱없이 부족합니다. 다행스럽게 그 일은 하나님께서 도와주셨습니다. 동물들이 제 발로 직접 나올 수 있게 해주신 것입니다(6:20). '나무늘보'나 '거북이'가 방주까지 온다고 생각해보세요. 얼마나 오래 걸릴까요? 노아가 방주를 만들기 시작하기 전부터 하나님은 이미 준비하고 계셨던 것입니다.

홍수의 의미

그런데 왜 하필 홍수였을까요? 이 세상을 심판하기 위한 다른 방법은 없었을까요?

> 11노아가 육백 세 되던 해 둘째 달 곧 그달 열이렛날이라. 그날에 큰 깊음의 샘들이 터지며 하늘의 창문들이 열려 12사십 주야를 비가 땅에 쏟아졌더라(창 7:11-12).

여기에서 우리는 '홍수 심판'의 이유를 발견하게 됩니다. 이때의 홍수는 비가 억수로 많이 내려서 물이 범람한 게 아닙니다. 제일 먼저 "큰 깊음의 샘들이 터졌다"고 합니다. 여기에서 '깊음'이란 창조 이전의 상태를 설명하던 장면에 나오는 '테홈tehom, 깊음'입니다(1:2). 그 바닥의 끝을 알 수 없는 깊은 바다(abyss)를 의미합니다. '큰 깊음의 샘들the fountains of the great deep'은 궁창 아래의 물들을 모아둔 근원을 가리킵니다(1:9). 거기에서부터 물이 터져 나오기 시작했던 것입니다.

또한 하늘에서도 비가 내렸습니다. 그러나 그냥 장맛비가 계속 쏟아진 게 아닙니다. '하늘의 창문들the windows of heaven'이 열렸습니다. 이것은 둘째 날 궁창을 만드시면서 위의 물을 나누실 때, 그 물이 내려오지 못하도록 가두어둔 문을 의미합니다. 그 문들이 활짝 열려서 위의 물이 다 쏟아지게 된 것입니다. 그렇게 땅과 물의 경계가 허물어지고 말았습니다. 무슨 뜻입니까? 노아의 홍수는 단지 이 세상을 심판하는 정도가 아니었습니다. 오히려 창조 이전으로 돌아가서 새롭게 시작하려는 재창조의 역사였던 것입니다.

많은 사람이 홍수의 역사성에 대해서 의문을 갖습니다. 실제로 이런 일이 일어났는지를 궁금하게 여기는 것이지요. 특히 노아의 홍수 때에 지구에 큰 격변이 일어났고, 그 과정을 통해서 1년여에 걸친 짧은 시간에 모든 지층과 모든 화석이 만들어졌다고 주장하는 창조과학의 '홍수 지질론' 때문에 더더욱 의심의 눈초리를 보냅니다. 우리도 창조과학의 '홍수 지질론'에 역시 동의하지 않습니다. 그러나 노아의 홍수는 분명한 역사적인 사실입니다. 그것은 다음과 같은 홍수 일지를 통해서 증명됩니다.

홍수가 시작된 것은 노아가 육백 세 되던 해 2월 17일입니다(7:11). 40일 동안 비가 쏟아졌습니다(7:11). 방주가 아라랏산에 머물게 된 것이 그로부터 5개월 후인 7월 17일의 일입니다(8:4). 물이 점점 줄어들어 그 해 10월 1일에 산들의 봉우리가 보였습니다(8:5). 그리고 그다음 해 1월 1일에 물이 걷혔고(8:13), 2월 27일에 땅이 마른 후에 방주 밖으로 나왔습니다(8:14). 이와 같은 정확한 날짜는 직접 경험한 사람이 아니면 알 수 없는 내용입니다. 노아의 홍수는 실제로 일어난 역사적인 사건임에 틀림없는 것입니다.

또 한 가지 궁금해지는 것은 홍수 기간 동안 방주에서 노아의 가족들과 동물들은 어떻게 지냈을까 하는 점입니다. 홍수에 대한 기록을 자세히 살펴보면 '7일'이라는 단위가 자주 등장합니다. '7일' 후에 비가 내리기 시작할 것이라는 이야기(7:4)부터 시작해서, '7일'을 기다려 비둘기를 내놓는 이야기(8:10, 12)까지, 언제나 7일 단위로 시간을 계산하고 있다는 사실을 확인할 수 있습니다. 그렇게 했기 때문에 '홍수일지'도 자세히 기록할 수 있었던 것이지요.

7일은 일주일이고 그 속에 안식일이 포함되어 있습니다. 무슨 뜻입니까? 노아의 가족은 방주에서 늘 하나님께 예배하는 생활을 했다는 뜻입니다. 그들이 방주에서 나온 즉시 하나님께 제단을 쌓고 예배를 드릴 수 있었던 것은 바로 그 때문입니다. 어떤 상황에서도 예배 생활을 잊지 않왔던 것입니다.

그렇다면 동물들은 어떻게 지냈을까요? 방주에는 지붕에 뚫어놓은 창밖에 없었습니다. 그런 밀폐된 구조 속에서 일 년 동안을 지내면서, 만일 동물들이 계속해서 먹이활동을 했다면 아마도 생존이 불가능했을 것입니다. 그러나 방주 안에서는 죽은 동물이 하나도 나오지 않았습니다. 어찌된 일일까요? 한 가지 추론이 가능합니다. 모든 동물이 동면冬眠 상태에 있었던 것이지요. 그 일 역시 하나님의 도움이 아니면 불가능한 일입니다.

하나님과 동행

홍수 이야기의 시작과 끝에서 우리는 매우 중요한 신앙적인 교훈을 얻게 됩니다. 그것은 하나님과 동행하는 삶의 방식입니다.

> 여호와께서 노아에게 이르시되 너와 네 온 집은 방주로 들어가라. 이 세대에서
> 네가 내 앞에 의로움을 내가 보았음이니라(창 7:1).
> 15하나님이 노아에게 말씀하여 이르시되 16너는 네 아내와 네 아들들과 네 며느
> 리들과 함께 방주에서 나오고 17너와 함께한 모든 혈육 있는 생물 곧 새와 가축과
> 땅에 기는 모든 것을 다 이끌어내라…(창 8:15-17a).

노아는 하나님과 동행하는 사람이었습니다. 바로 그 이유로 홍수 심판으로부터 구원을 받게 된 것입니다. 그런데 "하나님과 동행한다"는 것이 구체적으로 무엇입니까? 그 어떤 경우에도 하나님보다 앞서지 않고, 온전히 하나님의 말씀에 순종하여 따르는 것입니다. "들어가라"하면 들어가고, "나오라"하면 나오는 겁니다 "하라"하면 하고, "하지 말라"하면 하지 않는 겁니다. 그것이 바로 동행同行입니다.

예배에는 열심인데 하나님의 말씀에 순종하지 않는 그리스도인들이 얼마나 많은지 모릅니다. 가인도 그런 사람 중의 하나였습니다. 그래서 결국 심판의 대상이 되고 말았던 것입니다. 지금도 하나님은 당신이 계획하셨던 일을 이루어갈 사람들을 찾고 계십니다. 새로운 창조 사역의 동역자를 찾고 계십니다. 여전히 부족하지만 매 순간 하나님과 동행할 때 하나님께서 우리를 당신의 동역자로 삼아주실 것입니다.

* **묵상 질문**: 나는 매순간 하나님과 동행하고 있습니까?
* **오늘의 기도**: 우리의 삶이 주님에게 기쁨이 되기를 원합니다. 우리의 모습이 주님의 눈에 아름다운 것이 되기를 원합니다. 우리의 걸음이 주님의 말씀에 순종하는 것이 되기를 원합니다. 어떤 경우에도 결코 주님보다 앞서지 않게 하시고, 어떤 상황에서도 늘 주님의 마음을 품고 주님을 따르게 하옵소서. 예수님의 이름으로 기도합니다. 아멘.

무지개 계약

읽을 말씀: **창세기 8:20-9:29**

새길 말씀: 하나님이 이르시되 내가 나와 너희와 및 너희와 함께 하는 모든 생물 사이에
대대로 영원히 세우는 언약의 증거는 이것이니라. 내가 내 무지개를 구름
속에 두었나니 이것이 나와 세상 사이의 언약의 증거니라(창 9:12-13).

'노아의 홍수' 이야기는 지금까지 여러 차례 영화로 제작되었습니다.
사람들의 흥미를 끌만한 드라마틱한 요소가 많이 있기 때문입니다. 가장
최근에 개봉된 영화는 애러노프스키Darren Aronofsky 감독의 'Noah'(2014)입
니다. 엄청난 제작비와 실감 나는 CG 영상으로 큰 화제를 불러일으켰습
니다. 그러나 성경의 이야기를 기초하여 만들었다고는 하지만, 기독교
영화라고 말할 수는 없습니다. 오히려 신화적인 요소를 지나치게 많이
도입하여, 성경의 메시지와는 정반대의 이야기를 만들어냈습니다.

가장 이해가 되지 않는 것은, 인류가 멸망해야 한다는 망상에 사로잡
힌 노아의 모습입니다. 그가 방주 제작에 몰두한 이유도 바로 그 때문입

니다. 그는 홍수를 피해서 방주에 필사적으로 올라오려고 하는 다른 인간들을 직접 막습니다. 심지어 큰 며느리가 기적적으로 임신하여 낳은 아이를 죽이려고까지 합니다. 인간은 모조리 타락했기 때문에 멸종해야 한다는 것이지요. 홍수 후에는 심한 죄책감에 시달리며 알코올 중독자가 되어 살아가다가, 가까스로 정신을 차리고 가족들과 화해하는 것으로 이야기는 끝납니다. 그러나 결코 '해피엔딩'으로 느껴지지는 않습니다.

아마도 노아가 대홍수라는 비극을 겪으면서 가지게 되었던 인간적인 괴로움과 번민을 표현하려고 했던 것으로 보입니다. 그러나 결과적으로는 하나님의 형상으로 창조된 인간의 존재 가치를 완전히 부정해버리고 말았습니다. 그것은 성경이 묘사하고 있는 노아의 모습과는 전혀 다릅니다. 노아는 하나님과 동행하며 살았고, 그 때문에 이 세상을 새롭게 창조하는 동역자로 부름을 받았습니다. 그런 성경의 메시지와는 정반대 방향으로 가버린 것입니다.

무엇보다도 이 영화는 성경에서 말하는 '홍수 심판' 이야기의 주인공이 노아가 아니라 하나님이라는 사실을 놓쳐버렸습니다. 인간의 죄에 대한 고뇌와 번민을 다루려면, '노아의 괴로움'이 아니라 '하나님의 괴로움'을 다뤄야 합니다. 창세기는 하나님이 사람의 창조를 위해서 얼마나 공을 들여왔는지 이야기합니다. 또 사람을 향한 하나님의 기대가 어떻게 무너졌는지 이야기합니다. 그렇지만 다시 시작하시려는 하나님의 의지를 이야기합니다.

그 이유가 무엇입니까? 우리를 향한 하나님의 사랑입니다. 우리를 포기하지 못하시는 사랑의 미련입니다. 그 사랑이 꺼져가는 심지를 끄지 않으신 것입니다. 죄로 인해 상한 갈대를 꺾지 않으신 것입니다. 오히려 이 세상을 다시 창조한다는 심정으로 물로 깨끗이 쓸어버리시고, 처음으로 돌아가서 다시 시작하신 것입니다. 그것이 '노아의 홍수' 이야기입니다.

노아의 번제

일 년간의 방주 생활을 마치고 마침내 노아의 가족들은 마른 땅을 다시 밟을 수 있었습니다. 그들이 방주에서 내려와서 가장 먼저 한 일은 하나님께 번제를 드리는 것이었습니다.

노아가 여호와께 제단을 쌓고 모든 정결한 짐승과 모든 정결한 새 중에서 제물을 취하여 번제로 제단에 드렸더니…(창 8:20).

어떤 분들은 이 이야기를 읽으면서 걱정하십니다. 방주에 들어간 생물들은 모두 암수 한 쌍씩이었는데(6:19), 이렇게 하나님께 번제를 드리고 나면 어떻게 번식할 수 있을까 하고 말입니다. 그러나 '정결한 짐승'과 '정결한 새'는 한 쌍이 아니라 일곱 쌍이 방주에 들어가도록 하나님이 명령하셨습니다(7:2-3). 그때부터 노아는 이미 하나님의 의도를 알아차렸습니다. 그래서 방주에서 내리자마자 주저하지 않고 하나님께 번제를 드렸던 것입니다.

노아는 하나님과 동행하는 사람이었습니다. 그랬기 때문에 하나님의 뜻이 무엇인지 분별하고 있었던 것입니다. 바울은 로마교회에 보낸 편지에서 이렇게 말했습니다.

너희는 이 세대를 본받지 말고 오직 마음을 새롭게 함으로 변화를 받아 하나님의 선하시고 기뻐하시고 온전하신 뜻이 무엇인지 분별하도록 하라(롬 12:2).

사람들은 이 세상의 문화에 적응하여 살아남기 위해서 자신이 가지고 있는 모든 에너지를 쏟습니다. 그러나 구원받은 하나님의 자녀들은 언제나 하나님과 동행하면서, 하나님이 우리에게 바라는 것이 무엇인지 분별하는 일에 모든 영적인 에너지를 사용합니다. 하나님이 가장 기뻐하시는 일이 무엇입니까? 바로 '예배'입니다. 물론 아무 예배나 기뻐 받으시지 않습니다. 하나님은 '아벨과 그 제물'을 눈여겨보셨습니다(4:4).

노아는 아벨의 후손으로서 그렇게 예배했습니다. 이것은 하나님이 시켜서 한 일이 아닙니다. 자원하여 예배한 것입니다. 그 예배를 하나님은 기뻐 받으셨던 것입니다.

하나님의 결심

노아의 번제에 감격하신 하나님의 반응을 한번 보십시오.

> 여호와께서 그 향기를 받으시고 그 중심에 이르시되 내가 다시는 사람으로 말미암아 땅을 저주하지 아니하리니 이는 사람의 마음이 계획하는 바가 어려서부터 악함이라. 내가 전에 행한 것같이 모든 생물을 다시 멸하지 아니하리니…(창 8:21).

"하나님이 중심에 이르셨다"(The LORD said in his heart)는 말은 그냥 속으로 혼잣말을 하셨다는 정도가 아닙니다. 하나님이 아예 작심作心하셨다는 뜻입니다. 지금 하나님은 마음에 단단히 결심하고 계십니다. "다시는 사람으로 말미암아 땅을 저주하지 않겠다!"

하나님이 땅을 저주하기 위해서 행하신 일은 아주 단순합니다. 궁창 아래의 물과 위의 물로 나누어놓으셨던 것을 원상 복귀 시키셨습니다. 그렇게 땅과 물의 경계를 허물어버리셨습니다. 그것으로 땅은 저주를 받고 그 위에 있던 생명은 모두 죽음을 맞이했습니다. 그것은 사람의 죄에 대한 하나님의 심판이었습니다. 그런데 다시는 그런 방식으로 땅을 저주하지 않겠다고 지금 결심하고 계시는 것입니다.

그 이유를 이렇게 말씀하십니다. "이는 사람의 마음이 계획하는 바가 어려서부터 악함이라"(for the imagination of man's heart is evil from his youth. KJB). 그런데 사실 이는 홍수 심판을 결심할 때의 말씀과 크게 다르지 않습니다. 그때에도 사람이 마음으로 생각하는 계획이 항상 악하기에 심판하겠다고 말씀하셨습니다(6:5). 그런데 홍수 심판 이후에 다시는 땅을 저주하지 않겠다고 하면서 똑같은 말씀을 하고 계시는 것입니다.

자, 그렇다면 무엇입니까? 아무리 심판해보아야 인간의 죄가 완전히 해결되지 않는다는 뜻일까요? 만일 그런 말씀이라면, 하나님은 홍수 심판을 통해서 인간의 죄를 완전히 쓸어버릴 수 있다고 생각하셨다는 뜻일까요? 그런데 한번 해보고 나니까 아무 소용없다는 것을 알게 되신 것일까요? 하나님도 그렇게 시행착오를 겪으시는 분일까요?

아닙니다! 하나님은 홍수 심판으로 모든 죄의 문제가 한꺼번에 해결될 것이라 처음부터 기대하지 않으셨습니다. 단지 인간의 죄를 심판하면서 동시에 새롭게 시작하실 방법으로 홍수를 선택하셨을 뿐입니다. 실제로 노아가 가지고 있는 인간적인 결함은 이제 곧 노출될 것입니다. 하나님이 그것을 모르셨을 리 없습니다. 그렇지만 노아에게 은혜를 베푸신 것은, 하나님과 동행하는 모습 때문이었습니다. 그것으로 얼마든지 새롭게 시작할 수 있었던 겁니다.

그렇다면 "이는 사람의 마음이 계획하는 바가 어려서부터 악함이라"는 말씀을 어떻게 이해해야 할까요? 이와 같은 오해는 이 문장을 시작하는 히브리어 '키ki' 접속사를 이유를 설명하는 'for왜냐하면'으로 번역했기 때문입니다. 사실은 양보 접속사 'although비록 ~할지라도'로 해석해야 합니다. 그래서 NIV 성경은 "even though every inclination of the human heart is evil from childhood"로 풀이합니다. 비록 어릴 때부터 인간의 마음이 악한 성향을 가지고 있지만, 그렇다고 할지라도 다시는 같은 방식으로 심판하지는 않겠다는 뜻입니다.

심판하지 않겠다면 어떻게 하시겠다는 걸까요? 바로 이 대목에서 우리는 하나님의 마음이 '심판'에서부터 '구원'으로 옮겨지고 있다는 사실을 발견하게 됩니다. 오래전에 눈여겨보셨던 '아벨의 제사'(4:4)와 지금 막 드려진 '노아의 번제'(8:20)를 통해서, 하나님은 구약의 희생 제사와 예수 그리스도의 대속적인 죽음으로 이어지는 구원의 로드맵을 확정하신 것이지요. 이제부터 죄에 대한 책망과 벌을 통해서가 아니라, 용서와 사랑을 통해서 인간을 구원하시겠다는 것입니다.

하나님과의 계약

이와 같은 하나님의 결심은 노아와 계약을 맺으심으로 더욱 구체화 됩니다.

> 8하나님이 노아와 그와 함께한 아들들에게 말씀하여 이르시되 … 11내가 너희와 언약을 세우리니 다시는 모든 생물을 홍수로 멸하지 아니할 것이라. 땅을 멸할 홍수가 다시 있지 아니하리라(창 9:8-11).

우리말 '언약'에 해당되는 히브리어는 '브리트berith'입니다. 영어로는 'a covenant계약'로 번역합니다. 쌍방 간에 어떤 특별한 관계에 들어가는 것을 의미합니다. 이것은 성경을 관통하는 가장 핵심적인 개념 중의 하나입니다. 우리가 성경을 '구약舊約'과 '신약新約'으로 나누는데, 여기에서 '약約'이 바로 '계약'을 의미합니다. 그러니까 '구약'은 '옛날 계약'이요, '신약'은 '새로운 계약'입니다.

이러한 개념은 예레미야 선지자를 통해서 하신 말씀에 잘 정리되어 있습니다.

31여호와의 말씀이니라. 보라 날이 이르리니 내가 이스라엘 집과 유다 집에 새 언약을 맺으리라. 32이 언약은 내가 그들의 조상들의 손을 잡고 애굽 땅에서 인도하여 내던 날에 맺은 것과 같지 아니할 것은…(렘 31:31-32).

여기에서 '새 언약'이 바로 '신약'입니다. 그렇다면 '구약'은 무엇일까요? "이집트 땅에서 인도하여 내던 날에 맺은 계약"입니다. 다시 말해서 시내산에서 하나님과 이스라엘 백성들이 맺은 '계약'이 바로 '구약'입니다. 39권의 구약성경이 증언하는 핵심적인 내용은 '출애굽 사건'과 '시내산 계약'입니다. 그래서 우리는 그 책들을 '구약'이라고 부르는 것입니다.

그러면 신약성경의 핵심을 이루고 있는 '새로운 계약'은 구체적으로 무엇을 말할까요? 그것은 바로 예수 그리스도의 십자가 사건입니다. 주님이 성찬을 제정해주시면서 다음과 같이 말씀하셨지요.

저녁 먹은 후에 잔도 그와 같이 하여 이르시되 이 잔은 내 피로 세우는 새 언약이니 곧 너희를 위하여 붓는 것이라(눅 22:20).

예수님이 인간의 죄를 대속하기 위하여 죽으심으로 하나님과 인간들 사이에 새로운 계약이 세워지고 새로운 관계에 들어가게 된 것입니다. 그것이 27권의 신약성경이 증언하고 있는 핵심적인 내용입니다. 그래서 우리는 그 책들을 '신약'이라고 부르고 있는 것입니다.

신구약 성경, 하나님의 말씀에서 이렇게 중요한 '계약'의 개념이 바로 노아 이야기에 가장 처음으로 등장하고 있는 것입니다. 그러니 이 대목이 얼마나 중요한 의미인지 우리는 충분히 알 수 있습니다.

구원의 약속

그런데 하나님과 노아가 맺은 계약은 '쌍방계약'이 아니라 '일방계약' 입니다. 다시 말해서 쌍방 간에 서로 책임을 지는 계약이 아니라, 일방적으로 한쪽이 책임을 지기로 하는 계약인 것입니다. 하나님과 노아의 계약에서 일방적으로 책임을 지는 쪽이 누구일까요? 그렇습니다. 바로 하나님입니다.

"내가 너희와 언약을 세우리니 다시는 모든 생물을 홍수로 멸하지 아니할 것이라"(8절). 노아가 그렇게 해달라고 먼저 요청하지 않았습니다. 하나님이 먼저 말씀하신 것입니다. 그만큼 하나님의 결심이 단호하다는 뜻입니다. 그런데 이것은 단지 홍수 심판을 반복하지 않겠다는 정도의 약속이 아닙니다. 이제부터는 인류를 구원하는 길을 열어 가시겠다는 약속입니다.

그러시면서 어떤 이유로도 이 계약이 바뀌지 않을 것을 맹세하십니다.

12하나님이 이르시되 내가 나와 너희와 및 너희와 함께하는 모든 생물 사이에 대대로 영원히 세우는 언약의 증거는 이것이니라. 13내가 내 무지개를 구름 속에 두었나니 이것이 나와 세상 사이의 언약의 증거니라(창 9:12-13).

사람의 맹세는 믿을 수 없지만 하나님의 맹세는 틀림없습니다. 창조 이야기에서 보았듯이 하나님의 말씀은 곧 현실입니다. 그러나 하나님의 말씀을 믿지 못하는 사람들에게 확신을 주기 위해서 그들의 눈에 보이는 표징으로 '계약의 증거the sign of the covenant'를 삼으십니다. 그것이 바로 '무지개'입니다.

무지개는 지구 어디에서나 비가 개면 볼 수 있는 자연현상입니다. 그것을 계약의 증거로 삼으셨던 것입니다. 무지개가 구름 사이에 나타날 때마다 하나님이 그것을 보시고 노아와 맺은 이 계약을 기억하시겠다고 하십니다(9:16). 그러니까 앞으로 너희들도 무지개를 볼 때마다, 그것을 또한 하나님이 보고 계신다는 사실을 기억하라는 말씀입니다. 그렇게 '영원한 계약'이 되도록 하겠다는 약속입니다.

그런데 노아와 '무지개 계약'을 맺으시려는 하나님의 계획은 홍수 심판이 끝나고 난 다음에 갑작스럽게 결정된 것이 아닙니다. 홍수 심판을 생각하실 때부터 이미 하나님은 그것을 계획하고 계셨습니다.

> 17내가 홍수를 땅에 일으켜 무릇 생명의 기운이 있는 모든 육체를 천하에서 멸절하리니 땅에 있는 것들이 다 죽으리라. 18그러나 너와는 내가 내 언약을 세우리니 너는 네 아들들과 네 아내와 네 며느리들과 함께 그 방주로 들어가고…(창 6:17-18).

정말 놀랍지 않습니까? 홍수 심판 속에 이미 구원과 회복을 위한 하나님의 계획이 들어있었다니 말입니다. 아니 하나님이 뭐가 아쉬워서 이렇게까지 하시는 것일까요. 사실 누군가에게 일방적으로 약속을 하고 나면 평생 그 약속에 묶여서 살 수밖에 없습니다. 계약은 자기 자신을 상대방에게 제한하는 행위입니다. 지금 하나님이 자신을 그렇게 제한하고 계시는 것입니다.

하나님이 누구입니까? 이 세상을 창조하신 분입니다. 모든 생물을 창조하시고 인간을 창조하신 분입니다. 전지전능全知全能하시고 무소부재無所不在하신 분입니다. 그 어떤 수식어로도 충분하게 표현할 수 없는 분입니다. 그런데 그 하나님이 무엇 때문에 이렇게 인간을 위해서 스스로 제한하시는 것일까요? 그 이유가 도대체 무엇일까요?

하나님의 사랑입니다! 인간을 향한 사랑이 그토록 컸던 것입니다. 공의의 하나님은 인간의 죄를 심판하셔야 했지만, 그렇다고 해서 인간의 창조를 없던 것으로 하지는 않으셨습니다. 처음으로 돌아가서 다시 시작하셨습니다. 그리고 이제부터는 죄를 벌로 다스리는 방식이 아니라, 용서하고 사랑하는 방식으로 구원하는 일에 더 집중하기로 작정하셨습니다. 그 사랑이 독생자 예수 그리스도를 이 땅에 보내신 것입니다.

물론 지금 노아는 하나님이 품고 있는 이러한 구원의 위대한 계획을 알 길이 없었을 것입니다. 그러나 하나님은 이미 그와 같은 굳은 결심을 하고 계셨던 것입니다. 그렇기에 우리는 '홍수 심판' 이야기에서 노아의 인간적인 괴로움이 아니라, 하나님의 괴로움과 사랑의 아픔을 읽어낼 수 있어야 합니다. 그것을 놓쳐버리면 성경을 제대로 읽는 것이 아닙니다.

노아의 실수

앞서 언급한 영화에서는 노아가 죄책감에 시달리다 못해서 알코올 중독에 빠지는 것으로 묘사합니다. 그러나 그런 식으로 노아의 편을 들어주거나 대신 변명해줄 이유가 없습니다. 노아도 그저 평범한 사람이기 때문입니다.

> 20노아가 **농사를 시작하여 포도나무를 심었더니** 21포도주를 마시고 **취하여 그 장막 안에서 벌거벗은지라**(창 9:20-21).

앞에서 노아를 어떻게 소개했습니까? 노아는 '의인'이요 당대에 '완전한 자'라고 했습니다(6:9). 의로운 사람인데다 아무에게도 책잡힐 일을 하지 않는 사람이었습니다. 그러나 그것은 사실 그동안 기회가 주어지지 않았기 때문입니다. 아무리 위대한 의인이요 아무리 완전한 사람이라고 하더라도 얼마든지 실수할 수 있습니다.

그 기회는 노아가 포도 농사를 지으면서 찾아왔습니다. 포도 농사는 홍수 이후의 악화된 식수 사정과 관련 있는 것으로 보입니다. 지금도 팔레스타인에서는 포도주를 희석하여 식수대용으로 사용하는데, 그것을 보면 알 수 있습니다. 문제는 포도로 포도주를 만들기 시작했다는 사실입니다. 식수가 아니라 술을 만들어 먹기 시작한 것입니다.

노아도 술의 유혹에 넘어가서 결국 실수를 하고 말았습니다. 술에 취해서 벌거벗은 채로 잠이 든 것입니다. 그 모습을 둘째 아들 '함'이 봅니다. 그 일을 다른 형제에게 알렸더니, '셈'과 '야벳'이 뒷걸음으로 들어가서 아버지의 하체를 덮어줍니다. 여기까지는 얼마든지 있을 수 있는 일입니다. 부자지간에 보면 어떻고 또 안 보면 어떻습니까?

그런데 진짜 문제는 그다음에 일어납니다.

> 24노아가 술이 깨어 그의 작은 아들이 자기에게 행한 일을 알고 25이에 이르되 가나안은 저주를 받아 그의 형제의 종들의 종이 되기를 원하노라…(창 10:24-25).

노아가 술 먹고 실수한 것도 부끄러운 일이고, 아들 함이 그것을 덮어주지 않고 떠벌린 것도 부끄러운 일입니다. 그렇지만 정말 부끄러운 일은 그것을 이유로 하여 노아가 자기 아들을 저주하고 있다는 사실입니다. 그것은 마치 가인의 6대손이었던 라멕이 기분 상해서 사람을 죽였다고 자랑하는 장면(4:23)과 크게 달라 보이지 않습니다. 그렇게 부자 관계와 형제 관계에 금이 가기 시작한 것입니다. 그것이 문제입니다.

왜 이런 일이 벌어지게 되었을까요? 영적인 긴장이 풀렸기 때문입니다. 술의 유혹에 넘어갔기 때문입니다. 이와 같은 노아의 모습을 보면서 하나님은 물론 실망하셨을 겁니다. 그러나 그렇다고 해도 또다시 물로 심판하지는 않으십니다. '무지개 계약' 때문입니다. 하나님의 약속 때문입니다. 하나님의 결심은 그보다 더한 상황에서도 결코 바뀌지 않습니다. 하나님은 이제 심판보다 구원하는 일에 더 집중하십니다. 그것이 나머지 성경의 이야기입니다.

우리의 희망은 이와 같은 하나님의 신실함에 있습니다. 자신을 스스로 제한하셔서 우리의 구원을 위해 지금도 일하고 계시는 하나님의 사랑에 있습니다. 그 사랑이 오늘도 우리를 살게 하는 것입니다.

* **묵상 질문**: 나와 하나님의 관계는 어떻다고 생각합니까?
* **오늘의 기도**: 우리는 하나님과 사람들 앞에서 정직하고 바르게 살려고 애를 써왔습니다. 그러나 죄의 기회가 생길 때마다 쉽게 넘어집니다. 우리 안에는 선한 것이 하나도 없음을 고백합니다. 우리를 사랑하시는 하나님께서 지금도 우리의 구원을 위해 일하고 계시오니, 오직 그 사랑에 우리의 희망을 두고 살아가게 하옵소서. 예수님의 이름으로 기도합니다. 아멘.

바벨탑 사건

읽을 말씀: 창세기 10:1-11:26

새길 말씀: 또 말하되 자, 성읍과 탑을 건설하여 그 탑 꼭대기를 하늘에 닿게 하여 우리 이름을 내고 온 지면에 흩어짐을 면하자 하였더니 여호와께서 사람들이 건설하는 그 성읍과 탑을 보려고 내려오셨더라(창 11:4-5).

'홍수 심판'에도 인간이 가지고 있는 죄의 문제는 근본적으로 해결되지 않았습니다. 당대의 의인이요 완전한 자였던 '노아'가 술을 먹고 실수를 하는 모습과 술에서 깨어난 후에 오히려 아들 '함'을 저주하는 모습을 통해서 우리는 그 사실을 확인할 수 있었습니다. 마치 태초에 하나님이 창조하신 세상에서 살게 된 처음 인간 아담과 하와가 죄의 유혹에 넘어갔던 것처럼, 물로 깨끗이 다 씻어버리고 새롭게 창조된 세상에서 살게 된 처음 인간 노아 역시 죄의 유혹에서 자유롭지 못했습니다.

그러나 홍수 이전과 확실하게 달라진 것이 하나 있었지요. 사람들은 달라지지 않았지만, 하나님의 마음이 달라졌습니다. 하나님은 인간의 죄를 벌로 심판하여 다스리는 일보다, 용서하고 사랑하는 방식으로 구원하는 일에 더 집중하기로 결심하셨습니다. 그리고 그 결심을 '무지개 계약'으로 확증해주셨던 것입니다.

이제 노아의 세 아들을 통해서 이 세상에 수많은 민족과 사람들이 생겨나게 될 것입니다. 하나님이 주신 복의 약속처럼 그들은 생육하고 번성하여 땅에 충만하게 될 것입니다. 그러나 사람들의 숫자가 점점 더 많아지고 부와 기술이 축적될수록, 이 세상은 하나님으로부터 점점 더 멀어질 것입니다. 하나님의 말씀에 불순종하고 하나님을 대적하는 세력이 점점 더 큰 힘을 갖게 될 것입니다.

그래도 하나님은 인간의 구원을 위해서 일하실 것입니다. 예배하는 자들을 부르시고 그들을 통해서 당신의 뜻을 이루어가실 것입니다. 하나님의 일하심에 동참하는 사람들을 통해서 구원받을 자를 구원하실 것입니다. 그리하여 결국 이 땅에 하나님이 다스리는 나라를 완성하실 것입니다. 바로 그것이 하나님의 말씀인 성경이 펼쳐가는 구원사救援史입니다.

따라서 우리가 앞으로 창세기를 읽어가면서 주목해야 할 것은 '사람의 일'이 아니라 '하나님의 일'입니다. 인간이 만들어가는 어지러운 세상이 아니라, 하나님이 만들어가는 그 나라를 볼 수 있어야 합니다.

노아 아들들의 족보

창세기 10장 전체는 노아의 세 아들, 즉 셈Shem과 함Ham과 야벳Japheth의 족보로 되어 있습니다. 족보라고 하지만 겨우 3, 4대에 걸친 후손의 이름들만 기록되어 있습니다. 그것도 모든 후손을 언급하지 않습니다. 예를 들어 '야벳'의 경우에는 7명의 아들이 있는데(10:2), 그중에서 '고멜Gomer'과 '야완Javan'의 아들들만 언급합니다(10:3-4). '함'과 '셈'의 경우도 비슷합니다. 그들로부터 이 세상의 모든 나라와 백성이 나누어졌다고 합니다.

이들은 그 백성들의 족보에 따르면 노아 자손의 족속들이요 홍수 후에 이들에게서 그 땅의 백성들이 나뉘었더라(창 10:32).

이 족보에 등장하는 이름들은 개인의 이름인 동시에 '족속'과 '언어'와 '지방'과 '나라'를 대표하는 이름이기도 합니다(창 10:20). 예를 들어서 함의 아들 중에 '미스라임Mizraim'은 이집트를 가리키고, '구스'Cush는 에디오피아를 가리킵니다. '가나안Canaan'은 가나안 땅에 거하는 여부스 족속the Jebusite과 아모리 족속the Amorite을 비롯한 여러 족속을 낳았다고 합니다(창 10:16-18).

그러니까 고대 근동지역에 현존하고 있던 모든 민족의 뿌리가 바로 노아와 그 아들들로부터 시작되었다는 설명입니다. 다음의 지도를 통해서 이 족보에 등장하는 이름과 그들이 살던 지역을 모두 확인할 수 있습니다.

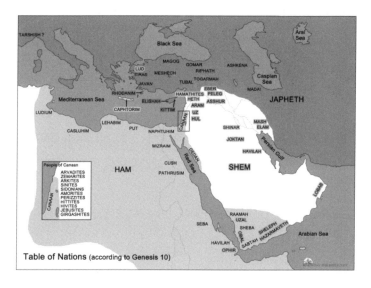

그런데 이 중에서 '셈'을 소개하고 있는 대목이 눈에 뜨입니다. '에벨 온 자손의 조상all the sons of Eber'이라고 합니다(창 10:21). '에벨'은 셈의 큰아들

'아르박삿'Arphaxad의 손자입니다. 보통의 족보는 그 윗대까지 다루는 것이 전부인데, 에벨만은 예외입니다. '에벨'의 두 아들과 손자들의 이름까지 자세하게 언급됩니다(창 10:25-29). 그러니까 '에벨' 때에 무언가 특별한 사건이 벌어졌다는 것을 짐작할 수 있습니다. 그 일이 무엇이었을까요?

> 에벨은 두 아들을 낳고 하나의 이름을 벨렉이라 하였으니 그 때에 세상이 나뉘었음이요…(창 10:25).

에벨이 아들 '벨렉벨렉, Peleg'을 낳았을 때에 "세상이 나누었다the earth was divided"고 합니다. '펠렉'이라는 이름은 '갈라지다divide', '분열하다split'라는 뜻을 가진 '팔락palag' 동사에서 나왔습니다. 세상이 나뉘었던 이 엄청난 사건은 무엇을 가리킬까요? 그렇습니다. 바로 '바벨탑 사건'을 가리킵니다. 그러니까 셈과 함과 야벳의 후손들이 처음부터 온 세상에 흩어져서 살게 된 것은 아니었습니다.

제국의 건설

바벨탑 사건은 창세기 11장에 기록되어 있습니다. 여러 족속과 언어로 나누어지기 전에, 사람들은 뭉쳐서 살았습니다.

> 1온 땅의 언어가 하나요 말이 하나였더라. 2이에 그들이 동방으로 옮기다가 시날 평지를 만나 거기 거류하며…(창 11:1-2).

그들은 모두 노아의 후손이었으니 사용하는 말도 물론 하나였을 것입니다. 그들은 동방eastward으로 옮겨갑니다. 어디에서부터 동쪽이었을까요? 방주가 멈췄던 '아라랏산'으로부터 동쪽입니다(창 8:4). 현재의 '아라랏산'은 아르메니아Armenia와 터키Turkey 국경에 위치하고 있습니다.

고원지대의 척박한 땅은 아무래도 정착하여 살기 어려운 환경이었을 것입니다. 넓고 평평한 땅을 찾아가는 것이 자연스러운 일입니다. 그곳이 바로 '시날평지a plain in the Land of Shinar'였던 것입니다. 이곳은 고대 문명의 발상지 중의 하나였던 유프라테스강과 티그리스강 사이에 위치한 메소포타미아Mesopotamia의 넓은 평지를 가리킵니다.

시날 평지로 옮겨가는 일에 중심적인 역할을 했던 사람이 있었습니다. 그는 함의 손자였던 '니므롯Nimrod'입니다. 창세기 10장의 족보에 다음과 같이 기록되어 있습니다.

> 8구스가 또 니므롯을 낳았으니 그는 세상에 첫 용사라. 9그가 여호와 앞에서 용감한 사냥꾼이 되었으므로 속담에 이르기를 아무는 여호와 앞에 니므롯같이 용감한 사냥꾼이로다 하더라(창 10:8-9).

니므롯은 세상에 처음 나타난 '용사a mighty warrior'였고 또한 힘이 센 '사냥꾼a mighty hunter'이었습니다. 말하자면 한 영웅이 등장한 것입니다. 영웅이 생기면 그를 중심으로 왕국이 만들어지고 제국이 형성됩니다. 니므롯은 시날 땅의 '바벨Babel'과 '에렉Erech'과 '악갓Accad'과 '갈레Calneh'에서 시작하여(10:10), 나중에는 '아시리아Asshur'와 '니네베Nineveh'까지도 다스렸다고 합니다(10:11).

이 중에서 특히 '바벨'을 주목해야 합니다. '바벨'은 니므롯이 다스리기 시작한 첫 도시였습니다. 이곳에서부터 메소포타미아 전 지역으로 제국을 확장해나갔습니다. 그리고 바로 이곳에서 그 유명한 '바벨탑 사건'이 벌어진 것입니다. 그러니까 '바벨탑'은 니므롯 제국의 철학과 방향을 드러내는 하나의 상징이었던 것입니다.

문명의 발전

시날 평지에 모여 살기 시작하면서, 사람들의 문명은 비약적인 발전을 이루었습니다.

> 서로 말하되 자, 벽돌을 만들어 견고히 굽자 하고 이에 벽돌로 돌을 대신하며 역청으로 진흙을 대신하고…(창 11:3).

당시 벽돌의 발명은 오늘날 컴퓨터의 발명과 버금갈 정도로 엄청난 사건이었습니다. 그동안은 돌로 건축을 했지만, 이제는 진흙과 모래를 섞어 틀에 넣어 제작된 인공적인 벽돌을 사용하게 된 것입니다. 인공 벽돌을 사용하면서 인류 문명은 급속히 발전했습니다. 이집트에서는 햇볕에 말린 벽돌을 사용했지만, 바빌론에서는 불에 구운 벽돌을 사용했습니다. 그리고 '역청타르, tar'을 사용함으로 대규모의 건축이 가능하게 되었습니다.

이와 같은 기술의 발달은 사람들에게 자신감을 주었습니다. 그들은 이렇게 말합니다.

> 또 말하되 자, 성읍과 탑을 건설하여 그 탑 꼭대기를 하늘에 닿게 하여 우리 이름을 내고 온 지면에 흩어짐을 면하자 하였더니…(창 11:4).

사람들은 네 가지를 결정합니다. 먼저 "성읍을 건설하자!"라고 합니다. 도시city를 만들자는 뜻입니다. "신은 자연을 만들고, 인간은 도시를 만든다"는 말이 있습니다. 인류가 자랑하는 거의 모든 문명은 도시를 통해 이루어졌습니다. 도시 문명 자체를 잘못되었다 말할 수 없습니다. 또한 "탑을 하늘에 닿게 쌓자!"라고 합니다. 고층 건축물을 제작하자는 겁니다. 탑을 하늘에 닿을 수 있도록 건축하려면 고도로 발달된 기술력이 있어야 합니다. 실제로 그렇게 할 수 있게 되었다는 뜻이니, 이것을 잘못이라 말할 수 없습니다.

그리고 "우리 이름을 내자!"고 합니다. 유명해지고 싶어 하는 것은 모든 사람이 가지고 있는 소박한 욕심입니다. 그것을 탓할 수는 없는 일입니다. 마지막으로 "온 지면에 흩어짐을 면하자!"라고 합니다. 흩어지지 말고 똘똘 뭉쳐서 살자는 겁니다. 그렇게 공동체를 만드는 것을 잘못된 일이라 할 수 없습니다. 그런데 어찌된 일인지 하나님은 그 일을 직접 막으십니다. 사람들을 사방으로 흩어버리십니다. 무슨 이유 때문일까요? 무엇이 잘못되었을까요?

창세기가 지금까지 중요하게 다루어왔던 주제가 있습니다. 그것은 '이름'과 관련된 일입니다. '하늘'과 '땅'에 대한 하나님의 주권은 이름을 붙이는 것으로 드러납니다(1:8, 10). 동물에 대한 사람의 주권 역시 이름을 붙이는 것으로 드러납니다(2:19). 인간이 타락한 후에, 남편과 아내의 주종관계 또한 아내에게 이름을 붙임으로 시작되었습니다(3:20). 이름을 정한다는 것은 그만큼 중요한 의미가 있는 것입니다.

그런데 시날 평야에 모인 사람들이 뭐라고 말합니까. "우리 이름을 내자!"고 합니다. 우리말로는 이렇게 번역되어 있지만, 히브리 원문을 직역하면 "Let us make a name for ourselves"입니다. "우리가 우리 자신을 위해 이름을 짓자!"라는 것입니다. 무슨 뜻입니까? 이제는 하나님과 상관없이 살자는 뜻입니다. 우리의 운명은 우리 스스로 결정하자는 겁니다. 이것이 에덴동산에서 뱀의 모습으로 나타났던 사탄의 유혹입니다. "너희도 하나님처럼 될 수 있어!"(3:5)

창조주 하나님을 거부하고 스스로 하나님이 되어 살려고 하는 이러한 불신앙적인 태도가, 도시 문명을 만들고 바벨탑을 쌓고 우리끼리 함께 똘똘 뭉쳐서 잘살아보자고 하는 이 모든 일의 기본적인 동기로 자리 잡고 있었다는 사실입니다.

하나님의 개입

그것이 하나님께서 이 일을 방관하지 않고 개입하신 이유입니다. 그 다음 이야기를 메시지 성경으로 읽으면 참 재미있습니다.

하나님께서 내려오셔서, 사람들이 세운 도시와 탑을 살펴보셨다. 하나님께서 단 번에 알아보시고 말씀하셨다. 백성도 하나요 언어도 하나이니, 이것은 시작에 불 과하다. 저들이 다음에 무슨 일을 할지 안 봐도 눈에 선하다. 저들은 무슨 일이든 거침없이 할 것이다(창 11:5-6, 메시지)!

떡잎을 보면 어떤 사람이 될지 알 수 있습니다. 첫걸음을 보면 그다음 에 어떤 일들이 벌어질지 알 수 있습니다. 스스로 하나님이 되려는 동기 를 보면 그 나머지 일들은 굳이 말할 것도 없습니다. 하나님은 단번에 알 아보셨습니다. 하나님은 그들을 흩어버릴 수 있는 방법도 알고 계셨습니 다. 서로의 말을 알아듣지 못하게 하는 것입니다.

8여호와께서 거기서 그들을 온 지면에 흩으셨으므로 그들이 그 도시를 건설하기 를 그쳤더라. 9그러므로 그 이름을 바벨이라 하니 이는 여호와께서 거기서 온 땅 의 언어를 혼잡하게 하셨음이니라…(창 11:8-9).

같은 말을 사용하며 서로의 의사를 소통할 수 있다는 것은 정말 엄청 난 혜택惠澤입니다. 그러나 사람들은 그 은혜를 하나님을 대적하는 일에 사용했습니다. 문제는 그들이 모두 노아의 후손이라는 사실입니다. 노아 가 누구입니까? 하나님께 예배하는 아벨의 후손이었습니다. 당대의 의인 이요 완전한 자였습니다. 하나님과 동행하던 사람이었습니다. 새로운 창 조의 동역자로 선택받은 사람이었습니다. 그런데 이제 겨우 몇 대가 지났다고, 그 후손들이 하나님 없이 살아보겠다고 의기투합하고 있는 겁니다.

어떤 분들은 이때 하나님이 몹시 화가 나셨을 것이라 생각합니다. 그래서 하나님이 '심판'하셔서 바벨탑이 와르르 무너진 것으로 압니다. 아닙니다. 정확하게는 "그 도시를 건설하기를 그쳤다"(They stopped building the city)고 되어있습니다. 그들이 스스로 그만둔 것입니다. 그도 그럴 것이 말이 서로 통하지 않으니 어떻게 일을 계속할 수 있었겠습니까.

또 어떤 분들은 언어가 혼잡하게 된 것을 하나님의 '징계'라고 생각합니다만, 그것도 아닙니다. 그것은 그들을 "온 지면에 흩으시기" 위해서 하나님이 선택하신 방법입니다. 하나님이 사람을 창조하신 후에 복을 주시면서 뭐라고 말씀하셨습니까? "생육하고 번성하여 땅에 충만하라"(1:28)고 하셨습니다. 흩어지지 않고서 어떻게 땅에 충만할 수 있겠습니까.

우리는 하나님의 일하심을 언제나 이분법적으로 생각하려는 고약한 버릇을 가지고 있습니다. 모든 일을 '복'이나 '벌'의 잣대로 평가하는 것이지요. 물론 바벨탑 사건은 하나님의 하나님 되심을 거부하는 사람들로 인해 생겼습니다. 스스로 하나님이 되려고 하는 인간의 죄가 만들어낸 해프닝입니다. 그러나 그렇다고 해서 무조건 하나님이 그들에게 노하셔서 심판하시거나 벌을 내리신다고 생각하면 안 됩니다.

왜 그렇습니까? 왜냐하면 노아와 맺은 '무지개 계약' 때문입니다. 하나님은 심판하여 벌을 주는 대신에, 용서하고 사랑하여 구원하는 일에 집중하기로 하셨습니다. 바벨탑 사건도 마찬가지입니다. 만일 이번 일을 '홍수 심판'처럼 처리하셨다면 과연 어떻게 되었을까요? 많은 사람이 죽거나 다쳤을 것입니다. 그러나 그런 일은 생기지 않았습니다. 단지 말이 통하는 사람끼리 온 지면에 흩어졌을 뿐입니다. 그렇게 하나님이 본래 의도하셨던 대로 땅에 충만하여 살기 시작한 것입니다.

하나님은 사람의 실수와 잘못조차도 당신의 뜻을 이루는 재료로 사용하십니다. 이제부터 우리가 창세기를 읽으면서 주목해야 할 것은 우리의 구원을 위해서 일하시는 하나님의 모습입니다. 그리고 하나님의 일하심에 믿음으로 뛰어드는 동역자들입니다.

셈의 후손

야기에 기록된 족보는 언제나 아주 중요한 자리에 놓여있습니다. 창세기 5장에 '아담의 족보'가 기록되어 있는데, 이것은 홍수 심판을 통해서 이 세상을 재창조하시는 대목 바로 앞에 놓여있습니다. 그러면서 그 전환점의 역할을 하는 아담의 10대손 '노아'를 소개합니다.

원역사原歷史 이원역사를 마무리하는 창세기 11장에는 '셈의 족보'가 기록되어 있는데, 여기에서도 역시 셈의 10대손 '아브라함'이 구원사의 새로운 전환점으로 등장합니다. 이것을 연대표로 정리해보면 다음과 같은 몇 가지 특징이 드러납니다.

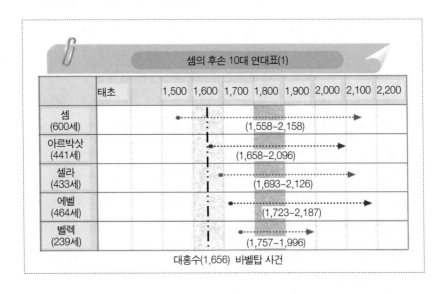

	태초	1,500	1,600	1,700	1,800	1,900	2,000	2,100	2,200
셈 (600세)			(1,558~2,158)						
아르박삿 (441세)				(1,658~2,096)					
셀라 (433세)				(1,693~2,126)					
에벨 (464세)					(1,723~2,187)				
벨렉 (239세)				(1,757~1,996)					

셈의 후손 10대 연대표(1)

대홍수(1,656) 바벨탑 사건

셈의 후손 10대 연대표(2)

	태초	1,500	1,600	1,700	1,800	1,900	2,000	2,100	2,200
르우 (239세)					(1,787~2,026)				
스룩 (230세)					(1,189~2,049)				
나홀 (119세)					(1,849~1,997)				
데라 (205세)					(1,878~2,083)				
아브라함 (175세)					(1,948~2,123)				

대홍수(1,656)　　바벨탑 사건　　아브라함의 소명(2,023)

① 셈에서 아브라함까지 모두 동시대의 사람들이라는 사실을 알 수 있습니다. 그러니까 아브라함도 10대 조부인 셈 할아버지를 직접 보았던 것입니다.

② 그들은 대홍수 사건의 경험을 셈을 통해서 직접 전해들을 수 있었습니다. 그리고 아브라함을 제외하고는 모두 바벨탑 사건을 생생하게 목격한 것으로 보입니다.

③ 사람의 수명이 점점 감축되고 있습니다. 이는 아마도 홍수 이후에 변한 기후조건과 육식 등이 원인이 되었을 것입니다.

④ 그리고 마침내 아브라함으로부터 새로운 역사가 시작됩니다. 구원사의 전환점을 맞게 되는 것입니다.

창세기의 족보는 '역사적인 관심'으로 기록된 연대기가 아니라 '신앙적인 관심'으로 기록된 연대기입니다. 인류의 역사가 하나님의 계획과 섭리 속에 있다는 확신에서 출발합니다. 그 속에 두 가지 종류의 인생이 있음을 이야기합니다. 하나님으로부터 시작하는 인생과 하나님으로부터 벗어나려는 인생입니다.

바벨탑 사건에서도 마찬가지입니다. 우리는 그 중심에 '니므롯'이 있다는 것을 기억해야 합니다. 그는 위대한 '용사'요 '사냥꾼'이었습니다. 그 시대의 타고난 영웅입니다. 자신의 이름으로 제국을 일으키기도 했습니다. 그러나 그의 제국은 하나님으로부터 벗어나려는 죄의 동기를 드러냅니다. 그래서 스스로 이름을 짓겠다고 한 것입니다. 그 제국이 오래 갈리가 없습니다.

그에 비하면 이제 곧 등장하게 될 아브라함은 사실 별볼일 없는 사람입니다. 그러나 하나님이 그에게 새로운 이름을 주심으로, 그는 하나님이 펼쳐 가시는 구원사에서 새로운 한 획을 긋는 '믿음의 조상'이 되었습니다. 우리는 아브라함의 믿음을 이어가는 약속의 후손입니다.

* **묵상 질문**: 나의 인생은 하나님으로부터 시작하고 있습니까?
* **오늘의 기도**: 어떤 경우에도 우리의 창조주 하나님을 떠나지 않게 하옵소서. 매순간 하나님을 인정하게 하시고, 매사에 하나님을 포함하게 하옵소서. 하나님이 불러주시는 이름으로 만족하게 하시고, 오직 하나님으로부터 시작하고 하나님 안에서 끝나는 인생이 되게 하옵소서. 예수님의 이름으로 기도합니다. 아멘.

제 2 막

족장사(族長史) 이야기(上)
: 믿음의 조상과 약속의 자녀

| 창세기 12-25장 |

창 세 기 묵 상 15

구원사의 새로운 출발

읽을 말씀: 창세기 11:27-12:9

새길 말씀: 여호와께서 아브람에게 이르시되 너는 너의 고향과 친척과 아버지의 집을 떠나 내가 네게 보여 줄 땅으로 가라. 내가 너로 큰 민족을 이루고 네게 복을 주어 네 이름을 창대하게 하리니 너는 복이 될지라(창 12:1-2).

지금까지 우리는 창세기의 1막, '원역사原歷史' 이야기를 살펴보았습니다. 그 이야기의 중심 주제는 '창조와 타락'입니다. 하나님의 창조 질서가 인간의 타락으로 인해 어떻게 무너지게 되었는지를 다룹니다. 하나님은 이 세상을 홍수로 쓸어버리고 다시 창조하시지만, 죄의 문제는 완전히 해결되지 않습니다. 하나님은 인간의 죄를 벌로 심판하는 대신에, 용서하고 사랑하여 구원하기로 결심하십니다. 그리고 그 징표로 노아와 '무지개 계약'을 맺습니다.

'바벨탑 사건'은 사실 하나님의 결심을 시험하는 첫 번째 무대였습니다. 하나님은 스스로 이름을 짓고 하나님 없이 살아보겠다고 도시를 건설하고 바벨탑을 쌓는 사람들을 심판하여 멸망하는 대신에, 그들의 언어를 혼잡하게 하여 온 지면으로 흩으셨습니다. 하나님이 본래 의도하셨던 대로, 사람들이 땅에 충만하여 살 수 있도록 오히려 기회를 주신 것입니다.

그렇다고 해서 온 지면으로 흩어진 사람들이 모두 정신 차리고 하나님으로부터 시작하는 인생을 살았던 것은 아닙니다. 그들 대부분은 여전히 하나님으로부터 벗어나려는 인생을 추구했습니다. 하나님은 그들을 구원하기 위한 새로운 일을 시작하십니다. 그것이 바로 오늘부터 우리가 살펴보려고 하는 창세기의 2막, '족장사族長史' 이야기입니다. 이 이야기의 중심 주제는 '소명과 회복'입니다.

'원역사' 이야기든 '족장사' 이야기든, 주인공은 언제나 하나님이십니다. 하나님이 펼쳐가는 구원의 역사, 즉 '구원사救援史'입니다. 우리는 창세기를 읽으면서 '사람의 일'이 아니라 '하나님의 일'에 주목해야 합니다. '인간적인 요인the human factor'이 아니라 '하나님의 요인the God factor'에 더욱 민감해야 합니다. 인간이 만들어가는 혼돈의 세상 속에서도, 여전히 하나님이 만들어가고 계시는 '그 나라'를 발견할 수 있어야 합니다.

하나님이 펼쳐가는 새로운 구원의 역사는 아브라함을 불러내시는 일로 시작됩니다.

두 가지 본문

그런데 창세기에서 우리는 아브라함의 소명과 관련하여 서로 상충하는 것처럼 보이는 두 가지 본문을 발견합니다. 특히 아브라함이 어디에서 소명을 받았느냐가 문제의 핵심입니다. 첫 번째 본문은 갈대아 우르를 이야기합니다.

31데라가 그 아들 아브람과 하란의 아들인 그의 손자 롯과 그의 며느리 아브람의

아내 사래를 데리고 갈대아인의 우르를 떠나 가나안 땅으로 가고자 하더니 하란
에 이르러 거기 거류하였으며 32데라는 나이가 이백오 세가 되어 하란에서 죽었
더라 (창 11:31-32)

아브라함의 아버지 데라Terah의 족보 끝부분에 소개된 이야기입니다.
이 본문에 의하면 갈대아인의 우르Ur of the Chaldeans에 살던 데라가 가족들을
모두 데리고 가나안 땅을 향해 떠납니다. 그때 아들 아브람Abram과 며느리
사래Sarai와 손자 롯Lot이 동행합니다. 데라는 중간 도착지인 '하란'에서 그
만 죽고 맙니다. 만일 아브라함이 소명을 받았다면 그곳은 우르였을 것
입니다. 그러나 여기에는 소명을 받았다는 이야기가 없습니다. 오히려
아버지 데라가 이 일에 주도적이었고, 처음부터 가나안을 목적지로 삼고
출발했습니다.

두 번째 본문은 이와 사뭇 다릅니다.

1여호와께서 아브람에게 이르시되 너는 너의 고향과 친척과 아버지의 집을 떠나
내가 네게 보여 줄 땅으로 가라… 4이에 아브람이 여호와의 말씀을 따라갔고 롯
도 그와 함께 갔으며 아브람이 하란을 떠날 때에 칠십오 세였더라 (창 12:1, 4).

여기에서 하나님의 부르심을 받는 사람은 분명히 아브람입니다. 하
나님은 그에게 '고향'과 '친척과 아버지의 집'을 떠나라고 하십니다. 그의
고향은 분명히 갈대아인의 우르였습니다. 그리고 '보여줄 땅'으로 가라고
하십니다. 목적지가 아직 분명하지 않다는 뜻입니다. 이번에는 아브람이
주도하여 출발합니다. 그런데 그가 75세에 하나님의 소명을 받고 떠난
곳은 '우르'가 아니라 '하란'입니다.

그렇다면 어떻게 된 일일까요? 이렇게 서로 충돌하는 것처럼 보이는
이 본문을 우리는 어떻게 이해해야 할까요?

보충 본문들

이 문제를 해결하기 위해서 우리는 성경의 다른 본문들의 도움을 받을 필요가 있습니다.

> … 나는 이 땅을 네게 주어 소유를 삼게 하려고 너를 갈대아인의 우르에서 이끌어 낸 여호와니라(창 15:7).

가나안에 도착한 후에 아브라함과 계약을 맺으시는 장면에서, 하나님이 직접 하신 말씀입니다. 이 본문을 통해서 우리는 하나님이 갈대아인의 우르에서 불러낸 사람은 분명히 아브라함이라는 사실을 알 수 있습니다.

여호수아가 이스라엘 백성들과 계약갱신을 하기 위해 세겜에 모였을 때, 조상의 역사를 언급하면서 다음과 같이 말합니다.

> 2여호수아가 모든 백성에게 이르되 이스라엘의 하나님 여호와께서 이같이 말씀하시기를 옛적에 너희의 조상들 곧 아브라함의 아버지, 나홀의 아버지 데라가 강 저쪽에 거주하여 다른 신들을 섬겼으나 3내가 너희의 조상 아브라함을 강 저쪽에서 이끌어내어 가나안 온 땅에 두루 행하게 하고…(수 24:2-3).

여기에서 '강 저쪽the other side of the flood'은 유프라테스강 건너편, 즉 '갈대아인의 우르'를 가리키는 말입니다. 그런데 놀랍게도 아브라함의 아버지 데라는 다른 신들을 섬겼다고 합니다. 그런데 그와 같은 우상 숭배자의 집에서 하나님이 아브라함을 이끌어내신 것입니다.

이와 같은 증언은 먼 훗날 신약시대에 스데반의 입을 통해서도 반복됩니다.

2… 우리 조상 아브라함이 하란에 있기 전 메소보다미아에 있을 때에 영광의 하나님이 그에게 보여 3이르시되 네 고향과 친척을 떠나 내가 네게 보일 땅으로 가라 하시니 4아브라함이 갈대아 사람의 땅을 떠나 하란에 거하다가 그의 아버지가 죽으매 하나님이 그를 거기서 너희 지금 사는 이 땅으로 옮기셨느니라(행 7:2-4).

그러니까 하나님이 불러낸 사람은 '데라'가 아니라 '아브라함'입니다. 또 아브라함이 하나님으로부터 소명받은 곳은 분명히 '갈대아 사람의 땅' 즉 '우르'입니다. 그렇다면 창세기의 두 본문을 어떻게 받아들여야 할까요?

역사의 재구성

이 모든 본문을 종합해 볼 때, 가장 합리적인 추론은 아브라함의 소명이 두 번에 걸쳐서 있었다고 보는 것입니다. 중동의 초승달 모양의 이른 바 '비옥한 초승달Fertile Crescent' 지역의 지도를 보면 아브라함의 동선動線을 잘 이해할 수 있습니다.

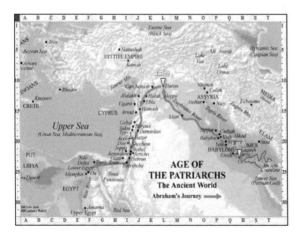

첫 번째 소명은, '우르'를 떠나서 '하란'으로 가는 것이었습니다. 이때 하나님은 분명히 아브라함을 불러내셨습니다. 그런데 창세기 11장 본문에서 데라가 주도한 것으로 기록된 이유는, 그것이 '데라의 족보'였기 때문입니다. 그러니 자연스럽게 데라가 주인공이 될 수밖에 없는 일입니다. 그러나 우르를 떠나는 원인을 제공한 사람은 분명히 아브라함이었습니다. 그리고 하란에서 잠시동안 거류하게 된 것은 노년이었던 데라의 거동이 불편했기 때문입니다.

두 번째 소명은, '하란'에서 '세겜'으로 가는 것이었습니다. 데라의 죽음 이후에 아브라함은 다시 한번 하나님의 소명을 받습니다. 그가 가나안 땅으로 내려가게 된 것은 '비옥한 초승달' 지역을 따라 유목 이동을 한 때문이었습니다. 하나님이 '보여줄 땅'이 가나안이라는 사실을 미리 알고 간 것은 아니었습니다. 그러다가 세겜에 도착한 후에 바로 그곳이 하나님이 '보여줄 땅' 즉 목적지라는 사실을 확인받게 된 것이지요(창 12:7).

이렇게 아브라함이 소명을 받은 역사를 재구성하면서, 우리는 충격적인 진실 앞에 서게 됩니다. 그것은 하나님의 부르심을 받았을 때 아브라함의 집안은 우상을 섬기고 있었다는 사실입니다.

아브라함은 셈의 10대손입니다. 셈의 아버지 노아는 아담의 10대손이요 또한 '아벨의 후손'이었습니다. 이 세상 대다수 사람이 하나님부터 벗어나려는 인생을 추구하고 있을 때, 그들은 어떻게든 하나님을 예배하려고 하던 뿌리 깊은 신앙의 가문이었습니다. 언제나 하나님으로부터 시작하는 인생을 살려고 애쓰던 가문이었습니다. 그래서 '원역사'를 마무리하는 대목에서 '셈의 족보'(창 11:10-26)를 길게 기록해놓고 있었습니다. 하나님의 주목을 받기에 충분한 자격을 갖춘 가문이었기 때문입니다.

그러나 언제부터인지, 누구부터인지는 모르지만 그들은 더이상 하나님을 섬기는 집안이 아니었던 것입니다. 아마도 바벨탑 사건이 벌어졌던 '벨렉' 이후가 아닐까 싶습니다(창 10:25). 사방으로 흩어져서 세상 사람들과 어울려 살면서 그들도 우상을 숭배하기 시작했습니다. 앞 장의 '셈의 후손 10대 연대표'에서 우리가 확인했듯이, 셈에서 아브라함까지 모두 동시대의 사람들이었습니다. 동시에 생존하고 있었다는 뜻입니다. 그들은 '셈' 할아버지를 통해서 대홍수 사건의 생생한 이야기를 들었습니다.

하나님의 엄중한 심판에 대해서 잘 알고 있었습니다. 그렇지만 우상을 섬기게 되었다는 것이 정말 충격적입니다.

그런데 어찌된 일인지 하나님은 아브라함을 주목하여 다가오셨습니다. 그를 우상 숭배의 환경에서 불러내어 믿음의 조상으로 삼으셨습니다. 아브라함과 이삭과 야곱과 요셉으로 이어지는 족장들을 통해서 약속의 자녀들을 준비하셨습니다. 그리고 그들을 이집트에서 구원하시고 약속의 땅으로 인도하셔서, 하나님이 통치하시는 나라 '이스라엘'을 세우셨습니다. 그 첫 번째 발걸음이 바로 아브라함을 부르시는 일로부터 시작된 것입니다.

따라서 우리는 아브라함이 처음부터 대단한 믿음을 가지고 있었으리라는 기대를 내려놓아야 합니다. 아무리 오래된 신앙의 가문이라고 하더라도 그의 아버지 데라는 우상 숭배자였습니다. 아버지로부터 직접 보고 배우면서 자랐습니다. 그에게서 무슨 대단한 믿음을 기대할 수 있겠습니까? 우리가 기대할 것은 사람이 아니라 하나님이십니다. 하나님이 아브라함을 통해서 이루실 일을 기대해야 합니다.

명령과 약속

하나님의 부르심은 언제나 '명령'과 '약속'으로 시작됩니다. 하나님은 아브라함에게 먼저 두 가지 명령을 하십니다.

> 여호와께서 아브람에게 이르시되 너는 너의 고향과 친척과 아버지의 집을 떠나 내가 네게 보여 줄 땅으로 가라(창 12:1).

첫 번째는 '떠나라!Leave!'는 명령입니다. 무엇을 떠나야 합니까? '고향'(your country)을 떠나야 하고 '친척과 아버지의 집your relatives, and your father's family'을 떠나야 합니다. '고향'은 지연(地緣)을 의미하고 '친척과 아버지의 집'은 혈연血緣을 의미합니다. '지연'과 '혈연'은 사람들이 스스로 보호하기 위하여 오래전부터 만들어 온 시스템입니다. 따라서 "고향과 친척과 아버지의 집을 떠나라"는 말씀은 '인간의 보호 영역'을 떠나라는 명령입니다.

두 번째는 '가라!Go!'는 명령입니다. 어디로 가라는 겁니까? "내가 네게 보여줄 땅으로 가라!"고 하십니다. '보여줄 땅'은 아직 목적지가 정해지지 않았다는 뜻입니다. 어디로 가야 할 지도 모릅니다. 불확실한 미래입니다. 하나님이 이끄시는 대로 순종해서 가야 합니다. 하나님을 믿지 않고서는 그렇게 할 수 없습니다. 따라서 "내가 보여줄 땅으로 가라!"는 말씀은 '하나님의 보호 영역'으로 들어가라는 명령입니다.

여기에서 우리는 믿음에 대한 한 가지 정의를 발견하게 됩니다. 믿음이 무엇입니까? 믿음이란 '인간의 보호 영역'을 떠나 '하나님의 보호 영역'으로 들어가는 용기입니다.

이와 같은 하나님의 명령은 아브라함에게 큰 도전이 아닐 수 없었습니다. 만일 하나님의 명령만 있었다면, 아브라함은 순종하여 따르지 못했을 것입니다. 하나님은 그것을 잘 알고 계셨습니다. 그래서 곧바로 다음과 같은 약속을 주십니다.

> 내가 너로 큰 민족을 이루고 네게 복을 주어 네 이름을 창대하게 하리니 너는 복이 될지라(창 12:2).

우선 "큰 민족을 이루게 하겠다"(I will make you into a great nation)는 약속은 아브람의 귀를 솔깃하게 했을 것임에 틀림없습니다. 왜냐하면 그에게는 아직 자식이 없었기 때문입니다(11:30). 또한 "복을 주겠다"(I will bless you)는 약속 또한 매력적입니다. 이 세상에 복 받기를 싫어할 사람이 어디에 있겠습니까?

거기에다 "네 이름을 창대하게 하겠다"(I will make your name great)고 하십니다. 자기 이름이 위대해지고 유명해지는 것을 마다할 사람은 없을 것입니다. 한 걸음 더 나아가 "너는 복이 될 것이라"(You will be a blessing)고 하십니다. 복을 받는 정도가 아니라 복 자체가 될 것이라는 약속입니다.

문제는 이 모든 약속이 불확실한 '미래형'이라는 사실입니다. 그 약속들이 실제로 이루어질지 아무도 장담할 수 없습니다. 게다가 아브람이 직면하고 있는 현실적인 상황에 비추어보면 그것은 지나치게 허황된 약속입니다. 자식이 하나도 없는 사람에게 큰 민족을 이루게 해주겠다고 하니, 과연 이 약속을 어떻게 믿을 수 있겠습니까?

여기에서 우리는 믿음에 대한 또 다른 정의를 발견하게 됩니다. 믿음이 무엇입니까? 믿음이란 약속에 대한 신뢰가 아니라 '하나님에 대한 신뢰'입니다. 하나님을 믿지 않고서는 그 어떤 약속도 믿을 수 없습니다. 결국 하나님은 지금 아브람에게 '여호와 하나님'에 대한 믿음을 가질 것을 요구하고 있는 것입니다.

아브람의 반응

앞에서 언급한 대로 아브람의 아버지는 우상 숭배자였습니다. 그렇다면 아브람 또한 우상 숭배자였을 가능성이 높습니다. 그러나 어찌 된 일인지 그는 하나님의 부르심에 믿음으로 반응합니다.

> 이에 아브람이 여호와의 말씀을 따라갔고 롯도 그와 함께 갔으며 아브람이 하란을 떠날 때에 칠십오 세였더라(창 12:4).

하란을 떠날 때 75세였다면, 아브람이 갈대아 우르를 떠날 때는 그보다 훨씬 더 젊었을 것이 분명합니다. 나이가 젊다면 새로운 일에 도전하는 일이 그리 두렵지 않을 것입니다. 아브람도 처음에는 그랬을지 모릅니다. 그러나 지금은 75세입니다. 현실에 안주하고 싶어 할 나이입니다. 그래도 아브람은 "여호와의 말씀을 따라갔다"라고 합니다. 이것저것 따지지 않고 하나님이 말씀하신 그대로 순종했다는 것입니다.

여기에서 우리는 믿음에 대한 또 다른 정의를 발견하게 됩니다. 믿음이 무엇입니까? 믿음이란 하나님의 말씀에 '즉시' 순종하는 것입니다. 믿음은 직관直觀의 반응입니다. 생각해보고 계산해보고 믿을만하다고 판단해서 믿는 것은 믿음이 아닙니다.

그런데 우리는 아브람이 어떻게 하나님을 믿게 되었는지에 대한 질문에 아직 답을 얻지 못했습니다. 우상 숭배자 아버지의 집에서 자라난 그가 어떻게 여호와 하나님의 말씀에 즉시 순종하여 따르게 되었을까요? 앞뒤 본문을 아무리 샅샅이 살펴보아도 속 시원한 답을 찾을 수 없습니다. 아이러니하게도 답을 찾을 수 없다는 것에 바로 답이 있습니다.

우리는 사람들에게서 믿음의 이유를 찾으려고 하는 습관이 있습니다. 인간적인 요인the human factor에서 믿음의 이유를 찾으려고 하는 것입니다. 예를 들어서, 5대째 기독교 신앙이 있는 집안에서 자라난 사람이라면 당연히 믿음이 좋을 거라 생각합니다. 정말 그럴까요? 아닙니다. 그렇지 않은 경우들이 훨씬 더 많습니다. 그러면서 왜 우리는 인간적인 요인을 먼저 고려하려고 할까요?

우리는 분명히 알아야 합니다. '믿음'은 하나님으로부터 오는 '선물'입니다. 에베소교회에 보낸 편지에서 바울은 이렇게 말했습니다.

> 너희는 그 은혜에 의하여 믿음으로 말미암아 구원을 받았으니 이것은 너희에게서 난 것이 아니요 하나님의 선물이라(엡 2:8).

우리가 하나님의 은혜에 대해서 믿음으로 반응했다고 해서, 구원받을 자격을 갖추게 되거나 우리에게 어떤 공로가 생겨나는 것이 아닙니다. 왜냐하면 믿음도 하나님이 주시는 은혜의 선물이기 때문입니다. 아브람의 믿음도 마찬가지입니다. 은혜로 주어진 하나님의 약속에 대해서 믿음으로 반응하게 된 것은, 하나님께서 그에게 믿음이라는 선물을 주셨기 때문입니다. 그래서 하나님의 말씀에 즉시 순종하여 따를 수 있었던 것입니다.

우리는 성경을 대할 때마다 이러한 '하나님의 요인the God factor'에 민감해야 합니다. 그래야 성경이 담고 있는 메시지를 발견할 수 있습니다.

보너스 약속

어쨌든 아브람은 하나님의 말씀에 순종해서 떠났습니다. 그리고 하나님은 그를 가나안 땅으로 인도하셨습니다. 마침내 하나님이 '보여줄 땅'에 다다르게 되었습니다.

> 6아브람이 그 땅을 지나 세겜 땅 모레 상수리나무에 이르니 그때에 가나안 사람이 그 땅에 거주하였더라. 7여호와께서 아브람에게 나타나 이르시되 내가 이 땅을 네 자손에게 주리라 하신지라. 자기에게 나타나신 여호와께 그가 그곳에서 제단을 쌓고…(창 12:6-7).

아브람이 세겜 땅에 도착했을 때 하나님이 나타나셔서 또 다른 약속을 해주십니다. "이 땅을 네 자손에게 주리라." 그런데 바로 그 앞에 무엇이라 기록되어 있습니까? 그때 가나안 사람이 그 땅에 거주하고 있었다고 합니다. 그 땅은 무주공산無主空山이 아니었던 것입니다. 그렇지만 하나님은 그 땅을 주시겠다고 덜컥 약속하십니다.

이 현실감 없는 약속을 아브람은 믿었을까요? 물론 믿었습니다. 어떻게 믿게 되었을까요? 실제로 이루어질 만한 것이었기 때문일까요? 아닙니다. 하나님이 그렇게 말씀하셨기 때문입니다. 아무리 하나님의 말씀이라지만, 그렇게 터무니없는 약속을 하시는 하나님을 어떻게 신뢰할 수 있었을까요? 왜냐하면 하나님이 아브람에게 믿음의 선물을 주셨기 때문입니다.

앞으로 창세기를 읽어나갈 때 '믿음은 하나님의 선물'이라는 사실을 꼭 기억하십시오. 이것이 지금도 우리의 구원을 위해 일하고 계시는 하나님의 일하심입니다. 믿음의 선물을 주어 하나님의 일하심에 뛰어들게 하시는 하나님께서 아브람을 부르셔서 구원사의 새로운 출발점이 되게 하셨습니다. 같은 하나님이 지금도 우리를 부르셔서 그 일에 동참하게 하십니다.

* **묵상 질문**: 나는 믿음을 하나님이 주신 선물로 받았습니까?
* **오늘의 기도**: 우상 숭배자의 집안에서 자라난 아브람을 부르셔서 이 세상을 구원하기 위한 초석으로 삼으신 하나님, 우리에게도 믿음의 선물을 부어주셔서 하나님의 일하심에 뛰어들 수 있게 하옵소서. 여전히 부족한 믿음이지만 하나님의 일하심에 주목하며 늘 순종하여 따를 수 있게 하옵소서. 예수님의 이름으로 기도합니다. 아멘.

약속과 다른 현실

읽을 말씀: 창세기 12:10-13:18

새길 말씀: 그 땅에 기근이 들었으므로 아브람이 애굽에 거류하려고 그리로 내려갔으니 이는 그 땅에 기근이 심하였음이라(창 12:10).

　아브람은 하나님의 부르심에 믿음으로 응답했습니다. 평생 살아오던 고향 땅을 떠나 하나님이 보여주실 미지의 땅으로 갔습니다. '인간의 보호영역'에서 '하나님의 보호영역'으로 삶의 자리를 옮긴 것입니다. 그렇게 '하나님으로부터 시작하는 인생'을 살기 시작한 것입니다. 이와 같은 아브람의 결심은, 하나님이 부어주신 믿음의 선물이 있었기 때문에 가능한 일이었습니다. 그러나 그것과 함께 하나님이 주신 약속이 아브람의 순종에 큰 도움이 되었습니다.

　하나님이 주신 약속은 크게 세 가지입니다. 첫 번째는 '후손에 대한 약속'입니다. 하나님은 큰 민족을 이루어주겠다고 약속하셨습니다(12:2a). 두 번째는 '땅에 대한 약속'입니다. 하나님은 아브람의 후손에게 가나안 땅을 주시겠다고 약속하셨습니다(12:7). 세 번째는 '복이 되는 약속'입니다(12:2b). 아브람을 축복하는 자에게 축복하시고, 저주하는 자에게 저주하심으로 아브람 때문에 모든 족속이 복을 받을 것이라고 약속하셨습니다(12:3). 그리고 기회가 있을 때마다 하나님은 아브람에게 이 약속을 거듭 확인시켜 주셨습니다.

앞 장에서 우리는 믿음에 대한 몇 가지 정의를 생각해보았는데, 그중의 하나가 이것입니다. "믿음이란 '약속에 대한 신뢰'가 아니라 '하나님에 대한 신뢰'다!" 물론 그렇습니다. 하나님을 믿지 않고서는 그 어떤 약속의 말씀도 믿을 수 없습니다. 맞는 말입니다. 그러나 현실에서는 정반대인 경우가 많습니다. 사람들은 하나님의 약속을 신뢰할 수 없는 상황으로 인해 하나님에 대한 믿음을 포기하곤 합니다.

아브람도 그랬습니다. 약속의 땅에 도착하자마자 그는 하나님의 약속과 다른 현실 앞에 서게 되었습니다. 하나님의 약속을 신뢰할 수 없게 만드는 상황 속에서 아브람의 믿음은 크게 흔들리고 말았습니다. 오늘 우리가 살펴볼 내용입니다.

기근의 테스트

아브람이 가나안 땅에서 만나게 된 첫 번째 현실적인 문제는 바로 '기근'이었습니다.

> 그 땅에 기근이 들었으므로 아브람이 애굽에 거류하려고 그리로 내려갔으니 이는 그 땅에 기근이 심하였음이라(창 12:10).

때마침 가나안에는 '기근'이 심한 상태였습니다. '기근饑饉'이란 흉년으로 인해 먹을 양식이 없는 상태를 말합니다. 당시 팔레스타인에서의 흉년은 대부분 비가 내리지 않을 때 생겨났습니다. 그런데 이것은 지금까지 아브람이 자신의 인생에서 한 번도 경험해보지 못한 위기였습니다. 그의 고향 '우르'에는 결코 마르지 않는 큰 강이 있었기 때문에, 아무리 비가 오지 않는다고 하더라도 그렇게 심각한 위협이 되지 못했습니다. 그러나 이곳 팔레스타인에서는 전혀 다른 상황입니다.

게다가 아브람은 유목 생활을 하고 있었습니다. 사람도 사람이지만, 양들은 먹을 풀이나 물이 없는 곳에서는 살 수가 없습니다. 하나님은 그에게 분명히 "복을 주겠다!"라고 철석같이 약속하셨습니다. 그런데 현실은 어떻습니까? 생존의 위협을 느낄 수밖에 없는 상황입니다. 그렇다면 하나님의 약속을 신뢰할 수 있을까요? 아니, 그런 약속을 하신 하나님을 과연 믿을 수 있겠습니까?

'기근'은 아브람의 믿음을 테스트하는 시금석試金石이 되었습니다. 만일 하나님의 약속을 믿는다면 어떻게든 그곳에 남아 있어야 합니다. 그곳에서 하나님의 약속이 성취되기를 기다려야 합니다. 만일 하나님의 약속을 믿을 수 없다면 이성적인 판단에 따라서 먹고 살 길을 찾아가야 합니다. 그곳에 남아 있다가는 어떻게 될지 모르기 때문입니다. 우리가 '믿음의 조상'이라고 부르는 아브람은 이때 어떤 선택을 했을까요?

아브람은 길게 고민하지 않습니다. 하나님의 뜻을 물어볼 생각도 하지 않습니다. 그는 주저하지 않고 곧바로 이집트로 내려갑니다. 물론 명분은 그곳에서 '거류居留'하기 위해서입니다. 임시로 머물러 살기 위해서입니다. 이집트에는 나일강이 있었기 때문에 아무리 가물어도 먹고 살길은 있게 마련입니다. 극심한 기근에 시달리고 있던 가나안 땅의 현실을 생각해보면 잘한 선택일지도 모릅니다.

그러나 아브람은 그곳에서 새로운 문제를 만나게 됩니다.

또 다른 문제

이집트로 내려가면서 아브람은 죽음의 두려움을 느끼게 됩니다. 그이유는 아이러니하게도 아내의 미모 때문이었습니다.

11그가 애굽에 가까이 이르렀을 때에 그의 아내 사래에게 말하되 내가 알기에 그대는 아리따운 여인이라. 12애굽 사람이 그대를 볼 때에 이르기를 이는 그의 아내라 하여 나는 죽이고 그대는 살리리니…(창 12:11-12).

물론 사래가 뛰어난 미모를 가지고 있었으리라 생각하고 싶습니다. 그러나 '제 눈에 안경'입니다. 아브람이 하란을 떠날 때 75세였다고 했습니다. 그러면 이때 사래의 나이도 65세가 넘었습니다. 환갑이 훨씬 넘은 나이입니다. 사래가 아무리 아름답다고 한들 나이를 속일 수는 없는 일입니다. 아브람이 그렇게까지 불안해할 이유는 없는 겁니다.

그런데 정작 문제는 아브람의 불안이 아내를 빼앗길지도 모른다는 걱정 때문에 생긴 게 아니라는 사실입니다. 그는 이집트 사람들이 그의 아내를 차지하기 위해서 자신을 죽일지도 모른다는 생각에 사로잡혔습니다. 이것이야말로 과대망상誇大妄想 아니겠습니까? 그만큼 죽음에 대한 두려움이 아브람을 지배하고 있었다는 뜻입니다.

아브람은 자신의 과대망상을 기정사실로 받아들이면서, 그것으로부터 피할 수 있는 방법을 고안해냅니다.

원하건데 그대는 나의 누이라 하라. 그러면 내가 그대로 말미암아 안전하고 내목숨이 그대로 말미암아 보존되리라 하니라(창 12:13).

아브람이 고안해 낸 방법은 바로 '속임수'였습니다. 아내를 누이로 속이는 것이지요. 물론 사래는 실제로 아브람의 '이복누이'(창20:12)였기 때문에, 전혀 사실무근事實無根이라 말할 수는 없습니다. 그렇지만 아내를 아내라고 당당히 드러내어 말하지 않는 것은 분명히 속임수입니다. 무엇보다도 그 진짜 동기가 문제입니다. 아브람이 그렇게 하는 이유는 아내를 위해서가 아니었습니다. 단지 자신의 목숨을 보존하기 위해서였습니다.

여기에서 우리는 아브람이 가지고 있는 믿음의 현주소를 발견할 수 있습니다. 그는 하나님이 부어주신 믿음의 선물을 가지고 '하나님으로부터 시작하는 인생'을 살기 시작했습니다. 그러나 '기근'이라는 현실적인 문제 앞에서 그는 믿음의 선물을 내팽개치고 살길을 찾아 떠났습니다. '하나님으로부터 벗어나려는 인생'을 선택한 것은 아니지만, 매사에 하나님을 포함하는 믿음의 길을 선택하지는 않은 것입니다. 이런 사람을 우리는 '믿음의 조상'이라고 부르고 있는 것입니다.

진짜 문제가 되다

아브람의 불안이나 두려움은 어디까지나 혼자만의 생각이었을 뿐입니다. 그것이 실제로 문제가 될 가능성은 전혀 없습니다. 그런데 어찌된 일인지 진짜 문제가 되었습니다.

> 14아브람이 애굽에 이르렀을 때에 애굽 사람들이 그 여인이 심히 아리따움을 보았고 15바로의 고관들도 그를 보고 바로 앞에서 칭찬하므로 그 여인을 바로의 궁으로 이끌어들인지라. 16이에 바로가 그로 말미암아 아브람을 후대하므로 아브람이 양과 소와 노비와 암수 나귀와 낙타를 얻었더라(창 12:14-16).

아브람이 걱정하던 일이 그만 현실이 되고 말았습니다. 이집트 사람들이 사래의 미모에 모두 반하게 되었고, 심지어 이집트의 지도자였던 파라오에게까지 그 일이 보고된 것입니다. 그리고 파라오는 아예 사래를 자신의 궁으로 들였습니다. 물론 후처로 삼기 위해서입니다. 그것은 아브람에게 하사한 여러 가지 물품을 보면 알 수 있습니다. 아브람은 자신을 사래의 오라버니라고 소개했으니 그에게 지참금을 준 것입니다.

이 일을 우리는 어떻게 이해해야 할까요? 사래가 아무리 뛰어난 미모를 가지고 있었다고 하더라도, 환갑이 훨씬 넘은 나이입니다. 그와 같은 한 여인으로 인해 이집트라는 나라가 온통 난리법석을 떠는 이런 상황을 우리의 상식으로는 도무지 납득할 수 없습니다. 정말 이런 일이 일어났다면 그것이야말로 기적 아니겠습니까? 맞습니다. 기적이 일어난 것입니다! 그 기적을 누가 일으키셨을까요? 물론 하나님이 일으키셨습니다. 그것이 바로 성경이 이야기하려는 내용입니다.

사실 그런 일은 이 세상을 창조하신 하나님에게 '일'이라고 할 수도 없습니다. 하나님은 천사들을 해코지하려던 소돔 사람들의 눈을 어둡게 만드신 분입니다(19:11). 엘리사가 하나님께 기도하니까 사환의 눈이 열려 불말과 불병거가 산에 가득한 것을 보게 되었지요(왕하 6:17). 또 아람 군사들의 눈은 모두 어둡게 만드셨습니다(왕하 6:18). 눈을 뜨게 하시는 분도 하나님이시고, 눈을 어둡게 하시는 분도 하나님이십니다.

애굽 사람들을 사래의 미모에 눈멀게 만드는 것은 하나님에게 식은 죽 먹기입니다. 그러고 나서 하나님은 바로의 집에 재앙을 내리십니다.

17여호와께서 아브람의 아내 사래의 일로 바로와 그 집에 큰 재앙을 내리신지라. 18바로가 아브람을 불러서 이르되 네가 어찌하여 나에게 이렇게 행하였느냐. 네가 어찌하여 그를 네 아내라고 내게 말하지 아니하였느냐. 19… 네 아내가 여기 있으니 이제 데려가라 하고 20바로가 사람들에게 그의 일을 명하매 그들이 그와 함께 그의 아내와 그의 모든 소유를 보내었더라(창 12:17-20).

바로는 결국 사래를 아브람에게 돌려보낼 수밖에 없었습니다. 물론 결혼 지참금도 모두 가져가게 합니다. 아브람 입장에서는 횡재한 것입니다. 가나안 땅에서 만난 기근을 피해서 먹고 살 길을 찾아 이집트로 왔는데, 이제는 더 많은 재산을 얻어서 바로의 보호를 받으면서 떠나게 되었으니 말입니다. 이렇게 해피엔딩으로 끝났으니 그냥 행운으로 생각하면 될까요? 아닙니다.

아브람은 자신의 불안이 과대망상으로 확대된 진짜 이유를 알아야 했습니다. 그것은 하나님의 부르심을 받은 자로서, 하나님의 약속을 신뢰하지 못하고 약속의 땅을 떠날 때에 생겨날 수밖에 없는 문제임을 깨달았어야 했습니다. 자신의 불안과 두려움이 현실이 되었을 때 또한 그것을 하나님이 개입하시는 사건으로 이해했어야 했습니다. 그리고 하나님의 도움이 아니었다면 그렇게 해피엔딩으로 끝날 수 없었음을 고백했어야 했습니다.

그러나 아브람은 그 모든 일에 하나님의 개입과 섭리가 있었다는 사실을 아직 깨닫지 못하고 있습니다. 하나님의 부르심을 받았다고 해서, 하나님이 부어주시는 믿음의 선물을 받았다고 해서, 하루아침에 대단한 믿음을 갖게 되거나 하나님의 뜻을 모두 알게 되는 것은 아닙니다. 믿음의 길에 온전히 서기 전까지는 이런저런 문제 앞에서 믿음이 흔들리게 될 것입니다. 하나님이 오래 참아주지 않는다면 그 누구도 믿음의 조상으로 세워질 수 없습니다. 믿음에는 반드시 훈련의 과정이 필요한 것입니다.

갈등의 테스트

그렇게 아브람은 약속의 땅으로 되돌아옵니다. '기근'의 테스트 과정을 거치면서 아브람의 믿음은 얼마나 성숙하게 되었을까요?

3그가 네게브에서부터 길을 떠나 벧엘에 이르며 벧엘과 아이 사이 곧 전에 장막 쳤던 곳에 이르니 4그가 처음으로 제단을 쌓은 곳이라. 그가 거기서 여호와의 이름을 불렀더라(창 13:3-4).

아브람이 찾은 곳은 벧엘이었습니다. 그곳은 예전에 하나님께 제단을 쌓고 예배했던 장소였습니다(창 12:8). 거기서 아브람은 "여호와의 이름을 불렀다"(He called on the name of the LORD)고 합니다. 아벨의 후손은 늘 그렇게 했습니다(창 4:26). 하나님으로부터 시작하는 인생은 약속의 땅에서 언제나 그렇게 하나님을 예배합니다. 아브람에게 그 예배가 회복된 것입니다.

그런데 또 다른 문제가 불거졌습니다. 이번에는 이집트에서 가지고 나온 풍부한 재산이 문제의 발단이 되었습니다.

5아브람의 일행 롯도 양과 소와 장막이 있으므로 6그 땅이 그들이 동거하기에 녀녀하지 못하였으니 이는 그들의 소유가 많아서 동거할 수 없었음이니라. 7그러므로 아브람의 가축의 목자와 롯의 가축의 목자가 서로 다투고 또 가나안 사람과 브리스 사람도 그 땅에 거주하였는지라(창 13:5-7).

아브람이 처음 가나안에 도착했을 때만 해도 재산이 그리 많지 않았습니다. 그런데 이집트에서 올라올 때는 "가축과 은과 금이 풍부했다"(13:2)라고 합니다. 재산이 급속도로 불어난 것입니다. 운이 좋아서 그렇게 된 것일까요? 아닙니다. "복을 주겠다"라는 하나님의 약속이 성취된 것입니다. 만일 아브람이 이집트에 내려가지 않았더라도 하나님은 그렇게 하셨을 것입니다. 아브람의 잘못된 선택에도 하나님께서 합력하여 선을 이루신 것입니다.

그러나 물질의 풍요가 하나님이 주시려는 복의 전부는 아닙니다. 그보다 더 중요한 것은 '올바른 관계'입니다. 하나님의 창조 질서에서 언급했듯이, 물질의 풍요가 만일 다른 사람과의 관계를 어긋나게 만든다면 그것은 진정한 의미의 복이라고 할 수 없습니다. 이제 아브람은 다른 사람과의 갈등이라는 두 번째 테스트를 받게 되었습니다.

아브람의 목자와 조카 롯의 목자가 서로 다툽니다. 그 땅이 두 가족의 가축들을 모두 수용하기에는 그리 넉넉하지 못했기 때문입니다. 게다가 거기에는 그들만 있었던 것이 아닙니다. 가나안 사람과 브리스 사람도 살고 있습니다. 그러니 더 비좁을 수밖에요. 아직까지는 아브람과 롯 사이의 직접적인 싸움으로 번지지는 않았지만, 조만간 그렇게 될 것이 분명합니다. 그렇다면 어떻게 해야 할까요?

8아브람이 롯에게 이르되 우리는 한 친족이라. 나나 너나 내 목자나 네 목자나 서로 다투게 하지 말자. 9네 앞에 온 땅이 있지 아니하냐. 나를 떠나가라. 네가 좌하면 나는 우하고 네가 우하면 나는 좌하리라(창 13:8-9).

아브람이 먼저 손을 내밉니다. 책임소재를 따지지 않고 서로의 관계를 먼저 확인합니다. 무조건 다투지 않기로 선언합니다. 서로 상처를 주지 않도록 아름다운 분가分家를 제안합니다. 자신의 기득권을 주장하지 않고 롯에게 선택권을 줍니다. 첫 번째 테스트의 실패가 아브람을 성숙하게 한 것일까요? 자기 목숨을 부지하기 위해서 아내를 누이라고 속이던 아브람의 비굴한 모습은 없어지고, 조카 롯을 먼저 배려하는 대인大人 같은 면모가 드러나는 것 같습니다.

그러나 '믿음의 조상'이 되기에는 여전히 많이 부족합니다. 하나님이 왜 그를 약속의 땅으로 오게 하셨는지 그 이유를 확실히 깨닫지 못하고 있기 때문입니다. 롯이 가나안에 남지 않기로 했기에 망정이지, 만일 가나안에 남기로 했다면 어떻게 되었을까요? 그때는 롯이 믿음의 조상이 되는 것입니다. 불행인지 다행인지 롯은 소알로 이어지는 땅을 좋게 여겨서 떠나갔습니다. 그래서 아브람은 가나안 땅에 남아있을 수 있었던 것입니다.

> 10이에 롯이 눈을 들어 요단 지역을 바라본즉 소알까지 온 땅에 물이 넉넉하니 여호와께서 소돔과 고모라를 멸하시기 전이었으므로 여호와의 동산 같고 애굽 땅과 같았더라. 11그러므로 롯이 요단 온 지역을 택하고 동으로 옮기니 그들이 서로 떠난지라. 12아브람은 가나안 땅에 거주하였고 롯은 그 지역의 도시들에 머무르며 그 장막을 옮겨 소돔까지 이르렀더라(창 13:10-12).

롯은 아브람에게 조금도 양보하지 않았습니다. 자신의 눈에 보기에 좋은 대로 선택했습니다. 그에게는 소알로 이어지는 땅이 '여호와의 동산'처럼, '이집트 땅'처럼 좋게 보였습니다. 사실 롯이 가나안 땅에 남겠다고 할 가능성은 처음부터 없었던 것으로 보입니다. 왜냐하면 그는 아브람처럼 '하나님의 말씀을 따라' 고향을 떠난 것이 아니라, '아브람을 따라' 떠났기 때문입니다(12:4). 이제 먹고 살만큼 되었으니 굳이 아브람과 함께 약속의 땅에 남아 있을 필요가 없어진 것이지요. 그렇게 롯은 약속의 땅에서 먼 곳을 선택했고, 점점 더 멀어져서 마침내 죄악과 멸망의 성 소돔에 다다르게 되었던 것입니다.

그러나 하나님의 관심은 사실 처음부터 '롯'이 아니라 '아브람'에게 있었습니다. 하나님이 갈대아 우르에서 주목하여 불러낸 사람은 롯이 아니라 아브람이었기 때문입니다. 하나님이 세겜에서 '땅에 대한 약속'을 준 사람도 롯이 아니라 아브람이었습니다. 만일 아브람이 하나님의 약속과 그 의도를 분명히 알고 있었다면, 그가 주체적으로 먼저 가나안 땅을 선택했었어야 마땅합니다.

기근의 테스트와 마찬가지로, 갈등의 테스트 역시 약속의 땅에 남아 있을지에 대한 것이었습니다. 그런 의미에서 아브람은 역시 실패하고 말았습니다.

약속의 재확인

롯이 떠나자마자 하나님이 아브람에게 나타나십니다. 그리고 하나님의 약속을 재확인해주십니다.

> 14롯이 아브람을 떠난 후에 여호와께서 아브람에게 이르시되 너는 눈을 들어 너 있는 곳에서 북쪽과 남쪽 그리고 동쪽과 서쪽을 바라보라. 15보이는 땅을 내가 너와 네 자손에게 주리니 영원히 이르리라. 16내가 네 자손이 땅의 티끌 같게 하리니 사람이 땅의 티끌을 능히 셀 수 있을진대 네 자손도 세리라(창 13:14-16).

롯과의 분가分家는 갈등 없이 마무리 되었지만 아브람의 마음은 매우 허전했을 것이 분명합니다. 그동안 조카 롯은 자식이 없었던 아브람에게 친동생이나 친아들 같은 존재였기 때문입니다. 하나님이 아브람을 불러내실 때 "친척과 아버지의 집을 떠나라"(12:1)라고 말씀하셨는데, 지금 이 시점이야말로 진정한 의미에서 '완전한 떠남'이 이루어지는 대목이라 하겠습니다. 바로 그때 하나님이 나타나신 것입니다.

하나님은 두 가지 약속을 재확인해주십니다. '땅에 대한 약속'과 '후손에 대한 약속'입니다. 두 약속 모두 처음보다 더 구체적이 되었습니다. 처음에는 "이 땅을 네 자손에게 주겠다"(12:7)라고 그러셨는데, 이번에는 "동서남북으로 보이는 땅을 주겠다"라고 하십니다. 처음에는 "큰 민족을 이루어 주겠다"(12:2)라고 하셨는데, 이번에는 "땅의 티끌 같게 하겠다"고 하십니다. 하나님의 약속은 아브람에게 확신을 주었습니다.

그제야 비로소 아브람은 여기저기 옮겨 다니던 장막 생활을 청산하고, 헤브론에 정착하여 살기 시작합니다(18절). 물론 그곳에서도 제단을 쌓고 예배합니다. 아직은 믿음의 조상이 되기에 충분한 모습은 아니지만, 약속과 다른 현실의 테스트를 통과하면서 하나님으로부터 시작하는 인생이 무엇인지, 하나님의 약속을 신뢰한다는 것이 무엇인지 배우게 되었던 것입니다.

하나님은 지금 우리도 그렇게 계속 빚어 가고 계십니다. 하나님이 일하십니다. 그것이 가장 중요합니다.

* **묵상 질문**: 나는 '약속과 다른 현실'을 어떻게 받아들이고 있습니까?
* **오늘의 기도**: 한없이 부족한 우리의 믿음을 긍휼히 여기시옵소서. 어느 때에는 하나님의 말씀을 잘 따르는 것 같다가도, 현실적인 문제 앞에서는 우리의 판단을 더 신뢰하곤 합니다. 최선이라 여겨 선택하지만 최악의 선택이 되는 경우가 훨씬 더 많습니다. 이제라도 매순간 하나님을 먼저 선택하게 하시고, 때로 실수하여 넘어졌더라도 다시 하나님께 돌아가게 하옵소서. 예수님의 이름으로 기도합니다. 아멘.

횃불 계약

읽을 말씀: 창세기 14:1-15:21

새길 말씀: 그를 이끌고 밖으로 나가 이르시되 하늘을 우러러 뭇별을 셀 수 있나 보라. 또 그에게 이르시되 네 자손이 이와 같으리라. 아브람이 여호와를 믿으니 여호와께서 이를 그의 의로 여기시고…(창 15:5-6).

가나안 땅에 도착한 아브람은 약속과 다른 현실로 인해 믿음이 흔들리는 위기를 겪어야 했습니다. 그러나 그것은 그를 믿음의 조상으로 빚어 가시는 하나님의 테스트였습니다. 아브람은 두 가지의 테스트를 통과해야 했습니다.

첫 번째 테스트는 '기근'이었습니다. 이것은 자연과의 관계 또는 물질과의 관계에서 사람들이 흔히 경험하게 되는 시험입니다. 아브람은 기근을 피해서 애굽으로 내려갔다가 오히려 더 큰 어려움을 만나게 되었지요. 기복적인 신앙을 가진 사람들이 이 시험에서 자주 넘어지는 것을 봅니다. 물질적으로 풍요로워지지 못하거나 자신이 기대한 대로 일들이 이루어지지 않으면 아예 하나님에 대한 믿음을 접어버리는 것이지요.

두 번째 테스트는 '갈등'이었습니다. 이것은 다른 사람과의 관계에서 경험하게 되는 시험입니다. 아브람은 물질적으로 풍요로워진 후에 조카 롯과의 관계에서 이 어려움을 겪었습니다. 지금도 많은 사람이 가족들이나 교우와의 어긋난 관계로 인해서 고통을 받습니다. 그래서 가족의 평화를 위해서 믿음을 포기하거나, 믿음을 위해서 가족관계를 포기하는 일들이 벌어지곤 합니다.

'기근'이나 '갈등' 모두 약속의 땅에 남아 있을지에 대한 테스트였습니다. 우리가 살펴본 대로 아브람은 두 가지 테스트에서 모두 낙제점수를 받았습니다. 만일 하나님께서 개입해서 도와주지 않으셨다면 그는 믿음의 조상이 될 수 없었을 것입니다.

세월의 테스트

그것이 전부는 아니었습니다. 또 다른 테스트가 그를 기다리고 있었습니다. 바로 '흐르는 세월'의 테스트입니다. 롯이 떠난 후에 아브람은 마음을 추스르고 헤브론에 정착하여 살기 시작했습니다(13:18). 한 해, 두 해 시간이 지나가는데 하나님의 약속은 이루어지지 않습니다. 특히 '후손에 대한 약속'이 성취되려면 우선 자식이라도 하나 생겨야 합니다. 그래야 후손으로 대(代)가 이어지던가 하지 않겠습니까?

그런데 하나님은 감감무소식입니다. 아브람이 이해할 수 있도록 어떤 설명을 해주시거나 아니면 똑같은 약속의 말씀이라도 다시 한번 해주시면 좋겠는데, 아예 아무런 말씀도 하지 않으십니다. 침묵하십니다. 아브람과 사래의 나이는 점점 들어가고, 희망은 점점 사라집니다. 그리고 하나님에 대한 믿음도 점점 식어갑니다. 그렇게 가나안에 정착하여 산 지 어느덧 10년 가까운 세월이 흘러가고 있었습니다(16:3).

이것이 바로 '세월'의 테스트입니다. 약속의 성취 없이 흐르는 세월은 신앙의 위기를 가져옵니다. 그러는 와중에 가나안 땅은 엉뚱하게도 전쟁의 소용돌이에 휘말립니다.

> ¹당시에 시날 왕 아므라벨과 엘라살 왕 아리옥과 엘람 왕 그돌라오멜과 고임 왕 디달이 ²소돔 왕 베라와 고모라 왕 비르사와 아드마 왕 시납과 스보임 왕 세메벨과 벨라 곧 소알 왕과 싸우니라(창 14:1-2).

이 전쟁은 소돔Sodom을 비롯한 사해의 다섯 개 나라가 동맹을 맺어 메소포타미아의 맹주였던 엘람Elam 왕 그돌라오멜Chedorlaomer에게 바쳐오던 조공을 거부한 일로 시작되었습니다(14:4). 사해 지역까지 원정을 온 메소포타미아 연합 4개국에 의해서 가나안에 있던 모든 나라는 초토화되었습니다(14:5-9). 결국 사해동맹국은 이 전쟁에서 참패하고 말았고, 많은 사람이 포로로 잡혀가게 되었습니다. 바로 이때 소돔에 살고 있던 아브람의 조카 롯도 끌려갔던 것입니다(14:12).

이 소식을 전해 들은 아브람은 그동안 자신의 집에서 개인적으로 훈련시켜온 사병私兵 318명을 데리고 메소포타미아 원정군을 쫓아갑니다. 다메섹에서 기습 공격을 감행하여 롯을 구출해냅니다(14:13-16). 빼앗겼던 재물을 모두 찾아옵니다. 돌아오는 길에 아브람은 뜻밖의 인물을 만나게 됩니다. 살렘왕 멜기세덱의 환영을 받게 된 것입니다.

> ¹⁹그가 아브람에게 축복하여 이르되 천지의 주재이시요 지극히 높으신 하나님이여 아브람에게 복을 주옵소서. ²⁰너희 대적을 네 손에 붙이신 지극히 높으신 하나님을 찬송할지로다 하매 아브람이 그 얻은 것에서 십분의 일을 멜기세덱에게 주었더라(창 14:19-20).

살렘Salem은 예루살렘의 고대 지명으로 알려지고 있습니다. 멜기세덱 Melchizedek은 '엘 엘리온El Elyon', 즉 '지극히 높으신 하나님'의 제사장이었습니다(14:18). 학자들은 '엘 엘리온'이 '여호와 하나님'의 또 다른 별명이었을 것이라고 생각합니다. 실제로 다윗은 메시아의 제사장직을 가리켜서 "너는 멜기세덱의 서열을 따라 영원한 제사장이라 하셨도다"(시 110:4)라고 표현했습니다.

그러니까 아브람은 가나안에서 여호와 하나님을 섬기는 제사장을 뜻밖에도 만나게 된 것입니다. 멜기세덱의 입을 통해서 "너희 대적을 네 손에 붙이신 분은 지극히 높으신 하나님이다!"라는 말을 듣고, 아브람은 회수한 전리품의 십 분의 일을 그에게 넘겨줍니다. 하나님에 대한 이야기를 가나안 땅에서 누군가를 통해 듣게 되니까 감격스러웠던 것일까요? 나머지 전리품에 대해서도 소유권을 주장하지 않고 모두 되돌려줍니다(14:23).

여기에서 우리가 놓치지 말아야 할 것은 아브람의 영적인 상태입니다. 사실상 아브람이 하나님의 약속을 포기한 것은 이미 오래전의 일이었습니다. 그가 집에서 낳은 종 중에서 잘 훈련시킨 사병私兵을 그렇게 많이 준비해놓고 있었다는 사실이 그것을 말해줍니다(14:14). 자식을 직접 낳지 못한다면 다른 방법으로라도 그 자리를 채워야 할 것이기 때문입니다.

아브람은 이번 전쟁을 겪으면서 또한 멜기세덱의 이야기를 들으면서 자신의 판단이 옳았다고 생각했을 것으로 보입니다. 하나님이 후손을 주지 않는다면 자신이 후손을 키워내면 됩니다. 하나님이 땅을 주지 않는다면 자신의 힘으로 차지하면 됩니다. 따라서 이런 식으로 사병을 키워내서 마침내 가나안 땅을 차지한다면, 그것 또한 하나님의 약속이 성취되는 또 다른 방법이 아니겠느냐는 것이지요.

정말 그럴까요? 그것이 하나님의 약속이 이루어지는 것일까요? 아닙니다. 하나님의 약속은 반드시 하나님의 방법으로, 하나님의 때에, 하나님이 이루시는 것입니다. 하나님이 약속하신 자녀가 태어나야 모든 약속의 성취가 시작되는 것입니다. 아브람은 지금 그것을 기다리지 못하고 자신의 손으로 직접 이루겠다고 나선 것입니다. 그렇게 기근과 갈등의 테스트에 이어, 세월의 테스트에도 아브람은 실패하고 말았던 것입니다.

아브람의 타협안

그러던 어느 날 하나님의 말씀이 갑자기 아브람에게 임했습니다.

이후에 여호와의 말씀이 환상 중에 아브람에게 임하여 이르시되 아브람아 두려워하지 말라. 나는 네 방패요 너의 지극히 큰 상급이니라(창 15:1).

'이후에after these'는 창세기 14장에 기록된 가나안 전쟁을 가리킵니다. 그 전쟁이 끝나고 얼마 지나지 않아서 하나님의 말씀이 환상 중에 아브람에게 갑작스럽게 임하게 된 것입니다. 이 일은 한밤중에 일어났습니다(15:5). 그러나 아브람의 꿈속에서 일어난 일은 아니었습니다.

하나님이 아브람에게 하신 첫 마디는 "아브람아, 두려워하지 말라!"였습니다. 우리는 이미 아담의 이야기를 통해서 하나님과의 관계가 깨진 틈 사이로 '두려움'이 들어온다는 사실을 알았습니다(창 3:10). 따라서 지금 아브람과 하나님의 관계에 무언가 문제가 생긴 겁니다. 아브람은 하나님의 약속을 의심하면서 다른 생각을 품고 있었던 것입니다. 그런데 갑자기 하나님의 말씀이 임하니까 두려운 마음이 생길 수밖에요. 하나님은 아브람의 두려움이 어디로부터 왔는지 잘 알고 계셨습니다.

그런데 하나님의 음성이 들리자 아브람은 마치 기다렸다는 듯이 자신의 생각을 먼저 쏟아놓습니다.

2아브람이 이르되 주 여호와여 무엇을 내게 주시려 하나이까. 나는 자식이 없사

오니 나의 상속자는 이 다메섹 사람 엘리에셀이니이다. 3아브람이 또 이르되 주께서 내게 씨를 주지 아니하셨으니 내 집에서 길린 자가 내 상속자가 될 것이니이다(창 15:2-3).

"무엇을 내게 주시려 하나이까?" 다분히 불만이 가득 차 있는 말투입니다. 그도 그럴 것이 지난 10년 동안 하나님의 약속이 성취되기를 그렇게 기다려 왔는데, 이루어진 것이 하나도 없습니다. 그러니 이 정도면 아주 점잖게 말하는 것이지요. 아브람은 계속해서 하나님에게 통고하듯이 말합니다. "나의 상속자는 내 집에서 길린 자, 다메섹 사람 엘리에셀입니다!"

'내 집에서 길린 자'라는 표현은, 앞의 가나안 전쟁 이야기에서 언급되고 있는 '집에서 길리고 훈련된 자'(창 14:14)와 같은 말입니다. 즉 다메섹 출신 엘리에셀은 아브람이 개인적으로 훈련시켜놓은 318명의 사병私兵 중의 한 사람이었던 것입니다. 아마도 그중에서 아브람이 가장 신뢰하는 종이었을 것입니다.

아이러니한 것은 그의 이름입니다. '엘리에셀'은 "나의 하나님은 도움이시다"(My God is help)라는 뜻입니다. '돕는 배필'을 이야기하면서 이미 설명했습니다. 그런데 아브람이 정말 하나님을 돕는 분이라고 믿고 있다면, 하나님이 일하실 때까지 기다리고 있었어야 합니다. 하나님의 일하심을 기다리지 못하고 자신이 직접 키우고 훈련시킨 종을 상속자로 삼아 그에게 의존하려고 하면서 그런 이름을 붙이면 안 되지요. 그것은 말과 뜻이 다른 경우입니다.

어쨌든 아브람의 생각은 분명합니다. 자식이 없으니 엘리에셀을 양자로 입양하여 상속자로 삼겠다는 것입니다. 하나님의 약속을 인간적인 생각으로 적당히 타협하고 있는 것입니다. 사실 이것은 아브람만의 이야기는 아닙니다. 우리도 이렇게 생각할 때가 얼마나 많이 있는지 모릅니다. 하나님의 말씀을 자기 생각으로 적당히 바꾸어놓고 그것을 오히려 믿음으로 포장할 때가 참 많이 있습니다.

불완전한 믿음

이에 대해서 하나님이 무엇이라 대답하셨을까요?

> 4여호와의 말씀이 그에게 임하여 이르시되 그 사람이 네 상속자가 아니라. 네 몸
> 에서 날 자가 네 상속자가 되리라 하시고 5그를 이끌고 밖으로 나가 이르시되 하
> 늘을 우러러 뭇별을 셀 수 있나 보라. 또 그에게 이르시되 네 자손이 이와 같으리
> 라(창 15:4-5).

하나님의 대답은 단호합니다. "네 상속자는 네 몸에서 태어나야 한다!" "네 몸에서 태어나야 한다"라는 뜻은 아브람과 하와 사이에서 태어나야 한다는 뜻입니다. 그 외의 다른 방법은 없다는 겁니다. 이것은 결코 타협하거나 양보할 수 있는 일이 아니라는 겁니다. 한술 더 떠서 아브람을 밖으로 데리고 나가셔서 밤하늘의 별들을 보여주며 말씀하십니다. "네 자손이 이와 같으리라" 그 숫자를 감히 셀 수 없을 정도가 될 것이라는 약속입니다.

그런데 아브람 입장에서는 정말 갑갑한 이야기가 아닐 수 없습니다. 지금이라도 당장 자식을 하나라도 주면서 이런 약속을 하시면 그러려니 할 테지만, 그냥 약속의 말씀만 하시니 이것을 과연 어떻게 받아들일 수 있을까요? 하나님의 약속과 아브람의 현실 사이의 간격은 하늘과 땅 만큼이나 차이가 납니다. 그 간격을 도대체 무엇으로 메울 수 있을까요?

그때 필요한 것이 바로 '믿음'입니다.

> 아브람이 여호와를 믿으니 여호와께서 이를 그의 의로 여기시고…(창 15:6).

바울은 이 말씀을 아주 중요하게 생각하여 로마서에 그대로 인용합니다.

성경이 무엇을 말하느냐. 아브라함이 하나님을 믿으매 그것이 그에게 의로 여겨진 바 되었느니라(롬 4:3).

그리고 이 말씀에 기초하여 "믿음으로 의롭다함을 받는다"라는 이른바 '이신득의以信得義'의 교리를 길게 설명합니다. 그러면서 18절에 다음과 같이 말합니다.

아브라함이 바랄 수 없는 중에 바라고 믿었으니 이는 네 후손이 이같으리라 하신 말씀대로 많은 민족의 조상이 되게 하려 하심이라(롬 4:18).

그러나 "아브라함이 바랄 수 없는 중에 바라고 믿었다"라는 설명은 사실 창세기 15장에 대한 설명으로 해석하면 안 됩니다. 왜냐하면 이 일 후에 아브람은 곧바로 여종 하갈을 통해서 이스마엘을 낳았기 때문입니다(창 16:15). 그러니까 이때까지만 해도 아브람에게는 믿는 구석이 있었던 것입니다. 어떻게든 자식을 낳을 수 있는 능력이 있었던 것이지요.

아브람은 물론 하나님을 믿었습니다. 아니 더 정확하게 말하면, 무언가 믿는 구석이 있기에 믿는다고 말한 것입니다. 그것은 불완전한 믿음입니다. 그래서 하나님은 아브람이 99세가 될 때까지 기다리신 것입니다. 정말 믿을 수 없는 중에 믿음의 고백을 할 때까지 기다리고 계시는 것입니다.

놀라운 사실은 이때 아브람의 믿음은 불완전한 것이었지만 하나님은 그의 믿음을 '의'로 여기셨다는 것입니다. "여긴다"라는 말이 무엇입니까? 본래는 그렇지 않지만 그렇게 보아준다는 뜻 아닙니까? 아브람은 사실 의롭지 않았습니다. 그런데 하나님이 의롭다고 여겨주시기로 한 것입니다. 그것이 하나님의 은혜입니다. 은혜 아니면 아브람의 믿음은 아무것도 아닙니다.

이때 아브람의 믿음이 불완전했다는 사실은 그다음 이야기에서도 여실히 드러납니다.

> 7또 그에게 이르시되 나는 이 땅을 네게 주어 소유를 삼게 하려고 너를 갈대아인의 우르에서 이끌어낸 여호와니라. 8그가 이르되 주 여호와여 내가 이 땅을 소유로 받을 것을 무엇으로 알리이까(창 15:7-8).

하나님께서 '후손에 대한 약속'에 이어서 '땅에 대한 약속'을 다시 한 번 확인해주시자, 아브람은 하나님께 되묻습니다. "주 하나님, 이 땅이 제 것이 되리라는 것을 제가 어떻게 알 수 있겠습니까?"(메시지) 이 말에서 우리는 기드온(삿 6:17-24)이나 히스기야 왕(왕하 20:8)의 음성을 듣습니다. 무언가 믿을 수 있는 증거를 보여 달라는 것이지요.

만일 아브람이 보지 않고도 믿는 성숙한 믿음을 가지고 있었다면 이렇게 말하면 안 됩니다. 그냥 "아멘!" 해야 합니다. "믿습니다!" 해야 합니다. 그런데 "제가 어떻게 알 수 있나요?" 그렇습니다. 확신이 서지 않는다는 뜻이지요.

횃불 계약 체결

바로 이 대목에서 하나님은 아브람과 '횃불 계약'을 맺으십니다. 이 계약은 노아의 '무지개 계약'만큼이나 중요한 의미를 가지고 있습니다. 하나님은 아브람에게 암소와 암염소와 숫양을 가져오게 하여 그 중간을 쪼개고 서로 마주 대하여 놓게 하셨습니다(15:9-10). 이것은 계약을 맺기 위한 준비였습니다.

그리고 해 질 때에 하나님은 아브람에게 '깊은 잠'이 임하게 하셨습니다(15:12). 이것은 마치 두 번째 사람을 창조하기 위해 아담을 깊이 잠들게 하신 장면과 같습니다(2:21). 의식은 뚜렷하여 어떤 일들이 진행되는지 알 수 있지만, 사람이 그 일에 개입할 수 없게 만드신 것입니다.

그러고 나서 하나님은 아브람의 후손들을 통해서 이루실 구체적인 계획에 대해서 말씀해주셨습니다.

> 13여호와께서 아브람에게 이르시되 너는 반드시 알라. 네 자손이 이방에서 객이 되어 그들을 섬기겠고 그들은 사백 년 동안 네 자손을 괴롭히리니 14그들이 섬기는 나라를 내가 징벌할지며 그 후에 네 자손이 큰 재물을 이끌고 나오리라. 15너는 장수하다가 평안히 조상에게로 돌아가 장사될 것이요 16네 자손은 사대 만에 이 땅으로 돌아오리니 이는 아모리 족속의 죄악이 아직 가득 차지 아니함이니라…(창 15:13-16).

하나님은 아브람의 후손들이 앞으로 어떻게 생겨날지 또한 어떻게 많아질지에 대해서는 말씀하시지 않습니다. 알려준다고 한들 이해할 수 없기 때문입니다. 그렇지만 시간 계획에 대해서는 알려주십니다. 아브람의 후손들이 이방에서 객이 되어 4백 년 동안 지내다가, 4대 만에 다시 가나안 땅으로 돌아올 것이라 말씀하십니다.

이 모든 것은 아브람이 죽고 난 후에 진행될 일입니다. 역시 아브람으로서는 확인할 길이 없습니다. 그것을 어떻게 확인시켜 줄 수 있을까요? 그래서 횃불 계약이 필요했던 것입니다. 이 말씀을 마치신 후에 하나님은 이제 행동으로 보여주십니다.

> 17해가 져서 어두울 때에 연기 나는 화로가 보이며 타는 횃불이 쪼갠 고기 사이로

지나더라. 18그날에 여호와께서 아브람과 더불어 언약을 세워 이르시되 내가 이 땅을 애굽 강에서부터 그 큰 강 유브라데까지 네 자손에게 주노니…(창 15:17 -18).

지금 아브람은 깊이 잠들어 있는 상태라고 했습니다. 물론 의식은 있었지만, 자신의 의지로는 아무것도 하지 못하는 상태였습니다. 그냥 지켜보고 있을 뿐입니다. 그때 아브람이 준비해놓은 쪼갠 고기 사이로 횃불이 지나갑니다. 그리고 하나님이 아브람과 계약을 세웠다고 말씀하십니다. 이게 무슨 뜻일까요?

'횃불'은 하나님의 임재를 상징합니다. 당시 고대 근동지역에서는 계약을 맺을 때 이렇게 쪼갠 고기 사이로 두 당사자가 함께 지나가게 되어 있습니다. 그렇게 함으로써 만일 약속을 이행하지 않을 때는 쪼갠 고기처럼 될 것이라는 심리적인 압박을 가지게 하는 것이지요.

그런데 아브람은 깊이 잠든 상태였고 하나님의 임재를 상징하는 횃불이 혼자 지나갔습니다. 하나님이 일방적으로 책임을 지고 이 일을 이루실 것이라는 약속입니다. 하나님과 노아가 맺은 무지개 계약도 '쌍방계약'이 아니라 '일방계약'이었지요. 하나님이 일방적으로 책임지시기로 한 계약입니다. 여기서도 마찬가지입니다. 그렇게 하나님은 아브라함과 그의 후손들에게 자기 자신을 스스로 제한하셨던 것입니다.

이제부터 하나님은 아브라함의 후손들과 뗄려야 뗄 수 없는 특별한 관계에 들어간 것입니다. 이제부터 하나님은 어떤 방식으로든지 당신의 약속을 반드시 지키셔야 합니다. 만일 약속을 지킬 수 없다면 그때는 하나님이 아닌 겁니다. 이보다 더 확실한 보장이 어디에 있겠습니까?

아브람은 하나님을 믿었습니다. 그 믿음을 하나님은 의로 여겨주셨습니다. 그러나 아브람 스스로 힘이나 스스로 결심으로 믿은 것이 아닙니다. 하나님이 믿게 해주셔서 믿게 된 것입니다. 그래서 믿음도 하나님이 부어주시는 은혜입니다. 흔들리던 아브람의 믿음을 그렇게 잡아주셨던 것입니다.

하나님은 아브람에게 부어주셨던 믿음을 지금 우리에게 은혜로 부어주기를 원하십니다. 그 믿음으로 우리를 의롭다 하시고 구원하기를 원하십니다. 바로 그 때문에 우리에게 독생자 예수 그리스도를 보내주신 것입니다.

* **묵상 질문**: 나의 믿음은 무엇에 기초하고 있습니까?
* **오늘의 기도**: 우리의 믿음이 우리 자신의 감정이나 결심에 기초하지 않게 하옵소서. 오직 일방적으로 부어주시는 하나님의 은혜에 기초하게 하옵소서. 언제나 변함없이 약속을 지키시는 하나님의 신실함에 우리의 믿음을 두게 하옵소서. 예수님의 이름으로 기도합니다. 아멘.

개명(改名)과 할례의 표징

읽을 말씀: 창세기 16:1-17:27

새길 말씀: 보라. 내 언약이 너와 함께 있으니 너는 여러 민족의 아버지가 될지라. 이제 후로
는 네 이름을 아브람이라 하지 아니하고 아브라함이라 하리니 이는 내가 너를
여러 민족의 아버지가 되게 함이니라(창 17:4-5).

약속의 땅에 들어온 후에 아브람은 하나님으로부터 세 가지 테스트
를 받아야 했습니다. 이는 그를 '믿음의 조상'으로 빚어 가기 위한 과정이
었습니다. 세 가지 테스트는 하나님이 이 세상을 창조하실 때 만들어놓
으신 세 가지 관계에 대한 시험이었습니다. '기근'의 테스트는 물질과의
관계에 대한 시험이었습니다. '갈등'의 테스트는 다른 사람과의 관계에
대한 시험이었습니다. 그리고 '세월'의 테스트는 하나님과의 관계에 대한
시험이었습니다.

아브람에게 왜 이런 테스트가 필요했을까요? 왜냐하면 이 세상을 구
원하는 하나님의 사역은 깨진 창조 질서를 다시 회복하는 일이었기 때문

입니다. 그 일을 위해서 하나님은 아브람을 불러내셨던 것입니다. 그리고 실제로 그 관계에 대한 테스트를 직접 겪어보게 하셨던 것이지요. 물론 아브람은 모든 테스트에서 낙제점수를 받고 말았습니다. 만일 하나님이 너그럽게 여겨주시지 않았다면, 그는 '믿음의 조상'으로 빚어지는 기회조차 얻지 못했을 것입니다.

하나님은 '횃불 계약'을 통해서 흔들리던 아브람의 믿음을 잡아주셨습니다. '횃불 계약'은 아브람과 그의 후손들을 위해 하나님이 자기 자신을 스스로 제한하신 일이었습니다. 이제부터는 약속의 성취에 하나님의 이름이 달려있습니다. 하나님의 하나님 되심을 증명하기 위해서라도 그 일은 반드시 이루어져야 합니다. 자, 하나님이 이렇게까지 해주셨다면, 아브람은 과연 어떤 반응을 보여야 하겠습니까?

사래의 조급증

그때 아브람은 하나님을 믿었고 하나님은 그것을 의로 여겨주셨습니다(창 15:6). 그러나 실망스럽게도 아브람은 '믿음의 반응'을 계속해서 이어가지 못합니다. 또 다른 갈등에 휘말리고 맙니다. 이번에는 '약속의 자녀'를 기다리지 못하는 사래의 조급증이 문제의 발단이 되었습니다.

> 1아브람의 아내 사래는 출산하지 못하였고 그에게 한 여종이 있으니 애굽 사람이요 이름은 하갈이라. 2사래가 아브람에게 이르되 여호와께서 내 출산을 허락하지 아니하셨으니 원하건대 내 여종에게 들어가라. 내가 혹 그로 말미암아 자녀를 얻을까 하노라 하매 아브람이 사래의 말을 들으니라(창 16:1-2).

'약속의 자녀'를 기다리던 사람은 아브람만이 아니었습니다. 그의 아내 사래도 아브람 못지않게 학수고대하며 기다려 왔습니다. 그러나 이제는 더 이상 임신을 기대할 수 없는 나이가 되었습니다. 아브람은 무자식의 문제를 양자 '엘리에셀'을 통해서 해결하려고 했습니다. 물론 하나님은 그것을 허락하지 않으셨고, 아브람은 하나님의 약속을 다시 한번 믿어보기로 작정했지요.

그러나 그것은 어디까지나 아브람의 이야기였고, 사래는 다른 계획을 가지고 있었습니다. 자신의 몸종을 통해서 자녀를 낳을 생각을 하게 된 것입니다. 사래에게는 하갈이라는 이름의 '이집트 사람' 몸종이 있었습니다. 아마도 기근을 피해 이집트로 내려갔다가 나올 때, 바로가 사래에게 붙여준 몸종으로 보입니다(창 12:20). 그 몸종을 씨받이로 삼아 자식을 얻으려고 했던 것입니다. 이는 당시 사회에서는 아주 자연스러운 관습이었습니다.

아무리 사회 통념상 허용되는 관습이라고 하더라도, 하나님이 허락하는 방법은 아니었습니다. 하나님은 아브람과 사래의 부부관계를 통해서만 자녀를 주시겠다고 약속하셨습니다. 사래도 하나님의 약속을 익히 잘 알고 있었습니다. 그러나 이제는 더이상 기다릴 이유가 없다고 생각하게 되었습니다. 왜냐하면 "하나님이 내 출산을 허락하지 않으신다."고 확신했기 때문입니다. 사래가 왜 이런 확신하게 되었을까요? 아마도 폐경기에 접어들면서 그렇게 생각하게 된 것으로 보입니다(창 18:11).

게다가 사래는 남편 아브람에게 받아내야 할 빚이 있었습니다. 이집트에 내려갔을 때 남편이 보여준 비겁한 행동 때문입니다. 제 목숨을 보존하겠다고 아내를 누이로 속이게 했으니 말입니다. 하나님의 도우심으로 위기를 넘기기는 했지만, 자칫 잘못했으면 사래는 바로의 후처가 될 뻔했습니다. 그 일은 두고두고 사래의 마음에 큰 상처로 남아 있었습니다. 복수의 칼을 갈고 있었는지도 모릅니다. 그러다가 이제 그 칼을 집어 든 것이지요.

그래서인지 몰라도 아브람은 사래의 요구를 거절하지 못하고 그대로 받아들입니다. 그는 하나님의 계획과 방법을 잘 알고 있는 사람입니다. 사래의 요구가 하나님의 뜻에 어긋난다는 사실도 잘 알고 있었습니다. 그렇지만 아브람은 아무런 반론도 제기하지 못했습니다. 그렇게 사래의 조급증과 아브람의 무책임한 태도가 결국 하갈을 통해 자식을 얻는 세상적인 편법을 합작해낸 것입니다.

이러한 아브람의 모습에서 우리는 '믿음의 조상'은 고사하고 '믿음의 가장家長'다운 모습도 찾아볼 수가 없습니다.

사래의 후회

잘못된 선택은 반드시 잘못된 결과를 만들어내게 되어 있습니다. 사래가 자신의 판단이 잘못되었다는 사실을 알아차리는데 그리 오랜 시간이 걸리지 않았습니다.

4아브람이 하갈과 동침하였더니 하갈이 임신하매 그가 자기의 임신함을 알고 그의 여주인을 멸시한지라. 5사래가 아브람에게 이르되 내가 받는 모욕은 당신이 받아야 옳도다. 내가 나의 여종을 당신의 품에 두었거늘 그가 자기의 임신함을 알고 나를 멸시하니 당신과 나 사이에 여호와께서 판단하시기를 원하노라(창 16:4-5).

하갈은 자신이 임신한 사실을 알고 나서 여주인 사래에 대한 태도가 180도 달라졌습니다. 사래를 '멸시'하기 시작한 것입니다. 메시지 성경은 "She looked down on her mistress"라고 표현합니다. 자기의 여주인을 깔보았던 것입니다. 집주인의 아이를 가졌으니 조만간 자신이 그 집안의 안방마님 자리를 차지하게 될 것으로 생각했던 것이지요.

사래의 본래 계획은 하갈이 아무 말 없이 고분고분 아이를 낳아주는 것이었습니다. 그리고 그 아이를 자기 아들로 삼는 것입니다. 그렇게라도 아들을 갖게 된다면 그동안 알게 모르게 받아왔던 '아이를 낳지 못하는 여자'라는 오명과 설움을 씻을 수 있을 것이라 생각했습니다. 그러나 사래의 기대와는 달리 이제는 여주인의 자리가 위협을 받는 지경에 이르게 된 것입니다.

따지고 보면 그 일은 전적으로 사래 책임입니다. 사래가 자초한 일입니다. "그럴 줄은 몰랐다"라는 말로 비켜 갈 수 없습니다. 자신의 잘못된 선택에 대해서 자신이 책임을 져야 합니다. 그런데 사래는 아브람에게 비난의 화살을 돌립니다. "내가 받는 모욕은 당신이 받아야 옳도다" 메시지 성경은 "It's all your fault that I'm suffering this abuse"라고 표현합니다. 이런 학대로 고통을 당하는 것은 모두 남편의 잘못이라는 겁니다.

물론 그것은 사래의 일방적인 비난입니다. 아브람으로서는 얼마든지 억울하게 느껴질 수 있는 대목입니다. 그러나 사래의 말이 전혀 틀렸다고 할 수도 없습니다. 만일 아브람이 믿음의 중심을 잡고 있었더라면, 아내의 요구를 신중하게 생각하여 판단했더라면, 그 일에 하나님이 주신 약속을 포함했더라면, 바로 얼마 전에 맺었던 '횃불 계약'을 기억하고 있었더라면, 이런 불필요한 갈등이 만들어지지는 않았을 것입니다.

어찌 되었든지 지금이라도 아브람이 나서서 그 일을 수습해야 합니다. 그것이 가장으로서 마땅히 감당해야 할 책임입니다. 그런데 그는 수수방관합니다.

> 아브람이 사래에게 이르되 당신의 여종은 당신의 수중에 있으니 당신의 눈에 좋을 대로 그에게 행하라 하매 사래가 하갈을 학대하였더니 하갈이 사래 앞에서 도망하였더라(창 16:6).

아브람은 "당신의 눈에 좋을 대로 그에게 행하라"라고 합니다. 메시지 성경은 "You decide. Your maid is your business"라고 합니다. 당신의 종이니 당신이 결정할 일이라는 겁니다. 자신의 일은 아니라는 겁니다. 이것은 한 집안의 가장으로서, 더욱이 믿음의 조상으로서 전혀 어울리지 않는 아주 무책임한 태도입니다. 아브람은 사래가 하갈을 학대하도록 방치했고 하갈은 결국 도망할 수밖에 없었습니다. 이렇게 아브람의 가정은 갈등을 넘어서 파국으로 치닫게 된 것입니다.

하나님의 개입

하나님은 사람이 만들어놓은 혼란과 무질서를 수수방관하는 분이 아닙니다. 마땅히 책임져야 할 사람이 책임지지 않는 상황 속에 하나님은 들어오셔서 회복과 치유의 역사를 만들어내십니다. 그것이 창조주 하나님의 속성입니다.

> 7여호와의 사자가 광야의 샘물 곁 곧 술 길 샘 곁에서 그를 만나 8이르되 사래의 여종 하갈아 네가 어디서 왔으며 어디로 가느냐. 그가 이르되 나는 여주인 사래를 피하여 도망하나이다. 9여호와의 사자가 그에게 이르되 네 여주인에게로 돌아가서 그 수하에 복종하라(창 16:7-9).

하나님은 하갈의 이름을 알고 계셨습니다. "사래의 여종 하갈아!" 하갈은 이집트 사람입니다. 사래의 몸종입니다. 아브람 집에서는 거의 존재감이 없던 사람입니다. 하나의 인격체가 아니라 수단으로 취급당했습니다. 사래는 그녀를 씨받이로 이용하려고 했습니다. 물론 집주인의 아이를 임신한 후에 잠깐 교만한 마음을 품기는 했지만, 여주인에게 박해를 당할 때 어디다 하소연할 곳이 없는 약자였습니다. 그런데 하나님은 하갈을 알고 계셨고, 그녀를 직접 만나기 위해 사람의 모습으로 찾아오신 것입니다.

"네가 어디서 왔으며 어디로 가느냐?" 하나님이 몰라서 물으신 것 아닙니다. 또 잘잘못을 따지거나 책망하시려는 것도 아닙니다. 하나님의 관심은 언제나 '회복'과 '구원'에 있습니다. 하갈도 하나님이 구원하실 대상입니다. 하나님은 여주인에게 돌아가 복종하라고 하갈에게 말씀합니다. 하갈이 있어야 할 곳은 주인의 권위와 권세에 복종하는 자리입니다. 그래야 관계가 회복될 수 있습니다.

그러면서 하나님은 하갈에게 복을 약속하십니다.

> 10 여호와의 사자가 또 그에게 이르되 내가 네 씨를 크게 번성하여 그 수가 많아 셀 수 없게 하리라. 11 … 네가 임신하였은즉 아들을 낳으리니 그 이름을 이스마엘이라 하라. 이는 여호와께서 네 고통을 들으셨음이니라(창 16:10-11).

아브람에게 주신 '후손에 대한 약속'과 동일한 복입니다. 하나님은 하갈이 낳을 아들에게 '이스마엘' 즉 "하나님이 들으신다"(God hears)는 이름을 붙여주십니다. 우리는 이스마엘이 아랍 민족의 조상이 되었다는 것을 잘 압니다. 그들이 마치 날뛰는 야생마처럼 늘 문제를 일으키고 맞서 싸우는 호전적인 민족이 될 것이라고 하나님은 이미 말씀하셨습니다(12절).

그러나 여기에서 우리가 주목해야 할 것은, 하나님은 인간의 실수로 태어난 존재일지라도 결코 외면하지 않으신다는 사실입니다. 이스마엘은 앞으로 아브람의 가문에 분쟁을 일으키는 씨앗이 될 것입니다. 그것은 아브람과 사래가 뿌린 대로 거두어야 할 아픔입니다. 그래도 우리 하나님에게는 이 세상에서 버려진 역사, 잊혀진 인격이란 존재하지 않습니다. 모든 사람에게 같은 복을 주시고 또한 구원하기를 원하십니다.

사래의 조급증과 아브람의 무책임은 또다시 갈등의 관계를 만들어내고 말았습니다. 그러나 하나님은 인간의 실수가 만들어낸 잘못된 결과를 통해서도 당신의 구원계획을 드러내셨습니다. 이 세상에서 약자로 살아가는 사람들을 향한 당신의 관심과 사랑을 드러내셨습니다. 하나님의 사랑에는 편협한 민족주의가 들어설 자리가 없습니다.

오랜 침묵 끝

하갈은 결국 집으로 돌아왔고 가정에 평화가 찾아왔습니다. 그리고 아들을 낳았습니다. 이스마엘이 태어났을 때 아브람의 나이는 86세였습니다(16:16). 하나님은 한동안 침묵하셨습니다. 횃불 계약 이후로 단 한 번도 나타나지 않으셨습니다. 그렇게 세월이 흘러 아브람이 99세가 되었을 때 드디어 하나님이 나타나십니다.

> 1아브람이 구십구 세 때에 여호와께서 아브람에게 나타나서 그에게 이르시되 나는 전능한 하나님이라. 너는 내 앞에서 행하여 완전하라. 2내가 내 언약을 나와 너 사이에 두어 너를 크게 번성하게 하리라 하시니…(창 17:1-2).

사람들은 아브라함의 생애가 언제나 하나님과의 특별한 만남으로 채워져 있을 것이라 생각합니다. 그러나 실제로는 그리 많지 않습니다. 겨우 손꼽을 정도입니다. 하나님의 말씀을 듣지 못하고 지내야 하는 시간이 훨씬 더 많았습니다. 이번에는 횃불 계약 이후 거의 15년 가깝게 하나님을 만나지 못했습니다. 그동안 아브람은 얼마나 많이 달라졌을까요?

하나님은 대뜸 아브람에게 "너는 내 앞에서 행하여 완전하라!"라고 명령하십니다. 이 말은 앞서 등장했던 에녹과 노아를 떠올리게 합니다. 그들은 하나님과 동행했고(창 6:22) 또한 완전한 자로 살았습니다(6:9). 만일 아브람이 그들처럼 살고 있었다면 하나님이 이렇게 명령하지는 않았을 것입니다.

여기에서 우리는 '하나님 앞에 행하다walk before God's face'라는 말에 주목해야 합니다. 에녹과 노아는 '하나님과 동행하며walked with God' 살았습니다. 그에 비해 아브람은 아직 하나님과 그런 밀접한 관계에 다다르지 못했다는 뜻입니다.

하나님은 아브람과 계약을 맺겠다고 하십니다. "나와 너 사이에 내가 몸소 언약을 세워서, 너를 크게 번성하게 하겠다."(새번역) 하나님은 이미 아브람과 '횃불 계약'을 맺었습니다. 그런데 무슨 계약이 더 필요하다는 말씀일까요? 사실 새로운 계약이 필요한 것은 아닙니다. 그러나 계약을 보증하는 표징signs은 필요합니다. 아브람과 그의 후손들이 하나님과의 계약을 잊어버리지 않게 하기 위한 어떤 장치가 필요하다는 말씀입니다.

이것은 지난 15년 동안 하나님께서 아브람을 묵묵히 지켜보신 후에 내리신 결론입니다. 횃불 계약 이후에 아브람은 어떻게 살았습니까? 곧바로 몸종 하갈을 통해서 이스마엘을 얻게 되는 일이 벌어졌습니다. 그로 인해서 아브람의 집안은 갈등을 넘어서서 파국으로 치닫게 되지 않았습니까. 만일 그때 하나님이 개입하지 않으셨다면 어떻게 되었을지 모릅니다. 오랜 세월 동안 하나님이 침묵하신 것은 아브람에 대한 실망감의 표현이었는지도 모릅니다. 그래서 "너는 내 앞에서 행하여 완전하라!"라고 말씀하신 것입니다.

그러나 아브람을 향한 하나님의 의지는 분명합니다. 이미 약속하신 말씀대로 아브람과 그 후손을 번성하게 하는 것입니다. 그들을 통해서 이 땅에 하나님의 창조 질서를 회복하고, 하나님이 통치하시는 나라를 완성하는 것입니다. 여전히 부족한 모습의 아브람이지만 하나님이 그를 '믿음의 조상'으로 계속 빚어 가시겠다는 것입니다. 이와 같은 하나님의 의지는 다음과 같은 두 가지 표징을 주심으로 확증되었습니다.

개명(改名)의 표징

하나님은 '아브람'에게 '아브라함'이라는 새로운 이름을 주심으로 그를 믿음의 조상으로 빚어 가시려는 당신의 의지를 확인시켜 주셨습니다. 새로운 이름에는 새로운 정체성과 새로운 사명이 담겨있습니다.

> 4보라 내 언약이 너와 함께 있으니 너는 여러 민족의 아버지가 될지라. 5이제 후로는 네 이름을 아브람이라 하지 아니하고 아브라함이라 하리니 이는 내가 너를 여러 민족의 아버지가 되게 함이니라(창 17:4-5).

'아브람Abram'은 '아버지'라는 뜻의 '아브ab'와 '높은high, exalted'이라는 뜻의 '룸rum'이 합성된 말입니다. 그러니까 한 집안에서 높은 아버지high father라는 의미입니다. 이에 비해서 '아브라함'은 '많은 사람의 아버지father of a multitude'라는 뜻입니다. 본문에서는 '여러 민족의 아버지father of many nations'로 풀이되고 있습니다.

실제로 아브라함의 후손들을 통해서 많은 나라가 생겨났습니다. 이스마엘의 열두 아들을 통해서 수많은 아랍 족속들이 생겨났고(창 25:12-18), 이삭의 아들 에서를 통해서는 수많은 에돔 족속이 생겨났습니다(36:9-43). 그러나 그들이 모두 하나님을 섬기는 약속의 자녀들은 아닙니다. 아무리 많은 민족과 나라들이 아브라함을 '국부國父'라고 부른다고 하더라도, 그들이 만일 하나님을 대적하는 나라들이라면 그것이 무슨 자랑이겠습니까?

따라서 하나님이 그에게 '아브라함'이라는 새로운 이름을 주신 것은, 그의 혈통을 이어가는 수많은 민족의 조상이 될 것이라는 약속이 아닙니다. 오히려 하나님에 대한 아브라함의 믿음을 이어가는 사람들의 조상이 될 것이라는 약속입니다(롬 4:16). 그렇기에 아브라함은 '인종적인 조상'

이 아니라 '믿음의 조상'인 것입니다. 아브라함이라는 새로운 이름에는 이와 같은 하나님의 의지가 담겨있는 것입니다.

할례(割禮)의 표징

지금까지 하나님이 아브라함에게 특별히 요구한 것은 하나도 없습니다. 그저 주시겠다는 약속만 풍성합니다. 그런데 계약관계가 유지되기 위해서 이제부터 아브라함이 해야 할 일이 한 가지 있다고 말씀하십니다. 그것이 바로 '할례'입니다.

> 9하나님이 또 아브라함에게 이르시되 그런즉 너는 내 언약을 지키고 네 후손도 대대로 지키라. 10너희 중 남자는 다 할례를 받으라. 이것이 나와 너희와 너희 후손 사이에 지킬 내 언약이니라. 11너희는 포피를 베어라. 이것이 나와 너희 사이의 언약의 표징이니라(창 17:9-11).

'할례'는 단순히 육신의 포피包皮를 베어내는 것이 아닙니다. 그것은 하나님께서 주신 약속을 신뢰한다는 믿음의 반응입니다. 하나님의 계약을 끝까지 붙들고 살겠다고 하는 약속의 표시입니다. 그것을 가리켜서 하나님은 '계약의 표징the sign of the covenant'이라고 하셨습니다.

무지개 계약 때의 '계약의 표징'은 바로 '무지개'였습니다(창 9:13). 그러나 '할례'의 표징은, '무지개'와 달리, 자신의 몸에다 '계약의 표징'을 남겨야 합니다. 포피를 잘라내는 아픔을 견디는 수고를 해야 합니다. 이제부터 그와 같은 할례를 하나님과의 계약관계를 가장 중요하게 여기는 믿음의 반응으로 인정해주시겠다는 것입니다.

아브라함은 하나님이 떠나가신 후에 즉시 할례를 행합니다.

이에 아브라함이 하나님이 자기에게 말씀하신 대로 이날에 그 아들 이스마엘과 집에서 태어난 모든 자와 돈으로 산 모든 자 곧 아브라함의 집 사람 중 모든 남자를 데려다가 그 포피를 베었으니…(창 17:23).

이때부터 '새로운 이름'과 '할례'는 하나님의 계약백성이라는 표징signs이 되었습니다. 하나님과의 계약관계를 잊어버리지 않기 위해서, 계약백성을 향한 하나님의 의지를 기억하기 위해서, 지금 우리에게도 '새로운 이름'과 '할례'가 필요합니다.

하나님 안에서 우리에게 주어진 '새로운 이름'이 있습니다. 그 이름이 무엇인가요? 그것은 '그리스도인'입니다. '하나님의 자녀'요 '성도'요, 우리에게 주어진 '신령 직분'입니다. 우리가 하나님과의 계약관계에 들어가기 위해서 받아야 하는 '할례'가 있습니다. 그것이 무엇인가요? 그것은 바로 '세례'입니다. 우리 몸에 남겨 있는 '그리스도의 흔적'이요, 우리의 삶에 새겨진 '예수의 패턴'입니다.

매사에 하나님과의 관계를 인정함으로써 아브라함의 믿음을 이어가는 우리의 정체성을 드러내며 살아가기를 소망합니다.

* **묵상 질문**: 하나님이 나에게 주신 '새로운 이름'은 무엇입니까?
* **오늘의 기도**: 하나님이 우리에게 주신 계약의 표징을 특권으로 변질시키지 않게 하옵소서. 어떤 상황에서도 우리를 향한 하나님의 기대를 잊지 않게 하시고, 언제나 하나님으로부터 시작하는 인생을 살아가게 하옵소서. 예수님의 이름으로 기도합니다. 아멘.

불신앙의 웃음들

읽을 말씀: 창세기 17:15-18:15

새길 말씀: 여호와께서 아브라함에게 이르시되 사라가 왜 웃으며 이르기를 내가 늙었거
늘 어떻게 아들을 낳으리요 하느냐. 여호와께 능하지 못한 일이 있겠느냐. 기
한이 이를 때에 내가 네게로 돌아오리니 사라에게 아들이 있으리라(창 18:
13-14)

지금까지 아브라함의 이야기를 읽어오면서, 우리는 더욱더 실망하게
되었습니다. 우리가 기대했던 '믿음의 조상'과는 사뭇 다른 모습들 때문
입니다. 하나님의 부르심에 순종하여 갈대아 우르를 훌쩍 떠날 때만 해
도 아브라함은 무언가 특별한 사람처럼 보였습니다. 아무나 그렇게 결단
할 수는 없는 일입니다. 그런데 약속의 땅에 들어온 이후에 그가 보여준
행보는 전혀 '믿음의 조상' 같지 않습니다. 아무리 좋게 해석해보려고 해
도 잘되지 않습니다.

그러나 역설적이게도 바로 그것이 성경이 우리에게 이야기하려는 내

용입니다. 우리는 아브라함이 믿음의 조상으로서 완벽한 모범이 되었기에 하나님을 믿는 것이 아닙니다. 우리의 신앙생활은 아브라함의 믿음을 본받는 것이 아닙니다. 오히려 우상 숭배자의 집에서 '아브람'을 불러내어 믿음의 조상 '아브라함'으로 빚어 가시는 하나님을 믿는 것입니다. 아브라함에게는 미쁨이 전혀 없을지라도 그에게 항상 신실하시며 끝까지 포기하지 않으시는 미쁘신 하나님을 믿고 따라야 하는 것입니다.

따라서 우리가 성경에서 주목해야 할 것은 '사람'이 아니라 '하나님'입니다. '인간적인 요인the human factor'이 아니라 '하나님의 요인the God factor'입니다. 그런데 우리는 자꾸 사람에게서 어떤 믿음의 요인을 찾아내려고 합니다. 아브라함에게서 믿음의 조상다운 모습을 찾아내어 우리도 그렇게 살아보려고 합니다. 그렇게 하면 할수록 더욱 실망하게 되어 있습니다.

창세기의 주인공은 하나님이십니다. 원 역사이든 족장사이든, 그 모든 역사를 이끌어가는 분은 하나님이십니다. 인류의 역사는 하나님이 인간의 구원을 위해서 일하시는 '구원사'입니다. 그러니 사람들 때문에 실망할 일이 아닙니다. 오히려 미쁘신 하나님을 발견하고 그로 인해 희망의 촛불이 더욱 타올라야 하는 것입니다.

아브라함의 웃음

앞 장에서 우리는 '아브람'에게 '아브라함'이라는 새로운 이름을 주시는 장면을 살펴보면서, 그를 믿음의 조상으로 빚어 가시려는 하나님의 의지를 확인했습니다. 또 계약관계를 유지하기 위해서 하나님은 '할례'를 요구하셨고, 아브라함은 그것에 순종하여 따랐습니다. '새로운 이름'을 받고 '할례'까지 행했으니 이제는 '믿음의 조상'다운 면모를 갖추게 되었을까요?

아닙니다. 아직도 멀었습니다. 이름을 바꾸어주시는 장면에서도 우리는 아브라함이 가지고 있는 믿음의 한계를 발견합니다.

> 15하나님이 또 아브라함에게 이르시되 네 아내 사래는 이름을 사래라 하지 말고 사라라 하라. 16내가 그에게 복을 주어 그가 네게 아들을 낳아 주게 하며 내가 그에게 복을 주어 그를 여러 민족의 어머니가 되게 하리니 민족의 여러 왕이 그에게서 나리라(창 17:15-16).

하나님은 아브라함에게만 새로운 이름을 주시지 않으셨습니다. 그의 아내의 이름도 '사래Sarai'에서 '사라Sarah'로 바꾸어주셨습니다. '아브라함'이 '여러 민족의 아버지father of many nations'인 것처럼, '사라'는 '여러 민족의 어머니mother of many nations'라는 뜻입니다. 아브라함은 자신의 이름을 바꾸어주시는 장면에서는 가만히 있다가, 이 대목에서는 전혀 다른 반응을 보입니다.

> 아브라함이 엎드려 웃으며 마음속으로 이르되 백 세 된 사람이 어찌 자식을 낳을까. 사라는 구십 세니 어찌 출산하리요 하고…(창 17:17).

사라가 아들을 낳아줄 것이라는 하나님의 말씀에 아브라함은 엎드려 웃습니다. 터져 나오는 웃음을 감추기 위해서 엎드린 것처럼 보입니다. 그러나 아브라함의 웃음은 '기쁨'의 웃음이 아니었습니다. 그것은 '불신앙'의 웃음이었습니다. 도무지 믿을 수 없다는 것이지요. 그도 그럴 것이, 아브라함은 이제 곧 100세가 되고 사라는 90세가 됩니다. 사라가 폐경기에 들어선 것은 이미 오래전의 일입니다. 그런 노부부에게 아이가 생긴다는 것은 상식적으로 불가능한 일입니다. 그러니 웃음이 나올 수밖에요.

아브라함은 내친 김에 말을 꺼냅니다. "이스마엘이나 하나님 앞에 살기를 원하나이다."(17:18) 이스마엘이 누구입니까? 사라의 몸종 하갈을 통해 얻은 자식입니다. 그 아이가 벌써 열세 살이 되었습니다(17:25). 그 아이나 하나님 앞에서 잘 살았으면 좋겠다는 겁니다. 아브라함은 마음속으로 이스마엘을 자신의 상속자로 이미 정해놓고 있는 것처럼 보입니다. 다른 아들은 더이상 기대하지 않는다는 속내를 우회적으로 드러내고 있는 것이지요.

그는 하나님이 주신 새로운 이름 '아브라함'을 과연 어떤 의미로 받아들였을까요? 사라와의 사이에 태어날 아들을 통해서가 아니라, '이스마엘'을 통해서 '여러 민족의 아버지'가 될 것으로 생각했다는 뜻입니다. 자, 그렇다면 아브라함은 과연 하나님을 믿는 사람이라고 할 수 있을까요? 물론 그는 하나님을 믿는 사람입니다. 그러나 그의 믿음은 '나름대로 믿음'이었습니다. 하나님의 말씀을 자기의 상식선에서 나름대로 해석하여 믿었을 뿐입니다.

상식적인 믿음의 수준에서 좀처럼 벗어나지 못하는 아브라함의 태도가 답답하셨던 것일까요. 하나님은 그를 훌쩍 떠나가십니다(17:22). 그러자 아브라함은 서둘러서 할례를 행하지요(17:23). 엄밀한 의미에서 그것은 온전한 '믿음의 순종'이라기보다는, 오히려 '밑져야 본전'이라는 계산에서 나온 순종처럼 보입니다. 아브라함이 믿음의 조상이 되려면 아직 갈 길이 한참 멀었습니다.

하나님의 재방문

그러고 얼마 지나지 않아 하나님은 다시 방문하십니다. 왜냐하면 아브라함도 아브라함이지만, 이 집에는 사실 사라가 더 큰 문제였기 때문입니다. 지난번에 횃불 계약을 통해서 하나님이 아브라함의 흔들리는 믿음을 가까스로 다져놓으셨을 때, 그것을 바로 뒤집어버리고 하갈을 씨받이로 사용하여 이스마엘을 얻게 만든 장본인이 누구입니까? 바로 아브라함의 아내 사라였습니다!

아브라함은 비록 상식적인 믿음이지만 하나님의 약속을 믿고 싶어 했습니다. 그러나 사라는 아브라함과 달랐습니다. 그녀야말로 '믿음의 조상'의 배우자가 되기에는 턱없이 부족한 사람입니다. 그것은 아마도 부부 사이에 신앙적인 대화가 없었기 때문으로 보입니다. 그 대화의 단절은 이집트에서 보여준 아브라함의 비겁한 모습으로부터 시작되었을지 모릅니다.

어쨌든 횃불 계약을 통해서 하나님께 받은 말씀을 아브라함은 아내에게 제대로 알리거나 설명하지 않았을 것이 분명합니다. 이번에도 마찬가지입니다. 개명改名이나 할례割禮의 의미에 대해서 또는 내년 이맘때에 사라가 아들을 낳을 것이라는 하나님의 약속에 대해서 아브라함은 사라에게 자세하게 말하지 않았을 것입니다. 아니 하나님의 말씀을 전해주었다고 하더라도, 사라가 그 말을 귀담아듣지 않았을 것입니다.

바로 그 이유로 인해서 하나님은 얼마 지나지 않아서 다시 아브라함의 집을 방문하셨던 것입니다.

¹여호와께서 마므레의 상수리나무들이 있는 곳에서 아브라함에게 나타나시니라. ²날이 뜨거울 때에 그가 장막 문에 앉아 있다가 눈을 들어 본즉 사람 셋이 맞은편에 서 있는지라…(창 18:1-2a).

본문은 "하나님이 아브라함에게 나타나셨다."(The LORD appeared to Abraham. NIV)고 합니다. 그러면서 아브라함은 맞은편에 서 있는 '세 사람'을 봅니다. 그중에 한 분은 하나님이었고, 다른 두 사람은 천사였습니다(18:22, 19:1). 그러니까 하나님이 아브라함의 눈에 직접 보이는 사람의 모습으로 나타나신 것입니다. 이와 같은 하나님의 현현顯顯은 아브라함 생애에 처음 있는 일입니다.

이전까지 하나님은 언제나 말씀으로 나타나셨습니다. 아브라함이 하란에서 두 번째 소명을 받을 때에, 하나님은 그냥 말씀하셨습니다(12:1). 세겜 땅에 도착했을 때에도 하나님은 말씀으로 나타나셨습니다(12:7). 롯이 아브라함을 떠난 후에도 하나님은 그냥 말씀하셨습니다(13:14). 횃불 계약을 맺는 장면에서도 하나님의 말씀이 환상 중에 임했고(15:1) 또한 횃불의 모습으로 등장했습니다(15:17). 바로 직전에서도 하나님은 말씀으로 나타나셨습니다(17:1). 사람의 모습으로 나타나신 것은 이번이 처음이자 마지막입니다.

무언가 중요한 일이 벌어질 것을 예상할 수 있는 대목입니다. 그런데 아브라함은 이때 사람의 모습으로 나타난 하나님을 어떻게 알아볼 수 있었을까요? 전통적으로는 알아보지 못한 것으로 이해합니다. 그래서 히브리서 기자는 이때의 아브라함을 염두에 두고 '부지중에 천사들을 대접한 이들'을 언급하지요(히 13:2). 그러나 아브라함의 태도를 볼 때 하나님인줄 모르고 있는 것처럼 보이지는 않습니다.

"2… 그가 그들을 보자 곧 장막 문에서 달려 나가 영접하며 몸을 땅에 굽혀 3이르되 내 주여 내가 주께 은혜를 입었사오면 원하건대 종을 떠나 지나가지 마시옵고 4물을 조금 가져오게 하사 당신들의 발을 씻으시고 나무 아래에서 쉬소서(창 18:2b-4).

아브라함은 100세의 노인입니다. 그 집안에서는 가장 큰 어른입니다. 거느리는 식솔들이 결코 적지 않습니다. 그렇지만 이렇게 몸을 땅에 굽혀 절을 하면서 낯선 손님들을 영접하는 것은 아주 이례적인 일입니다(창 33:3).

그리고 '내 주여'라는 말도 심상치 않습니다. 히브리어로 읽으면 '아도나이adonai'입니다. 유대인들이 하나님의 거룩한 네 글자 이름이 나올 때마다 '아도나이'라고 바꾸어 읽었습니다. "여호와의 이름을 망령되게 부르지 말라"(출 20:7)는 계명 때문입니다.

"주께 은혜를 입었사오면…"이라는 말도 역시 마찬가지입니다. 이것은 노아의 이야기에 등장하는 바로 그 표현입니다. "그러나 노아는 여호와께 은혜를 입었더라"(창 6:8) 노아는 하나님의 눈에 좋게 보였습니다. 그래서 하나님의 '호의', 즉 '은혜'를 받게 되었지요.

이 모든 것으로 미루어 볼 때 아브라함은 지금 하나님이 일부러 자신에게 찾아오셨다는 사실을 직감적으로 깨닫고 있었음에 틀림없습니다. 하나님의 갑작스러운 방문에 흥분한 아브라함은 엉겁결에 하나님 일행을 식사 자리에 초대합니다. 그리고 최고의 식사를 대접하기 위해서 동분서주합니다.

> 6아브라함이 급히 장막으로 가서 사라에게 이르되 속히 고운 가루 세 스아를 가져다가 반죽하여 떡을 만들라 하고 7아브라함이 또 가축 떼 있는 곳으로 달려가서 기름지고 좋은 송아지를 잡아 하인에게 주니 그가 급히 요리한지라(창 18:6-7).

급하게 음식이 준비되었고 하나님 일행은 맛있게 식사를 하셨습니다. 한 가지 궁금한 것이 있습니다. 지금까지와는 달리 하나님은 왜 사람의 모습으로 나타나신 것일까요? 그것도 날이 뜨거운 대낮에 갑작스럽게 아브라함을 방문하셨을까요? 그래서 사라를 비롯한 온 집안 식구들이 이런 소동을 벌이게 만드셨을까요?

바로 그 '소동'이 이유였습니다. 다시 말해서, 하나님은 이번 방문을 공개적으로 드러내려고 하셨던 것입니다. 그리고 지금 하나님이 주목하고 있는 사람은 사실 '아브라함'이 아니라 '사라'였습니다!

사라에게 말씀하시다

식사를 마친 후에 아브라함에게 다음과 같이 묻습니다.

그들이 아브라함에게 이르되 네 아내 사라가 어디 있느냐. 대답하되 장막에 있나
이다(창 18:9).

이 질문 또한 심상치 않습니다. 왜냐하면 처음 보는 낯선 사람이 뜬금
없이 아브라함의 아내를 찾고 있기 때문입니다. 게다가 그 이름을 '사래'
라고 하지 않습니다. "사라가 어디 있느냐?"고 하십니다. '사래'가 '사라'
로 바뀐 것은 바로 얼마 전의 일입니다. 아니 어쩌면 아직까지 아브라함
이 아내에게 새로운 이름을 알려주지 못했는지도 모릅니다. 그런데 대뜸
'사라'를 찾고 있는 것입니다! 그것은 오직 하나님과 아브라함만 알고 있
는 이름인데 말입니다.

이게 무슨 뜻일까요? 하나님이 이번에 아브라함을 방문하신 목적은
사실 아브라함이 아니라 사라를 만나기 위해서였다는 뜻입니다. 그러고
보니까 지금까지 하나님은 오직 아브라함에게만 나타나셨습니다. 아브
라함에게만 말씀하셨습니다. 아브라함에게만 약속하셨습니다. 그래서
아브라함과 하나님이 만날 때에 다른 사람이 등장하는 일은 지금까지 단
한 번도 없었습니다. 지금은 상황이 다릅니다. 하나님이 사라에게 직접
하실 말씀이 있었던 것입니다. 그게 무엇이었을까요?

그가 이르시되 내년 이맘때 내가 반드시 네게로 돌아오리니 네 아내 사라에게 아
들이 있으리라 하시니 사라가 그 뒤 장막 문에서 들었더라(창 18:10).

지금 하나님은 아브라함에게 말씀하시지만, 사실은 사라 들으라고

하시는 말씀입니다. 사라가 장막 문 뒤에 숨어서 엿듣고 있다는 것을 알고 계셨던 것이지요. 그 내용은 지난번에 아브라함에게 하신 말씀의 반복입니다.

> … 네 아내 사라가 네게 아들을 낳으리니 너는 그 이름을 이삭이라 하라. 내가 그와 내 언약을 세우리니 그의 후손에게 영원한 언약이 되리라(창 17:19).

사라가 내년 이맘때에 아들을 낳게 될 것이라는 사실과 하나님께서 그 아들의 이름을 '이삭'으로 정해놓으셨다는 것을 말씀하셨지요. 그런데 그 이야기를 아브라함이 사라에게 그대로 전달했을까요? 그러지는 않았던 것으로 보입니다.

한번 생각해보십시오. 100세 할아버지가 90세 아내에게 말합니다. "하나님이 그러시는데 우리 사이에 아이가 생긴데." 그러면 과연 어떤 반응이 나올까요? "이 노인네가 망령이 들었나!" 하지 않겠습니까? 그래서 하나님께서 직접 방문하신 것입니다. 사라에게 하나님의 계획과 약속을 알려주시기 위해서입니다. 약속의 자녀가 태어나는 일에 사라의 협조가 필수적이기 때문입니다.

이 대목에서도 우리는 아브라함의 믿음이 얼마나 부족했는지 알 수 있습니다. 만일 아브라함이 정말 하나님의 약속을 믿었다면 어떻게든 그 이야기를 꺼냈을 것입니다. 그리고 어떻게든 아내를 설득했을 것입니다. 확실하게 믿지 못하기 때문에 말도 꺼내지 못하는 것이지요.

사라의 웃음

사라가 남편을 통해서 하나님의 약속을 제대로 전달받지 못했다는 사실은 하나님의 말씀에 대한 그녀의 반응을 통해서도 알 수 있습니다.

11아브라함과 사라는 나이가 많아 늙었고 사라에게는 여성의 생리가 끊어졌는지
라. 12사라가 속으로 웃고 이르되 내가 노쇠하였고 내 주인도 늙었으니 내게 무슨
즐거움이 있으리요(창 18:11-12).

아브라함과 사라의 현실은 그들이 나이가 많아 늙었다는 것입니다.
사라에게는 이미 여성의 생리가 끊어졌습니다. 그것은 엄연한 사실fact입
니다. 그런 상황에서 아이를 임신한다는 것은 감히 상상할 수도 없는 일
입니다. 아무리 하나님의 말씀을 믿고 싶어도 도무지 믿을 수 없는 상황
입니다. 따라서 사라의 웃음은 지극히 당연한 반응입니다. 만일 남편에
게 이미 그 이야기를 들었다면 이 대목에서 사라는 다른 반응을 보였을지
도 모릅니다.

어쨌든 사라의 웃음은 아브라함과 똑같은 '불신앙'의 웃음이었습니
다. 이 세상을 창조하신 하나님, 흙에서 사람을 만들어내신 하나님, 그
코에 생기를 불어넣어 생령이 되게 하신 하나님, 사람의 옆구리에서 또
다른 사람을 만들어내신 바로 그 창조주 하나님에 대한 불신앙의 표현이
었습니다. 하나님은 사라의 웃음을 들으셨습니다.

13여호와께서 아브라함에게 이르시되 사라가 왜 웃으며 이르기를 내가 늙었거늘
어떻게 아들을 낳으리요 하느냐. 14여호와께 능하지 못한 일이 있겠느냐. 기한이
이를 때에 내가 네게로 돌아오리니 사라에게 아들이 있으리라(창 18:13-14).

사라는 분명히 '속으로' 웃었습니다. 아무도 그 웃음소리를 들을 수
없습니다. 그러나 하나님은 사라의 영혼에서 크게 울려나오는 불신앙의
비웃음 소리를 듣고 계셨습니다. 속으로 비웃는다고 하나님이 모르리라
생각하면 큰일 납니다. 하나님은 아브라함에게 말씀하십니다. "사라가
'나처럼 늙은 여자가 아이를 갖는다고?' 하면서 웃는데, 어찌 된 것이냐?

하나님이 하지 못할 일이 있느냐?"(메시지)

그런데 하나님은 지금이라도 사라를 직접 대면하여 말씀하시지, 왜 아브라함에게 계속 말씀하시는 것일까요? 물론 하나님은 사라를 겨냥하고 계십니다. 그러나 아브라함 또한 그 말씀을 들어야 합니다. 왜냐하면 아브라함도 사라와 똑같이 웃었기 때문입니다. 지금은 어떨까요? 사라처럼 속으로 웃고 있지는 않았을까요? 아니 웃지는 않는다고 하더라도 하나님의 약속을 온전히 믿지 못하고 있는 것은 아닐까요? 그래서 하나님의 계획과 약속을 알면서도 아내에게 아무런 말도 하지 못하고 있었던 아브라함도 이 말씀을 들어야 했던 것입니다.

그제야 사라는 자신의 모습을 드러냅니다.

사라가 두려워서 부인하여 이르되 내가 웃지 아니하였나이다. 이르시되 아니라. 네가 웃었느니라(창 18:15).

사라는 "웃지 않았다"라고 부인합니다. 그것은 거짓말입니다. 그 사실을 사라 자신도 알고 있고 또한 하나님도 알고 계십니다. 그런데 사람들은 왜 거짓말을 할까요? 두려움 때문입니다. 진실이 드러날까 두렵기 때문입니다. 그러나 하나님 앞에서는 그 어떤 일들도 감출 수 없습니다. 왜냐하면 하나님은 중심을 살피시는 분이기 때문입니다. 겉으로 드러내어 웃지 않았다고, 정말 웃지 않은 게 아닙니다.

어쨌든 이와 같은 하나님과의 만남은 사라에게 큰 충격으로 다가왔을 것입니다. 아들을 낳게 될 것이라는 하나님의 약속을 비웃던 사라는, 자신의 속마음을 들키고 난 후에 비로소 하나님을 믿게 되었습니다. 아브라함이 '믿음의 조상'이 되기 위해서는 물론 아브라함 자신의 믿음이 중요합니다. 흔들리지 않는 믿음, 성숙한 믿음을 가져야 합니다. 그러나 아브라함의 돕는 배필인 사라의 믿음이 또한 올바로 세워지지 않는다면,

아브라함은 결코 '믿음의 조상'이 될 수 없습니다. 후손에 대한 하나님의 약속은 성취될 수 없는 것입니다.

지금도 아브람과 사래 같은 부부들이 믿음의 공동체 안에 얼마나 많이 있는지 모릅니다. 남편은 믿음의 가장으로서 역할을 제대로 하지 못합니다. 아내에게 신앙적인 대화를 먼저 꺼내지 못합니다. 아내는 겉으로는 복종하는 척해도 속으로는 남편의 권위를 인정하려고 하지 않습니다. 서로 주도권 쟁탈전의 맞상대가 될 뿐, 진정한 의미에서 돕는 배필의 관계를 만들어가지 못합니다. 그래서 그들의 삶을 통해서 믿음의 자녀가 태어나지 못하고 있는 것입니다.

이름이 바뀌어야 합니다. 하나님 안에서 새로운 정체성을 가져야 합니다. 신앙생활에서 너무 늦은 때란 결코 없습니다. 하나님의 말씀에 귀를 기울이고 그 말씀에 순종하여 살기 시작하면, 그때가 가장 빠른 때입니다. 100세의 나이에도 얼마든지 생명의 역사가 나타날 수 있는 것입니다.

* **묵상 질문**: 나는 하나님의 말씀에 '기쁨의 웃음'으로 반응하고 있습니까?
* **오늘의 기도**: 우리는 오랜 세월동안 교회를 다니며 신앙생활 해왔습니다. 그러나 우리의 마음에 불신앙의 웃음이 가득했음을 솔직하게 고백합니다. 이 시간 우리의 중심을 살피는 하나님 앞에 회개하오니 용서해 주옵소서. 이제부터는 우리의 삶에 오직 기쁨의 웃음으로만 가득 채워질 수 있도록 성령님 우리를 다스려 주옵소서. 예수님의 이름으로 기도합니다. 아멘.

아브라함의 중보, 하나님의 구원

읽을 말씀: 창세기 18:16-19:38

새길 말씀: 아브라함이 가까이 나아가 이르되 주께서 의인을 악인과 함께 멸하려 하시나이까. 그 성중에 의인 오십 명이 있을지라도 주께서 그곳을 멸하시고 그 오십 의인을 위하여 용서하지 아니하시리이까(창 18:23-24).

사도 바울은 "내가 나 된 것은 하나님의 은혜"(고전 15:10)라고 고백했습니다. 아브라함도 역시 같은 고백을 할 수밖에 없습니다. 아브라함이 '믿음의 조상'이 될 수 있었던 것은 오직 하나님의 은혜입니다. 믿음을 은혜의 선물로 부어주셔서 하나님의 약속을 믿게 하시고 또한 실제로 그 약속을 이루어주심으로 더욱 강한 믿음을 가지고 살아가게 하시니 말입니다. 그렇습니다. 하나님을 향한 '아브라함의 열심'이 그를 믿음의 조상 되게 한 것이 아닙니다. 오히려 아브라함을 향한 '하나님의 열심'이 그를 그렇게 빚어 가십니다.

그런데 우리는 거꾸로 알고 있습니다. 우리가 열심히 신앙생활 해야 무언가 이룰 수 있다고 생각합니다. 물론 열심히 신앙생활 한다는 것이 나쁜 일은 아닙니다. 문제는 많은 경우에 그 열정이 우리를 율법주의의 함정에 빠지게 만든다는 사실입니다. 열심히 신앙 생활하지 않는 사람들을 함부로 판단하고 비난하게 된다는 겁니다. 바로 그것이 예수님 당시 바리새인들이 빠졌던 함정입니다. 그 이유가 무엇일까요? 하나님의 은혜를 놓쳐버린 탓입니다.

우리가 아브라함에게 실망하는 것도 사실 같은 이유입니다. 아브라함을 향한 하나님의 은혜는 놓쳐버리고, 오히려 우리가 가지고 있는 '믿음의 조상'에 대한 기대를 자꾸 덧씌우기 때문입니다. 우리 자신은 실제로 그렇게 살지도 못하면서 다른 사람에게는 엄격한 신앙생활의 잣대를 들이대는 못된 버릇 때문입니다. 성경을 읽을 때마다 우리는 하나님의 은혜를 발견해야 합니다. 그러지 않으면 성경의 지식이 기껏해야 다른 사람을 판단하는 '나의 의'가 될 뿐입니다.

하나님의 은혜를 경험한 사람들은 하나님처럼 너그러운 마음을 갖게 됩니다. 다른 사람들을 대할 때에 하나님의 시선과 관심으로 바라보게 됩니다. 오늘 우리가 살펴볼 말씀의 내용입니다.

또 다른 테스트

하나님 일행은 아브라함 부부와의 대화를 마치신 후에 그다음 목적지 소돔을 향하여 떠납니다.

> 그 사람들이 거기서 일어나서 소돔으로 향하고 아브라함은 그들을 전송하려 함께 나가니라(창 18:16).

아브라함은 하나님 일행이 왜 소돔을 방문하려고 하는지 그 이유를 아직 모르는 상태입니다. 단지 배웅하기 위해 함께 나선 겁니다. 그런데 배웅한다고 해서 문 앞으로 나가서 작별 인사를 하는 게 아닙니다. 한동안 그분들과 동행하여 걷는다는 뜻입니다. 처음에 하나님 일행을 맞이할 때도 그랬고, 지금 배웅할 때도 그렇고 아브라함의 태도는 아주 각별합니다. 마지막까지 지극정성입니다.

그것이 하나님의 은혜를 맛보아 아는 사람에게서 우리가 발견할 수 있는 특징입니다. 이와 같은 아브라함의 태도는 하나님의 마음까지 감동시켰습니다.

> 17여호와께서 이르시되 내가 하려는 것을 아브라함에게 숨기겠느냐. 18아브라함은 강대한 나라가 되고 천하 만민은 그로 말미암아 복을 받게 될 것이 아니냐. 19내가 그로 그 자식과 권속에게 명하여 여호와의 도를 지켜 의와 공도를 행하게 하려고 그를 택하였나니 이는 나 여호와가 아브라함에게 대하여 말한 일을 이루려 함이니라(창 18:17-19).

이것은 하나님의 독백입니다. 처음에는 소돔을 방문하는 목적을 아브라함에게 밝히실 생각이 전혀 없으셨습니다. 그러나 아브라함과의 친밀한 교제 이후에 그 생각이 바뀌셨던 것이지요. 하나님의 계획을 더이상 아브라함에게 숨길 필요가 없다고 결심하게 된 이유는 두 가지입니다.

첫 번째 이유는, 아브라함으로 말미암아 천하 만민이 복을 받게 될 것이라는 사실입니다. 하나님이 아브라함을 부르시던 장면에서 "너는 복이 될지라"(12:2b)라고 하시면서 "너를 축복하는 자에게 복을 내리고 너를 저주하는 자에게 저주하겠다"(12:3)고 약속하셨지요. 그러니까 소돔 사람들도 아브라함을 통해서 복을 받을 수 있는 기회를 주어야겠다고 생각하신 것입니다.

두 번째 이유는, 아브라함이 그의 후손들에게 하나님의 도를 지켜 올

바르게 행하며 살도록 가르치게 하기 위해서 그를 선택했다는 사실입니다. 그렇다면 소돔 사람들에게도 하나님으로부터 시작하는 인생을 살아가도록 가르칠 수 있도록 아브라함에게 기회를 주어야겠다는 것이지요.

결국 이것은 하나님이 아브라함에게 주시는 또 하나의 테스트였습니다. 하나님께 받은 소명을 실제 상황에서 어떻게 적용하는지 알아보려고 하시는 것입니다.

소돔 방문의 목적

드디어 하나님은 소돔을 방문하려고 하는 목적을 아브라함에게 밝히십니다.

> 20여호와께서 또 이르시되 소돔과 고모라에 대한 부르짖음이 크고 그 죄악이 심히 무거우니 21내가 이제 내려가서 그 모든 행한 것이 과연 내게 들린 부르짖음과 같은지 그렇지 않은지 내가 보고 알려 하노라(창 18:20-21).

소돔은 아브라함과 특별한 인연이 있는 도시였습니다. 왜냐하면 그의 조카 롯이 그곳에서 살고 있었기 때문입니다. 게다가 메소포타미아 연합국과의 전쟁이 벌어졌을 때, 아브라함이 롯을 구출하기 위해 개입했었지요. 만일 아브라함이 나서지 않았다면 아마도 많은 사람이 포로로 잡혀갔을 것입니다. 아브라함은 그때 회수한 전리품을 모두 소돔 왕에게 돌려주었지요(창 14:23).

전쟁에서 참패했을 때 소돔과 고모라 사람들이 정신을 차렸어야 했습니다. 그러나 그러지 않았습니다. 오히려 죄악이 더욱 심히 무거워졌습니다. 사람들은 소돔의 멸망을 동성애에 대한 하나님의 증오와 심판으로 설명하려고 하지만, 동성애는 소돔 사람들의 죄악 중의 일부분일 뿐입니다. 그 외에도 수많은 죄악이 소돔을 가득 채우고 있었습니다(겔 16:49).

그러나 죄악만 있었던 것이 아닙니다. 그들 중에는 '부르짖음'도 있었습니다. 메시지 성경은 '희생자들의 울부짖는 소리the cries of the victims'라고 표현합니다. 죄악이 넘쳐나는 세상에는 죄를 짓는 일에 적극적으로 나서는 사람들만 있는 것이 아닙니다. 그로 인해 고통당하는 사람들도 있게 마련입니다. 그 희생자들의 부르짖음이 있었던 것입니다. 그 부르짖음을 들으시고 하나님께서 직접 확인하러 내려가시겠다는 겁니다.

여기에서 우리가 분명히 해두어야 할 것은, 하나님이 소돔을 어떻게 처리하실지 아직 아무것도 정해놓지 않으셨다는 사실입니다. 그냥 가서 보시겠다고 하십니다. 소돔에는 죄인들도 있었지만 희생자도 있었습니다. 악인들도 있었지만 아마 의인들도 있을 겁니다. 자, 이런 상황에서 과연 하나님은 어떻게 하셔야 할까요? 그들을 심판하셔야 할까요? 아니면 구원하셔야 할까요.

이것이 하나님이 아브라함에게 던지신 질문입니다. "너 같으면 어떻게 하겠냐?"는 것이지요. 하나님의 소명을 받은 자로서, 이 땅에 하나님의 뜻을 이루어갈 자로서, "이런 경우에 너는 어떻게 할 것인가?" 묻고 계시는 것입니다.

아브라함의 중보

바로 이 대목에서 그 유명한 아브라함의 중보仲保 이야기가 나옵니다.

22그 사람들이 거기서 떠나 소돔으로 향하여 가고 아브라함은 여호와 앞에 그대로 섰더니 23아브라함이 가까이 나아가 이르되…(창 18:22-23a).

여기에서 '그 사람들'은 하나님의 일행 중 '두 천사'를 가리킵니다. 그들은 먼저 소돔으로 내려갑니다. 그리고 하나님과 아브라함만 뒤에 남아 있게 되었습니다. 그러자 아브라함은 하나님께 가까이 나아갑니다. 이제 둘 사이에 어떤 진지한 대화가 진행될 것을 예고하는 몸짓입니다.

> 23··· 주께서 의인을 악인과 함께 멸하려 하시나이까. 24그 성중에 의인 오십 명이 있을지라도 주께서 그곳을 멸하시고 그 오십 의인을 위하여 용서하지 아니하시리이까. 25주께서 이같이 하사 의인을 악인과 함께 죽이심은 부당하오며 의인과 악인을 같이 하심도 부당하니이다. 세상을 심판하시는 이가 정의를 행하실 것이 아니니이까(창 18:23b-25).

아브라함의 논지는 두 가지입니다. 하나는 의인을 악인과 함께 멸망시키는 것은 공평하지 않다는 것입니다. 그리고 다른 하나는 만일 의인 50명이 있다면 그들로 인해서 소돔을 용서하는 것이 옳다는 것입니다. 표면적으로는 아브라함이 하나님께 묻는 형식으로 되어 있지만, 이것은 사실 하나님의 질문에 대한 아브라함의 답변입니다. "나라면 이렇게 하겠습니다"라고 대답하고 있는 것이지요.

아브라함의 답변에 하나님도 동의하십니다.

> 여호와께서 이르시되 내가 만일 소돔 성읍 가운데에서 의인 오십 명을 찾으면 그들을 위하여 온 지역을 용서하리라(창 18:26).

당시 소돔의 인구가 얼마나 되었는지 우리는 잘 모릅니다. 얼마나 되었든 전체 인구에 비하면 50명은 아주 극소수였을 것입니다. 소수의 의인을 위해서라도 다수의 죄인이 사는 '온 지역'을 용서하시겠다는 것이 하나님의 마음입니다. 이와 같은 하나님의 마음은 이미 노아와 맺은 '무지개 계약'을 통해서 드러났습니다. 죄를 벌로 다스리는 심판보다는 사랑과 용서를 통한 구원으로 무게 중심을 이미 옮기셨지요.

바로 이 대목이 아브라함으로서는 하나님의 테스트에 처음으로 합격하는 영광스러운 순간입니다. 아브라함은 하나님의 마음을 잘 읽었습니다. 실제로 그것이 그의 솔직한 마음이기도 했습니다. 아마도 조카 롯이 소돔에 살고 있었기 때문에 더더욱 그런 마음을 가지게 되었는지 모릅니다. 그러나 심판보다 구원을 먼저 생각하는 것이 천하 만민에게 복이 되도록 부름 받은 자로서 마땅히 품어야 할 태도입니다. '판단'과 '정죄'보다는 '회복'과 '구원'에 초점을 맞추어야 합니다. 이제부터 '믿음의 조상'으로서 아브라함은 그와 같은 삶의 태도를 후손에게 가르쳐야 할 것입니다.

그런데 문득 아브라함의 마음에 걱정이 생겼습니다. 만일 의인 50명이 없다면 그때는 어떻게 하지요? 아브라함은 의인의 숫자를 조금씩 깎기 시작합니다. 처음에는 다섯 명을 줄이고 또 다섯 명을 줄입니다. 그 다음에 열 명을 줄이고 하다가 마지막에는 의인 10명에 다다랐습니다.

아브라함이 또 이르되 주는 노하지 마옵소서. 내가 이번만 더 아뢰리이다. 거기서 십 명을 찾으시면 어찌 하려 하시나이까. 이르시되 내가 십 명으로 말미암아 멸하지 아니하리라(창 18:32).

처음과 비교하면 5분의 1로 줄어든 것입니다. 그러나 하나님은 아브라함의 걱정처럼 그에게 노하지 않으셨습니다. 오히려 한 사람이라도 더 구원하기 위하여 염치불구하고 간구하는 아브라함의 모습을 더 귀하게 여기셨습니다. 이제 아브라함을 믿음의 조상으로 불러도 손색이 없을 것이라 생각하셨는지도 모릅니다.

소돔의 죄악

문제는 소돔의 죄악이 아브라함의 생각보다 훨씬 더 심각한 상태에 있었다는 사실입니다. 단 10명의 의인도 찾아볼 수 없었던 것입니다. 무엇보다도 성적인 타락이 그 도를 넘었습니다. 그것은 사람의 모습을 한 두 천사가 롯의 집에 머물던 첫날 저녁에 바로 드러납니다.

4그들이 눕기 전에 그 성 사람 곧 소돔 백성들이 노소를 막론하고 원근에서 다 모여 그 집을 에워싸고 5롯을 부르고 그에게 이르되 오늘 밤에 네게 온 사람들이 어디 있느냐. 이끌어내라. 우리가 그들을 상관하리라(창 19:4-5).

여기에서 '그 성 사람'을 정확하게 표현하면 '그 성 남자들the men of the city' 입니다. '노소를 막론하고' 즉 노인이든 젊은이든 할 것 없이 소돔에 살고 있는 모든 남자가 롯의 집에 몰려온 것입니다. 우리말 '원근에서'로 번역된 히브리어를 직역하면 '끝에서from the end'가 됩니다. 이것은 소돔 성의 '가장 먼 곳에서'라는 뜻도 있지만, '마지막 사람까지to the last man'라는 뜻도 있습니다. 이 표현대로 하자면 소돔 성 안에 살고 있는 모든 남자들이 지금 다 모여온 것입니다. 그래서 롯의 집을 에워싸고 있는 모습입니다.

그들의 요구는 오직 하나입니다. 롯의 집에 머무는 두 사람을 내놓으라는 것입니다. 그다음 말이 충격적입니다. "우리가 그들을 상관하리라." 여기에서 우리말 '상관하다'로 번역된 히브리어는 '야다yada' 동사입니다. 이것은 본래 '안다know'라는 의미를 가지고 있지만, 성관계sex를 에둘러서 표현할 때 사용하는 말이기도 합니다(창 4:1). 그러니까 롯의 집에 유숙한 두 사람(남자)과 성관계를 맺겠다고 소돔에 있는 남자들이 젊은이 노인 할 것 없이 한 사람도 빠짐없이 모두 몰려온 것입니다.

바로 여기에서 'sodomite소도마이트'라는 말이 나왔습니다. 본래는 '소돔 사람'을 가리키는 말이었지만 '남색자男色者'라는 의미로 사용되고 있습니다. 그만큼 소돔 사람들의 문화가 완전히 남색男色으로 물들어있었던 것이지요. 그들은 이성異性에 대해서는 매력을 느끼지 못했습니다. 롯이 자기 딸들을 내어주겠다고 해도 막무가내였습니다(19:9). 오히려 분위기가 더욱 험악해져서 마침내 폭동이 일어나게 되었고, 천사들은 소돔 사람들의 눈을 모두 어둡게 만들어버릴 수밖에 없었습니다.

이와 같은 상황이라면 소돔에서 의인 열 명을 찾아볼 수 없음이 분명해졌습니다. 그런데 하나님께 부르짖던 사람들은 지금 어디에 있는 것일까요? 여기에서 우리는 '남색자'가 처음에는 '피해자'였다가 후에는 '가해자'가 된다는 사실을 이해할 필요가 있습니다. 피해자이면서 동시에 가해자가 되는 것이지요. 죄로 인해 고통을 당하다가 오히려 죄를 즐기는 그런 사람들이 되는 것입니다. 이와 같은 소돔 사람들과 구분되는 한 사람이 있었습니다. 그는 바로 롯입니다. 아마도 롯 혼자 마지막까지 하나님께 부르짖었는지도 모릅니다.

어쨌든 하나님의 선택은 이제 하나입니다. 소돔 사람들을 멸망시키는 일만 남았습니다. 앞에서 우리가 살펴본 대로 처음부터 그러실 계획은 아니었습니다. 아무것도 정해놓지 않으셨습니다. 어떻게든 심판하지 않아야 될 이유를 찾으려고 하셨습니다. 그러나 이제는 오히려 반드시 심판하지 않으면 안 될 이유를 찾으신 것입니다.

구원의 기회

하나님의 심판은 기정사실이 되었습니다. 그래도 천사들은 심판에 앞서 구원받아야 할 사람들을 먼저 찾습니다.

그 사람들이 롯에게 이르되 이 외에 네게 속한 자가 또 있느냐. 네 사위나 자녀나

성 중에 네게 속한 자들을 다 성 밖으로 이끌어내라(창 19:12).

우선 '롯'에게 주목합니다. '롯'이 의인이었기 때문일까요? 아닙니다. 의인이라고 말하기에는 그의 삶이 참 부끄럽습니다. 그가 정말 의인이었다면 죄악으로 물 들어 있는 소돔에서 이렇게 머물지는 않았을 것입니다. 롯은 의인이 아닙니다. 그것은 분명한 사실입니다. 그렇지만 그에게 구원받을 기회가 주어졌습니다. 그 이유가 무엇인가요? 아브라함의 중보 때문이었습니다.

> 하나님이 그 지역의 성을 멸하실 때 곧 롯이 거주하는 성을 엎으실 때에 하나님이 아브라함을 생각하사 롯을 그 엎으시는 중에서 내보내셨더라(창 19:29).

여기에서 "생각하셨다"는 "기억하셨다"(God remembered Abraham)라는 뜻입니다. 한 사람이라도 더 구원하기 위하여 염치불구하고 간구했던 아브라함의 애씀을 하나님은 기억하고 계셨던 것입니다. 그래서 롯이 구원을 받게 된 것입니다. 하나님의 심판으로부터 구원받을 수 있는 당연한 자격을 갖춘 사람은 이 세상에 한 사람도 없습니다. 오직 하나님의 은혜로 구원받을 수 있는 기회를 얻을 뿐입니다.

만일 롯에게 구원의 기회가 주어진다면, '롯에게 속한 자'에게도 주어집니다. 가장 가까운 관계에 있는 사람들에게도 하나님의 심판을 피할 수 있는 기회가 주어지는 것입니다.

> 롯이 나가서 그 딸들과 결혼할 사위들에게 말하여 이르기를 여호와께서 이 성을 멸하실 터이니 너희는 일어나 이곳에서 떠나라 하되 그의 사위들은 농담으로 여겼더라(창 19:14).

그러나 이곳을 떠나야 한다는 롯의 경고를 사위들은 '농담'으로 여겼습니다. 하나님을 믿지 않던 사람들이 어느 날 갑자기 믿음을 갖게 되는 일은 생기지 않습니다. 결국 롯은 아내와 두 딸만 데리고 나올 수밖에 없었습니다. 그리고 롯 자신도 마지막 순간까지 주저했습니다.

> 15동틀 때에 천사가 롯을 재촉하여 이르되 일어나 여기 있는 네 아내와 두 딸을 이끌어 내라. 이 성의 죄악 중에 함께 멸망할까 하노라. 16그러나 롯이 지체하매 그 사람들이 롯의 손과 그 아내의 손과 두 딸의 손을 잡아 인도하여 성 밖에 두니 여호와께서 그에게 자비를 더하심이었더라(창 19:15-16).

천사들의 재촉을 받으면서도 롯은 어찌된 일인지 자꾸 지체했습니다. 메시지 성경은 "Lot was dragging his feet"라고 표현합니다. 발을 질질 끌면서 꾸물거렸다는 것입니다. 무엇에 그렇게도 미련이 많이 남았던 것일까요? 결국 천사들이 직접 손을 잡아서 그들을 성 밖으로 이끌어 내야 했습니다. 마치 구원받고 싶어 하지 않는 것처럼 보입니다. 그런데 하나님이 억지로 그들을 구원해주신 것이지요.

이를 가리켜 성경은 "여호와께서 그에게 자비를 더하심이었다"라고 표현합니다. 하나님은 어떻게든 롯의 가족을 구원하고 싶으셨던 것입니다. 소돔에서 구원받을 사람을 한 사람이라도 만들고 싶으셨던 것입니다. 그래서 그들이 구원받게 된 것입니다. 하나님의 은혜가 아니면 한 사람도 구원받을 수 없습니다.

소돔과 고모라를 유황불로 엎어 멸하는 것은 사실 하나님에게 너무나 쉬운 일입니다. 그러나 한 가정을 구원해내는 것은 이토록 힘든 일입니다. 게다가 롯의 아내는 어떻게 되었습니까? 뒤를 돌아보다가 소금 기둥이 되고 말았지요(19:26). 결국 소돔에서 구원받은 사람은 롯과 두 딸이 전부였던 것입니다.

그렇다면 우리는 이 사건을 무엇으로 규정해야 할까요? 많은 사람은 이 사건을 '하나님의 심판'으로 규정하려고 합니다. 특히 동성애자들에 대한 혐오를 정당화하는 본보기로 삼으려고 합니다. 이 이야기는 그렇게 읽으면 안 됩니다. 하나님의 관심은 '심판'이 아니라 '구원'에 있기 때문입니다. 죄에 대해 벌을 내리는 일이 아니라, 은혜로 구원하는 일에 하나님은 더욱 열심을 품으시기 때문입니다.

이 이야기에서 우리가 놓치지 말아야 할 것은 하나님의 마음과 아브라함의 마음이 일치하고 있다는 사실입니다. 똑같이 닮아있습니다. 어떻게든 구원받을 자를 한 사람이라도 더 구원해내려고 합니다. 하나님이 소돔에 가신 이유는 심판하기 위해서가 아닙니다. 구원받을 자를 구원하기 위해서였습니다. 그래서 롯과 두 딸이 구원을 받게 된 것입니다.

따라서 우리는 이 사건을 '하나님의 심판'이 아니라 '하나님의 구원'이라고 불러야 하는 것입니다. 그 일을 위해서 하나님은 아브라함을 '믿음의 조상'으로 삼으셨습니다. 그리고 그 일을 위해서 앞으로 아브라함과 그의 후손들을 사용하실 것입니다. 또 그 일에 동참하라고 하나님이 우리를 불러주신 것입니다.

* **묵상 질문**: 나에게 속한 자들은 모두 구원을 받았습니까?
* **오늘의 기도**: 우리에게도 하나님의 마음이 품어질 수 있게 하옵소서. 한 사람이라도 더 구원하기 위해 독생자를 내어주시는 그 애절한 사랑의 마음이 느껴지게 하옵소서. 이제부터 하나님의 시선과 관심으로 사람들을 바라보게 하옵소서. 구원받을 자를 위한 중보를 멈추지 않게 하옵소서. 예수님의 이름으로 기도합니다. 아멘.

창세기 묵상 21

반복되는 실수, 하나님의 일하심

읽을 말씀: 창세기 20:1-18

새길 말씀: 아브라함이 이르되 이곳에서는 하나님을 두려워함이 없으니 내 아내로 말 미암아 사람들이 나를 죽일까 생각하였음이요, 또 그는 정말로 나의 이복 누이로서 내 아내가 되었음이니라(창 20:11-12).

앞에서 우리는 롯과 두 딸이 구원받는 이야기를 살펴보았습니다. 공의의 하나님은 심판받을 자를 반드시 심판하시지만, 사랑의 하나님은 또한 구원받을 자를 어떻게든 구원하십니다. 문제는 소돔과 고모라의 경우처럼 이 세상에는 구원받을 자들이 그렇게 많지 않다는 사실입니다. 게다가 구원받은 사람들도 그냥 그때뿐이지, 그들의 인생을 '하나님으로부터 시작하는 삶'으로 완전히 돌이키지는 않는다는 사실입니다.

롯의 아내는 뒤를 돌아보다가 소금 기둥이 되었습니다. 롯도 마지막 순간까지 주저했습니다. 뒤에 남겨두고 오는 것에 그만큼 미련이 많았다는 뜻입니다. 그는 아브라함의 중보 덕분에 가까스로 유황불의 재앙으로부터 구원을 받기는 했지만, 그 구원은 '부끄러운 구원'이 되고 말았습니다.

그것은 마치 고린도교회에 보낸 편지에서 바울이 말한 것과 같습니다.

> 누구든지 그 공적이 불타면 해를 받으리니 그러나 자신은 구원을 받되 불 가운데서 받은 것 같으리라(고전 3:15).

꼭 롯을 두고 말할 것처럼 들리지 않습니까? 유황불 가운데서 구원받기는 했지만, 그에게 남은 것이 별로 없습니다. 특별히 믿음의 사람이라는 증거를 보여줄 만한 게 아무것도 없습니다. 실제로 롯은 약속의 땅으로 돌아오지 않았습니다. 오히려 두 딸과 함께 소돔 가까운 굴에 거주하다가, 그만 근친상간近親相姦의 죄를 범하고 말았습니다. 아버지가 딸들을 임신시킨 것입니다(19:36). 물론 성경은 딸들이 그 일을 주도적으로 모의한 것으로 기록하고 있지만, 롯에게는 두고두고 부끄러운 일이 되고 말았습니다.

그렇게 해서 '모압'과 '벤암미'가 태어납니다. 그들은 롯에게는 아들이며 동시에 손자들인 셈입니다. 후에 그들은 각각 큰 민족을 이루었고, 모압과 암몬의 조상이 되었습니다(창 19:37-38). 그러나 그 민족들은 출애굽 당시에 이스라엘 백성들의 갈 길을 가로막는 자들로 등장합니다. 그 후의 역사를 통해서 두고두고 이스라엘을 대적하는 세력으로 남게 됩니다. 그것은 하나님의 은혜로 구원받기는 했지만 하나님의 백성으로 온전히 빚어지지 못했던 롯으로부터 모두 시작된 일입니다.

따라서 유황불의 심판으로부터 구원받았다는 것이 전부가 아닙니다. 하나님의 백성으로 빚어져야 합니다. '하나님의 백성'이 되지 않는다면 결국 '하나님을 대적하는 백성'이 될 뿐입니다. 아브라함이 믿음의 조상이 되도록 부르심을 받았다는 것이 전부가 아닙니다. 실제로 그것에 어울리는 모습으로 빚어져야 합니다. 그 때문에 하나님은 아브라함을 계속 테스트하고 계시는 것입니다.

데자뷰 테스트

바로 직전의 테스트에서 아브라함은 처음으로 합격점수를 받았지요. 하나님의 마음을 품게 된 것이 합격의 비결이었습니다. 그러나 아직 안심할 단계는 아닙니다. 하나님은 아브라함에게 또 다른 테스트를 준비하고 계십니다. 그런데 이번에는 과거에 한 번 받았던 테스트의 데자뷰deja vu였습니다. 말하자면 같은 문제로 또 다시 시험을 치르게 된 것이지요. 그러면 당연히 더 좋은 점수가 나와야 합니다. 과연 그렇게 되었을까요?

> 1 아브라함이 거기서 네게브 땅으로 옮겨가 가데스와 술 사이 그랄에 거류하며
> 2 그의 아내 사라를 자기 누이라 하였으므로 그랄 왕 아비멜렉이 사람을 보내어
> 사라를 데려갔더니…(창 20:1-2).

지난번 이집트에서 올라온 후에 아브람은 헤브론에 정착하여 거기에서 20년 이상 살았습니다. 그런데 무엇 때문인지 '네게브Negeb' 땅으로 옮겨갑니다. '네게브'는 팔레스타인의 남방 지역을 가리키는 말입니다(12:9). 그러니까 헤브론보다 더 남쪽으로 내려갔다는 뜻입니다. 그러다가 '그랄Gerar'에 가서 한동안 체류하며 지내게 되었습니다. 당시 이곳에는 블레셋 사람들이 살고 있었습니다(21:32). 바로 여기에서 이집트의 데자뷰 사건이 일어난 것입니다.

아브라함은 그의 아내 사라를 '누이'라고 합니다. 그리고 그랄 왕 아비멜렉이 사라를 데려갑니다. 25년 전 가나안 땅에서 살기 시작하던 초창기에 기근을 피해서 이집트로 내려갔을 때와 완전히 똑같은 상황입니다.

그런데 이 사건은 상식적으로 잘 이해가 되지 않습니다. 우선 거주지

를 그랄로 옮겨야 했던 이유가 분명하지 않습니다. 나중에 아브라함의 아들 이삭도 똑같은 일을 겪게 되는데(26장), 그때에는 흉년이 그랄로 내려간 이유였습니다. 지금은 그럴만한 상황이 아닙니다. 어떤 사람들은 소돔이 멸망당하는 것을 보고 충격을 받아서 거기로부터 가능한 한 더 먼 곳으로 거주지를 옮겼다고 주장합니다. 그러나 그 주장에는 아무런 근거도 설득력도 없습니다.

무엇보다도 아브라함이 똑같은 실수를 반복하고 있다는 것이 잘 이해가 되지 않습니다. 왜냐하면 아브라함은 25년 전과 똑같은 사람이 아니기 때문입니다. 오랜 세월동안 그는 하나님으로부터 훈련을 받았습니다. 지난번 시험에는 하나님의 마음에 흡족한 성적으로 통과하기도 했습니다. 게다가 아브라함은 이제 100세를 앞두고 있고, 사라는 90세를 바라보고 있는 나이입니다. 굳이 부부 사이를 숨길 이유가 없습니다. 사라에게서 성적인 매력을 느낄 사람이 아무도 없기 때문입니다.

더욱 이해가 되지 않는 것은 그래도 그랄 왕 아비멜렉이 사람을 보내 사라를 데려갔다는 사실입니다. 어떤 사람들은 아비멜렉이 아브라함의 세력을 견제하기 위한 정치적인 목적으로 사라를 인질로 잡아갔을 것이라고 설명합니다. 그러나 그는 분명히 사라를 후처로 삼기 위해서 데려갔습니다(20:4). 물론 25년 전에 이집트에서 하나님이 그러셨던 것처럼, 아비멜렉의 눈을 멀게 만드셨을 수도 있습니다. 그의 눈에 90살 된 할머니를 30대의 젊은 아낙처럼 보이게 만드셨을 수도 있었겠지요.

그런데 그런다고 해서 하나님이 아브라함에게 무얼 더 가르칠 것이 있겠습니까? 지난번에는 '기근의 테스트'였습니다. 먹을 것이 없다는 이유로 하나님의 약속을 기다리지 못하고 살 길을 찾아서 약속의 땅을 훌쩍 떠났지요. 그것 때문에 아브라함에게 가르칠 교훈이 분명히 있었습니다. 그렇지만 지금은 그럴 상황이 아닙니다. 비록 당시 그랄에 블레셋 사람이 살고 있었지만 그곳도 엄연히 하나님이 약속하신 가나안에 속한 땅이었기 때문입니다.

그렇다면 무엇입니까? 아브라함의 인간적인 상황에서 그 이유를 찾을 수 없다면, 우리는 하나님에게서 그 이유를 찾아야 합니다. 인간적인 요인the human factor이 아니라 하나님의 요인the God factor에 관심을 가지고 이 사건을 들여다보아야 합니다. 어떤 이유에서인지 하나님이 아브라함과 사라를 그랄로 인도해 가신 것입니다.

아비멜렉의 변명

우선 오늘 본문에서 사실 관계를 확인하는 '팩트 체크fact check'부터 시작해보아야 하겠습니다. 사라의 나이는 일단 문제 삼지 않더라도, 아비멜렉은 정말 사라에게 남편이 없었다고 생각했을까요?

3그 밤에 하나님이 아비멜렉에게 현몽하시고 그에게 이르시되 네가 데려간 이 여인으로 말미암아 네가 죽으리니 그는 남편이 있는 여자임이라. 4아비멜렉이 그 여인을 가까이 하지 아니하였으므로 그가 대답하되 주여 주께서 의로운 백성도 멸하시나이까. 5그가 나에게 이는 내 누이라고 하지 아니하였나이까. 그 여인도 그는 내 오라비라 하였사오니 나는 온전한 마음과 깨끗한 손으로 이렇게 하였나이다(창 20:3-5).

그날 밤에 하나님이 아비멜렉의 꿈에 나타나서 말씀하셨습니다. "너는 이제 죽은 목숨이다. 네가 데려온 여인은 남편이 있는 여인이다"(메시지). 그러자 아비멜렉은 그 사실을 몰랐다고 하면서 자신에게는 죄가 전혀 없다고 강변합니다. 왜냐하면 아브라함이 사라를 '내 누이my sister'라고 말했고, 사라도 아브라함을 '내 오라비my brother'라고 했기 때문이랍니다. 과연 그의 말이 사실이었을까요?

실제로 나중에 아비멜렉이 아브라함에게 이 일을 따져 묻는 장면에서, 그의 주장이 사실임이 드러납니다.

> 하나님이 나를 내 아버지의 집을 떠나 두루 다니게 하실 때에 내가 아내에게 말하기를 이후로 우리의 가는 곳마다 그대는 나를 그대의 오라비라 하라. 이것이 그대가 내게 베풀 은혜라 하였었노라(창 20:13).

아브라함은 '아버지의 집을 떠나던 장면'으로 거슬러 올라가서 이야기합니다. 다시 말해서 하나님의 부르심을 받고 고향 우르를 떠날 때부터, 아브라함과 사라는 '오라비'와 '누이'로 부르기로 서로 약속했었다는 것입니다. 그러니까 그동안 공개적인 자리에서는 '오라비'와 '누이'였고, 사적인 자리에서만 '남편'과 '아내'였던 것이지요.

물론 아브라함이 사라에게 그렇게 요구한 이유는 죽음에 대한 두려움 때문이었습니다. "내 아내로 말미암아 사람들이 나를 죽일까 생각하였음이요…"(20:11). 그래서 아브라함은 사라가 자기를 '오라비'라 불러주는 것을 자기 목숨을 살려주는 '은혜'를 베푸는 것으로 생각했던 것입니다. 그때부터 시작된 오랜 습관을 100세를 앞두고 있는 지금까지도 그대로 간직하고 있었던 것이지요. 그렇다면 아비멜렉의 말이 맞습니다. 그는 사라에게 남편이 없었다고 생각했습니다.

그러나 아무리 그렇다고 하더라도, 남편이 있는 여자를 데려오는 것은 죽을죄가 되고, 남편이 없는 여자를 그렇게 자기 마음대로 데려오는 것은 전혀 죄가 되지 않을까요? 아비멜렉은 '온전한 마음' '깨끗한 손' 운운하면서 변명하고 있지만, 사실은 권력자들의 추악한 횡포요 죄악입니다. 그것은 아브라함의 말처럼 '하나님을 두려워함이 없는'(20:11) 세상이기에 가능한 악행입니다. 하나님이 통치하는 나라, 하나님을 경외하는 백성들에게서는 결코 있을 수 없는 일입니다.

그렇다고 해서 아브라함이 사라에게 '오라비'라고 부르게 한 것을 정당화할 수는 없는 일입니다. 그것은 자기 목숨을 보존하기 위해서 아내는 어떻게 되어도 괜찮다고 생각하는 아주 비겁한 행동입니다. 게다가 그는 고향을 떠날 때 혈연과 지연이라는 '인간의 보호영역'을 떠나서 '하나님의 보호 영역'으로 들어오라는 하나님의 초대를 받은 사람입니다. 그런데 앞에서는 "믿습니다!" 하면서 뒤로는 인간적인 방법으로 '살 궁리'를 하고 있었다는 뜻이 됩니다.

그 못된 버릇을 25년의 세월이 흐른 지금까지도 고치지 못하고 있었던 것입니다. 그래서 데자뷰 테스트에 실패하고 만 것이지요. 이제는 아브라함을 '믿음의 조상'으로 인정할 수 있으리라는 희망을 품던 우리에게 큰 실망을 안겨주는 사건이 아닐 수 없습니다.

아비멜렉의 의도

또 다른 팩트 체크가 필요합니다. 아비멜렉은 왜 사라를 데려갔을까요? 사라의 미모에 반했기 때문일까요? 아니면 무슨 다른 이유가 있었을까요? 하나님께서 아비멜렉에게 하신 말씀에서 그 실마리를 찾을 수 있습니다.

하나님이 꿈에 또 그에게 이르시되 네가 온전한 마음으로 이렇게 한 줄을 나도 알았으므로 너를 막아 내게 범죄하지 아니하게 하였나니 여인에게 가까이하지 못하게 함이 이 때문이니라(창 20:6).

여기에서 아비멜렉이 어떤 정치적인 의도로 사라를 데려온 것이 아니라는 사실이 분명해집니다. 우리가 도무지 이해할 수 없는 일이기는 하지만, 그는 분명히 사라를 '여인'으로 생각했습니다. 그러니까 잠자리를 같이 하려고 데려왔는데, 하나님이 그 일을 막으셨던 것이지요. 그러고 보니까 아비멜렉이 첫날밤에 곯아떨어진 것(20:2)도 하나님이 개입하신 일이었습니다. 마치 횃불 계약을 맺는 장면에서 아브라함에게 '깊은 잠'이 임한 것과 비슷합니다.

그러면서 하나님은 아주 중요한 말씀을 선포하십니다.

> 이제 그 사람의 아내를 돌려보내라. 그는 선지자라. 그가 너를 위하여 기도하리니 네가 살려니와 네가 돌려보내지 아니하면 너와 네게 속한 자가 다 반드시 죽을 줄 알지니라(창 20:7).

하나님은 아브라함을 '선지자'라고 부르십니다. "그는 선지자라"(He is a prophet). 구약성경 최초로 '선지자'라는 말이 언급되고 있는 대목입니다. 사실 '선지자'先知者나 '예언자'豫言者는 이에 해당하는 히브리어 '나비'nabi의 적절한 번역이라고 할 수 없습니다. 왜냐하면 성경에서 '나비'는 앞일을 미리 알고 있거나 미리 말해주는 점쟁이 같은 사람이 아니기 때문입니다. 오히려 '대언자'代言者라고 하는 것이 더 정확합니다(출 7:1). 하나님을 대신하여 말하는 사람이라는 뜻입니다. 영어로는 'a speaker' 또는 'a spokesman'이 가장 잘 어울리는 말입니다.

그러니까 하나님은 자신을 대신하여 말하는 '대언자'로 아브라함을 아비멜렉에게 지금 소개하고 있는 것입니다. 그러면서 "그가 너를 위하여 기도하면 네가 살 것이라"(He will pray for you and you will live)라고 하십니다. 그냥 사라를 무사히 돌려보내면 아무 문제가 없을 것이라는 말이 아닙니다. 아브라함이 하나님의 대언자로서 아비멜렉을 위하여 반드시 기도해야 한다는 것입니다. 기도하면 살아나겠지만, 만일 기도하지 않으면 아비멜렉뿐만 아니라 그의 집안 모든 사람이 죽게 될 것이라는 말씀입니다.

여기에서 우리는 아비멜렉과 그의 집안에 어떤 심각한 문제가 있었다는 사실을 짐작하게 됩니다. 그것이 무엇이었을까요? 실제로 아브라함이 아비멜렉을 위해서 기도하는 장면에서 우리는 그 대답을 얻게 됩니다.

17아브라함이 하나님께 기도하매 하나님이 아비멜렉과 그의 아내와 여종을 치료하사 출산하게 하셨으니 18여호와께서 이왕에 아브라함의 아내 사라의 일로 아비멜렉의 집의 모든 태를 닫으셨음이더라(창 20:17-18).

아브라함이 기도했더니 무슨 일이 벌어졌습니까? 아비멜렉과 그의 아내와 여종들을 하나님이 치료하셔서 모두 출산할 수 있게 하셨습니다. 무슨 이야기입니까? 그동안 아비멜렉 집안에서는 그 누구도 아이를 갖지 못했었다는 이야기입니다. 그 집안의 모든 여인이 심각한 불임의 문제를 가지고 있었던 것입니다. 그렇게 하신 분이 누구십니까? 하나님입니다. 하나님이 그렇게 하셨습니다. 하나님께서 아비멜렉 집의 모든 태를 닫으셨던 것입니다.

그 이유가 무엇입니까? '아브라함의 아내 사라의 일'(because of Abraham's wife Sarah) 때문입니다. 그런데 사람들은 이 말씀을 '아비멜렉이 사라를 데려간 일'로 자꾸 해석하려고 합니다. 그러니까 아비멜렉의 죄에 대한 징벌로 하나님께서 아비멜렉 집의 모든 태를 닫는 저주를 내리셨다는 식이지요. 아닙니다! 제가 누누이 말씀드려왔지만, 이제부터 우리는 하나님을 그렇게 저주하고 심판하는 분으로 보면 안 됩니다. 하나님은 구원하고 회복하는 일에 집중하는 분이십니다.

만에 하나 아비멜렉이 사라를 데려간 후에 하나님이 이 벌을 내리셨다고 한번 가정해봅시다. 그렇다면 불임의 저주가 진행되고 있다는 사실을 여인들이 언제 알게 되었을까요? 자신들이 임신하지 못한다는 것은 금방 알 수 있게 되는 일이 아닙니다. 적어도 몇 달, 혹은 몇 년이 지나가야 알게 되는 일입니다. 사라를 데려온 것이 바로 어제 일인데, 오늘 불임의 벌을 받고 있다는 걸 알 수 있었을까요? 그것은 앞뒤가 맞지 않는 말입니다.

여기에서 우리는 '이왕에'라는 말에 주목해야 합니다. 이것은 '이미 오래전에'라는 뜻입니다. 그러니까 아비멜렉이 사라를 데려가기 오래전부터 그의 집안 전체에 이미 불임不姙이라는 심각한 문제가 있었다는 이야기입니다. 그런데 그 일을 누가 행하셨다고요? 하나님이 행하셨습니다. 그 이유가 누구 때문이라고요? 아브라함의 아내 사라 때문입니다.

사라가 어땠는데요? 사라도 '불임 여성'이었습니다. 하나님의 약속이 이루어지려면, 이제 사라도 곧 임신해야 합니다. 그래야 약속의 자녀가 태어날 수 있습니다. 바로 그 사라 때문에 하나님은 아비멜렉 집안의 모든 여인들의 태를 닫으셨다는 것입니다. 그리고 아브라함이 하나님께 기도하게 하신 것입니다. 그 기도에 응답하셔서 아비멜렉 집안의 모든 태를 여셨습니다. 불임을 치료하셔서 출산할 수 있게 하신 것입니다. 아이를 생산하지 못하면 그 집은 죽는 일만 남은 것입니다. 그런데 이제 그들이 모두 살아날 수 있게 된 것입니다.

다시 처음 질문으로 돌아갑니다. 그렇다면 아비멜렉은 왜 사라를 데려갔을까요? 아이를 낳아줄 여인이 필요했기 때문입니다. 자기 집안 여인 중에서는 아이를 가질 수 있는 사람이 하나도 없었기 때문입니다. 그런데 아비멜렉은 어떻게 90세 먹은 할머니가 아이를 가질 수 있을 것이라 생각했을까요? 우리는 모릅니다. 그것은 하나님이 일하시는 신비입니다. 아비멜렉의 눈을 멀게 하셨을 수도 있고, 사라를 실제 나이보다 훨씬 더 젊고 건강하게 바꾸셨을 수도 있습니다. 중요한 것은 이 모든 일의 배경에 하나님의 일하심이 있었다는 사실입니다.

기도하는 사람

아브라함은 하나님의 테스트에 또다시 실패하고 말았습니다. 그렇게 나이를 많이 먹었음에도 그렇게 오랫동안 믿음의 조상으로 훈련을 받아 왔음에도 죽음을 두려워하는 비겁함은 극복하지 못한 상태였습니다. 아내를 누이라고 속이는 잘못된 구습(舊習)을 여전히 버리지 못하고 있었습니다. 그래서 데자뷰 테스트에 실패하고 만 것이지요.

그러나 결과적으로 하나님은 아브라함의 실패를 통해서도 하나님의 약속이 이루어질 수 있는 새로운 길을 열어주셨습니다. 그것이 무엇입니까? 아브라함을 하나님의 대언자로서 '기도하는 사람'으로 만드신 것입니다. 그의 기도에 응답해주심으로써 불임으로 고통 받고 있던 아비멜렉 집안의 여인들이 모두 아이를 가질 수 있게 해주신 것입니다.

그렇다면 이제부터 아브라함이 해야 할 일이 무엇이겠습니까? 하나님이 약속해주신 대로 아내 사라가 내년 이맘때에 아이를 낳으려면, 아브라함이 무엇을 해야 할까요? 기도해야지요! 사라의 닫혀있는 태를 활짝 열어달라고 하나님께 기도해야지요! 그래서 하나님이 그 놀라운 증거를 미리 보여주신 것입니다. 아비멜렉 집안의 그 많은 간증 거리를 직접 목격하게 하신 것입니다.

아브라함은 하나님께 열심히 '예배하는 사람'이었습니다. 가는 곳마다 제단을 쌓고 번제를 드렸습니다. 그러나 '기도하는 사람'은 아니었습니다. 하나님께서 '후손에 대한 약속'을 주셨을 때, 그것이 이루어지기 위해서 인간적인 방법을 찾아본 적은 있어도 기도한 적은 없었습니다. 자신의 상속자는 다메섹 출신 '엘리에셀'이라고 했고, 하갈을 통해서 얻은 '이스마엘'이나 하나님 앞에서 잘 살기를 바란다고는 했어도, 약속의 자녀를 위해서 하나님께 매달려 기도한 적은 단 한 번도 없었던 것입니다.

그래서 하나님은 그를 바꾸어주셨습니다. 기도하는 사람으로 변화시켜주셨습니다. 그리고 그 기도에 하나님이 응답하신 것입니다. 우리는 하나님 앞에 예배하는 아벨의 후손입니다. 그러나 우리는 하나님께 기도하는 사람입니까?

* **묵상 질문**: 나는 기도하는 사람입니까?
* **오늘의 기도**: 우리는 기도해야 할 때 기도하지 못했습니다. 인간적인 방법을 찾으려고 애를 쓰기는 했어도, 하나님의 도우심을 간구하지는 못했습니다. 그래서 우리의 믿음이 성숙하지 못했고, 늘 시험에 넘어져야 했습니다. 이제라도 기도하는 사람이 되게 하옵소서. 그리하여 하나님의 일하심을 직접 목격할 수 있게 하옵소서. 예수님의 이름으로 기도합니다. 아멘.

창세기 묵상 22

약속의 자녀, 육신의 자녀

읽을 말씀: 창세기 21:1-21

새길 말씀: 아브라함이 그에게 태어난 아들 곧 사라가 자기에게 낳은 아들을 이름하여

이삭이라 하였고 그 아들 이삭이 난 지 팔 일 만에 그가 하나님이 명령하신

대로 할례를 행하였더라(창 21:3-4).

앞 장에서 우리는 하나님께서 아브라함을 '대언자'로 세워주시고 또한 '기도의 사람'으로 만들어주시는 장면을 살펴보았습니다. 아브라함이 아비멜렉을 위하여 기도하자, 하나님은 그 기도에 응답하셔서 아비멜렉 집안의 닫혔던 태를 모두 열어주셨습니다. 오랫동안 불임의 문제로 고통받고 있던 여인들을 치료해주시고, 모두 아이를 낳을 수 있게 해주신 것이지요.

이것은, 성경이 기록하고 있는 대로, 사실 '아브라함의 아내 사라' 때문에 생긴 일입니다(20:18). 하나님의 관심은 사라가 '약속의 자녀'를 임신하게 되는 것이었습니다. 그 일을 이루기 위해서 하나님은 아브라함과

사라의 거주지를 그랄로 옮겨오게 하셨고, 거기에서 이집트의 데자뷔deja vu 사건을 경험하게 하셨던 것입니다. 그리고 아브라함의 기도가 실제로 이루어지는 놀라운 일을 목격하게 하신 것입니다.

지금까지 아브라함은 '약속의 자녀'를 얻기 위해서 한 번도 기도하지 않았습니다. 세상적인 방법을 기웃거리며 찾아본 적은 있어도, 그 문제를 놓고 하나님께 직접 기도해본 적은 없었습니다. 그러나 이제는 달라질 수밖에 없습니다. 아비멜렉 집안의 불임 문제가 자신의 기도로 치유되는 기적을 직접 체험했기 때문입니다. 아브라함은 '약속의 자녀'를 위해 기도하기 시작했고, 하나님은 그 기도에 즉각 응답하셨습니다.

약속의 성취

사라는 결국 하나님이 말씀하신 대로 아이를 낳게 되었습니다.

> ¹여호와께서 말씀하신 대로 사라를 돌보셨고 여호와께서 말씀하신 대로 사라에게 행하셨으므로 ²사라가 임신하고 하나님이 말씀하신 시기가 되어 노년의 아브라함에게 아들을 낳으니…(창 21:1-2).

여기에서 우리말 '돌보셨다'로 번역된 히브리어 '파카드paqad' 동사는 본래 '방문하다visit'라는 뜻입니다. 그러니까 이를 직역하면 "여호와께서 말씀하신 대로 사라를 방문하셨다"(The LORD visited Sarah as he had said, KJB)가 되는 것이지요. 그런데 하나님이 방문하고 난 다음에 사라가 임신했다고 하니까, 마치 동정녀 마리아가 성령으로 말미암아 예수님을 잉태한 것처럼 오해할 수도 있습니다.

이것은 사실 마므레 상수리나무에 있던 아브라함의 장막에 하나님이 사람의 모습으로 나타나셨을 때 말씀하신 그대로 이루어진 것입니다.

여호와께 능하지 못한 일이 있겠느냐. 기한이 이를 때에 내가 네게로 돌아오리니 사라에게 아들이 있으리라(창 18:14).

우리가 이미 살펴본 대로 아브라함과 사라가 동시에 이 말씀을 듣고 있는 중입니다. 하나님은 그들에게 말씀하십니다. "기한이 이를 때에 내가 네게로 돌아오겠다"(At the appointed time, I will return to you. ESV). 우리 말 '기한期限'은 미리 정해 놓은 시기를 뜻합니다. 이에 해당되는 히브리어 '모에드moed'도 '약속된 시간the appointed time'을 의미합니다. 이 '기한'을 이삭의 출생 시기로 생각하려고 하는데, 창세기의 기록에 따르면 이삭이 출생할 때 하나님이 방문하지 않으셨습니다.

그러니까 여기에서 하나님이 말씀하신 것은, 사실 이삭의 '출생'이 아니라 이삭을 '임신'하던 때였던 것입니다. 그때 하나님은 아브라함에게 돌아오셨고, 그를 통해서 사라가 임신할 수 있도록 하셨다는 뜻입니다. 그래서 아들을 가질 수 있게 되었던 것이지요.

사람들은 100세 할아버지와 90세 아내가 어떻게 아이를 가지게 되었는지를 궁금해합니다. 그러나 그것은 하나님의 신비요 기적입니다. 분명한 것은 하나님이 말씀하신 대로 아브라함을 방문하셨고, 그 놀라운 신비가 실제로 이루어졌다는 사실입니다. 성경은 지금 그것을 증언하고 있는 것입니다.

이것은 마치 하나님이 천지를 창조하시는 장면과 같습니다. 하나님은 말씀하셨고 그 말씀이 그대로 이루어졌습니다. 하나님의 말씀은 곧 현실입니다. 생명이 잉태되는 것도 마찬가지입니다. 그것은 언제나 하나님이 행하시는 기적입니다. 사람들은 일상적으로 일어나는 '기적'을 '기적'이라 생각하지 않으려고 합니다. 이스라엘 백성들이 광야에서 먹었던 만나도 그랬지요. 그것은 매일 경험하는 기적이었습니다. 그런데 그들은 당연한 일로 받아들였습니다. 그래서 늘 불평하고 원망하지 않았습니까?

생명이 잉태되는 것은 기적 중의 기적입니다. 한 사람이 아이를 갖든지 여러 사람이 아이를 갖든지, 젊은 사람이 아이를 갖든지 나이든 사람이 아이를 갖든지, 그것은 언제나 하나님이 행하시는 기적입니다. 일상적으로 경험하는 일이라고 해서 기적이 아니라고 할 수 없습니다. 그것은 분명히 하나님이 하시는 일입니다. 하나님은 말씀하신 대로 이루시는 분입니다. 약속하신 때에 약속하신 대로 반드시 성취하시는 분입니다. 하나님은 아브라함과 사라에게 말씀하셨고 또한 말씀하신 그대로 이루셨던 것입니다.

약속의 자녀

아브라함은 태어난 아들의 이름을 '이삭'이라 부릅니다. 그리고 그에게 할례를 행합니다.

3아브라함이 그에게 태어난 아들 곧 사라가 자기에게 낳은 아들을 이름하여 이삭이라 하였고 4그 아들 이삭이 난 지 팔 일 만에 그가 하나님이 명령하신 대로 할례를 행하였더라(창 21:3-4).

성경에 보면 보통은 어머니가 자녀의 이름을 정하곤 했습니다. 에서와 야곱의 이름은 리브가가 정했고(25:25-26), 야곱의 열두 아들의 이름은 레아와 라헬이 정했습니다(29:32). 그와 달리 여기에서는 아브라함이 정합니다. 아니 사실은 아브라함이 이름을 정한 것이 아닙니다. 하나님께서 이미 '이삭'이라는 이름을 정해놓으셨습니다(17:19). 그만큼 이삭의 출생이 하나님에게도 중요했다는 뜻입니다. 아브라함에게 주신 모든 약속이 성취되는 출발점이기 때문입니다. 아브라함을 '믿음의 조상'으로 만들게 하는 '약속의 자녀'이기 때문입니다.

'이삭'이라는 이름은 '웃다'는 뜻의 '차카크Isachaq' 동사에서 나왔습니다. '이삭'을 히브리식으로 발음하면 '이츠칵Yitschaq'이 되는데, 이는 "그가 웃다he laughs"라는 뜻입니다. 이 이름에는 이중적인 의미가 담겨있습니다. 우선 아브라함과 사라의 '불신앙의 웃음'이 담겨있습니다. 그들은 하나님의 약속을 믿지 못하고 웃었지요(17:17, 18:12). 그러나 그와 동시에 '기쁨의 웃음'이 있습니다. 사라는 이삭을 낳고 나서 "하나님이 나를 웃게 하신다"(21:6)고 하면서 즐거워했습니다. 하나님은 그 모든 웃음의 의미를 담아서 '이삭'이라는 이름을 정해놓으셨던 것입니다.

어쨌든 아브라함은 이삭이 태어난 지 8일 만에 하나님이 명령하신 대로 할례를 행합니다. 하나님은 '계약의 표징'으로 할례를 받으라고 명령하셨습니다(17:10). 그때 아브라함 집안의 모든 남자가 할례를 받았습니다. 그러나 갓난아이가 할례를 받는 것은 이삭이 처음입니다. 이 이후로 유대인은 '생후 8일 할례'를 지켜왔습니다. 이것은 유대교의 형식주의적인 종교 생활에서 매우 큰 자랑거리가 되었습니다(빌 3:5).

그러나 할례는 그렇게 자신을 드러내어 자랑하려고 받는 것이 아닙니다. 할례는 강제적인 율법 조항이 아니라, 하나님의 은혜에 대한 감사의 반응입니다. 계약 백성이요 약속의 자녀라는 사실을 잊지 않도록 자신의 몸에 표식을 해두는 것이지요. 이삭은 이와 같은 전통의 최초 수혜자가 되었던 것입니다.

약속의 자녀는 진정한 '기쁨의 웃음'을 가져옵니다.

6사라가 이르되 하나님이 나를 웃게 하시니 듣는 자가 다 나와 함께 웃으리로다. 7또 이르되 사라가 자식들을 젖먹이겠다고 누가 아브라함에게 말하였으리요마는 아브라함의 노경에 내가 아들을 낳았도다 하니라(창 21:6-7).

여기에서 우리는 사라의 환하게 웃고 있는 모습을 충분히 상상할 수 있습니다. 그렇습니다. 사라의 말처럼, 하나님은 나를 웃게 하시는 분입니다. 율법의 종교에서 하나님은 사람들의 표정을 근엄하고 경직되게 만듭니다. 그러나 은혜의 종교에서 하나님은 사람들을 환하게 웃게 합니다. 사라는 지금 이삭 때문에 웃고 있는 것이 아닙니다. 하나님의 은혜 때문에 웃고 있는 것입니다.

이전에 몸종 하갈을 통해서 이스마엘을 얻었을 때, 사라가 이렇게 마음껏 웃을 수 있었을까요? 아닙니다. 오히려 집안에 긴장이 감돌고, 서로 눈치 보느라 좋다는 표시도 할 수 없었을 것입니다. 왜 그렇습니까? 이스마엘은 인간적인 방법을 통해서 얻은 '육신의 자녀'이기 때문입니다. '육신의 자녀'에게서는 진정한 기쁨의 웃음을 얻을 수 없는 것입니다.

갈등의 점화

아브라함 집안은 오래전부터 갈등의 요인을 가지고 있었습니다. 그 갈등은 이삭의 돌잔치 자리에서 다시 크게 불거집니다.

> 8아이가 자라매 젖을 떼고 이삭이 젖을 떼는 날에 아브라함이 큰 잔치를 베풀었더라. 9사라가 본즉 아브라함의 아들 애굽 여인 하갈의 아들이 이삭을 놀리는지라(창 21:8-9).

이삭이 젖을 떼는 날에 큰 잔치가 벌어졌습니다. 바로 그날에 큰 문제가 발생합니다. 하갈의 아들 이스마엘이 이삭을 놀리는 모습을 그만 사라가 목격하게 된 것입니다. 그런데 우리말 '놀리다'로 번역된 히브리어가 바로 앞에서 언급한 '차카크ɪsachaq' 동사입니다. '웃다'라는 뜻입니다. 그러니까 아브라함이 하나님 면전에서 웃었듯이, 하나님의 말씀을 듣고 사라가 속으로 웃었듯이, 이스마엘도 이삭 앞에서 웃었던 것입니다. 그런데 사라는 그걸 이삭을 놀리고 있다고 판단했던 것이지요.

이제 아브라함 집안에 큰 소동이 벌어집니다.

10그가 아브라함에게 이르되 이 여종과 그 아들을 내쫓으라. 이 종의 아들은 내
아들 이삭과 함께 기업을 얻지 못하리라 하므로 11아브라함이 그의 아들로 말미
암아 그 일이 매우 근심이 되었더니…(창 21:10-11).

사라는 노발대발하면서 당장에 하갈과 이스마엘을 내쫓으라고 아브
라함에게 요구합니다. 만일 이스마엘이 실제로 이삭에게 어떤 해코지를
했다면, 아브라함이 고민할 필요가 없습니다. 굳이 내쫓지는 않더라도 그
잘못에 대해서 적절한 벌을 내리면 그것으로 충분하기 때문입니다. 그러
나 이것은 그런 종류의 문제가 아닙니다. 이스마엘이 태어날 때부터 지금
까지 아브라함 집안에 쌓여온 오래된 갈등이 폭발한 것입니다. 그래서 아
브라함이 심각한 고민에 빠졌습니다. "그 일이 매우 근심이 되었다."

이 부분을 메시지 성경은 "아브라함은 그 일로 큰 고통을 겪었다"(The
matter gave a great pain to Abraham)고 풀이합니다. 왜냐하면 이삭과 마찬
가지로 이스마엘도 자기 아들이었기 때문입니다. 그러나 이같은 상황에
서 두 아들을 모두 품을 수는 없습니다. 그것은 집안의 내부적인 갈등만
심화시킬 뿐입니다. 그렇다고 사라의 말처럼 이스마엘을 내쫓을 수도 없
습니다. 이스마엘도 아브라함의 아들입니다. 그래서 큰 고통을 겪고 있
었던 것입니다.

하나님의 개입

그때 하나님이 개입하십니다.

12하나님이 아브라함에게 이르시되 네 아이나 네 여종으로 말미암아 근심하지 말고 사라가 네게 이른 말을 다 들으라. 이삭에게서 나는 자라야 네 씨라 부를 것임이니라. 13그러나 여종의 아들도 네 씨니 내가 그로 한 민족을 이루게 하리라 하신지라(창 21:12-13).

본문에는 하나님이 뜬금없이 갑작스럽게 말씀하시는 것으로 되어 있습니다만, 하나님이 말씀하시기 전에 틀림없이 아브라함의 기도가 있었을 것입니다. 왜냐하면 그것이 아브라함의 달라진 모습이었기 때문입니다.

지난번에 하갈이 이스마엘을 임신한 후에 사라를 깔보다가 집안에 갈등이 생겼을 때, 아브라함이 어떻게 했습니까? 자기의 일이 아니라고 하면서 수수방관했지요. 그래서 사라가 하갈을 학대했고 결국 집에서 도망하지 않았습니까? 지금은 전혀 다릅니다. 아브라함은 이 문제를 자신의 책임으로 받아들였습니다. 그런데 답이 보이지 않는 것입니다. 어떻게 해야 할까요?

물론 하나님 앞에 기도해야지요. 그것이 이삭의 출생 과정을 통해서 아브라함이 깨닫게 된 일이었습니다. 아브라함은 기도하는 사람이 되었던 것입니다. 아브라함은 이 문제를 혼자서 고민하고 있지 않았습니다. 틀림없이 하나님께 기도했고, 그 기도에 하나님이 지금 이렇게 응답하고 계시는 것이지요.

하나님의 대답은 분명합니다. 사라가 말한 대로 "이삭은 품고, 이스마엘은 내보내라"라는 것입니다. 사라는 하갈에 대한 질투심과 이스마엘에 대한 편견에서 그렇게 요구했지만, 지금 하나님이 말씀하시는 것은 전혀 다른 의미입니다. 이삭을 품어야 하는 이유는 그가 '약속의 씨' 즉 '약속의 자녀'이기 때문입니다. 후손에 대한 하나님의 약속은 오직 이삭을 통해서만 이루어질 것이기 때문입니다.

그렇다면 하갈이나 이스마엘은 어떻게 해야 할까요? 그들에 대해서는 걱정할 필요가 없습니다. 하나님이 직접 돌보아 주실 것이기 때문입니다. 그것은 지난번 하갈이 임신한 상태로 집에서 도망쳤을 때 하나님께서 이미 약속해주신 것입니다(창 16:10). 하나님은 약자를 돌보시고 그들의 고통에 귀를 기울이시는 분이십니다. 하나님은 이스마엘을 통해서도 큰 민족이 이루어지게 할 것입니다.

그러니 아브라함이 그 일에 대해서 고민하거나 책임지려고 하지 말라는 것이지요. 하나님께 맡기라는 것입니다. 아브라함이 마음 써야 할 일은 '약속의 자녀'를 잘 키워내는 것입니다.

두 아들의 비유

아브라함이 이삭과 이스마엘 중에서 약속의 자녀인 이삭을 선택하는 이 이야기는, 우리의 신앙생활에 있어서 매우 중요한 영적인 의미를 드러내고 있습니다. 바울은 갈라디아교회에 보낸 편지에서 이것을 '아브라함의 두 아들의 비유'로 설명하고 있습니다.

> 21내게 말하라. 율법 아래에 있고자 하는 자들아. 율법을 듣지 못하였느냐. 22기록된바 아브라함에게 두 아들이 있으니 하나는 여종에게서, 하나는 자유 있는 여자에게서 났다 하였으며 23여종에게서는 육체를 따라 났고 자유 있는 여자에게는 약속으로 말미암았느니라(갈 4:21-23).

유대인들은 언제나 아브라함의 자손이라는 것을 특별한 자랑거리로 삼아왔습니다. 그러나 그들이 간과해 온 사실이 있습니다. 그것은 아브라함에게 두 아들이 있었다는 사실입니다. 만일 아브라함의 혈통이 그렇게 중요하다면, 유대인들이 아랍인들보다 나을 것이 하나도 없습니다. 이스마엘도 아브라함의 아들이기 때문입니다. 다른 점이 있다면 그 어머니들과 아브라함과의 관계입니다. 이스마엘의 어머니 하갈은 '여종'이었고, 이삭의 어머니 사라는 '자유 있는 여자'요 '아내'였습니다.

따라서 이스마엘과 이삭의 결정적인 차이는 '혈통'이 아니라 '관계'였습니다. 이스마엘은 '육체를 따라' 태어났고, 이삭은 '약속을 따라' 태어났던 것입니다. "육체를 따라 태어났다"는 것을 메시지 성경은 "인간적인 묵인 아래 태어났다"(born by human connivance)고 표현합니다. 즉 정상적인 부부관계에서가 아니라 부정행위를 눈 감아 줌으로써 출생했다는 것입니다. 그에 비하여 이삭은 "하나님의 약속으로 출생"(born by God's promise)했습니다.

이스마엘은 하나님의 약속을 기다리지 못하고 인간적인 편법과 잘못된 관습을 따라서 인간이 노력하여 얻은 자녀입니다. 그러나 이삭은 아브라함과 사라가 낳기는 했지만, 인간의 능력이나 노력이 아니라 오직 하나님의 놀라운 역사와 은혜로 얻은 자녀입니다. 이스마엘은 하나님의 약속과 아무런 상관이 없었지만, 이삭은 전적으로 하나님의 약속 때문에 이 세상에 태어날 수 있었던 것입니다.

따라서 유대인들이 스스로 '선민選民'이라고 생각하지만, 그 자부심은 아브라함의 '혈통'에 두면 안 됩니다. 그러면 아랍인들과의 차별성이 없어집니다. 유대인들이 정말 선민이 되려면, '혈통'이 아니라 하나님의 '약속'을 붙들어야 합니다. 인간의 '노력'이 아니라 하나님의 '은혜'를 붙들어야 합니다. 그래야 진정한 의미의 차별성이 생깁니다.

하나를 선택하라!

그런데 아브라함의 두 아들 이야기가 지금 우리와 무슨 상관이 있을까요? 지금 우리를 통해서도 '약속의 자녀'인 이삭과 '육신의 자녀'인 이스마엘이 태어나기 때문입니다. 하나님의 약속을 믿음으로 바라보고 하나님의 은혜를 끝까지 붙들면 '약속의 자녀'가 태어납니다. 그러나 인간적인 방법에 따라서 인간의 노력에만 의존하면 '육신의 자녀'가 태어납니다. 두 아들이 동시에 하나님의 나라에 들어갈 수는 없습니다. 바울의 결론입니다.

> "그러나 성경이 무엇을 말하느냐. 여종과 그 아들을 내쫓으라. 여종의 아들이 자유 있는 여자의 아들과 더불어 유업을 얻지 못하리라 하였느니라"(갈 4:30).

'약속의 자녀'는 '육신의 자녀'와 더불어 하나님이 약속하신 유업을 얻지 못합니다. 따라서 아브라함이 그랬듯이 우리도 '이삭'과 '이스마엘' 중에 하나를 선택해야 합니다. 그런데 우리에게 주어진 선택은 두 아들 중에 하나는 집에 남겨두고, 나머지 하나를 집 밖으로 내쫓는 그런 방식이 아닙니다. 우리의 자녀들이 '약속의 자녀'가 되도록 하거나, 아니면 '육신의 자녀'가 되도록 하거나 하는 방식입니다.

물론 '육신의 자녀'가 된다고 하더라도 먹고 사는 데는 아무런 지장이 없습니다. 오히려 이 세상에서 성공하여 더 잘 먹고 더 잘 살게 될지도 모릅니다. 아니 어쩌면 그렇게 세상에서 성공하는 사람이 되게 하기 위해서 우리의 자녀들을 '육신의 자녀'로 만들고 있는 것인지도 모릅니다. 하나님이 우리에게 기대하는 것은 그게 아닙니다. 우리를 통해서 '약속의 자녀'가 이어지는 것입니다. 믿음의 후손들이 만들어지는 것입니다. 그렇게 하라고 하나님이 우리에게 귀한 생명을 맡겨주신 것입니다.

약속의 자녀를 육신의 자녀로 만들면 안 됩니다. 만일 굳이 하나를 선택해야 한다면 우리는 '약속의 자녀'를 선택해야 합니다. 아브라함은 그렇게 했습니다. 하나님은 물론 이스마엘을 큰 민족이 되도록 하셨습니다. 그러나 그들은 '약속의 자녀'가 아니기에, 언제나 하나님의 백성들을 대적하는 자리에 서 있게 되었습니다.

아브라함은 이삭을 선택했습니다. 그를 통해서 이 땅에 수많은 약속의 자녀들이 만들어지게 되었습니다. 그들을 통해서 하나님은 이 세상을 창조하실 때에 시작하셨던 그 일을 완성하실 것입니다.

* **묵상 질문**: 나는 지금 어떤 자녀를 키우고 있습니까?
* **오늘의 기도**: 오직 약속의 자녀만이 우리에게 진정한 기쁨의 웃음을 가져올 수 있음을 깨닫게 해주시니 감사합니다. 우리에게 허락해주신 자녀들을 하나님의 은혜 안에서 약속의 자녀로 세워갈 수 있도록 지혜를 더하여 주옵소서. 예수님의 이름으로 기도합니다. 아멘.

브엘세바 계약

읽을 말씀: 창세기 21:22-34

새길 말씀: 아브라함이 이르되 너는 내 손에서 이 암양 새끼 일곱을 받아 내가 이 우물 판 증거를 삼으라 하고 두 사람이 거기서 서로 맹세하였으므로 그곳을 브엘세바라 이름하였더라(창 21:30-31).

이삭의 출생은 '후손에 대한 약속'의 성취를 알리는 신호탄이 되었습니다. 하나님은 아브라함과 횃불 계약을 맺으실 때 밤하늘의 별들을 보여주시며 약속하셨습니다. "하늘을 우러러 뭇별을 셀 수 있나 보라. 네 자손이 이와 같으리라"(창 15:5).

하나님의 약속에 비추어보면 이삭의 출생은 이제 겨우 별 하나가 만들어진 것입니다. 아브라함의 남은 생애는 그 별 하나로 만족해야 합니다. 다른 별들은 더이상 보지 못할 것입니다. 그러나 단지 시간문제일 뿐, 하나님의 약속이 성취되는 것은 기정사실입니다. 아브라함은 비로소 믿음의 첫 단추를 꿸 수 있게 된 것입니다.

그렇다면 '땅에 대한 약속'은 어떻게 성취될까요? 아브라함은 약속의 땅에 도착한 이후로 줄곧 여기저기 옮겨 다녀야 했습니다. 헤브론에서 가장 오래 머물기는 했지만, 그곳에 완전히 정착하지는 못했습니다. 지금도 그랄 땅에 와서 거류하고 있는 중입니다. 그렇게 옮겨 다닐 수밖에 없었던 이유는 그 어디에도 아브라함이 소유한 땅이 없었기 때문입니다. 물론 유목생활을 하는 탓도 있었겠지만, 가나안 사람들의 텃세가 더 큰 장애가 되었습니다.

횃불 계약을 맺는 장면에서 하나님은 아브라함에게 '후손에 대한 약속'과 함께 '땅에 대한 약속'도 재확인해 주셨습니다.

> 18… 내가 이 땅을 애굽 강에서부터 그 큰 강 유브라데까지 네 자손에게 주노니 19곧 겐 족속과 그니스 족속과 갓몬 족속과 20헷 족속과 브리스 족속과 르바 족속과 21아모리 족속과 가나안 족속과 기르가스 족속과 여부스 족속의 땅이니라…(창 15:18-21).

이 약속은 '후손에 대한 약속'만큼이나 현실감이 없어 보입니다. 가나안 땅은 아무도 살고 있지 않는 '빈 땅'이 아닙니다. 이미 많은 족속이 곳곳에 터를 잡고 살고 있습니다. 그런데 하나님은 나일강에서부터 유프라테스강까지의 그 넓은 땅을 모두 주시겠다고 약속하십니다. 그러니 어떻게 그 약속을 믿어야 할까요? 마치 하나님의 약속은 하늘의 별처럼 많은데 실제로는 별 하나도 자기 것이라 말할 수 없는 아브라함의 현실입니다.

그러나 '후손에 대한 약속'이 성취되어가는 지금까지의 과정을 살펴보면서, 우리는 하나님의 약속이 한꺼번에 이루어지는 것은 아니라는 사실을 알게 되었습니다. 밤하늘의 별처럼 셀 수 없이 많은 후손은 '약속의 자녀' 한 사람을 주시는 것으로 시작합니다. 그렇다면 그 넓은 '땅에 대한 약속'도 그와 비슷한 과정으로 진행되리라는 사실을 우리는 충분히 짐작할 수 있습니다.

놀랍게도 '후손에 대한 약속'의 성취가 시작되었던 이곳 그랄 땅에서 하나님은 '땅에 대한 약속'의 성취도 시작되게 하십니다. 오늘 우리가 살펴볼 내용입니다.

아비멜렉의 요구

아브라함은 그랄 땅에서 제법 오랫동안 체류하게 되었습니다. 그곳 사람들에게 아브라함은 생명의 은인이나 마찬가지입니다. 물론 하나님이 역사하신 일이지만, 아브라함의 기도를 통해서 불임의 문제가 한꺼번에 해결되었기 때문입니다. 그러니까 아브라함의 집에만 경사가 일어난 것이 아닙니다. 그랄 땅의 모든 집에 아이가 태어나는 경사가 한꺼번에 일어난 것입니다. 그랬으니 아브라함이 그곳에 체류하는 것을 문제 삼을 사람은 하나도 없었을 것이라 짐작할 수 있습니다.

그러나 실제로는 아니었습니다. 아브라함은 그곳에서도 여전히 객客이었을 뿐입니다. 지나가는 손님에 불과했던 것입니다. 그것은 어느 날 아비멜렉이 군대 장관을 대동하고 갑작스럽게 아브라함에게 나타나는 장면에서 확인할 수 있습니다.

> 22그 때에 아비멜렉과 그 군대 장관 비골이 아브라함에게 말하여 이르되 네가 무슨 일을 하든지 하나님이 너와 함께 계시도다. 23그런즉 너는 나와 내 아들과 내 손자에게 거짓되이 행하지 아니하기를 이제 여기서 하나님을 가리켜 내게 맹세하라. 내가 네게 후대한 대로 너도 나와 네가 머무는 이 땅에 행할 것이니라 (창 21:22-23).

'아비멜렉Abimelech'을 히브리어로 풀이하면 "My Father is a king"(나의 아버지는 왕이다)라는 뜻입니다. 기드온이 세겜에 있는 첩을 통해 얻은 서자庶子의 이름도 '아비멜렉'이었지요(삿 8:31). 그런데 본래 '아비멜렉'은 그랄 왕의 개인적인 이름이 아니라, 블레셋 사람들의 왕을 가리키는 호칭이었습니다. 이는 이집트의 왕을 '파라오'라고 부르는 것과 같습니다. 후에 이삭이 그랄로 내려갔을 당시에도 블레셋 왕은 '아비멜렉'이었는데(창 26:1), 아버지 아브라함 때의 그랄 왕과 동일인물은 아니었습니다.

'비골Phichol'도 마찬가지입니다. 사람의 이름이 아니라 벼슬의 이름이었습니다(창 26:26). 당시의 '군대 장관the commander of army'은 단지 군대조직의 대표가 아니라 왕을 보좌하는 최측근이었습니다. 지금으로 말하면 '국무총리the prime minister'와 비슷합니다. 그러니까 블레셋 사람을 대표하는 최고의 책임자 두 사람이 지금 아브라함에게 나타난 것입니다. 이는 그들이 어떤 사적인 일 때문이 아니라 공적인 일 때문에 왔다는 것을 짐작하게 합니다.

그들은 "네가 무슨 일을 하든지 하나님이 너와 함께 계시도다"(God is with you in all that you do)라고 인사합니다. 이것은 의례적인 인사가 아니었습니다. 왜냐하면 아비멜렉은 아브라함의 하나님이 그들에게 어떤 일을 행하셨는지 잘 알고 있었기 때문입니다. 그는 아브라함이 하나님의 '대언자'(20:7)라는 사실도 알고 있었습니다. 아비멜렉이 여호와 하나님에 대한 '믿음'을 가지고 있었는지는 알 수 없지만, 그 하나님에 대한 '두려움'은 가지고 있었음이 분명합니다. 그래서 이렇게 조심스럽게 말을 꺼내는 것이지요.

그러면서 아비멜렉은 아브라함에게 두 가지를 요구합니다. 첫 번째는 "거짓되이 행하지 않기를 맹세하라"는 것입니다. 그러니까 아비멜렉과 그 후손들을 속이지 않겠다는 맹세를 하라는 것이지요. 두 번째는 "아비멜렉이 아브라함에게 해준 것처럼 아브라함도 여기 머무는 동안 후대厚待할 것을 맹세하라"는 것입니다.

이와 같은 아비멜렉의 말만 들으면 아브라함 집안이 무슨 문제를 일으켜서 그 잘잘못을 따지기 위해서 온 것처럼 생각할 수 있습니다. 그러나 사실은 그 반대입니다. 문제는 아비멜렉 집안에서 먼저 일으켰습니다. 지금 그것을 무마하기 위해서 직접 찾아온 것입니다. 실제로 어떤 일이 일어났는지는 앞으로 대화가 계속 진행되는 동안에 자연스럽게 드러날 것입니다.

아브라함의 반응

어쨌든 아비멜렉의 일방적인 요구는 사실 아브라함에게 대단히 무례한 행동으로 느껴질 수도 있습니다. 그러나 아브라함은 이 일을 감정적으로 처리하지 않습니다.

> 24아브라함이 이르되 내가 맹세하리라 하고 25아비멜렉의 종들이 아브라함의 우물을 빼앗은 일에 관하여 아브라함이 아비멜렉을 책망하매…(창 21:24-25).

아브라함은 일단 "맹세한다"(I swear it)고 말합니다. 무얼 맹세한다는 것입니까? 아비멜렉이 말한 것처럼, 그들을 속이지도 않을 것이고, 앞으로도 계속해서 그들에게 친절히 대할 것을 약속한 겁니다. 그것은 사실 하나님을 믿는 사람으로서 당연히 갖추어야 할 태도입니다. 굳이 맹세하지 않더라도 그렇게 살아야 마땅합니다.

아브라함은 일단 맹세해놓고 나서, 이번에는 역공을 펼칩니다. 아비멜렉이 아직 드러내어 말하지 않고 있는 진짜 문제를 끄집어냅니다. 실제로는 아비멜렉의 종들이 아브라함의 우물을 강제로 빼앗는 일이 벌어졌던 것입니다. 사실은 그 문제를 무마하기 위해서 그들이 찾아왔다는 것을 아브라함은 이미 잘 알고 있었던 것이지요.

팔레스타인 지역에서 우물은 생존을 위해서 없어서는 안 될 필수적인 자산이었습니다. '아브라함의 우물'이라고 표현하고 있는 것으로 보아, 이 우물은 아브라함이 직접 파서 만든 것이 분명합니다. 후에 이삭이 이곳에 와서 머물 때에는, 블레셋 사람들이 '아브라함 때에 판 모든 우물', 즉 '아브라함의 우물'을 막아버리고 흙으로 메우는 일이 벌어지기도 했습니다(창 26:15). 그러니까 아브라함이 우물을 한 개만 파서 만든 것은 아니었다는 사실이 분명합니다.

이처럼 우물을 둘러싸고 분쟁이 벌어지는 것은 당시에 흔하게 목격되는 일이었습니다. 그만큼 우물이 중요했다는 뜻입니다. 목양을 하던 아브라함에게도 우물은 꼭 필요했습니다. 그럴 사람들이 아브라함 집안 사람들에게 자신의 우물을 양보했을까요? 그렇게 하지는 않았을 것입니다. 그래서 아브라함이 직접 우물을 파야 했던 것이지요. 그렇다면 아비멜렉의 종들이 아브라함의 우물을 빼앗은 것은 누가 보더라도 분명히 잘못한 일입니다.

그러나 이 문제는 그렇게 단순하지 않습니다. 우물을 갖는다는 것은 사실상 그 땅을 소유하는 권리를 갖는다는 것을 의미하기 때문입니다. 물을 구할 수 없는 땅은 아무런 가치가 없기 때문입니다. 그 땅에는 이미 블레셋 사람들이 터를 잡고 살고 있습니다. 그런데 아브라함이 와서 그곳에 새로운 우물을 판 겁니다. 현지인들은 그 일을 위협으로 받아들일 수 있습니다. 자칫 잘못하다가는 자신의 땅을 잃어버릴지도 모른다고 생각한 것이지요. 그래서 아브라함의 우물을 강제로 탈취했던 것입니다.

그것이 지금 약속의 땅에서 아브라함이 직면하고 있는 현실이었습니다. 하나님은 분명히 그 땅을 아브라함과 그 후손에게 주시겠다고 약속하셨습니다. 그러나 실제로는 어떻습니까? 자신의 손으로 아무리 애써서 우물을 파놓아도 결국 빼앗기고 맙니다. 그러면 그만입니다. 그렇게 빼앗긴다고 하더라도 아무 말도 할 수 없습니다. 바로 그것이 아브라함의 현실이었던 것입니다.

만일 아비멜렉이 직접 아브라함을 찾아오지 않았더라면, 이렇게 '책망'하면서 문제를 제기할 기회조차 얻지 못했을 것입니다. 아비멜렉은 조금 전에 뭐라고 그랬습니까? 자신은 아브라함을 후대했노라고 큰 소리쳤습니다(23절). 그러나 실제로는 그러지 못했습니다. 오히려 아브라함의 우물을 탈취하는 일이 벌어졌는데, 그 일을 미연에 방지하거나 제대로 수습하지 못했습니다. 그러면서 아브라함에게 먼저 맹세할 것을 요구하니 오히려 그가 '책망'을 받아야 마땅합니다.

그렇지만 아비멜렉이 오지 않았다면 어떻게 되었을까요? 아브라함이 직접 찾아가서 그를 책망할 수 있었겠습니까? 그럴 수는 없는 일입니다. 바로 그것이 자기 땅 없이 사는 사람들이 당하는 설움입니다.

계약을 맺다

여기에서 우리는 아비멜렉이 제 발로 걸어서 아브라함에게 오게 된 것에는 하나님의 개입이 있었다는 사실을 직감하게 됩니다. 처음에는 아비멜렉이 아브라함에게 "맹세하라"고 다그쳤지만, 이제는 역전이 되어서 아브라함의 책망을 받게 된 것입니다. 그러자 아비멜렉은 당황한 기색이 역력합니다.

> 아비멜렉이 이르되 누가 그리하였는지 내가 알지 못하노라. 너도 내게 알리지 아니하였고 나도 듣지 못하였더니 오늘에야 들었노라(창 21:26).

그는 장황하게 변명을 늘어놓습니다. 누가 그런 짓을 했는지 자신은 모르겠다는 것입니다. 물론 아비멜렉이 그 일을 직접 지시한 장본인이었다고 말할 수는 없습니다. 그는 적어도 하나님이 어떤 분인지, 아브라함이 어떤 사람인지 잘 알고 있었기 때문입니다. 그러나 그 사건이 벌어졌다는 사실을 아비멜렉은 잘 알고 있었음에 틀림없습니다. 얼마나 당황스러웠던지 그의 앞뒤 말이 달라집니다.

"오늘에야 들었노라" 아비멜렉은 오늘 아브라함이 말해주어서 처음 그 일을 알게 되었다고 합니다. 앞에서는 누가 그런 짓을 했는지 모르겠다고 해놓고, 이제 와서는 오늘 그 일을 처음 들었다고 하면 어떻게 되는 겁니까? 그것은 분명히 거짓말이지요. 아브라함에게는 속이지 않겠다고 맹세하라 해놓고, 정작 자신은 속이고 있는 것입니다. 이제는 꼼짝없이 아브라함에게 책잡히는 일만 남았습니다.

여기에서 큰 반전이 일어납니다. 아브라함은 아비멜렉을 책망하는 대신에 그와 계약을 맺습니다.

> 아브라함이 양과 소를 가져다가 아비멜렉에게 주고 두 사람이 서로 언약을 세우니라(창 21:27).

아브라함과 아비멜렉이 서로 언약을 세웁니다. 우리말로는 "언약을 세우다"(They made a covenant)라고 되어 있지만, 히브리 원어 '카라트 브리트karath berith'를 직역하면 "계약을 자르다cut a covenant"가 됩니다. 계약을 세우는데 왜 '자르다cut'라는 뜻의 '카라트' 동사를 사용하는지, 우리는 횃불 계약을 통해서 이미 알게 되었습니다.

고대 근동에서는 계약의 당사자가 두 쪽으로 잘라놓은 짐승 사이를 같이 지나가는 방식으로 계약을 맺어왔기 때문입니다. 만일 누구라도 계약을 지키지 않으면 잘라놓은 짐승과 똑같은 신세가 될 것이라는 뜻입니다. 그렇게 심리적으로 강제함으로써 계약을 준수하게 하려고 했던 것이지요. 그러니까 아브라함이 아비멜렉에게 주었던 양과 소는 계약을 체결하기 위해서 잘라놓은 짐승으로 사용되었을 것이 분명합니다.

아브라함은 아비멜렉에게 줄 또 다른 선물을 준비합니다.

28아브라함이 일곱 암양 새끼를 따로 놓으니 29아비멜렉이 아브라함에게 이르되 이 일곱 암양 새끼를 놓음은 어찜이냐. 30아브라함이 이르되 너는 내 손에서 이 암양 새끼 일곱을 받아 내가 이 우물 판 증거를 삼으라 하고 31두 사람이 거기서 서로 맹세하였으므로 그곳을 브엘세바라 이름하였더라(창 21:28-31).

일곱 마리의 암양 새끼를 따로 떼어 준비해놓았던 것입니다. 이것은 계약체결을 위해 잘라놓은 짐승과 달리 살아 있는 선물이었습니다. 그 선물의 이유를 묻는 아비멜렉에게 아브라함은 말합니다. "이 양 일곱 마리를 받으시고, 내가 판 이 우물이 '내 우물'이라는 증거로 삼아주십시오"(메시지). 다시 말해서 아브라함의 우물을 아브라함의 소유로 인정해 달라는 것입니다.

아비멜렉은 흔쾌히 아브라함의 제의를 받아들였고 또한 그렇게 서로 맹세했습니다. 계약을 체결하고 나서 '아브라함의 우물'을 '브엘세바Beer-she-ba'라고 명명命名합니다. '일곱 개의 우물well of seven'이라는 뜻입니다. 그렇게 아브라함과 아비멜렉 사이에 '브엘세바 계약'이 완성되었던 것입니다.

바로 이 대목이 하나님께서 아브라함에게 약속해 주셨던 '땅에 대한 약속'의 성취를 알리는 역사적인 순간입니다. 이제 가나안 땅에 아브라함의 소유가 생겨난 것이지요. 이것은 마치 '약속의 자녀' 이삭의 출생으로 밤하늘의 뭇별 중에서 별 하나가 만들어진 것과 똑같은 일입니다. '브엘세바'는 그냥 우물이 아닙니다. 그것은 가나안이 '약속의 땅'이 되어가는 첫 출발이었습니다. 그렇게 아브라함은 믿음의 두 번째 단추를 꿸 수 있게 된 것입니다. 이 얼마나 감격스러운 순간입니까!

영원하신 하나님

이 일을 이루시려고 하나님은 아브라함과 사라를 그랄 땅으로 오게 하셨습니다. 비록 아브라함은 데자뷰 테스트에 실패했지만, 하나님은 그를 기도의 사람으로 세우는 기회로 삼으셨습니다. 그리고 그의 기도에 응답하심으로 아비멜렉 집안의 모든 여인의 태를 열어주셨습니다. 또한 사라도 약속의 자녀를 잉태하여 낳을 수 있게 하셨습니다. 게다가 아비멜렉에게 하나님을 두려워하는 마음을 부어주셔서, 제 발로 걸어와서 '브엘세바 계약'을 맺게 하셨습니다. 이 모든 일은 하나님의 섭리와 계획 속에서 진행되어온 것입니다.

계약을 체결한 후에 아비멜렉은 돌아갔습니다. 그러나 아브라함은 그곳에서 하나님께 예배했습니다.

> 32그들이 브엘세바에서 언약을 세우매 아비멜렉과 그 군대 장관 비골은 떠나 블레셋 사람의 땅으로 돌아갔고 33아브라함은 브엘세바에 에셀 나무를 심고 거기서 영원하신 여호와의 이름을 불렀으며 34그가 블레셋 사람의 땅에서 여러 날을 지냈더라(창 21:32-34).

아비멜렉과 비골이 자신들의 공적인 용무를 마치고 돌아간 후에, 아브라함은 브엘세바에 '에셀 나무tamarisk tree'를 심습니다. 이 나무는 팔레스타인에서 흔히 발견되는 종자입니다(삼상 22:6). 특별한 나무가 아니었다는 뜻입니다. 그러나 그 나무를 그곳에 일부러 심었다는 사실이 중요합니다. 아브라함은 '브엘세바 계약'을 기념하기 위해서 '에셀 나무'를 심었던 것입니다. 그것은 두고두고 기억해야 할 일이었기 때문입니다.

또 그곳에서 아브라함은 "영원하신 여호와의 이름을 불렀다"라고 합니다. 히브리 원어를 직역하면, "영원하신 하나님 여호와의 이름을 불렀다"라고 해야 합니다. 여기에서 '영원하신 하나님the Eternal God'이 바로 '엘 올람El Olam'입니다. 살렘 왕 멜기세덱은 '엘 엘리온El Elyon', 즉 '지극히 높으신 하나님'의 제사장이었다고 했지요(14:18). '엘 엘리온'이 '여호와 하나님'의 별명이었던 것처럼, '엘 올람' 또한 새롭게 하나님께 붙여진 별명인 것입니다.

그러니까 아브라함은 그곳에서 '엘 올람' 즉 '영원하신 하나님'의 이름을 부르며 하나님께 예배를 드렸던 것입니다. 그런데 전능하신 하나님인 '엘 샷다이El Shadday' 지극히 높으신 하나님인 '엘 엘리온El Elyon'이 아니라, 왜 하필 영원하신 하나님 엘 올람El Olam'일까요? 왜냐하면 '브엘세바 계약'을 영원히 보증해 줄 수 있는 것은 계약의 당사자였던 아비멜렉이나 아브라함이 아니기 때문입니다. 그 계약은 오직 영원하신 하나님에게 달려 있다는 고백입니다.

잘라놓은 짐승들 사이로 함께 지나갔다고 해서 정말 계약을 잘 지키게 되는 것은 아닙니다. 사람들은 약속해 놓고도 그 약속을 잘 지키지 않습니다. 아니 지키고 싶어도 불가피하게 지키지 못하게 되는 경우가 많이 생깁니다. 그것이 사람입니다. 그렇다면 브엘세바 계약은 과연 어떻게 되었을까요? 계약 당사자인 두 사람은 그 약속을 잘 지켰을까요? 아마도 당대에는 그랬던 것으로 보입니다.

그러나 아비멜렉이 죽고 나면 끝입니다. 후대 사람들은 기억하지 않습니다. 실제로 이삭 시대에 또 다른 아비멜렉과 블레셋 사람들은 아브라함과 맺었던 브엘세바 계약을 더이상 기억하지 못했습니다. 그들은 아브라함이 죽은 후에 그 우물을 메워버렸습니다(창 26:18). 사람들 사이의 계약은 영원히 지속되지 않습니다. 그렇지만 하나님은 당신의 약속을 결코 잊지 않으십니다. 영원히 보증하십니다. 그래서 영원하신 하나님입니다.

사람의 결심이나 약속을 신뢰하다가는 실망하게 됩니다. 그러나 영원하신 하나님의 약속은 틀림없습니다. 하나님의 약속은 비록 더딜지라도 반드시 성취됩니다. 아브라함은 영원하신 하나님에게 자신의 모든 소망을 걸기로 했습니다. 그래서 '브엘세바 계약' 이후에 '엘 올람'의 이름을 부르며 하나님께 예배했던 것입니다.

우리는 지금 어디에 소망을 두고 있습니까? 사람들의 약속이 아니라 영원하신 하나님의 약속에 우리의 소망을 두어야 할 것입니다.

* **묵상 질문**: 내가 가장 신뢰하는 분은 누구인가?
* **오늘의 기도**: 하나님의 약속은 더딜지라도 반드시 이루어질 것을 믿습니다. 사람들의 지키지도 못할 약속에 현혹되지 않게 하시고, 오직 변함없으신 하나님, 영원하신 하나님의 약속을 신뢰하며 끝까지 붙들게 하옵소서. 예수님의 이름으로 기도합니다. 아멘.

그것까지 보시는 하나님

읽을 말씀: **창세기 22:1-19**

새길 말씀: 아브라함이 그 땅 이름을 여호와 이레라 하였으므로 오늘날까지 사람들이

이르기를 여호와의 산에서 준비되리라 하더라(창 22:14).

지금까지 아브라함 이야기를 계속 읽어오면서, 우리는 하나님의 '약속'과 그 '성취' 사이에는 언제나 시간적인 간격이 있다는 사실을 알게 되었습니다. 그 간격을 '믿음'으로 메우며 하나님의 때를 기다리는 것이 우리의 '신앙생활'이라는 사실도 알게 되었습니다. 물론 이것은 누구에게나 쉽지 않은 일입니다. 우리가 '믿음의 조상'이라고 부르는 아브라함에게도 역시 쉽지 않았습니다.

그는 하나님의 때를 기다리기보다 늘 현실과 타협하려고 했고, 하나님의 방법을 찾기보다 인간적인 해결방법을 찾아 기웃거렸습니다. 그럴 때마다 하나님이 붙들어주셨기에 망정이지, 그러지 않았다면 일찌감치 믿음의 길에서 멀어지고 말았을 것입니다. 본래 그에게는 믿음의 조상이 될 만한 충분한 믿음이 없었습니다. 그렇지만 하나님이 그를 믿음의 조

상으로 빚어가셨습니다. 믿음을 '은혜의 선물'로 부어주시고, 그의 작은 믿음의 반응을 '의'로 여겨주시며 크게 격려하셨습니다.

그리하여 마침내 '후손에 대한 약속'과 '땅에 대한 약속'이 성취되는 것을 보게 하셨습니다. 아니, 약속의 완전한 성취가 아니라 그 시작을 알리는 신호탄이 쏘아졌을 뿐입니다. '이삭의 출생'과 '브엘세바 계약'이 바로 그 신호탄이었습니다. 그것으로 충분합니다. 완전한 성취는 단지 시간문제일 뿐입니다. 여기까지 오느라 참으로 오랜 세월이 지나갔지만 허송세월은 아니었습니다. 오히려 믿음의 조상이 되기 위해서 반드시 겪어야 했던 훈련의 과정이었습니다.

이와 같은 아브라함의 이야기는, 앞으로 오고 오는 모든 믿음의 세대들을 향한 하나의 모델이 되었습니다. 그러나 '신앙의 여정the journey of faith' 을 보여주는 모델이었지, 완벽한 믿음을 보여주는 모델은 아닙니다. 우리의 신앙생활은 아브라함의 믿음을 본받는 것이 아닙니다. 그에게는 우리가 본받을만한 믿음이 별로 없습니다. 그런 믿음의 모습을 찾으려고 했다가는 오히려 실망하고 말 것입니다.

우리가 믿음의 대상으로 삼고 있는 분은 오직 하나님입니다. 우리는 창세기에서 '믿음의 가장'답지도 못했던 아브람을 '믿음의 조상' 아브라함으로 빚어 가셨던 하나님의 신실하심을 발견해야 합니다. 그리고 그것에 전적으로 우리의 소망을 두어야 합니다. 하나님께서 또한 우리를 그렇게 빚어 가실 것을 확신해야 합니다. 그것이 앞으로 우리가 살아가는 '신앙의 여정'이 되어야 하는 것입니다.

아브라함은 '믿음의 조상'이 될 만한 자격이 없었습니다. 그러나 역설적이게도 바로 그 이유로 인해서 아브라함은 우리에게 '믿음의 조상'입니다. 하나님은 한없이 부족한 우리들도 언젠가 아브라함과 같은 '믿음의 사람'이 될 수 있도록 그렇게 빚어 가실 것이기 때문입니다.

마지막 테스트

우리가 살펴본 대로, 하나님은 아브라함에게 여러 가지 테스트의 과정을 겪게 하셨습니다. '기근'과 '갈등'과 '세월'의 테스트를 통해서 창조 질서를 회복하는 훈련을 받게 하셨습니다. 아브라함은 매번 실패했지만 또한 매번 그의 믿음은 성장했습니다. 그리하여 마침내 '소돔'의 테스트에서는 하나님의 마음을 품고 중보함으로써 처음으로 합격의 기쁨을 맛보기도 했습니다. 그러나 곧바로 이어진 '데자뷰' 테스트에서는 또 다시 실패하고 말았지요. 그러니까 지금까지 다섯 번의 테스트에서 겨우 한번 합격한 셈입니다.

그 모든 테스트를 통해서 하나님은 아브라함을 믿음의 조상으로 빚으셨습니다. 하나님은 떨어뜨리기 위해서가 아니라 오히려 세우기 위해서 테스트하셨던 것입니다. 이제 마지막 테스트가 하나 남아 있습니다. 이 시험은 아브라함에게 가장 어려운 테스트가 될 것입니다.

> 그 일 후에 하나님이 아브라함을 시험하시려고 그를 부르시되 아브라함아 하시니 그가 이르되 내가 여기 있나이다(창 22:1).

여기에서 '그 일these things'이란 앞에서 이야기한 '이삭의 출생'과 '브엘세바 계약'을 가리킵니다. 약속의 성취를 알리는 일들을 말합니다. 그 후에 한동안의 시간이 흘렀습니다. 이삭이 어느 정도 성장하여 번제에 사용될 나뭇짐을 직접 멜 수 있게 되었으니까(22:6), 적어도 십여 년 이상의 시간이 흐른 뒤였을 것입니다. 하나님은 아브라함을 시험하려고 부르십니다.

여기에서 우리의 주목을 끄는 것은 하나님이 "아브라함아"하고 부르시자, 곧바로 "내가 여기 있나이다"(Here I am)라고 대답하는 대목입니다. 이것은 에덴동산에서 하나님의 소리를 듣고 나무 사이로 숨던 아담의 모습과 아주 대조적입니다. 하나님의 말씀에 불순종한 죄는 그렇게 하나님과의 관계를 멀어지게 만듭니다.

그런데 지금 아브라함은 하나님의 부르심에 즉시 대답하고 있는 것입니다. 그것은 아브라함과 하나님의 관계가 어떤 상태에 있었는지 우리에게 잘 알려줍니다. 아브라함은 하나님과 전혀 막힘이 없었던 것입니다! 어떻게 그럴 수 있었을까요? '예배'와 함께 '기도'가 회복되면 얼마든지 가능한 일입니다. 아브라함은 '기도의 사람'이 되었습니다. 기도를 통해서 언제나 하나님과 교제하고 있었던 것이지요.

아무리 친밀한 교제를 나누고 있는 사이라고 하더라도, 다음과 같은 하나님의 요구는 그에게 큰 충격을 주었을 것입니다.

> 여호와께서 이르시되 네 아들 네 사랑하는 독자 이삭을 데리고 모리아 땅으로 가서 내가 네게 일러 준 한 산 거기서 그를 번제로 드리라(창 22:2).

하나님은 이삭을 번제물로 바치라고 요구합니다. 이삭이 누구입니까? 이삭은 아브라함이 그의 나이 백세에 얻은 '기적의 자녀' 정도가 아닙니다. 하나님의 모든 약속의 성취가 바로 이삭의 출생으로부터 시작되었습니다. 지금까지 하나님께서 아브라함에게 약속하고 또한 이루어 오신 모든 일이 그에게 달려있습니다. 그만큼 중요한 '약속의 자녀'입니다. 그런데 이제 와서 그를 포기하라고 요구하고 계시는 것입니다.

아브라함에게 이삭이 어떤 의미인지 하나님은 잘 아셨습니다. "네 아들, 네 사랑하는 독자"라고 합니다. 히브리 원어를 직역하면 "your son, your only son, whom you love"(네 아들, 네 독자, 네 사랑하는 자)가 됩니다. 이삭은 아브라함이 사라를 통해 낳은 아들입니다. 게다가 다른 아들 이스마엘을 포기했기 때문에 독자獨子입니다. 그 누구보다도 사랑하는 아들입니다. 그런데 그 아들을 하나님께 번제물로 바치라니요!

우리는 이 이야기의 결론을 이미 알고 있습니다. 그래서 사실상 아무런 기대가 없습니다. 그러나 그 결론을 지워버리고 마치 처음 듣는 이야기라고 생각하고 읽어나가야 합니다. 그래야 아브라함의 감정에 이입되어 그동안 볼 수 없었던 새로운 메시지를 발견할 수 있습니다. 우선 이 대목에서 두 가지가 우리의 눈에 뜨입니다. '모리아 땅'과 '내가 네게 보여 준 산'입니다.

'모리아Moriah'를 세겜 땅의 '모레Moreh'와 같은 장소로 보려고 하는 사람들이 있습니다. 발음이 비슷하다는 이유입니다. 그러나 '모리아 땅'이 브엘세바에서 출발하여 삼일 길에 있어야 하는데(22:4), 세겜 땅 '모레'는 그렇게 도착할 수 있는 곳이 아닙니다. 게다가 '모리아'는 땅 이름입니다. '모레'는 아브라함이 살던 장소의 이름이지 땅 이름이 아닙니다. 그곳 땅 이름은 '세겜'입니다.

또한 우리말로는 '보여준 산'이라고 되어있어, 마치 하나님이 산의 위치를 이미 알려주신 것처럼 들리지만, 그렇지 않습니다. 히브리원어는 '미완료형'으로 되어 있습니다. 대부분의 영어성경은 'a mountain I will show you'라고 번역합니다. 그러니까 '보여줄 산'이 맞습니다. 그것은 하나님의 소명을 받는 장면에서 "내가 네게 보여 줄 땅으로 가라"(12:1)는 것과 똑같은 말씀입니다. 아브라함은 '모리아 땅'은 알고 있었지만 어느 산인지는 알지 못했습니다.

불행하게도 성경에 '모리아 땅'이 더 이상 등장하지 않습니다. 대신 '모리아산'이 역대기하에 나옵니다. 그 기록에 따르면 "솔로몬이 예루살렘 모리아산에 여호와의 전 건축하기를 시작했다"(대하 3:1)고 합니다. 그러니까 솔로몬이 예루살렘 성전을 세운 그 곳이 바로 '모리아산Mount Moriah'이었다는 것입니다.

여행의 거리를 따져보아도 이곳일 가능성이 가장 높습니다. 게다가 '살렘'을 '예루살렘'의 고대 지명으로 생각한다면, '엘 엘리온'의 제사장

멜기세덱과의 연관성도 생겨납니다. 따라서 하나님이 모리아 땅에서 이삭을 번제물로 바칠 곳으로 보여주신 산은, 바로 '모리아산'이었을 것이 분명합니다.

아브라함의 순종

어쨌든 하나님의 명령을 받고 아브라함은 즉시 순종하여 따릅니다.

> 3아브라함이 아침에 일찍이 일어나 나귀에 안장을 지우고 두 종과 그의 아들 이삭을 데리고 번제에 쓸 나무를 쪼개어 가지고 떠나 하나님이 자기에게 일러 주신 곳으로 가더니 4제삼일에 아브라함이 눈을 들어 그곳을 멀리 바라본지라 (창 22:3-4).

아브라함은 아침 일찍이 일어나서 떠날 준비를 합니다. 심지어 번제에 쓸 나무를 쪼개기까지 합니다. 사실 나무는 현지에서 얼마든지 조달할 수 있습니다. 그러나 목적지에 도착했을 때 머뭇거리지 않고 곧바로 하나님의 명령에 순종할 수 있도록 완벽하게 미리 준비하고 있는 것입니다. 이때 아브라함의 마음은 아무렇지도 않았을까요? 아닙니다. 그의 침묵이 오히려 복잡한 그의 마음을 대변하고 있습니다. 그는 삼일 내내 말 한마디 하지 않습니다.

그렇게 목적지에 거의 도착했을 때 동행하던 종들을 기다리게 하고, 이삭에게 번제 나무를 지우고 산을 향해 나아갑니다.

> 7이삭이 그 아버지 아브라함에게 말하여 이르되 내 아버지여 하니 그가 이르되 내 아들아 내가 여기 있노라. 이삭이 이르되 불과 나무는 있거니와 번제할 어린 양은 어디 있나이까. 8아브라함이 이르되 내 아들아 번제할 어린 양은 하나님이 자기를 위하여 친히 준비하시리라…(창 22:7-8).

"불과 나무는 있지만 번제할 어린 양은 어디 있습니까?" 지극히 상식적인 질문입니다. 아브라함은 쪼갠 나무까지 이미 준비한 터입니다. 그런데 정작 어린 양을 준비하지 않은 것입니다. 그것은 출발할 때부터 이상하게 보였을 일입니다. 이 질문에 대한 아브라함의 대답은 궁색하기만 합니다. "하나님이 자기를 위하여 친히 준비하시리라."

우리는 이삭을 번제로 바치려고 했던 그 땅을 아브라함이 '여호와 이레'로 부른다는 것을 잘 압니다(22:14). '예비하시는 하나님' 또는 '준비하시는 하나님'으로 풀이합니다. 그 근거가 바로 여기에 있습니다. "친히 준비하시리라" 그러나 정작 우리말 "준비하다provide"로 번역된 히브리어 '라아raah' 동사는 본래 "보다see"라는 뜻입니다. '라아' 동사의 미완료형이 바로 '이레yireh'입니다. 히브리식으로 발음하면 '이르에yir'eh'가 됩니다.

'라아' 동사는 성경에 엄청나게 많이 등장하는데 대부분은 '보다'라는 뜻으로 번역되고 있습니다. 하나님이 천지를 창조하실 때 "빛이 하나님이 보시기에 좋았더라"고 하셨지요(창 1:4). 여기에서 '보시기에'가 바로 '라아' 동사입니다. 하나님이 노아에게 "네가 내 앞에 의로움을 내가 보았음이니라"(창 7:1)라고 말씀하시는데, 여기에서도 '보았다'가 바로 '라아' 동사입니다.

그런데 유독 이 장면에서만 "준비하시리라"로 번역하고 있는 것이지요. 이것을 "보시리라"로 바꾸면 그 의미가 새롭게 다가옵니다. 자, 이삭은 번제할 어린 양이 어디 있느냐고 물었지요. 그때 아브라함이 대답합니다. "그 어린 양은 하나님이 친히 보고 계시리라." 무슨 뜻입니까? 지금 이삭의 눈에는 보이지 않지만 하나님의 눈에는 보인다는 뜻입니다. 이 '어린 양'은 누구를 가리키는 말일까요? 하나님이 보고 계시는 '어린 양'이 누구일까요?

이삭입니다. 그렇지만 아브라함은 "네가 바로 그 어린 양이다"라고 차마 말할 수가 없었습니다. 그래서 "하나님은 그 양을 보고 계실 것이다"

라는 말로 얼버무리고 있는 것이지요. 자신이 번제물이 될 것이라는 사실도 모르고 천진난만하게 물어보는 아들에게 이렇게 대답해야 하는 아브라함의 마음이 얼마나 아팠을까요? 아마도 내색은 하지 않았겠지만 눈시울이 붉어졌을 것이 분명합니다.

하나님의 개입

마침내 하나님이 일러 주신 곳에 도착하게 되었습니다.

9하나님이 그에게 일러 주신 곳에 이른지라. 이에 아브라함이 그 곳에 제단을 쌓고 나무를 벌여 놓고 그의 아들 이삭을 결박하여 제단 나무 위에 놓고 10손을 내밀어 칼을 잡고 그 아들을 잡으려 하니…(창 22:9-10).

아브라함의 행동에는 머뭇거림이 전혀 보이지 않습니다. 번제의 모든 과정을 일사천리로 진행합니다. 이삭이 누구입니까? 이삭은 아브라함의 유일한 희망입니다. 하늘의 별처럼 수많은 후손을 얻게 될 것이라는 하나님의 약속이 이루어지기 위해서라도, 이삭은 반드시 살아 있어야 합니다. 그런데 그 유일한 희망을 번제물로 바치라고 하나님이 요구하신 것입니다. 그리고 아브라함은 그 말씀에 순종하여 이삭을 포기하고 하나님을 선택하고 있는 것입니다. 이것이 바로 창세기의 메시지인 '하나님 먼저!God first'입니다. 아브라함은 그 일에 조금도 주저함이 없었습니다.

오히려 하나님이 더 다급해지셨습니다.

11여호와의 사자가 하늘에서부터 그를 불러 이르시되 아브라함아, 아브라함아 하시는 지라. 아브라함이 이르되 내가 여기 있나이다 하매 12사자가 이르시되 그 아이에게 네 손을 대지 말라. 그에게 아무 일도 하지 말라. 네가 네 아들 네 독자

까지도 내게 아끼지 아니하였으니 내가 이제야 네가 하나님을 경외하는 줄을 아
노라(창 22:11-12).

하나님은 아브라함의 믿음을 테스트하고 싶으셨습니다(22:1). 그가
정말 하나님을 경외하는지 알고 싶으셨던 겁니다. 그것은 아마도 아브라
함이 오직 이삭만 바라보고 살아왔기 때문인지도 모릅니다. 그래서 '이
삭'과 '하나님' 중에 오직 하나를 선택하라고 요구하신 것입니다. 그 믿음
의 시험을 아브라함은 멋지게 통과했던 것이지요.

그러고 나서 하나님은 아브라함에게 수풀에 걸려있는 숫양을 보여주
셨습니다.

아브라함이 눈을 들어 살펴본즉 한 숫양이 뒤에 있는데 뿔이 수풀에 걸려 있는지
라. 아브라함이 가서 그 숫양을 가져다가 아들을 대신하여 번제로 드렸더라
(창 22:13).

그 양이 어디에서 나온 것일까요? 갑자기 하늘에서 뚝 떨어졌을까
요? 아닙니다. 아브라함이 이삭을 데리고 모리아산으로 출발할 때부터
하나님은 그 양을 또한 어디에선가 이곳으로 이끌어 오셨던 것입니다.
하나님께서 준비해 놓으셨던 것이지요. 그 양을 잡아 번제를 드리고 난
후에 아브라함은 그 땅 이름을 '여호와 이레'라고 불렀습니다.

아브라함이 그 땅 이름을 여호와 이레라 하였으므로 오늘날까지 사람들이 이르
기를 여호와의 산에서 준비되리라 하더라(창 22:14).

앞에서 설명한 것처럼 '여호와 이레'의 본래 의미는 "하나님이 준비하
시리라!"가 아니라 "하나님께서 보시리라!"입니다. 무얼 보신다는 겁니까?

아브라함은 하나님께서 이삭을 희생양으로 삼으려고 하시는 줄 알았습니다. 그러나 하나님이 보고 계셨던 것이 따로 있었습니다. 이삭 대신에 바쳐질 대속물, '어린 양'을 보고 계셨던 것입니다. 그 사실을 확인하는 순간 자기도 모르게 아브라함의 입에서 '여호와 이레!'라는 고백이 터져 나왔던 것입니다. "하나님이 정말 보고 계셨구나!"라는 고백입니다.

하나님의 구원계획

메시지 성경은 이와 같은 문맥을 가장 잘 짚어서 다음과 같이 풀이합니다.

아브라함이 그곳의 이름을 '여호와 이레'(하나님께서 마련하신다)라고 했다…
(창 22:14a, 메시지).

괄호 안의 "하나님께서 마련하신다"를 영어 원어로 읽으면 'God-Sees-To-It'입니다. 히브리어 '이르에'yir'eh가 '보다'라는 뜻의 '라아'raah 동사에서 나온 말이라는 것을 알고 번역한 것이지요. 'God-Sees-To-It'을 직역하면 "하나님이 그것까지 보신다"입니다. 사실 'see to it'은 영어 숙어로서 'make sure확실하게 하다'라는 의미로 사용됩니다.

그러니까 'God-Sees-To-It'은 하나님께서 그냥 구경꾼처럼 보고만 있는 것이 아니라, 확실하게 해결해주신다는 그런 의미입니다. 그러나 "하나님이 그것까지 보신다"고 직역하면 오히려 더 실감납니다. 왜냐하면 하나님이 지금 보고 계시는 것은 단지 이삭을 대신할 '어린 양'만이 아니었기 때문입니다. 또 다른 '어린 양'을 마음에 품고 계셨던 것입니다.

그 어린 양이 누구일까요? 그렇습니다. 세상 죄를 지고 가는 '하나님의 어린 양'입니다(요 1:29). 하나님이 이삭을 가리켜서 "네 아들, 네 사랑하는 독자"로 표현하고 있는 이유가 무엇일까요? 하나님도 "당신의 아들, 사랑하는 독생자"를 대속 제물로 내어주실 생각을 하고 계셨기 때문입니다. '모리아 땅'도 우연한 선택이 아닙니다. 주님께서 십자가를 지신 골고다 언덕이 바로 그곳 모리아 땅에 있었던 것입니다.

무슨 이야기입니까? 어린 양을 제물로 바쳤던 아벨의 제사를 눈여겨보셨던 하나님께서, 노아의 번제를 흠향하시고 용서와 사랑으로 인간을 구원하기로 작정하시며 무지개 계약을 맺으셨던 하나님께서, 이제 아브라함이 아들 이삭을 바치는 순종의 제사를 보시면서 당신의 독생자를 이 세상을 구원할 하나님의 어린 양으로 내어주시기로 작정하고 계셨던 것입니다. 그러니까 한편으로는 아브라함을 테스트하면서, 다른 한편으로는 인류 구원을 위한 자신의 계획을 계시하셨던 것입니다.

이러한 하나님의 마음을 이해하지 못하면, 백 세에 얻은 아들을 번제로 바치라고 요구하는 하나님은 그저 괴팍스럽고 잔인한 폭군이 되고 맙니다. 어린 자녀를 불태워 바치라고 요구하는 이방 종교의 신들과 하나도 다를 바가 없어집니다. 그러나 독생자를 아낌없이 내어 주시기로 결심하고 계시는 이와 같은 하나님의 애절한 마음을 깨닫고 나면, 그때에는 우리가 순종하지 못할 하나님의 말씀이 없습니다.

저는 처음부터 아브라함이 이와 같은 하나님의 마음을 다 헤아리고 있었다고 생각하지 않습니다. 그러나 순종하는 믿음을 보임으로써 결과적으로 하나님의 위대한 구원의 계획을 드러냈습니다. 그래서 우리는 아브라함을 '믿음의 조상'이라고 부를 수 있게 된 것입니다.

하나님이 우리를 보고 계십니다. 우리의 과거와 현재와 미래를 다 보고 계십니다. 우리에게 무엇이 있어야 할지 이미 알고 계십니다. 그것을 또한 준비해놓고 계십니다. 하나님께서 이삭을 대신할 어린 양을 준비하시는 동안 또한 먼 훗날 이 세상을 구원하기 위해서 이 땅에 보내실 '하나님의 어린 양'을 보고 계셨습니다. 예수 그리스도를 통해서 우리를 구원해주셨습니다. 하나님은 그것까지 보고 계시는 분입니다.

그래서 우리는 하나님의 말씀에 순종하여 따르는 것입니다. 그래서 우리는 이렇게 하나님께 예배하며 기도하는 것입니다.

* **묵상 질문**: 나는 하나님의 말씀에 온전히 순종하고 있습니까?
* **오늘의 기도**: 우리는 때로 이해할 수 없는 일들을 만납니다. 때로 순종할 수 없는 하나님의 말씀 앞에 서기도 합니다. 그러나 우리가 이해할 수 없는 일일지라도 하나님의 손에 잡힐 때 의미가 드러나며, 우리가 순종할 수 없는 말씀일지라도 믿음으로 순종할 때 구원의 역사가 나타난다는 사실을 깨달을 수 있게 하옵소서. 예수님의 이름으로 기도합니다. 아멘.

막벨라 굴을 사다

읽을 말씀: **창세기** 22:20-23:20

새길 말씀: 아브라함이 에브론의 말을 따라 에브론이 헷 족속이 듣는 데서 말한 대로 상인

이 통용하는 은 사백 세겔을 달아 에브론에게 주었더니 마므레 앞 막 벨라에

있는 에브론의 밭 곧 그 밭과 거기에 속한 굴과 그 밭과 그 주위에 둘린 모든

나무가 성문에 들어온 모든 헷 족속이 보는 데서 아브라함의 소유로 확정된지

라(**창** 23:16-18).

　지금까지 우리는 '하나님의 요인'(the God factor)에 주목하여 창세기를 읽어왔습니다. 모든 성경의 주인공은 하나님이십니다. 창세기는 하나님이 이 세상을 왜 창조하셨는지, 하나님이 본래 의도하셨던 창조 질서가 무엇이고 또한 그것이 어떻게 무너지게 되었는지, 이 세상을 구원하기 위해서 하나님이 지금도 어떻게 일하고 계시는지를 이야기합니다. 따라서 우리가 '하나님의 요인'에 주목하지 않으면, 성경이 말하려고 하는 진짜 메시지를 놓치게 되는 것입니다.

앞 장에서는 아브라함이 하나님의 명령에 순종하여 이삭을 번제로 바치는 장면을 살펴보았습니다. 만일 '인간적인 요인'(the human factor)에만 주목하게 된다면 그 이야기에서 우리가 다다르게 될 결론이 무엇일까요? 우리도 아브라함처럼 자기 아들까지도 포기할 수 있어야 한다는 결론에 다다르게 될 것입니다. 그렇게 해야 우리의 진짜 '믿음'이 증명되고, 우리도 아브라함처럼 '믿음의 조상'으로 인정받을 수 있다는 것이지요.

그러나 "아브라함의 믿음을 본받아야 합니다!"라는 식의 설교를 들으면서 얼마나 많은 사람이 죄책감과 절망감을 느꼈는지 모릅니다. 왜냐하면 그럴만한 믿음이 없기 때문입니다. 정말 그것이 성경이 말하려고 하는 메시지일까요? 아닙니다. 성경은 아브라함의 믿음을 본받으라고 이야기하지 않습니다. 오히려 그를 통해 하나님이 하시는 일을 주목하라고 이야기합니다. 성경은 하나님의 속내를 드러내고, 이 세상을 구원할 하나님의 계획을 계시하는 말씀이기 때문입니다.

이삭을 번제로 바치라고 요구하시는 장면에서도 마찬가지입니다. 우리가 만일 인간적인 요인에만 집중하다 보면, 하나님은 어렵사리 얻은 자식을 한순간에 강제로 빼앗아버리는 괴팍한 폭군이 되고 맙니다. 무조건적인 희생을 강요하는 하나님에게 순종하는 것이 진정한 믿음이라도 되는 것처럼 생각하게 만듭니다. 그래서 실제로 그렇게 맹종하여 따르는 소수의 극단적인 신앙을 가진 사람들과 기독교 신앙을 아예 포기하는 다수의 사람이 만들어지고 있는 것입니다.

성경은 하나님의 말씀입니다. 하나님이 우리를 구원하기 위해서 펼쳐나가시는 이야기입니다. 백세에 얻은 자식을 희생시킴으로써 아브라함의 믿음이 충분히 증명되었기에 그를 믿음의 조상으로 삼으신 것이 아닙니다. 오히려 하나님이 그에게 약속의 자녀를 주심으로써 믿음의 조상으로 빚어가셨습니다. 그러면서 아브라함과 그의 후손들을 통해서 하나님이 펼쳐나가실 구원의 역사에 동참하게 하셨습니다.

이삭을 바치라고 요구하실 때 하나님은 이삭의 대속제물인 '어린 양'을 보고 계셨습니다. 더 나아가서는 이 세상의 죄를 지고 가는 하나님의 '어린 양'을 보고 계셨습니다. 아브라함이 모리아산에서 이삭을 번제물로 바칠 때, 하나님은 장차 같은 산에서 십자가에 못 박혀 죽게 될 당신의 독생자 예수 그리스도를 보고 계셨던 것입니다. 우리는 창세기에서 '그것까지 보시는 하나님God-Sees-To-It'을 만날 수 있어야 합니다. 그래야 하나님의 말씀이 우리에게 생명수가 될 수 있는 것입니다.

이삭의 배우자

아브라함은 최종 시험을 통과했고, 그러는 사이에 하나님은 이삭의 배우자를 준비하고 계셨습니다.

20이 일 후에 어떤 사람이 아브라함에게 알리어 이르기를 밀가가 당신의 형제 나홀에게 자녀를 낳았다 하였더라. 21그의 맏아들은 우스요 우스의 형제는 부스와 아람의 아버지 그므엘과 22게셋과 하소와 빌다스와 아들랍과 브두엘이라. 23이 여덟 사람은 아브라함의 형제 나홀의 아내 밀가의 소생이며 브두엘은 리브가를 낳았고…(창 22:20-23).

'이 일'은 이삭을 번제로 바칠 뻔했던 일을 의미합니다. 만일 이때 이삭이 실제로 번제물로 바쳐졌다면 어떻게 되었을까요? 하나님에 대한 아브라함의 신심信心이 증명되었을지는 모르지만, 아브라함에게 주신 하나님의 약속은 모두 무용지물이 되었을 것입니다. 과연 하나님이 그렇게까지 하실 생각이었을까요? 물론 아닙니다. 하나님은 오히려 장차 이삭의 배우자가 될 리브가까지 준비해놓고 계셨습니다.

그 사실은 '이 일' 후에 알려졌습니다. 아브라함이 동생 나홀Nahor의 소식을 듣게 된 것입니다. 창세기 11장에 기록된 '데라'의 족보에 따르면, 갈대아인의 우르를 떠날 때에 나홀이 함께 따라나선 것으로 되어 있지 않습니다(창 11:31). 그러나 후에 곧바로 아브라함과 합류하여 하란에 정착하여 살았던 것으로 보입니다(창 24:10). 그러니까 50년 가까운 세월동안 서로 왕래하지도 않고 소식도 없이 지내다가, 누군가를 통해서 갑작스럽게 나홀의 근황을 알게 된 것이지요.

아브라함은 나홀이 모두 여덟 명의 아들을 두었다는 것과 막내아들인 '브두엘Bethuel'에게 '리브가Rebekah'라는 딸이 있다는 사실을 알게 되었습니다. 그러니까 리브가는 나홀에게는 손녀가 되는 셈입니다. 이 리브가가 장차 이삭의 아내가 될 사람입니다. 그런데 성경은 왜 이 이야기를 여기에 기록하고 있는 것일까요? 이 역시 '그것까지 보시는 하나님'에 대한 설명입니다.

이삭을 번제로 요구하실 때에 하나님은 이미 그의 아내가 될 리브가를 이렇게 준비해놓고 계셨던 것입니다. 이삭이 '약속의 자녀'로서 후손에 대한 하나님의 약속을 성취해 나가기 위해서는 그의 배우자의 역할이 매우 중요합니다. 그런데 그 배우자까지 하나님은 이미 당신의 계획 속에 포함시켜 놓으셨던 것입니다. 그래놓고 이삭을 번제로 바치라고 명령하신 것이지요. 그것은 이삭의 대속 제물이 될 숫양을 미리 준비해놓으신 것과 똑같은 일입니다.

그렇습니다. 하나님께서는 아무것도 준비해놓지 않고서 우리에게 무턱대고 요구하시는 그런 분이 아닙니다. 하나님께서 우리의 인생에서 무엇인가 요구하시는 것이 있다면, 그것은 하나님께서 또한 우리에게 무엇인가 주실 것이 있다는 뜻입니다. 우리가 하나님의 말씀에 순종해야 하는 또 다른 이유입니다.

사라의 죽음

이제 아브라함의 생애도 그 막바지에 다다르게 되었습니다. 그는 자신의 죽음에 앞서서 먼저 아내의 죽음을 맞이하게 됩니다.

> 1사라가 백이십칠 세를 살았으니 이것이 곧 사라가 누린 햇수라. 2사라가 가나안 땅 헤브론 곧 기럇아르바에서 죽으매 아브라함이 들어가서 사라를 위하여 슬퍼하며 애통하다가…(창 23:1-2).

성경에서 죽을 때의 나이가 언급된 여성은 사라가 유일합니다. 믿음의 조상인 아브라함의 돕는 배필로서 그만큼 사라를 중요하게 여기고 있었다는 뜻입니다. 사라는 127년을 살았다고 하는데, 90세에 이삭을 낳았으니까 이때 이삭의 나이는 37세쯤 되었을 것입니다. 물론 이삭은 아직 결혼하지 못한 상태였습니다.

늦둥이로 낳은 자식이 그만큼 나이가 들어서도 아직 배우자를 만나지 못하고 있습니다. 그런데 어머니는 그만 죽음을 맞이하게 된 것입니다. '후손에 대한 약속'이 또다시 시험대에 올라서야 하는 대목입니다.

그런데 사실은 이삭의 결혼보다 더 급한 일이 있습니다. 당장 사라의 시신을 매장할 곳이 없었다는 사실입니다. 아브라함은 아내의 죽음을 충분히 슬퍼할 겨를도 없이 매장지를 찾아나서야 했습니다.

> 3그 시신 앞에서 일어나 나가서 헷 족속에게 말하여 이르되 4나는 당신들 중에 나그네요 거류하는 자이니 당신들 중에서 내게 매장할 소유지를 주어 내가 나의 죽은 자를 내 앞에서 내어다가 장사하게 하시오(창 23:3-4).

아브라함은 그곳에 터를 잡고 살고 있던 헷 족속에게 말합니다. "나는 당신들 중에 나그네요 거류하는 자입니다." 이 말은 아브라함의 현실을 잘 표현하고 있습니다. 그는 가나안 땅에 들어와서 이미 오랜 세월을 살았습니다. 그러나 그는 여전히 '나그네a foreigner'였고 '거류하는 자a sojourner'였습니다. 그의 사회적인 신분으로는 가나안에서 땅을 소유할 수 있는 자격이 없었습니다. 그래서 아내의 주검을 매장할 곳을 찾아야 했던 것입니다.

앞에서 우리는 '브엘세바 계약'을 통해서 우물의 소유권을 확보하게 되는 이야기를 읽었습니다. 그것은 어디까지나 우물일 뿐입니다. 거기에 아내를 묻을 수는 없는 일이지요. 하나님의 약속은 나일강에서부터 유프라테스강까지 모든 땅을 주시겠다는 것이었습니다(15:18). 그렇지만 현실은 아내를 매장할 한 평의 땅도 갖지 못한 나그네 신세입니다. 사라의 죽음은 땅에 대한 하나님의 약속을 의심하게 만드는 시험 거리가 될 수도 있었습니다.

그러나 아브라함은 사라의 죽음을 오히려 매장지를 구하는 기회로 삼았습니다. 그는 헷 족속의 원로들에게 "매장할 소유지를 달라"고 정중하게 요청합니다. 물론 아무 대가 없이 달라는 이야기는 아닙니다. 매장지를 매입하겠다는 요청입니다. 사라가 아무리 아브라함에게 귀한 존재였다고 하더라도, 죽은 사람을 집안에 그대로 둘 수는 없습니다. 비용을 지불해서라도 어떻게든 매장할 땅을 구해서 장사를 치러야 합니다.

헷 족속은 이와 같은 아브라함의 다급한 상황을 잘 알고 있었습니다. 그들이 과연 아브라함에게 호의를 베풀었을까요?

전형적인 상거래

아닙니다. 헷 족속은 아브라함에게 그런 호의를 베풀 생각이 전혀 없었습니다.

5헷 족속이 아브라함에게 대답하여 이르되 6내 주여 들으소서. 당신은 우리 가운데 있는 하나님이 세운 지도자이시니 우리 묘실 중에서 좋은 것을 택하여 당신의 죽은 자를 장사하소서. 우리 중에서 자기 묘실에 당신의 죽은 자 장사함을 금할 자가 없으리이다(창 23:5-6).

여기에서 '내 주여my lord'라든가 '하나님이 세운 지도자a prince of God'와 같은 입발림 소리에 속으면 안 됩니다. 그들은 지금 아브라함을 추켜세우는 것처럼 말하지만, 실제로는 아브라함의 요구에 응할 생각이 조금도 없었습니다.

그들은 오히려 자신들의 묘실에 사라를 장사하라고 제안합니다. 말로는 어떤 묘실이든 아브라함이 선택할 수 있다고 하지만, 사실 그렇게 선뜻 허락해줄 사람들이 없습니다. 그것뿐만 아닙니다. 그렇게 한번 장례를 치르고 나면 계속해서 그 묘실의 주인에게 예속될 수밖에 없습니다. 매번 아쉬운 소리를 해야 합니다. 그러니까 그들은 사라의 매장은 허락하겠다고 하지만, 아브라함에게 땅을 팔 생각은 조금도 없었던 것입니다.

아쉬운 아브라함이 더욱 읍소하는 수밖에 없었습니다.

7아브라함이 일어나 그 땅 주민 헷 족속을 향하여 몸을 굽히고 8그들에게 말하여 이르되 나로 나의 죽은 자를 내 앞에서 내어다가 장사하게 하는 일이 당신들의 뜻일진대 내 말을 듣고 나를 위하여 소할의 아들 에브론에게 구하여 9그가 그의 밭머리에 있는 그의 막벨라 굴을 내게 주도록 하되 충분한 대가를 받고 그 굴을 내게 주어 당신들 중에서 매장할 소유지가 되게 하기를 원하노라 하매…(창 23:7-9).

헷 족속의 원로들이 딴 속셈이 있다는 것을 알면서도, 아브라함은 일단 그들의 제안에 '몸을 굽혀' 감사를 표현합니다. 그러면서 오히려 적극적으로 매장지를 매입할 의사를 밝힙니다. 구체적으로 에브론Ephron의 소유지인 '막벨라굴the cave of Machpela'을 지목하면서 요청합니다. 충분한 대가를 줄 테니 살 수 있게 허락해달라는 것이지요.

그러자 이번에는 당사자인 에브론이 직접 나섭니다.

> 10에브론이 헷 족속 중에 앉아 있더니 그가 헷 족속 곧 성문에 들어온 모든 자가 듣는 데서 아브라함에게 대답하여 이르되 11내 주여 그리 마시고 내 말을 들으소서. 내가 그 밭을 당신에게 드리고 그 속의 굴도 내가 당신에게 드리되 내가 내 동족 앞에서 당신에게 드리오니 당신의 죽은 자를 장사하소서(창 23:10-11).

에브론의 말만 들으면 아주 인심이 좋은 사람처럼 보입니다. 아브라함의 요구를 금방이라도 다 들어줄 것 같습니다. 게다가 아브라함이 요구하지 않은 것까지도 덤으로 주려고 합니다. 아브라함이 필요한 것은 막벨라 굴이었는데, 그 굴에 딸린 밭까지 모두 주겠다고 하니 말입니다. 그러나 이것은 매장지가 필요한 사람에게 필요 없는 밭을 끼어 넣어 파는 전형적인 상술이었습니다.

생각해 보십시오. '굴'의 가격이 비쌀까요? 아니면 '밭'의 가격이 비쌀까요? 물론 밭이 훨씬 더 비쌀 것입니다. 아브라함이 에브론의 제안을 받아들이게 되면 이제 가격을 결정하는 일이 남게 될 텐데, 얼마나 터무니없는 가격을 부르게 될지 충분히 짐작할 수 있는 대목입니다.

헷 족속의 바가지

여전히 아쉬운 쪽은 아브라함입니다. 그는 적극적으로 구입할 의사를 밝힙니다.

12아브라함이 이에 그 땅의 백성 앞에서 몸을 굽히고 13그 땅의 백성이 듣는 데서 에브론에게 말하여 이르되 당신이 합당히 여기면 청하건대 내 말을 들으시오. 내가 그 밭 값을 당신에게 주리니 당신은 내게서 받으시오. 내가 나의 죽은 자를 거기 장사하겠노라(창 23:12-13).

사실 아브라함에게는 밭이 필요하지 않습니다. 그는 유목생활을 하는 사람이었지, 한곳에 정착하여 농사짓는 사람이 아니었기 때문입니다. 그리고 굴에 딸려있는 밭이니 그 땅의 상태가 썩 좋지 못할 것이 불을 보듯 뻔한 일입니다. 그러나 아브라함은 당장에 필요하지도 않은 밭이지만 그것을 위해서도 대가를 지불하겠다고 합니다.

아니나 다를까 에브론은 아브라함에게 터무니없는 가격을 제안합니다.

14에브론이 아브라함에게 대답하여 이르되 15내 주여 내 말을 들으소서. 땅 값은 은 사백 세겔이나 그것이 나와 당신 사이에 무슨 문제가 되리이까. 당신의 죽은 자를 장사하소서(창 23:14-15).

에브론은 땅값으로 '은 사백 세겔shekel'을 요구합니다. 그러면서 마치 대단한 선심을 쓰듯이 땅 값은 그리 중요하지 않다는 식으로 이야기합니다. 그러나 '은 사백 세겔'은 사실 엄청난 값입니다.

예레미아는 아나돗Anathoth에 있는 밭을 '은 십칠 세겔'을 주고 구입합니다(렘 32:9). 다윗이 아라우나의 타작마당을 구입한 비용이 겨우 '은 오십 세겔'입니다(삼하 24:24). 이곳에 나중에 예루살렘 성전이 건축되지요. 모두 에브론의 밭보다 훨씬 더 좋은 땅들입니다. 오므리왕이 사마리아 성 건축을 위하여 구입한 산 전체의 값이 은 두 달란트(6천 세겔)이었습니다(왕상 16:24). 그런 것에 비하면 '은 사백 세겔'은 상당히 큰 액수입니다.

그러니까 에브론이 말로는 선심善心으로 포장하고 있지만, 실제로는

'나그네'였던 아브라함에게 엄청난 바가지를 씌우고 있었던 것이지요. 어찌된 일인지 아브라함은 가격에 대해서 아무런 토를 달지 않습니다.

> 16아브라함이 에브론의 말을 따라 에브론이 헷 족속이 듣는 데서 말한 대로 상인이 통용하는 은 사백 세겔을 달아 에브론에게 주었더니 17마므레 앞 막벨라에 있는 에브론의 밭 곧 그 밭과 거기에 속한 굴과 그 밭과 그 주위에 둘린 모든 나무가 18성문에 들어온 모든 헷 족속이 보는 데서 아브라함의 소유로 확정된지라(창 23:16-18).

아브라함은 에브론과 흥정하려고 하지 않습니다. 그 자리에서 은 사백 세겔을 달아 에브론에게 건넵니다. 그리고 모든 헷 족속이 보는 앞에서 그의 소유로 확정합니다. 아브라함은 그렇게 엄청난 바가지를 쓰면서도 왜 굳이 땅을 사려고 했을까요? 바가지인줄 몰랐기 때문일까요? 아닙니다. 산전수전 다 겪은 아브라함이 그것을 몰랐을 리 없습니다.

아브라함에게 그만한 능력이 충분히 있었기 때문일까요? 그것도 아닙니다. 아마도 이때 아브라함은 자신이 가지고 있는 거의 전 재산을 투자했을지도 모릅니다. 그만큼 아내를 사랑했기 때문일까요? 물론 아브라함은 아내를 사랑했습니다. 그러나 그것만으로는 충분한 설명이 되지 않습니다. 그렇다면 왜 그랬을까요?

아브라함이 거액을 주고 막벨라 굴과 그에 딸린 밭을 구입한 것은, 땅을 약속하신 하나님에 대한 믿음 때문이었습니다. 다시 말해서 가나안 땅을 주시겠다는 하나님의 약속을 성취하기 위한 믿음의 행동이었던 것입니다.

브엘세바 계약은 '땅에 대한 약속'의 성취를 알리는 신호탄이 되었지만, 그것은 어디까지나 우물이었습니다. 실제로 땅을 소유한 것은 아닙니다. 그런데 사라의 죽음을 통해서 땅을 소유할 수 있는 절호의 기회를 하나님이 허락해주셨다고 확신했던 것입니다. 그래서 모든 재산을 털어서라도 막벨라 굴을 구입하려고 했던 것이지요.

물론 가나안 땅 전체에 비하면 극히 미미한 부분에 불과합니다. 그러나 하나님의 약속이 이 미미한 부분을 통해서 이루어진다는 점에서 막벨라 굴은 매우 의미 있는 출발점이 될 수 있습니다. 아브라함은 자신의 생애를 마감하는 시점에서 자신이 가지고 있는 모든 것을 하나님의 약속에 투자하는 믿음을 보였던 것입니다. 그리고 이것이 그의 인생에서 마지막으로 한 중요한 선택이 되었습니다.

뼈를 묻다

드디어 아브라함은 사라의 장례를 치를 수 있게 되었습니다.

> 19그 후에 아브라함이 그 아내 사라를 가나안 땅 마므레 앞 막벨라 밭 굴에 장사하였더라. (마므레는 곧 헤브론이라) 20이와 같이 그 밭과 거기에 속한 굴이 헷 족속으로부터 아브라함이 매장할 소유지로 확정되었더라(창 23:19-20).

아브라함은 아내의 시신을 장례할 '막벨라 굴'을 얻기 위해서 거액을 들여서 불필요한 밭까지 구입해야 했습니다. 굴에 딸려 있는 밭은 그다지 쓸모 있는 땅이 되지 못할 것입니다. 그러나 중요한 것은 매장지를 확보했다는 사실입니다. 앞으로 이곳에 아브라함과 이삭과 리브가와 레아와 야곱이 모두 매장될 것입니다(창 49:31). 그리고 요셉의 뼈도 여기에 매장될 것입니다(창 50:13) 말하자면 믿음의 조상들의 뼈가 모두 이곳에 묻히게 되는 것이지요.

따라서 아브라함이 전 재산을 투자하여 막벨라 굴을 매입한 것은 매우 중요한 의미가 있는 상징적인 사건이 되었습니다. 만일 가나안을 하나님께서 주시는 약속의 땅이라고 확신한다면 그곳에 자신의 뼈를 묻어야 합니다. 하나님의 약속을 정말 믿는다면 그 약속이 이루어지도록 행동해야 합니다. 겨자씨 한 알 같은 믿음이 자라나서 큰 나무가 되고, 그 가지에 공중의 새들이 깃들이게 되는 것입니다(눅 13:19).

이와 같은 아브라함의 헌신은 주님의 발에 향유를 부었던 마리아의 '거룩한 낭비'를 떠올리게 합니다. 그녀는 자신도 알지 못하는 사이에 이 세상을 구원하기 위해 오신 '어린 양'의 장례식을 준비했습니다. 막벨라 굴은 아브라함의 거룩한 낭비였습니다. 그러나 그것은 단지 무덤이 아닙니다. 가나안 땅을 약속의 땅으로 만들어가는 출발점이 되었습니다.

우리는 지금 무엇을 위해서 우리가 가진 것을 투자하고 있습니까? 하나님의 뜻을 이루기 위해 우리의 삶을 과감하게 투자할 수 있기를 소망합니다.

* **묵상 질문**: 내가 매입해야 할 '막벨라굴'이 있다면 그것은 무엇일까요?
* **오늘의 기도**: 우리가 모은 평생의 재산이 단지 우리의 무덤을 만드는 일에 사용되지 않게 하옵소서. 오히려 하나님의 뜻이 이 땅에 이루어지는 일에 의미 있게 사용될 수 있게 하옵소서. 그렇게 하나님의 나라를 위해 거룩하게 낭비할 수 있는 믿음을 우리에게 주옵소서. 예수님의 이름으로 기도합니다. 아멘.

약속의 자녀와 돕는 배필

읽을 말씀: **창세기 24:1-67**

새길 말씀: 라반과 브두엘이 대답하여 이르되 이 일이 여호와께로 말미암았으니 우리는 가부를 말할 수 없노라. 리브가가 당신 앞에 있으니 데리고 가서 여호와의 명령 대로 그를 당신의 주인의 아들의 아내가 되게 하라(창 24:50-51).

아브라함은 완벽한 믿음을 보여주는 모델은 아닙니다. 오히려 하나님을 향한 '신앙의 여정the journey of faith'이 어떤가를 보여주는 모델입니다. 창세기에 기록된 아브라함의 이야기는 우상 숭배자의 집에서 자란 한 평범한 사람이 하나님의 부르심을 받고 믿음의 길을 떠나 결국 모든 믿는 자의 조상으로 빚어지는 과정을 우리에게 보여줍니다.

그 과정에서 드러난 그의 인간적인 약점을 굳이 감추려고 하거나 미화하려고 하지 않습니다. 오히려 하나님의 약속과 다른 현실 앞에서 번민하고 의심하고 타협하는 그의 모습을 솔직하게 그려냅니다. 그래도 그를 포기하지 않고 믿음의 조상으로 빚어 가시는 하나님의 열심에 초점을 맞춤니다. 그리하여 아직은 많이 서툴지만 마침내 매사에 '하나님 먼저_{God first}'의 믿음을 실천하려고 애쓰는 자리에 다다르게 되지요.

이와 같은 아브라함 이야기가 오고 오는 모든 믿음의 세대에 하나의 모델이 될 수 있는 것은, 대다수 사람이 그와 비슷한 '신앙의 여정'을 걷기 때문입니다. 대부분 비슷한 상황에 놓이게 되고, 비슷한 고민에 빠지게 되고 또한 비슷한 실수도 하게 됩니다. 하나님이 끝까지 붙들어 주지 않으신다면 그 누구도 온전한 믿음의 사람으로 세워지지 못합니다. 그런 의미에서 아브라함은 '믿음의 조상'이라고 할 수 있는 것입니다.

앞 장에서 우리는 아브라함이 많은 재산을 투자하여 막벨라 굴을 매입하는 이야기를 살펴보았습니다. 세상 사람들의 눈에는 분명히 '거룩한 낭비'로 보였을 것입니다. 그러나 믿음의 눈으로 보면 그것은 가나안 땅을 약속의 땅으로 만들어가는 출발점이 되었습니다. 우리도 언젠가 이와 같은 선택의 기로에 서게 될 때, 아브라함의 이야기가 하나의 좋은 모델이 될 수 있을 것입니다.

오늘 우리가 살펴보려고 하는 이야기도 마찬가지입니다. 아브라함에게 남겨진 마지막 과제는 아들 이삭의 배필을 정하는 일이었습니다. 이삭은 그냥 아브라함의 아들이 아니었습니다. 그는 '약속의 자녀'였습니다. 그를 '육신의 자녀'가 아니라 '약속의 자녀'로 세워갈 책임이 아브라함에게 있는 것입니다. 그러기 위해서는 배우자 또한 신중하게 고르지 않으면 안 됩니다. 물론 상황은 우리와 많이 다르지만, 아브라함이 자녀의 배우자를 선택하는 과정에서 여러 가지 신앙적인 교훈을 얻을 수 있을 것입니다.

배필의 조건

아브라함은 자신의 생애에서 남겨진 마지막 과제를 하기로 마음먹습니다. 그것은 아들 이삭의 배필을 구하는 것이었습니다.

아브라함이 나이가 많아 늙었고 여호와께서 그에게 범사에 복을 주셨더라(창
24:1).

아브라함은 이삭을 낳을 때 이미 백 세였습니다. 이삭이 마흔 살에 결혼하게 되니까(25:20), 지금 아브라함은 140세가 되었습니다. 그리고 175세까지 삽니다(25:7). 건강하게 오래 살 수 있다는 것이 큰 복입니다. 그러나 아브라함에게는 자신의 장수長壽보다 더 큰 복이 있습니다. 그것은 아들 이삭이 결혼하여 자녀를 낳는 것입니다. 왜 그럴까요? 그것이 하나님의 약속이기 때문입니다. '약속의 자녀'가 이어지는 것이 가장 큰 복입니다. 하나님께서 그 복도 허락해주실 것입니다. "여호와께서 그에게 범사에 복을 주셨더라"라는 말씀이 그것을 예고합니다.

아브라함은 자신이 가장 신뢰하는 종에게 그 일을 맡깁니다.

2아브라함이 자기 집 모든 소유를 맡은 늙은 종에게 이르되 청하건대 내 허벅지 밑에 네 손을 넣으라. 3내가 너에게 하늘의 하나님, 땅의 하나님이신 여호와를 가리켜 맹세하게 하노니 너는 내가 거주하는 이 지방 가나안 족속의 딸 중에서 내 아들을 위하여 아내를 택하지 말고 4내 고향 내 족속에게로 가서 내 아들 이삭을 위하여 아내를 택하라(창 24:2-4).

아브라함이 가장 신뢰하는 '늙은 종'은 아마도 다메섹 사람 '엘리에셀'(창 15:2)이었을 것으로 보입니다. 그는 아브라함이 한때 상속자로 생각할 만큼 절대적으로 신뢰하고 있었던 종이었습니다. 허벅지 밑에 손을 넣는다는 것은 하나님과의 계약 징표인 할례에 근거하여 맹세한다는 뜻입니다. 이것은 할례받은 사람들 사이에서만 가능한 맹세의 방식입니다.

아브라함은 '하늘의 하나님, 땅의 하나님이신 여호와'를 가리켜 맹세하게 합니다. 그러면서 배우자 선택의 가이드 라인을 정해줍니다. 이삭의 배우자는 가나안 족속의 딸 중에서 택하지 말고 아브라함의 고향에 가서 같은 족속에게서 택하라는 것입니다. 왜 가나안 족속은 안 됩니까? 그들은 하나님을 전혀 알지 못하기 때문입니다. 그렇다면 아브라함의 고향 사람들은 하나님을 알까요?

아브라함의 아버지 데라는 우상 숭배자였습니다. 그러나 그 가문은 오래전부터 여호와 하나님을 알고 있었습니다. 게다가 얼마 전에 동생 나홀의 근황을 알게 되었는데(22:20), 그들 중에 하나님을 섬기는 사람들이 있을 가능성이 가나안 사람들보다는 훨씬 더 높습니다. 실제로 리브가의 아버지 브두엘은 여호와 하나님을 믿고 있었습니다(24:50).

이삭이 '약속의 자녀'가 되려면 하나님을 믿는 배우자가 필요하다는 것이 아브라함의 판단이었습니다. 그래서 그의 고향에서 배우자를 찾으려고 했던 것입니다. 아브라함의 종은 매우 신중한 사람이었습니다.

종이 이르되 여자가 나를 따라 이 땅으로 오려고 하지 아니하거든 내가 주인의 아들을 주인이 나오신 땅으로 인도하여 돌아가리이까(창 24:5).

생각해보십시오. 배우자가 어떤지 직접 보지 않고도 선택할 수 있는 사람이 과연 있을까요? 게다가 메소포타미아와 가나안은 아주 먼 거리입니다. 제3자의 말만 듣고 고향을 훌쩍 떠나올 사람이 과연 있을까요? 이것은 얼마든지 가능한 질문입니다. 그래서 아브라함의 종은 이성적인 대안을 제시합니다. 만일 신붓감이 오지 않겠다고 하면, 그때는 이삭을 직접 데리고 가는 것이 좋겠다는 겁니다.

그러나 아브라함은 단호하게 거절합니다.

6아브라함이 그에게 이르되 내 아들을 그리로 데리고 돌아가지 아니하도록 하라. 7하늘의 하나님 여호와께서 나를 내 아버지의 집과 내 고향 땅에서 떠나게 하시고 내게 말씀하시며 내게 맹세하여 이르시기를 이 땅을 네 씨에게 주리라 하셨으니 그가 그 사자를 너보다 앞서 보내실지라. 네가 거기서 내 아들을 위하여 아내를 택할지니라. 8만일 여자가 너를 따라 오려고 하지 아니하면 나의 이 맹세가 너와 상관이 없나니 오직 내 아들을 데리고 그리로 가지 말지니라(창 24:6-8).

신붓감을 구하겠다고 이삭이 직접 그리로 가는 일은 있어서는 안 된다고 말합니다. 그 이유는 하나님이 아브라함을 불러내어 가나안 땅을 주시기로 약속하셨다는 사실에 있습니다. 따라서 '약속의 씨'요 '약속의 자녀'인 이삭은 이곳, '약속의 땅'에 남아 있어야 한다는 것입니다. 하나님께서 사자를 보내서 이삭의 배필을 구하도록 도와주실 터이지만, 만에 하나 신붓감이 따라오려고 하지 않는다면 굳이 데려올 필요가 없다는 것입니다.

여기에서 아브라함은 이삭의 '결혼'이 목적이 아니라, 하나님의 '약속'이 성취되는 것이 목적임을 분명히 밝히고 있습니다. 만일 결혼 성사를 목적으로 한다면, 얼마든지 하나님을 믿지 않는 사람과 약속의 땅이 아닌 곳에서 결혼하여 살 수 있습니다. 그러나 '약속의 자녀'는 그렇게 하면 안 됩니다. 하나님을 믿는 사람과 약속의 땅에서 가정을 꾸려야 합니다. 따라서 만일 하나님이 예비하신 사람이 아니라면 더 이상 미련을 두지 말고 돌아서라는 것입니다.

이삭의 혼사에 대한 이러한 아브라함의 지침은 오늘날 그리스도인의 결혼에 대해 많은 생각을 하게 합니다. 왜냐하면 결혼으로 인해서 얼마나 많은 '약속의 자녀'가 '육신의 자녀'로 바뀌어가고 있는지 모르기 때문입니다.

중매인의 기도

아브라함으로부터 지침을 받은 종은 이삭의 배필을 구하기 위해 떠납니다.

> 10이에 종이 그 주인의 낙타 중 열 필을 끌고 떠났는데 곧 그의 주인의 모든 좋은 것을 가지고 떠나 메소보다미아로 가서 나홀의 성에 이르러 11그 낙타를 성 밖 우물 곁에 꿇렸으니 저녁 때라. 여인들이 물을 길으러 나올 때였더라(창 24:10-11).

아브라함의 종은 낙타 10필을 끌고 갑니다. 물론 지참금도 준비했을 것이고, 따라서 호위하는 사람들도 필요했을 것입니다. 그렇게 '메소포타미아'로 갔습니다. 우리말로는 '메소포타미아'로 번역되어 있지만 히브리어로는 '아람-나하라임Aram-Naharaim'입니다. '두 강의 아람Aram of the two rivers'이라는 뜻입니다. 여기에서 '아람'은 산악지대highland를 의미하고, '두 강'은 물론 티그리스Tigris강과 '유프라테스Euphrates강'을 가리킵니다. 이곳은 일반적으로 우리가 알고 있는 '메소포타미아Mesopotamia'의 북쪽 지역을 의미합니다.

그곳에 있는 '나홀의 성the city of Nahor'에 다다릅니다. '하란Haran'을 가리키는 말입니다(11:32, 27:43). 바로 이곳에서 아브라함의 아버지 데라가 죽었고, 동생 나홀이 지금 이곳에 살고 있습니다. 성 밖 우물에 도착한 때는 저녁 무렵이었습니다. 마침 여인들이 물을 길으러 나올 때였습니다. 이제부터 종은 이삭의 배필이 될 만한 여인을 찾아야 합니다. 자, 무엇부터 시작해야 할까요? 종은 가장 먼저 하나님께 기도합니다.

> 12그가 이르되 우리 주인 아브라함의 하나님 여호와여 원하건대 오늘 나에게 순

조롭게 만나게 하사 내 주인 아브라함에게 은혜를 베푸시옵소서(창 24:12).

아브라함은 기도하는 사람이 되었습니다. 그가 가장 신뢰하는 종 역시 기도하는 사람이었습니다. 무엇을 어떻게 해야 할지 잘 모르겠으면, 가장 먼저 하나님께 기도해야 합니다. 종은 우선 '어려운 만남'이 아니라 '순조로운 만남'을 위해 기도합니다. '인위적인 성취'가 아니라 '하나님의 은혜'를 간구합니다. 그리고 물 길으러 나오는 여인 중에 하나님이 정해 놓은 배필이 누구인지 알 수 있도록 증거를 구합니다.

13성 중 사람의 딸들이 물 길으러 나오겠사오니 내가 우물 곁에 서 있다가 14한 소녀에게 이르기를 청하건대 너는 물동이를 기울여 나로 마시게 하라 하리니 그의 대답이 마시라 내가 당신의 낙타에게도 마시게 하리라 하면 그는 주께서 주의 종 이삭을 위하여 정하신 자라. 이로 말미암아 주께서 내 주인에게 은혜 베푸심을 내가 알겠나이다(창 24:13-14).

종이 간구한 증거는 두 가지입니다. 하나는 물을 구하는 나그네에게 '친절'을 베풀 수 있는 사람입니다. 다른 하나는 말못하는 짐승에게도 '긍휼'을 베풀 수 있는 사람입니다. 이러한 마음 씀씀이를 미모나 학력이나 가문의 배경보다 훨씬 더 중요한 기준으로 삼았던 것입니다. 아브라함이 왜 이 종을 그렇게 신뢰했는지 알 수 있는 대목입니다.

하나님은 아브라함의 종이 기도한 대로 행하는 소녀를 만나게 하십니다. 그녀가 바로 나홀의 손녀, 브두엘의 딸 리브가였습니다.

26이에 그 사람이 머리를 숙여 여호와께 경배하고 27이르되 나의 주인 아브라함의 하나님 여호와를 찬송하나이다. 나의 주인에게 주의 사랑과 성실을 그치지 아니하셨사오며 여호와께서 길에서 나를 인도하사 내 주인의 동생 집에 이르게 하셨나이다 하니라(창 24:26-27).

지금까지 진행되어온 일을 통해서 아브라함의 종이 깨닫게 된 것이 있었습니다. 그것은 "주의 사랑과 성실이 아브라함에게 그치지 않는다"는 사실입니다. 여기에서 우리말 '그치다'로 번역된 히브리어 '아자브azab' 동사는 본래 '떠나다leave' 또는 '버리다forsake'라는 뜻입니다. 하나님의 사랑과 신실함이 결코 아브라함을 떠나지 않는다는 고백입니다.

하나님이 왜 그렇게 하실까요? 아브라함과 맺은 '횃불 계약' 때문입니다. 그 계약은 '쌍방계약'이 아니라 '일방계약'이라고 했습니다. 아브라함의 신실함에 그 계약의 성패가 달려있는 것이 아닙니다. 오직 하나님의 사랑과 신실함에 달려있습니다. 하나님의 '사랑'이 바로 '헷세드'입니다. 일방적인 사랑, 계약적인 사랑을 의미합니다. 하나님은 아브라함을 사랑하기로 약속하셨고, 그 약속을 지키셨습니다. 이번 일을 통해서 아브라함의 종도 그것을 확실하게 깨닫게 되었던 것입니다.

집안의 허락

이삭의 신붓감을 찾았으니 이제는 집안의 허락을 받아야 합니다. 종은 리브가의 집에 머물기를 청합니다.

28소녀가 달려가서 이 일을 어머니 집에 알렸더니 29리브가에게 오라버니가 있어 그의 이름은 라반이라. 그가 우물로 달려가 그 사람에게 이르러 … 31라반이 이르되 여호와께 복을 받은 자여 들어오소서. 어찌 밖에 서 있나이까. 내가 방과 낙타의 처소를 준비하였나이다(창 24:28-31).

리브가는 자신의 집에 알렸고, 오빠 라반이 나와서 영접합니다. 그런데 라반이 아브라함의 종을 영접하면서 하는 말이 놀랍습니다. "여호와께 복을 받은 자여, 들어오소서" 라반의 입에서 '여호와 하나님'의 이름이 나오고 있습니다! 어찌된 일인지는 알 수 없지만, 브두엘의 집이 모두 여호와 하나님을 섬기고 있었던 것입니다. 아브라함이 그 사실을 이미 알고 있었는지 우리는 확인할 길이 없습니다. 그러나 분명한 사실은 여기에 하나님의 예비하심과 인도하심이 있었다는 사실입니다. 하나님은 그것까지도 보고 계셨던 것입니다.

아브라함의 종은 더이상 뜸들일 이유가 없었습니다.

> 33그 앞에 음식을 베푸니 그 사람이 이르되 내가 내 일을 진술하기 전에는 먹지 아니하겠나이다. 라반이 이르되 말하소서. 34그가 이르되 나는 아브라함의 종이니이다(창 24:33-34).

그는 자신이 아브라함의 종임을 밝힙니다. 그리고 여기까지 오게 된 자초지종을 상세하게 말합니다. 지금까지 진행되어 왔던 이야기를 거의 대부분 다시 반복해서 말합니다(35-48절). 그리고 단도직입적으로 리브가를 이삭의 배필로 허락해 줄 것인지의 여부를 당장 결정해달라고 요청합니다.

> 이제 당신들이 인자함과 진실함으로 내 주인을 대접하려거든 내게 알게 해주시고 그렇지 아니할지라도 내게 알게 해 주셔서 내가 우로든지 좌로든지 행하게 하소서(창 24:49).

아브라함의 종은 혼사婚事를 구걸하려고 하지 않습니다. 그와 같은 자신감은 어디에서 나온 것일까요? 이미 아브라함에게 들은 이야기가 있기 때문입니다. 뭐라고 그랬습니까? 신붓감이 따라오겠다고 하면 데려오고, 따라오지 않겠다면 포기하면 된다고 했습니다(24:8). 그러나 만일 하나님이 예비해놓으신 배필이라면 따라오게 되어있다는 것입니다. 하나님의 인도하심을 확신하면 그렇게 당당해질 수 있는 것입니다.

그러자 리브가의 오빠와 아버지가 이렇게 대답합니다.

50라반과 브두엘이 대답하여 이르되 이 일이 여호와께로 말미암았으니 우리는 가부를 말할 수 없노라. 51리브가가 당신 앞에 있으니 데리고 가서 여호와의 명령대로 그를 당신의 주인의 아들의 아내가 되게 하라(창 24:50-51).

"이 일이 여호와께로 말미암았다" 메시지 성경은 "이 일은 전적으로 하나님께로부터 비롯된 일입니다"(This is totally from GOD)라고 풀이합니다. 그렇습니다. 다른 말로는 설명할 수 없습니다. 하나님을 믿지 않는 사람들은 이것을 우연의 일치라고 할지 모릅니다. 그러나 하나님을 믿는 사람들에게 우연이란 없습니다. 하나님을 대입해야 답이 나옵니다.

여기에서 "우리는 가부를 말할 수 없다"라는 말이 조금 어색하게 들립니다. 정말 하나님께서 하시는 일이라고 믿는다면 그냥 'Yes'하면 될 일입니다. 그런데 거기에 '가부ᵃ否' 즉 'Yes'와 'No'를 말할 수 없다는 것이 무슨 이야기입니까. 이것은 명백한 번역상의 오류입니다. 히브리 원어로는 '라ra'와 '토브towb'를 말할 수 없다고 되어있습니다. '라ra'는 'bad'이고 '토브towb'는 'good'을 의미합니다. 그러니까 "좋다, 나쁘다"를 말할 수 없다는 것입니다.

정말 그렇습니다. 하나님께서 하시는 일에 우리가 어떻게 '좋다', '나쁘다'를 이야기할 수 있겠습니까? 그저 '예'하면 되는 것이지요. 그러나 만일 그들이 하나님을 믿지 않는 사람들이었다면, '예'하기에 앞서서 지참금의 줄다리기부터 시작했을 것입니다. 그 조건이 충분히 갖추어지지 않고서는 결코 '예'하지 않았을 것입니다. 그런데 그런 식으로 조건을 맞추어서 결혼시키면 두 사람이 정말 행복하게 될까요? 아닙니다. 하나님의 뜻 안에서 시작해야 결혼생활을 통해 진정한 복을 누릴 수 있습니다.

리브가의 선택

아브라함의 종은 부모로부터 허락이 떨어지자 가장 먼저 땅에 엎드려 여호와 하나님께 경배합니다(52절). 그러고 난 후에 리브가에게 혼수품을 건네주면서 그의 허락을 구합니다(53절). 리브가의 허락을 확인하고 나서 부모에게 혼수품을 건넵니다. 이 순서를 우리는 기억할 필요가 있습니다. 하나님께 감사하는 것이 먼저입니다. 그리고 당사자가 결정해야 합니다. 그다음에 부모와 가족들에 대한 답례가 이어집니다.

예전에는 신붓감의 의사와 상관없이 아버지가 지참금을 받는 선에서 혼사가 결정되는 경우가 다반사였습니다. 최근에 들어와서는 그와 정반대로 부모의 의사와 전혀 상관없이 당사자 혼자서 혼사를 결정하는 경우가 다반사입니다. 무엇이 되었든지 그 어디에도 하나님이 포함되지 않는 경우가 대부분입니다. 하나님 안에서 결혼생활을 시작해야 합니다. 당사자들의 선택을 존중해야 합니다. 그리고 가족들의 지지와 축복이 있어야 합니다. 그럴 때 그 결혼을 통해서 하나님이 약속하신 복이 주어지는 것입니다.

아브라함의 종은 하루를 지낸 후에 곧바로 주인에게 돌아가겠다고 합니다. 그러자 리브가의 가족들은 며칠 더 머물다가 가라고 요청합니다. 조금이라도 더 붙들고 싶어 하는 것이 부모의 심정일 것입니다. 그러나 아브라함의 종이 생각을 굽히지 않자, 리브가에게 선택권이 넘어갑니다.

리브가를 불러 그에게 이르되 네가 이 사람과 함께 가려느냐. 그가 대답하되 가겠나이다(창 24:58).

그렇게 리브가는 이삭이 살고 있는 곳으로 옵니다. 때마침 이삭은 들에서 '묵상'하다가(63절) 리브가를 영접하게 됩니다. '묵상'은 하나님의 말씀을 생각하며 기도하는 것을 말합니다. 그러다가 평생 '돕는 배필'을 만나게 된 것이지요. 그렇습니다. 묵상하다가 만난 배필이 진정한 짝입니다. 이삭은 리브가를 아내로 삼고 사랑하였고, 그를 통해서 큰 위로를 얻습니다(67절). 그렇게 이삭은 가정을 이루게 되었던 것입니다.

'약속의 자녀'를 낳기 위해서는 믿음의 배우자가 반드시 필요합니다. 그리스도인들은 결혼하는 것이 목적이 아닙니다. 결혼을 통해 하나님의 약속이 성취되는 것이 목적입니다. 따라서 결혼의 제일 조건은 하나님입니다. 하나님의 뜻을 앞세우면 당당해질 수 있습니다. 우리의 자녀들이 하나님의 뜻 안에서 돕는 배필을 발견하기를 간절히 소망합니다.

* **묵상 질문**: 나는 배우자의 제일 조건을 무엇이라 생각합니까?
* **오늘의 기도**: 우리의 자녀들이 하나님 안에서 돕는 배필을 발견할 수 있게 하옵소서. 하나님을 믿는 사람과 약속의 땅에서 가정을 이루어 살아갈 수 있게 하옵소서. 그리하여 그 가정을 통해 약속의 자녀들이 태어나는 복을 누리게 하옵소서. 예수님의 이름으로 기도합니다. 아멘.

창세기 묵상 27

죽음으로도 죽지 않는 복

읽을 말씀: **창세기** 25:1-26

새길 말씀: 아브라함이 죽은 후에 하나님이 그의 아들 이삭에게 복을 주셨고 이삭은
브엘라해로이 근처에 거주하였더라(창 25:11).

이제 아브라함 이야기의 막바지에 다다르게 되었습니다. 앞 장에서
살펴본 것처럼, 그의 생애 마지막 과제는 아들 이삭의 배필을 정하는 것
이었습니다. 이삭은 마흔이 다 되도록 결혼하지 못했습니다. 그 이유는
아마도 그의 조용한 성품과 관련이 있는 것으로 보입니다. 그는 따로 떨
어져서 지내는 것을 좋아했습니다. 리브가를 처음 만나던 순간도 들에
나가 혼자서 묵상하던 중이었지요(창 24:62). 어머니 사라의 죽음이 이삭
을 그렇게 더욱 조용한 사람으로 만들었는지도 모릅니다.

그러다가 리브가를 만나게 된 것입니다. 여기에서 궁금해지는 것이
하나 있습니다. 이삭은 자기의 혼사 문제가 아버지의 종을 통해서 진행
되고 있었다는 사실을 알고 있었을까요? 정상적인 가정이라면 마땅히

그랬을 것입니다. 그러나 아브라함이 이삭에게 미리 알려주었을 것으로 보이지는 않습니다. 제가 그렇게 생각하는 이유는 조금 후에 자세히 설명하도록 하겠습니다. 아마도 이삭이 리브가를 만나는 장면에서 아버지의 종을 통해 그동안 진행되었던 일에 대해서 처음 듣게 되었을 것으로 보입니다.

66종이 그 행한 일을 다 이삭에게 아뢰매 67이삭이 리브가를 인도하여 그의 어머니 사라의 장막으로 들이고 그를 맞이하여 아내로 삼고 사랑하였으니 이삭이 그의 어머니를 장례한 후에 위로를 얻었더라(창 24:66-67).

이삭은 리브가를 운명적인 배필로 받아들입니다. 첫눈에 반했기 때문일까요? 물론 리브가는 '보기에 심히 아리따운' 여인이었습니다(24:16). 그러나 이삭을 만날 때 그녀는 '너울a veil'로 얼굴을 가린 상태였습니다(24:65). 그러니까 미모 때문에 리브가를 아내로 맞아들인 것은 아니었을 것입니다. 단지 아버지의 종을 통해서 그 일이 어떻게 진행되었는지를 들었기 때문입니다.

들어보니까 그 일에 하나님의 예비하심과 인도하심이 있었다는 사실을 확신하게 된 것이지요. 그래서 두말하지 않고 자신의 배필로 맞아들인 것입니다. 이삭은 어머니의 장막으로 리브가를 인도한 후에야 처음으로 그의 얼굴을 볼 수 있었을 겁니다. 그렇게 사랑이 시작되었고, 이삭은 리브가를 통해서 어머니 장례 후에 큰 위로를 받게 되었던 것이지요.

그런데 이 중요한 자리에 정작 아브라함의 모습은 보이지 않습니다. 이삭의 혼사는 아브라함이 계획하고 시작한 일이었습니다. 신붓감의 가이드라인을 정해준 사람도 아브라함이었습니다. 그리고 아브라함이 가장 믿을만한 종에게 그 일을 맡겨서 진행했습니다. 그렇다면 그 결과는 가장 먼저 아브라함에게 보고되어야 합니다. 또 며느리를 맞이하는 자리에 마땅히 아브라함이 있어야 합니다. 그런데 그게 아닌 겁니다. 말하자면 아버지 없이 결혼식을 진행한 것입니다.

이 일을 우리는 어떻게 받아들여야 할까요? 그 당시 결혼 문화가 본래 그랬다고 보아야 할까요? 바로 이 대목에서 아브라함과 이삭 사이의 소원疏遠했던 관계를 의심해보아야 합니다. 그래야 그다음의 이야기를 제대로 이해할 수 있습니다.

브엘라해로이

여기에서 우리는 아브라함과 사라와 이삭의 거주지와 그에 따른 각각의 동선動線을 주의 깊게 살펴볼 필요가 있습니다. 우선 사라의 장막에서부터 시작해보지요. 사라의 장막은 헤브론에 있었습니다. 거기에서 죽음을 맞이했습니다.

> 사라가 가나안 땅 헤브론 곧 기럇아르바에서 죽으매 아브라함이 들어가서 사라
> 를 위하여 슬퍼하며 애통하다가…(창 23:2).

'기럇아르바Kiriath Arba'는 '넷의 도시city of the four'라는 뜻입니다. 그러니까 '헤브론'은 본래 네 개의 부족four families이 연합하여 세운 도시였던 것입니다. 그중 하나가 아브라함이 막벨라 굴을 매입했던 헷 족속이었습니다. 아브라함과 사라는 그랄 땅으로 옮겨가기 전에 이곳에서 20년 이상 살았습니다. 그러다가 그랄 땅으로 가서 이삭을 낳았지요. 그렇다면 언제 이곳으로 다시 돌아왔을까요?

아브라함이 모리아산으로 가서 이삭을 번제로 바치려고 했을 때만 해도 그들은 브엘세바에 머물고 있었습니다(창 22:19). 그리고 나서 한동안 침묵하다가 갑자기 사라가 죽는 이야기가 나오는데, 사라의 장막은

헤브론에 있는 겁니다(창 23:1). 이때 아브라함도 아내와 함께 헤브론에 있었을까요? 아닙니다.

우리말 "아브라함이 들어가서 사라를 위하여 슬퍼했다"로 번역된 부분은 사실 "아브라함이 사라를 위해 슬퍼하기 위해서 왔다"(Abraham came to mourn for Sarah, KJB)로 번역해야 합니다. 그러니까 사라가 죽었을 때 헤브론에서 함께 머물고 있지 않았던 것입니다. 아브라함의 거주지는 브엘세바였습니다. 물론 유목생활을 하고 있었다는 점을 고려해보면 충분히 이해할 수 있는 일입니다.

그렇다면 이삭은 어디에 있었을까요?

> "그때에 이삭이 브엘라해로이에서 왔으니 그가 네게브 지역에 거주하였음이라 (창 24:62).

이삭이 리브가를 처음 만날 때의 장면입니다. 여기에 보면 이삭의 거주지는 분명히 '브엘라해로이'로 되어 있습니다. 이곳은 '네게브Negeb' 즉 팔레스타인의 남쪽 지방 광야에 위치하고 있는 한 오아시스입니다.

'브엘라해로이'가 가장 처음 등장하는 대목은 하갈이 임신한 상태에서 도망쳤던 바로 그 장면입니다. 그때 하갈은 광야의 샘물 곁에서 하나님의 사자를 만납니다. 그리고 이스마엘에 대한 약속을 받습니다. 그러고 나서 하갈은 "나를 살피시는 하나님을 뵈었다"라고 고백하면서 그 샘을 '브엘라해로이'라고 불렀습니다(창 16:14). '브엘-라해-로이Beer Lahai Roi'는 '나를 살피시는 살아있는 분의 우물'(well of the living One that sees me)이라는 뜻입니다.

이곳은 브엘세바에서도 남쪽으로 한참 더 내려가야 합니다. 가나안 땅의 거의 남쪽 끝 경계선에 위치한 '가데스 바네아Kadesh-barnea' 근처에 있었습니다. 이삭이 이곳을 거주지로 삼고 있었다는 이야기는, 언제부터였는지는 모르지만 브엘세바에 거주하고 있던 아버지 아브라함으로부터 떨어져서 지냈다는 뜻입니다(22:19).

그랬다가 지금 어머니의 장막이 있었던 헤브론으로 잠깐 올라온 것입니다. 아마도 돌아가신 어머니에 대한 그리움 때문이었을 것입니다. 그때 마침 그곳에서 리브가를 만나게 되었던 것이지요. 이제야 어머니 장례 후에 리브가를 통해 위로를 받았다는 말이 이해가 됩니다.

앞에서 이삭이 자신의 혼사 문제에 대해서 아버지로부터 아무런 이야기를 듣지 못했을 것이라고 말한 이유도 바로 여기에 있습니다. 이삭은 리브가를 만난 후에 곧바로 브엘라해로이로 함께 내려갔을 것입니다. 아브라함이 죽은 후에도 이삭은 그곳에서 지냈습니다(창 25:11). 아브라함과 아내 사라 사이도 그렇고, 아브라함과 아들 이삭 사이에도 물리적인 거리만큼이나 무언가 심리적인 거리감이 느껴지지 않습니까? 그 이유가 무엇이었을까요?

아브라함의 후처

그 이유는 아브라함이 후처를 맞이하는 기록에서 찾을 수 있습니다.

> ¹아브라함이 후처를 맞이하였으니 그의 이름은 그두라라. ²그가 시므란과 욕산과 므단과 미디안과 이스박과 수아를 낳고 ³욕산은 스바와 드단을 낳았으며 드단의 자손은 앗수르 족속과 르두시 족속과 르움미 족속이며…(창 25:1-3).

아브라함은 '그두라Keturah'를 후처로 맞이합니다. 이 본문은 사라의 장례 이후에 놓여있지만, 그두라와의 사이에서 여섯 명의 자녀를 낳고 그 손자들의 이름까지 기록되어 있는 것으로 미루어보아 사라가 죽기 이전이었을 가능성이 훨씬 더 높습니다. 사라가 죽었을 때에 아브라함은 137

세였습니다. 그리고 175세까지 사니까, 거의 40년 가까이 더 살았습니다. 그렇다면 그 기간 동안 얼마든지 재혼하여 아이를 낳을 수도 있었겠지요. 그러나 그의 나이를 생각해보면 상상하기 어려운 일입니다.

그것과 관련된 자세한 내용이 성경에 기록되어 있지 않아서 우리의 상상력을 동원할 수밖에 없지만, 아브라함이 그두라를 후처로 들인 것은 아마도 사라가 브엘세바에서 헤브론으로 거처를 옮긴 것과 어떤 상관관계가 있을 것으로 보입니다. 그리고 이삭을 번제로 바친 사건이 바로 그 도화선으로 작용했을 가능성이 아주 높습니다. 왜냐하면 그 이야기가 진행되는 창세기 22장 어디에도 사라가 전혀 등장하지 않기 때문입니다.

지금까지 아브라함이 보인 태도를 생각하면, 그는 하나님의 명령에 대해서 그 누구와도 상의하지 않았을 것이 분명합니다. 만일 사라가 그 일을 미리 알았다면 어떻게 되었을까요? 그냥 가만히 있지는 않았을 것입니다. 그러나 그 일은 일사천리로 진행되었지요. 그럴 수 있었다는 것은 결국 아브라함이 혼자서 결정했다는 이야기입니다. 심지어 이삭에게도 알리지 않았습니다.

물론 그것으로 아브라함의 신심信心이 증명될 수 있었는지는 몰라도, 당사자인 이삭에게는 적잖은 충격이 되었을 것입니다. 생각해보세요. 자기 아버지가 자신을 죽여서 번제물로 바치겠다고 덤벼드는 것을 경험했으니 말입니다. 게다가 나중에 사라가 그 일을 알게 되었을 때 과연 어떤 일이 벌어졌겠습니까? 사라가 가만히 있었겠습니까?

물론 아브라함의 입장에서는 하나님의 명령을 효과적으로 수행하기 위해서는 사라가 모르는 편이 더 나을 것이라 생각했을 수도 있습니다. 그렇지만 사라가 누구입니까? 사라는 아브라함의 돕는 배필입니다. 사라가 아니었으면 '약속의 자녀' 이삭을 낳을 수 없었습니다. 그렇다면 그 일에 대해서 적어도 함께 고민하고 어떻게든 설득해서 결정하는 것이 옳은 일입니다. 아브라함은 그러지 않았던 겁니다.

어쨌든 그 일 이후에 사라는 헤브론으로 자신의 거처를 옮겼을 것으로 보입니다. 말하자면 아브라함과 별거 생활을 시작한 것이지요. 그러고 나서 아브라함은 그두라를 후처로 들였을 것입니다. 어느 정도 성장한 이삭이 아버지로부터 독립한 것도 바로 이즈음으로 보입니다. 브엘세바에서 브엘라해로이로 거처를 옮겨간 것이지요. 이삭이 아버지와 재회한 것은 아마도 어머니의 장례 때였을 것입니다. 그때 아브라함은 이삭이 아직도 결혼하지 않았다는 사실을 확인했을 것이고, 그래서 혼사를 서두르게 되었던 것이지요.

어떤 분들은 이런 식의 상상을 불경건한 것으로 생각할지 모릅니다. 그러나 누누이 말씀드린 것처럼 창세기의 주인공은 아브라함이 아닙니다. 그의 완벽한 믿음에 누를 끼칠만한 이야기라고해서 입 다물고 있을 필요가 없습니다. 오히려 솔직하게 드러내어 마주 대하는 것이 성경의 메시지를 발견하는데 도움이 됩니다. 성경의 주인공은 하나님이시기 때문입니다.

만일 성경이 아브라함을 완벽한 '믿음의 조상'으로 미화할 생각을 처음부터 가지고 있었다면, 그의 후처 이야기나 그를 통해서 태어난 자식들의 이야기를 여기에 군이 기록할 필요가 없습니다. 창세기 24장에서 이삭의 혼사를 준비한 이야기로 끝나는 것이 가장 깔끔합니다. 그러나 만일 감추지 않고 기록했다면 거기에는 또 그럴 만한 이유가 있는 것입니다. 그것이 과연 무엇일까요?

이 질문을 마음에 담아두고 그다음 이야기를 계속 살펴보겠습니다.

아브라함의 죽음

드디어 아브라함은 죽음을 맞이합니다.

7아브라함의 향년이 백칠십오 세라. 8그의 나이가 높고 늙어서 기운이 다하여 죽어 자기 열조에게로 돌아가매 9그의 아들들인 이삭과 이스마엘이 그를 마므레 앞 헷 족속 소할의 아들 에브론의 밭에 있는 막벨라 굴에 장사하였으니 10이것은 아브라함이 헷 족속에게서 산 밭이라. 아브라함과 그의 아내 사라가 거기 장사되니라(창 25:7-10).

아브라함이 하란에서 하나님의 부르심을 받았을 때의 나이가 75세였습니다. 그러니까 한 세기 동안 가나안 땅에서 지낸 것입니다. 그 긴 세월 동안 아브라함이 한 일이 무엇입니까? "하갈을 통해 이스마엘을 낳고, 그의 나이 백 세에 사라를 통해 이삭을 낳고, 노년에 후처 그두라를 통해서 여섯 아들을 낳고 살다가 늙어서 기운이 빠져 죽었다." 만일 그것이 전부라면 참으로 허무한 인생입니다. 더욱이 마지막에 가서 사라와 별거하고 후처를 둔 일은 그의 인생에 있어서 두고두고 큰 오점으로 남을 것입니다.

그러나 그것은 아브라함의 인간적인 모습이고, 신앙적으로는 하나님의 약속을 붙들고 산 사람이었습니다. 하나님의 부르심에 믿음으로 응답하여 불확실한 미래를 향해 믿음의 여정을 출발했습니다. 그의 믿음이 흔들리는 때도 있었지만 하나님께서 그때마다 그를 붙들어 주셨습니다. 그리하여 '후손에 대한 약속'과 '땅에 대한 약속'이 성취되는 것을 보게 하셨습니다. 인간적인 약점이 많았음에도 하나님은 그를 '믿음의 조상'이 될 수 있도록 빚어주셨습니다. 물론 완벽한 인생이라고 할 수는 없지만, 그만하면 이 세상에서 잘 살다가 열조에게 돌아간 것입니다.

아브라함은 그렇게 생애를 마쳤지만, 사실은 이제부터가 문제입니다. 하나님의 약속이 성취되어가는 일에 관하여는 지금이 가장 큰 고비입니다. 왜냐하면 아브라함과 이삭의 관계가 소원했기 때문입니다. 믿음의 대가 계속해서 이어지려면 아들 이삭이 믿음 위에 바로 서야 하는데,

아버지와 서먹했던 관계가 그 일에 큰 장애가 되고 있는 것입니다.

만일 이삭이 '하나님으로부터 시작하는 인생'이 아니라 '하나님으로부터 벗어나는 인생'을 선택한다면 어떻게 될까요? 그러면 이 세상을 구원하려는 하나님의 계획은 아브라함 당대로 끝나버리고 마는 것입니다. 아브라함의 생애가 끝나고 있는 이 대목에서 과연 이삭은 아버지처럼 '하나님 먼저God first'의 신앙을 가지고 있었을까요?

그러나 그것은 이삭에게 달려있는 게 아닙니다. 아브라함 때에도 그랬듯이, 그것은 전적으로 하나님에게 달려있습니다.

> 아브라함이 죽은 후에 하나님이 그의 아들 이삭에게 복을 주셨고…(창 25:11).

이 말씀이 아주 중요합니다. 하나님께서 아브라함에게 주신 복은 그의 죽음으로 죽지 않았습니다! 하나님께서 또다시 그의 아들 이삭에게 복을 주셨던 것입니다. 하나님은 물론 '후손에 대한 약속'과 '땅에 대한 약속'을 이삭에게 다시 확인시켜 주실 것입니다. 그와 동시에 아브라함을 믿음의 조상으로 빚어 가셨듯이, 이삭 또한 그렇게 빚어가실 것입니다. 바로 그것이 이삭에게 주시는 하나님의 복입니다.

비록 마지막에 아버지 아브라함과의 관계가 서먹했다고 하더라도, 그것으로 인해서 하나님을 향한 믿음에 방해를 받지 않도록 하나님께서 직접 이삭에게 역사하실 것입니다. 하나님이 과연 어떻게 일하실까요? 사실 하나님의 일하심은 아브라함이 죽기 전에 이미 시작되었습니다. 그것은 후손에 대한 약속을 보증해주시는 방식으로 나타납니다.

이삭의 기도

창세기 25장은 후처 그두라를 통해 얻은 후손들의 이야기(25:1-6)와 아브라함의 장례가 치러지는 이야기(25:7-11)에 이어서 이스마엘의 족보 (25:12-18)가 길게 이어지고 있습니다. 아마도 아버지의 장례식에 참여했던 이스마엘을 언급하면서, 아예 그 족보를 여기에 삽입한 것으로 보입니다. 그러나 단지 어떤 정보를 알려주려는 차원에서 기록된 것은 아닙니다. 거기에는 다 이유가 있습니다.

아브라함은 그 많은 나이에도 자녀를 여섯이나 두었습니다. 이스마엘은 자그마치 열두 아들을 두었고, 그들은 각각 열두 족속을 이루어 곳곳에 흩어져서 살게 되었습니다. 그런데 '약속의 자녀'라고 하는 이삭은 어떤 형편이었을까요?

> 19아브라함의 아들 이삭의 족보는 이러하니라. 아브라함이 이삭을 낳았고 20이삭은 사십 세에 리브가를 맞이하여 아내를 삼았으니… 21이삭이 그의 아내가 임신하지 못하므로 그를 위하여 여호와께 간구하매 여호와께서 그의 간구를 들으셨으므로 그의 아내 리브가가 임신하였더니…(창 25:19-21).

앞에 기록되어 있는 두 족보와 비교해보면, 이삭의 족보는 초라하기 그지없습니다. 마흔 살에 겨우 결혼했는데, 아내가 임신하지 못합니다. 어머니 사라와 똑같은 상황입니다. 다른 사람들은 그냥 아무 문제없이 아들을 쑥쑥 낳는데, 이삭은 아들을 달라고 하나님께 특별히 '간구'해야 했습니다. 다행히 하나님께서 이삭의 기도를 들어주셔서 리브가가 임신을 합니다. 우리가 잘 아는 대로 쌍둥이를 가졌지요.

그런데 사실은 그렇게 쉽게 가지게 된 것이 아닙니다. 사라만큼은 아니지만 이삭과 리브가에게도 긴 세월의 기다림이 필요했습니다.

> … 리브가가 그들을 낳을 때에 이삭이 육십 세였더라(창 25:26b).

에서와 야곱을 출산했을 때 이삭의 나이는 60세였습니다. 그렇다면 얼마동안 기다려야 했다는 이야기입니까? 자그마치 20년을 기다려야 했습니다. 지난 20년 동안 이삭은 아버지 아브라함이 그두라와의 사이에서 자식들을 낳고 심지어 손자까지 두는 것을 옆에서 지켜보아야 했습니다. 자신보다 겨우 열네 살이 많은 이스마엘 형은 이미 오래전에 출가해서 열두 아들을 두고 큰 가문을 이루었습니다. 그 이야기를 전해 들으면서 이삭은 과연 어떤 생각을 했을까요?

이삭은 어렸을 때부터 자신이 특별한 존재로 태어났다는 이야기를 들으면서 자랐습니다. 자신이 '약속의 자녀'라는 이야기를 귀에 못이 박이도록 들었을 겁니다. 특별히 어머니 사라에게는 자랑스러운 아들이었습니다. 아버지로부터는 하나님과 맺은 횃불 계약의 이야기를 들었을 것입니다. 그러면서 자신을 통해서 하늘의 별처럼 수많은 후손이 생길 것이라는 하나님의 약속을 들었을 것입니다.

그런데 현실은 어떻습니까? 늦게 결혼한 데다가 지난 20년 동안 아이 하나가 생기지 않는 것입니다. 보통 사람 같았으면 그 오랜 기다림을 견디어내지 못했을 것입니다. 그가 만일 아버지 아브라함 같았다면 이럴 때 어떻게 했을까요? 양자를 들이거나 씨받이를 통해서 자식을 얻으려고 했겠지요. 아니면 하나님의 약속을 포기했겠지요. 자식들을 많이 낳는 것을 보니 이스마엘이 '약속의 자녀'인가보다 생각했겠지요.

이삭은 그러지 않았습니다. 하나님의 약속이 이루어질 때까지 기다렸습니다. 그냥 기다리지 않고 '기도하면서' 기다렸습니다. 한 달 두 달도 아니고, 일 년 이 년도 아니고, 자그마치 20년을 기도하면서 기다렸던 것입니다. 이삭은 '기도하는 사람'이었습니다. 그래서 결국 쌍둥이를 낳게 된 것입니다. 그렇게 본다면 아버지 아브라함보다 훨씬 더 대단한 사람입니다. 세월의 테스트를 너끈히 통과했으니 말입니다.

이삭이 쌍둥이를 낳은 것은 아브라함이 죽은 다음의 일이 아닙니다.

죽기 15년 전의 일입니다. 아브라함의 죽음과 더불어 하나님의 복이 죽어버리는 것 아닙니다. 아브라함에게 역사하셨던 하나님이 또한 이삭에게도 똑같이 역사하십니다. 왜입니까? 이삭은 '약속의 자녀'이기 때문입니다. 그렇게 하나님은 당신의 약속을 지켜나가십니다.

앞의 질문으로 다시 돌아가 봅니다. 아브라함의 생애가 끝나는 대목에서 과연 이삭은 '하나님 먼저God first'의 신앙이 있었을까요? 물론 가지고 있었습니다. 그것은 아버지의 신앙생활이 완벽했기 때문일까요? 물론 그렇지는 않습니다. 하나님께서 이삭을 그렇게 만들어 주셨기 때문입니다. 아브라함은 부족하지만 하나님은 완전하십니다. 하나님은 당신의 약속을 반드시 지키십니다.

* **묵상 질문**: 나에게는 '약속의 자녀'가 있습니까?
* **오늘의 기도**: 행여나 우리의 부족함으로 인해 자녀들이 실족하지 않게 도와주옵소서. 하나님의 부름을 받는 마지막 순간까지 믿음의 길을 걸어가게 하시고, 우리의 자녀들도 하나님의 복을 이어가는 약속의 자녀가 되게 하옵소서. 예수님의 이름으로 기도합니다. 아멘.

제 3 막

족장사(族長史) 이야기(下)
: 믿음의 후손들

| 창세기 26-50장 |

장자권 쟁탈전

읽을 말씀: **창세기** 25:19-34

새길 말씀: 야곱이 이르되 형의 장자의 명분을 오늘 내게 팔라. 에서가 이르되 내가 죽게
되었으니 이 장자의 명분이 내게 무엇이 유익하리요(창 25:31-32).

믿음의 조상 아브라함의 이야기는 이렇게 끝났습니다. 그는 완벽한
믿음을 보여준 모델이라고 할 수는 없습니다. 마지막 순간까지 부족한
모습을 참으로 많이 드러냈습니다. 그렇지만 그는 오고 오는 모든 세대
에 하나님을 믿고 따르는 '신앙의 여정'을 보여주는 모델이 되었습니다.
하나님의 은혜가 아니면 그 누구도 '믿음의 조상'이 될 수 없음을 보여주
는 반면교사가 된 것입니다.

앞 장에서 우리가 살펴본 대로 이삭과 아브라함의 마지막 관계는 서
먹서먹했습니다. 이삭은 아마도 아버지의 모습에 많이 실망했을 겁니다.
만일 그런 이유로 이삭이 믿음의 길에서 떠났다고 한번 가정해봅시다.
그 책임은 누구에게 있을까요? 물론 우리는 아브라함의 잘못이 크다고

생각하고 싶을 겁니다. 아닙니다! 그 책임은 전적으로 이삭이 져야합니다. 왜 그럴까요? 아브라함의 생애 가운데 역사하시는 하나님의 일하심을 보지 못하고, 스스로 '약속의 자녀'가 되기를 포기했기 때문입니다.

마지막 순간까지 정직하고 바른 모습으로 신앙생활 하는 부모를 만난다는 것은 참으로 큰 복입니다. 그러나 하나님의 인도하심에 순종하는 믿음은 각자의 몫이요, 각자의 책임입니다. 이삭은 아브라함의 완벽한 믿음을 본받아서 '약속의 자녀'가 된 것이 아닙니다. 하나님께서 그에게 복을 주셔서 '약속의 자녀'가 되었습니다. 이삭 또한 아버지처럼 때로 실수도 하고 넘어지기도 할 것입니다. 그러나 하나님께서 또한 그를 붙들어주셔서 믿음의 길을 걷게 하실 것입니다.

어쨌든 이삭은 믿음의 첫 단추를 잘 꿰었습니다. 그에게도 역시 불임의 문제가 있었지만, 그는 기도하면서 하나님의 때를 기다렸습니다. 그렇게 기도한지 20년 만에 결국 쌍둥이를 임신하게 되었지요. 그러나 임신했다고 끝난 것이 아닙니다. 그 자녀가 '약속의 자녀'가 되어가는 일이 이제 막 시작되었을 뿐입니다. 그 과정에 많은 어려움이 따르게 될 것입니다. 특히 쌍둥이이기 때문에 겪어야 할 갈등이 있을 겁니다. 실제로 그 갈등은 출생 이전부터 이미 시작되었습니다.

리브가의 기도

이삭의 기도는 리브가의 기도로 이어집니다.

> 21이삭이 그의 아내가 임신하지 못하므로 그를 위하여 여호와께 간구하매 여호와께서 그의 간구를 들으셨으므로 그의 아내 리브가가 임신하였더니 22그 아들들이 그의 태속에서 서로 싸우는지라. 그가 이르되 이럴 경우에는 내가 어찌할고 하고 가서 여호와께 묻자온대…(창 25:21-22).

이삭은 불임의 문제를 놓고 기도했고, 결국 그의 아내 리브가는 임신했습니다. 하나님께서 이삭의 간구를 들으셨던 것이지요. 그것으로 해피엔딩은 아닙니다. 쌍둥이가 태속에서부터 서로 싸우는 겁니다. 우리말 '싸우다'로 번역된 히브리어 '롸촤츠ratsats' 동사는 영어로 표현하면 'crush 으스러뜨리다'가 됩니다. 사사기에 보면 한 여인이 맷돌을 던져서 기드온의 서자 아비멜렉의 두개골을 깨뜨리는 장면이 나옵니다(삿 9:53). 그때 '깨뜨리다'로 번역된 말이 바로 '롸촤츠'입니다.

그러니까 그냥 뱃속에 있는 아이가 태동胎動 하는 정도가 아니라, 그렇게 치고 박고 발길질하면서 죽기 살기로 싸웠던 것입니다. 산모가 자신의 생명에 위협을 느끼는 정도였습니다. 그는 이렇게 말합니다. "이럴 경우에는 내가 어찌할꼬." 새번역 성경은 "이렇게 괴로워서야, 내가 어떻게 견디겠는가?"라고 번역합니다. 메시지 성경은 "계속 이런 식이라면, 어찌 살까?"라고 풀이합니다. 리브가가 참아낼 수 없을 정도로 문제가 심각했다는 이야기입니다.

그녀는 하나님께 기도하지 않을 수 없었습니다. 그런데 하나님으로부터 뜻밖의 대답을 듣게 됩니다.

여호와께서 그에게 이르시되 두 국민이 네 태중에 있구나, 두 민족이 네 복중에서부터 나누이리라. 이 족속이 저 족속보다 강하겠고 큰 자가 어린 자를 섬기리라 하셨더라(창 25:23).

하나님은 리브가의 뱃속에 '두 국민'이 있다고 말씀합니다. 여기에서 '두 국민'은 '두 나라two nations'을 의미합니다. 실제로 에서로부터 '에돔'이 나왔고 야곱으로부터 '이스라엘'이 나왔습니다. 그러나 '두 민족'은, 단순하게 서로 다른 민족이 아니라, '두 방식의 사람two manner of people, KJB'을 의미합니다.

그것은 마치 아담과 하와에게서 태어난 자녀들과 같습니다. 가인은 '하나님으로부터 벗어나는 인생'을 살았고, 아벨은 '하나님으로부터 시작하는 인생'을 살았습니다. 그와 마찬가지로 리브가의 뱃속에 있는 쌍둥이가 서로 다른 삶의 방식을 선택하여 살게 될 것이라는 예고입니다. 그 다음 말씀이 중요합니다.

하나는 다른 하나보다 '강하겠다'라고 하십니다. 이것은 신체적인 조건의 차이를 말합니다. 또 큰 자가 어린 자를 섬기리라고 하십니다. 우리는 '큰 자'와 '어린 자'를 형과 동생으로 생각하려고 하지만, 꼭 그럴 필요는 없습니다. 앞에서 말한 '강한 자'와 '약한 자'의 또 다른 표현일 뿐입니다. 그러니까 형이든 동생이든, 강한 자가 약한 자를 섬기게 될 것이라는 말씀입니다.

실제로는 형 에서가 동생 야곱보다 더 강한 신체적인 조건을 가지고 태어났습니다. 그러나 하나님의 말씀대로 한다면 에서는 야곱을 섬기는 자가 되어야 합니다. 바울은 말라기 선지자의 말씀(말 1:2-3)을 인용하면서 다음과 같이 말합니다.

기록된 바 내가 야곱은 사랑하고 에서는 미워하였다 하심과 같으니라(롬 9:13).

그러니까 리브가의 태중에서부터 하나님은 약속을 이어나갈 자녀로 야곱을 사랑하여 선택했다는 것입니다. 왜 하필 야곱이었을까요? 우리는 알 수 없습니다. 그것은 하나님의 주권에 속한 문제입니다. 바울은 그 이유를 이렇게 설명합니다.

그런즉 원하는 자로 말미암음도 아니요 달음박질하는 자로 말미암음도 아니요 오직 긍휼히 여기시는 하나님으로 말미암음이니라(롬 9:16).

사람이 간절히 바란다고 해서도 아니고 열심히 노력한다고 해서도 아닙니다. 하나님이 야곱을 '약속의 자녀'로 선택하신 것은 오직 그를 긍휼히 여기시는 하나님의 마음 때문입니다. 그것은 데라의 아들 중에서 굳이 아브라함을 믿음의 조상으로 불러내신 것이나, 먼저 태어난 이스마엘을 제쳐두고 굳이 사라를 통해 태어난 아들 이삭을 약속의 자녀로 삼으신 것이나 똑같은 이야기입니다. 그것은 하나님의 주권적인 선택입니다.

그렇지만 그것은 태생적으로 타고난 운명이 아닙니다. 하나님이 야곱을 선택했다고 해서 에서에게는 처음부터 아예 기회가 없었다고 말하면 안 됩니다. 그에게도 얼마든지 기회는 있었습니다. 야곱도 마찬가지입니다. 하나님이 그를 선택했다고 하지만, 그렇다고 꼼짝없이 약속의 자녀로 남아있게 되는 것은 아닙니다. 앞으로 살기에 따라서 야곱도 얼마든지 하나님으로부터 벗어날 수 있습니다.

어찌 되었든지 간에 결과적으로 그들은 서로 다른 방식의 삶을 선택했습니다. 에서는 '하나님으로부터 벗어나려는 인생'을, 야곱은 '하나님으로부터 시작하는 인생'을 선택했던 것입니다. 그렇게 하나님의 예언이 성취되었던 것이지요.

어쨌든 이와 같은 하나님의 응답은 리브가에게 깊은 인상을 남기기에 충분했습니다. 그가 후에 에서보다 야곱을 편애하게 된 이유를 짐작하게 하는 대목입니다.

출생과 성장

어머니의 태속에서 서로 싸우던 쌍둥이는 출생하는 순간까지도 그 싸움을 이어갑니다.

24그 해산 기한이 찬즉 태에 쌍둥이가 있었는데 25먼저 나온 자는 붉고 전신이

털옷 같아서 이름을 에서라 하였고 26후에 나온 아우는 손으로 에서의 발꿈치를 잡았으므로 그 이름을 야곱이라 하였으며…(창 25:24-26).

마치 누가 이 세상에 먼저 나올 것인가 경쟁하다가 야곱이 에서의 힘에 밀린 것처럼 보입니다. 에서는 태어날 때부터 신체적인 조건이 남달랐습니다. 피부가 붉고 털이 많아서 리브가는 그를 '에서'라고 불렀습니다. '털 복숭이Hairy'라는 뜻입니다. 힘에 밀려서 둘째로 태어날 수밖에 없었던 야곱은 에서의 발꿈치를 잡았다고 해서 '야곱'이라고 불렀습니다. '발뒷꿈치Heel'라는 뜻입니다. 모두 어머니 리브가가 붙여준 애칭愛稱입니다.

이렇게 에서와 야곱은 한 어머니의 배에서 태어나기는 했지만 처음부터 아주 달랐습니다. 성장하면서 둘 사이의 차이는 점점 더 커져갔습니다.

27그 아이들이 장성하매 에서는 익숙한 사냥꾼이었으므로 들사람이 되고 야곱은 조용한 사람이었으므로 장막에 거주하니 28이삭은 에서가 사냥한 고기를 좋아하므로 그를 사랑하고 리브가는 야곱을 사랑하였더라(창 25:27-28).

에서는 '노련한 사냥꾼an expert hunter'이 되었습니다. 늘 밖에서 지내기를 좋아하는 '들사람'이 되었습니다. 그는 자신의 신체적인 강점을 적극적으로 발휘하며 살았습니다. 반면에 야곱은 '조용한 사람a quiet man'이었습니다. 에서가 밖에서 지내는 'outdoorsman'이었다면 야곱은 집에서 시간을 보내는 'indoorsman'이었습니다. 누군가의 보호를 필요로 하는 내향적인 '집사람'이었습니다.

그들의 성향이 다른 것은 얼마든지 이해할 수 있는 일입니다. 문제는 그들을 대하는 부모의 태도입니다. 이삭은 에서를 더 사랑했고, 리브가는 야곱을 더 사랑했던 것입니다. 사실 성향으로 본다면 에서보다는 야곱이 훨씬 더 이삭을 많이 닮았습니다. 그러나 이삭은 야곱보다 에서를 더 사랑했습니다. 왜냐하면 그가 사냥해온 고기를 좋아했기 때문입니다. 사나이다운 모습의 에서가 더 믿음직스러웠기 때문입니다.

반면 리브가는 야곱을 더 사랑했습니다. 아마도 약자를 보호하는 모성애적인 본능이 야곱을 선호하게 했을 것입니다. 게다가 리브가는 큰 자가 어린 자를 섬길 것이라는 하나님의 신탁神託을 기억하고 있었습니다. 이유가 어떻든지 간에 부모가 어느 한쪽만을 사랑하는 편애偏愛는 결국 이삭의 가정에 불행의 씨앗이 되고 맙니다. 왜냐하면 '편애favoritism'는 언제나 '차별discrimination'을 만들어내기 때문입니다.

이삭과 리브가의 편애는 앞으로 에서와 야곱의 갈등을 더욱 심화시킬 것입니다. 그 일에 대해 부모가 책임을 져야 합니다.

야곱의 전략

육체적인 힘에 있어서는 야곱이 에서를 절대로 따라갈 수 없었지만, 대신 야곱에게는 머리가 있었습니다. 그는 에서의 성향을 분석하며 그에게서 '장자의 명분'을 빼앗을 전략을 세웠습니다. 마침내 기회가 찾아왔습니다.

> 29야곱이 죽을 쑤었더니 에서가 들에서 돌아와서 심히 피곤하여 30야곱에게 이르되 내가 피곤하니 그 붉은 것을 내가 먹게 하라 한지라. 그러므로 에서의 별명은 에돔이더라(창 25:29-30).

야곱은 '집사람'이었습니다. 집에서 어머니와 함께 머물면서 요리를 배웠을 것입니다. 그리고 지금까지 에서를 주의 깊게 살펴보면서 배고픈 것을 참아내지 못하는 그의 급한 성격을 파악했을 것입니다. 야곱은 적절한 시기에 팥죽을 쑤면서 에서를 기다렸습니다. 아니나 다를까 밖에서 들어온 에서는 급히 먹을 것을 찾았고, 야곱에게 팥죽을 달라고 요구하게 되었습니다.

> 31야곱이 이르되 형의 장자의 명분을 오늘 내게 팔라. 32에서가 이르되 내가 죽게 되었으니 이 장자의 명분이 내게 무엇이 유익하리요. 33야곱이 이르되 오늘 내게 맹세하라. 에서가 맹세하고 장자의 명분을 야곱에게 판지라. 34야곱이 떡과 팥죽을 에서에게 주매 에서가 먹으며 마시고 일어나 갔으니 에서가 장자의 명분을 가볍게 여김이었더라(창 25:31-34).

우리말로는 '장자長子의 명분名分'이라고 되어 있지만, 이에 해당하는 히브리어 '베코라bekorah'는 사실 '초태생의 권리the right of first-born'라는 뜻입니다. 대부분의 영어성경은 이것을 'birthright'이라고 번역합니다. 이를 한자로 표현하면 '생득권生得權'이 됩니다. 태어날 때부터 가지고 있는 권리라는 뜻입니다. 맏아들로 태어났기 때문에 가지게 되는 권리입니다. 따라서 '장자의 명분'보다는 '장자권長子權'이라고 표현하는 것이 훨씬 더 자연스럽습니다.

유대인들에게 '장자'는 '제일 먼저 어머니의 자궁을 연 자'라는 의미를 가지고 있습니다. 장자는 아버지의 권한을 그대로 물려받게 되고, 혈통적으로 아버지의 계보를 잇고, 가정에서 아버지의 주도권을 이어받아 집안의 대소사를 처리할 권한을 갖습니다. 가장 중요한 것은 아버지의 재산을 물려받는다는 것입니다. 다른 형제들에 비해 두 배를 받게 되어 있습니다(신 21:17). 또 아버지의 '축복권'을 이어받습니다(창 27:27). 단지 그 집안의 맏아들로 태어났다는 이유로 이 모든 권리를 갖게 되는 것이지요.

그런데 그 장자권을 사고파는 것이 과연 가능한 일일까요? 장자권을 잃어버리는 경우는 더러 있습니다. 가장 대표적인 경우가 '가인'입니다.

그는 아담과 하와의 맏아들이었지만 동생 아벨을 죽인 죄로 추방당했고, 그가 가진 모든 권리를 상실하고 말았습니다. 그 모든 권리는 하나님께서 아벨 대신 허락해주신 셋에게로 넘어갔습니다. 셋이 가인을 대신하여 장자가 되었던 것이지요. 야곱의 맏아들 '르우벤'도 아버지의 침상을 더럽힌 죄로 인해 장자권을 잃어버렸습니다(대상 5:1).

그렇지만 장자권을 사고파는 이야기는 이곳을 제외하면 성경 그 어디에도 나오지 않습니다. 그것은 야곱이 생각해낸 기발한 아이디어입니다. 하지만 법적인 구속력은 하나도 없습니다. 게다가 '장자권'과 '팥죽'은 전혀 어울리지 않는 조합입니다. 아브라함은 막벨라 굴을 매입할 때 은 4백 세겔이라는 엄청난 값을 지불했습니다. 혹시라도 그렇게 한다면 모를까, 팥죽 한 그릇으로 장자권을 살 수 있다고 하는 것은 아주 순진무구한 생각입니다. 아이들 장난 같은 것입니다.

그런데 야곱은 매우 진지했습니다. 에서의 맹세를 거듭 요구했습니다. 그리고 에서는 그것을 장난스럽게 받아들였습니다. 성경은 그 이유를 "에서가 장자의 명분을 가볍게 여겼기 때문"이라고 합니다. 우리말 '가볍게 여기다'에 해당되는 히브리어 '바자bazah' 동사는 사실 그보다 훨씬 더 강한 의미를 가지고 있습니다. NIV 성경은 "So Esau despised his birthright"라고 번역합니다. 그의 장자권을 우습게 여기고 '멸시했다'는 뜻입니다(민 15:31).

그렇게 거래가 끝나고 에서는 팥죽을 먹고 떠나갔습니다. 그렇다면 이제 장자권이 정말 야곱에게 넘어간 것일까요? 아닙니다. 장자권은 그런 식으로 거래할 수 있는 것이 아닙니다. 장자권을 샀다고 해서 갑작스럽게 야곱이 맏아들이 되거나 에서가 둘째가 되는 것은 아니기 때문입니다.

장자권의 의미

여기에서 우리는 성경이 말하고 있는 '장자권의 의미'에 대해서 조금 더 심도 있게 생각해 볼 필요가 있습니다. 장자권은 지금까지의 인류 역사를 통해서 대부분의 사회와 문화 속에서 당연하게 받아들여 온 인습이었습니다. 그러나 성경은 오히려 세상이 기대하는 방식의 노선을 따라가지 않습니다. 하나님은 가인 대신에 아벨을, 이스마엘 대신에 이삭을, 에서 대신에 야곱을 그리고 르우벤 대신에 요셉을 선택하셨습니다. 그 이유가 무엇일까요?

왜냐하면 성경에서 말하고 있는 장자권은 '장남'이 가진 권리가 아니라 '장남'에 대해서 '하나님'이 가지는 권리이기 때문입니다.

> 이스라엘 자손 중에서 사람이나 짐승을 막론하고 태에서 처음 난 모든 것은 다 거룩히 구별하여 내게 돌리라. 이는 내 것이니라 하시니라 (출 13:2).

이집트 땅에 마지막 재앙을 내리신 후에 하나님은 유월절 규례를 정하시면서 이스라엘 백성에게 이렇게 말씀하셨습니다. 사람이나 짐승이나 '처음 난 것first born'은 모두 하나님의 소유라는 선언입니다. 그러니까 '초태생의 권리'the right of first-born는 사실 하나님이 가지고 있는 것입니다. 바로 이것이 '장자권'에 해당되는 히브리어 '베코라bekorah'가 담고 있는 진짜 의미입니다. 장자권은 본래 사람이 아니라 하나님이 가진 권리입니다.

따라서 장자에 대한 하나님의 관심이 무엇인가를 아는 것이 참으로 중요합니다. 하나님의 관심은 육신적인 계보를 이어가는 '장자'에 있지 않습니다. 오히려 하나님의 약속을 이어가는 '약속의 자녀'에게 하나님은 더 관심을 가지십니다. 다시 말해서 '장자'라고 해서 당연하게 '약속의 자녀'가 되는 것은 아닙니다. 오히려 '약속의 자녀'로 사는 사람에게 장자권이 주어지는 것입니다.

그렇다면 에서와 야곱의 경우는 어떻게 되는 것일까요? 하나님은 리브가에게 큰 자가 어린 자를 섬길 것이라고 분명히 말씀하셨습니다. 만아들이라고 해서 당연하게 장자권을 갖는 것은 아니라는 말씀입니다. 그렇다면 형을 대신하여 야곱이 장자권을 갖게 된다는 말씀일까요? 그것도 아닙니다. '약속의 자녀'로 사는 사람이 장자권을 갖게 될 것이라는 말씀입니다.

이것은 사실상 에서나 야곱 모두에게 공평하게 주신 기회입니다. 누구든지 약속의 자녀가 되어 장자권을 가질 수 있었습니다. 그러나 에서는 처음부터 장자권에 대해서 아무런 생각도 하지 않았습니다. 오히려 장자권을 우습게 여기고 멸시했습니다. 장자권을 팥죽 한 그릇 정도의 가치로 취급했습니다. 아버지 이삭으로부터 물려받는 것보다 자신의 힘으로 일구어 가질 수 있는 것이 훨씬 더 많다고 생각했기 때문일 것입니다. 그런 사람이 과연 믿음을 이어가는 약속의 자녀가 될 수 있겠습니까?

야곱은 또한 어떨까요? 그는 물론 장자권을 매우 중요하게 여겼습니다. 그것을 얻기 위해서 목을 매달았습니다. 그가 할 수 있는 모든 역량을 장자권을 얻는 일에 다 쏟았습니다. 철저하게 준비했고 확실하게 실행했습니다. 에서로부터 맹세를 받아냈고, 그렇게 팥죽 한 그릇으로 장자권을 획득했습니다. 어머니 뱃속에서부터 시작된 장자권 쟁탈전에서 마침내 승리를 얻어낸 것입니다.

그러나 야곱이 생각하고 있는 장자권은 세상 사람들이 기대하는 것과 조금도 다르지 않았습니다. 아버지의 권한을 이어받고, 계보를 잇고, 재산을 더 많이 물려받는 것이 전부였습니다. 하나님이 기대하고 있는 '약속의 자녀'에 대한 생각은 눈곱만큼도 없었습니다. 단지 어떤 수단과 방법을 사용해서라도 자신의 목표를 달성하면 그만입니다. 에서와 마찬가지로 야곱 또한 약속의 자녀가 되기에는 턱없이 부족합니다. 모두 자격미달인 것입니다.

우리가 앞으로 살펴보겠지만, 에서와 야곱 사이에 벌어지는 장자권 쟁탈전은 부모의 편애에 편승하여 더욱 격화될 것입니다. 결국 가족관계가 파괴되는 대가를 치르게 될 것입니다. 갈수록 태산이라더니 아브라함의 가정보다 이삭의 가정이 더 심각한 상황입니다. 만일 하나님이 개입하여 돌보지 않으셨다면 약속의 자녀는 이어지지 않았을 것입니다.

우리는 결코 잊지 말아야 합니다. 자신의 인생을 향한 하나님의 권리를 인정할 수 있는 사람이 약속의 자녀이며, 오직 그에게 하나님의 기업을 물려받을 영적인 장자권이 주어진다는 사실을….

* **묵상 질문**: 나는 '영적인 장자권'을 가지고 있습니까?
* **오늘의 기도**: 우리를 향한 하나님의 관심에 더욱 민감하게 하옵소서. 우리를 약속의 자녀로 삼으시려는 하나님의 기대에 믿음으로 반응하게 하옵소서. 그리하여 진정한 의미의 영적인 장자권을 가진 자로서 하나님께 쓰임 받는 자리에 있게 하옵소서. 예수님의 이름으로 기도합니다. 아멘.

여호와께 복을 받은 자

읽을 말씀: 창세기 26:1-33

새길 말씀: 그들이 이르되 여호와께서 너와 함께 계심을 우리가 분명히 보았으므로 우리
의 사이 곧 우리와 너 사이에 맹세하여 너와 계약을 맺으리라 말하였노라. …
이제 너는 여호와께 복을 받은 자니라(창 26:28-29).

앞 장에서 우리는 이삭의 쌍둥이 아들들 사이에 벌어지는 '장자권 쟁
탈전'을 살펴보았습니다. 형 에서는 장자권을 아주 우습게 여겼습니다.
야곱은 그런 형에게서 장자권을 사들이겠다고 '팥죽 한 그릇' 작전을 세
웁니다. 에서가 자신의 전략대로 넘어가자 성공했다고 좋아합니다. 그러
나 그것은 사실 떡 줄 사람은 생각도 않는데 김칫국부터 마시는 격입니
다. 살펴보았듯이 '장자권the right of first-born'이란 본래 '맏아들이 가지고 있는
권리'가 아니라 '맏아들에 대해서 하나님이 가지고 있는 권리'이기 때문
입니다.

하나님의 관심은 '약속의 자녀'를 세우는 일에 있습니다. 맏아들로 태

어났다고 해서 당연히 '약속의 자녀'가 되고 그에게 장자권이 주어지는 것이 아닙니다. 오히려 '약속의 자녀'가 되어 살아가는 사람에게 하나님은 당신의 권리인 장자권을 넘겨주십니다. 이와 같은 하나님의 관심에 마음을 쓰는 사람은 그들 중에 아무도 없었습니다.

물론 우리는 이 이야기의 결과를 잘 알고 있습니다. 결국 야곱이 약속의 자녀로 세워질 것입니다. 그러나 그것은 장자권을 사모하는 야곱의 열심 때문이 아니라, 그를 약속의 자녀로 빚어 가셨던 하나님의 열심 때문입니다. '믿음의 조상'다운 모습을 갖추지 못했던 아브라함을 그렇게 빚어가셨듯이, 하나님은 야곱을 또한 하나님의 약속을 이어가는 자녀로 빚어 가실 것입니다. 앞으로 하나님이 어떻게 일하실지 기대가 되지 않습니까?

그렇지만 지금 당장 급한 일은 야곱이 아닙니다. 오히려 이삭을 약속의 자녀로 세우는 일이 먼저입니다. 이삭이 비록 믿음의 첫 단추를 잘 꿰기는 했지만, 약속의 자녀로 세워지려면 아직 갈 길이 멀기 때문입니다.

기근의 테스트

하나님은 아브라함 때와 같이 '기근'으로 이삭을 테스트하셨습니다.

아브라함 때에 첫 흉년이 들었더니 그 땅에 또 흉년이 들매 이삭이 그랄로 가서 블레셋 왕 아비멜렉에게 이르렀더니…(창 26:1).

아브라함은 약속의 땅에 들어오자마자 곧바로 기근을 만났습니다(창 12:10). 그것은 하나님의 약속에 대한 그의 믿음을 테스트하는 시금석이 되었습니다. 그때 아브라함은 별다른 고민 없이 그냥 이집트로 내려갔습니다. 약속과 다른 현실 앞에서 그는 먹고 살 길을 찾아서 약속의 땅을 떠났던 것입니다. 만일 그때 하나님께서 그의 모습에 실망하여 그를 포기하셨다면 믿음의 조상은 만들어지지 못했을 것입니다.

그런데 거의 100년 만에 또다시 가나안 땅에 심각한 흉년이 찾아온 것입니다. 이번에는 이삭이 경제적인 위기 앞에서 살 길을 선택해야 했습니다. 가장 합리적인 선택은 물론 아버지 아브라함처럼 이집트로 내려가는 것이었습니다. 이집트에는 결코 마르지 않는 나일강이 있어서 아무리 가물어도 거기에 가면 먹고 살길이 있었습니다. 그러나 어찌 된 일인지 이삭은 이집트로 내려가는 대신에 그랄 땅을 향합니다. 알고 보니 여기에 하나님의 개입이 있었습니다.

2여호와께서 이삭에게 나타나 이르시되 애굽으로 내려가지 말고 내가 네게 지시

하는 땅에 거주하라. 3이 땅에 거류하면 내가 너와 함께 있어 네게 복을 주고···

(창 26:2-3a).

하나님은 이집트로 내려가지 말라고 말씀하셨습니다. 그 이야기를 뒤집으면 이삭도 이집트로 내려갈 것을 적극적으로 고려하고 있었다는 뜻이 됩니다. 실제로 과거에 아버지도 그랬기에 이삭으로서는 사실 주저할 이유가 없었습니다.

당시 이삭이 머물고 있던 곳은 브엘라해로이였습니다. 지도에서 확인할 수 있듯이 이곳은 가나안 땅의 가장 남쪽에 위치하고 있습니다. 이곳에서 이집트까지는 그리 먼 거리가 아

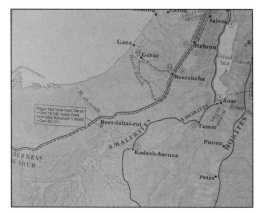

닙니다. 게다가 이집트로 내려가는 길목에 위치하고 있습니다. 마음만 먹으면 얼마든지 갈 수 있었습니다.

그러나 하나님은 이삭에게 이집트로 내려가지 말고 약속의 땅에 거주하라고 명령하십니다. 그러면 그와 함께 있어서 복을 주겠다고 약속하십니다. 그러니까 가나안 땅에 남아 있는 것이 복의 전제 조건입니다. 하나님의 약속을 믿고 가나안 땅에 남아 있을 것인가, 아니면 아버지가 그랬듯이 살길을 찾아 이집트로 내려갈 것인가… . 이 두 가지 선택의 기로에 놓여있는 것입니다. 이삭은 길게 고민하지 않았습니다. 그랄 땅으로 올라갔습니다.

이곳은 이집트와는 정반대 방향입니다. 그랄이 이삭의 출생지였다는 사실이 그로 하여금 이곳을 선택하게 만들었는지도 모릅니다. 하지만 사실 그랄에 간다고 해서 무슨 뾰족한 수가 나오지 않습니다. 거기도 가나안 땅입니다. 기근을 견디기 힘든 현실은 별로 달라지지 않습니다. 그렇지만 중요한 것은 이삭이 하나님의 명령에 순종했다는 사실입니다.

그렇게 할 수 있었던 것은 하나님의 약속이 그에게 분명하게 선포되었기 때문입니다.

약속의 재확인

하나님은 아브라함에게 주셨던 약속을 이삭에게 재확인시켜 주셨습니다.

3… 내가 이 모든 땅을 너와 네 자손에게 주리라. 내가 네 아버지 아브라함에게 맹세한 것을 이루어 4네 자손을 하늘의 별과 같이 번성하게 하며 이 모든 땅을 네 자손에게 주리니 네 자손으로 말미암아 천하 만민이 복을 받으리라. 5이는 아브라함이 내 말을 순종하고 내 명령과 내 계명과 내 율례와 내 법도를 지켰음이라

하시니라(창 26:3b-5).

아브라함은 하나님으로부터 약속의 말씀을 여러 번 들었습니다. 그러나 이삭에게는 이번이 처음이자 마지막입니다. 내용은 아브라함에게 주신 약속과 크게 다르지 않습니다.

이삭에게 주신 약속은 세 가지입니다. 첫 번째는 '땅에 대한 약속'입니다. "내가 이 모든 땅을 너와 네 자손에게 주리라." 아브라함이 세겜에 도착했을 때에도 같은 약속을 주셨습니다(12:7). 두 번째는 '후손에 대한 약속'입니다. "네 자손을 하늘의 별과 같이 번성하게 하리라." 아브라함과 횃불 계약을 맺을 때에도 같은 약속을 주셨습니다(15:5).

그리고 세 번째는 '복이 되는 약속'입니다. "네 자손으로 말미암아 천하 만민이 복을 받으리라." 아브라함을 하란에서 부르실 때에도 같은 약속을 주셨습니다. 조금 달라진 점은 아브라함에게는 "땅의 모든 족속이 너로 말미암아 복을 얻을 것이라"(12:3)라고 하셨지만, 이삭에게는 "네 자손으로 말미암아 천하 만민이 복을 받는다"라고 말씀하셨습니다. 영어로 표현하면 'in you'가 'in your seed'로 바뀌고 있는 것입니다. 전자는 '아브라함'을 강조하고 있는 반면에 후자는 이삭이 아니라 '그의 씨'를 강조하고 있는 것이지요.

이 세 번째 약속은 구약과 신약의 연결 고리 역할을 하는 매우 중요한 의미를 가지고 있습니다. 다른 두 가지 약속은 모두 이스라엘의 역사를 통해서 성취되었지만, 그것과 달리 이 세 번째 약속은 예수 그리스도를 통해서 성취되었기 때문입니다. 그러니까 '네 자손으로 말미암아in your seed'에서 '자손'은 예수 그리스도를 가리키고 있는 것입니다.

이 약속은 '사닥다리 계약'을 통해서 야곱에게도 주어지는데(28:14), 거기에서 더욱 구체화됩니다. 야곱은 하늘과 땅을 연결하는 사닥다리를 타고 하나님의 사자들이 오르락내리락 하는 모습을 봅니다. 야곱이 본

환상은 요한복음에 기록된 주님의 말씀을 통해서 그 의미가 분명해졌습니다. 그 사닥다리는 곧 하나님 아버지께로 갈 수 있는 '그 길the way'이신 예수 그리스도를 상징하고 있다는 것입니다(요 14:6). 그리고 주님은 나다나엘에게 "하늘이 열리고 하나님의 사자들이 인자 위로 오르락내리락 하는 것을 볼 것이라" 말씀하셨는데(요 1:51), 이 또한 야곱의 사닥다리 환상에 대한 풀이입니다.

어쨌든 이삭은 그동안 아버지를 통해서 간접적으로 들어왔던 하나님의 약속을 직접 하나님으로부터 듣게 되었습니다. 물론 그 약속의 의미를 충분히 이해한 것은 아니지만, 이삭은 하나님의 약속을 믿기로 했습니다. 그래서 하나님의 명령에 순종하여 이집트로 내려가려던 자신의 계획을 포기하고 그랄 땅으로 올라갔던 것입니다.

그렇습니다. 약속의 자녀는 하나님의 보호 영역에 머무르는 선택으로 자신의 정체성을 드러냅니다. 그리고 그에게 하나님의 약속이 이루어집니다. 이렇게 이삭은 기근의 테스트를 멋지게 통과했던 것입니다.

아버지의 데자뷰

그러나 기근의 테스트는 통과했지만, 그의 아버지 아브라함의 데자뷰 테스트는 통과하지 못했습니다.

6이삭이 그랄에 거주하였더니 7그곳 사람들이 그의 아내에 대하여 물으매 그가 말하기를 그는 내 누이라 하였으니 리브가는 보기에 아리따우므로 그곳 백성이 리브가로 말미암아 자기를 죽일까 하여 그는 내 아내라 하기를 두려워함이었더라(창 26:6-7).

아브라함이 사라를 누이라고 속이는 일이 두 번 있었지요. 한 번은 이집트에서였고, 다른 한 번은 이곳 그랄 땅에서였습니다. 그런데 부전자전父傳子傳이라고 이삭도 똑같이 아버지의 전철을 그대로 밟고 있는 것입니다. 그 이유도 똑같습니다. 아내가 아름답기에 그곳 사람들이 자신을 죽일지도 모른다는 것입니다.

못된 버릇은 특별히 가르쳐주지 않아도 따라하는 것일까요. 아니면 두려움이 있으면 누구나 똑같은 행동을 하게 되는 것일까요. 어쨌든 지금까지 이삭에 대해서 대체로 좋은 평가를 해왔지만, 그도 크게 다르지 않는 사람이라는 사실을 여기에서 발견하게 됩니다. 그리고 그것은 사실 아브라함 가문만의 특별한 이야기는 아닙니다. 지금 우리에게서도 얼마든지 발견할 수 있는 부족한 모습입니다.

그러나 우리는 이삭에 대해서 실망하지 않습니다. 왜냐하면 그게 사람이기 때문입니다. 약속의 자녀라고 해서 완벽할 수는 없기 때문입니다. 그래도 하나님은 그를 약속의 자녀로 세워갈 것을 잘 알기 때문입니다. 이번에는 아브라함 때처럼 아주 급박한 위기의 상황에 놓이지는 않습니다. 그것 또한 하나님의 도우심이었습니다.

> 8이삭이 거기 오래 거주하였더니 이삭이 그 아내 리브가를 껴안은 것을 블레셋 왕 아비멜렉이 창으로 내다본지라. 9이에 아비멜렉이 이삭을 불러 이르되 그가 분명히 네 아내거늘 어찌 네 누이라 하였느냐. 이삭이 그에게 대답하되 내 생각에 그로 말미암아 내가 죽게 될까 두려워하였음이로라(창 26:8-9).

이때의 아비멜렉은 아브라함 때의 아비멜렉과 동일 인물이 아닙니다. 말씀드렸듯이 아비멜렉은 개인적인 이름이 아니라 블레셋 사람들의 왕을 가리키는 호칭이었기 때문입니다. 어쨌든 어느 날 아비멜렉은 이삭이 아내를 애무하고 있는 장면을 우연히 목격하게 되었고, 그것으로 이삭의 거짓말이 들통나고 말았습니다. 아비멜렉은 곧바로 이삭을 호출했고, 이삭은 자신의 비겁함을 솔직하게 고백하지 않을 수 없었습니다. 이에 대한 아비멜렉의 반응이 의외입니다.

> 10아비멜렉이 이르되 네가 어찌 우리에게 이렇게 행하였느냐. 백성 중 하나가 네 아내와 동침할 뻔하였도다. 네가 죄를 우리에게 입혔으리라. 11아비멜렉이 이에 모든 백성에게 명하여 이르되 이 사람이나 그의 아내를 범하는 자는 죽이리라 하였더라(창 26:10-11).

아브라함 때의 아비멜렉과는 많이 다른 모습입니다. 그때는 사라를 막무가내식으로 데려갔었지요. 물론 하나님이 개입하셔서 사라를 지켜 주셨지만 큰일 날 뻔했습니다. 그러나 이번에는 그런 일이 벌어지지 않습니다. 게다가 아비멜렉은 그런 일을 매우 심각한 죄로 인식하고 있었습니다. 아마 전임자로부터 아브라함 때의 일을 전해 들었는지도 모릅니다. 그때 하나님의 강력한 경고를 받았기 때문입니다. 그리고 이번에는 아예 아비멜렉이 직접 나서서 이삭과 리브가를 보호하는 조치를 취합니다. 그에게 하나님을 두려워하는 마음이 있었다는 반증입니다.

하나님의 복

그렇게 이삭은 위기를 넘깁니다. 하나님은 약속대로 이삭에게 복을 내려주십니다.

> 12이삭이 그 땅에서 농사하여 그해에 백배나 얻었고 여호와께서 복을 주시므로 13그 사람이 창대하고 왕성하여 마침내 거부가 되어 14양과 소가 떼를 이루고 종이 심히 많으므로 블레셋 사람이 그를 시기하여 15그 아버지 아브라함 때에 그 아버지의 종들이 판 모든 우물을 막고 흙으로 메웠더라(창 26:12-15).

아브라함과 마찬가지로 이삭도 지금까지 유목 생활을 해왔습니다. 극심한 기근을 겪으면서 가축을 많이 잃어버렸을 것입니다. 그에 따라서 그가 거느리는 종들의 숫자도 많이 줄어들었을 것이 분명합니다. 그런 상태로 그랄로 올라왔던 것입니다. 거기에서 이삭은 지금까지 한 번도 해보지 않았던 일을 시작합니다. 바로 땅에다가 농사를 짓는 것이었습니다.

초보 농사꾼이 농사를 지으면 얼마나 잘 하겠습니까? 그런데 놀랍게도 첫해에 백배의 결실을 맺습니다. 말하자면 재산이 백배로 불어난 것입니다. 어떻게 그럴 수가 있었을까요? 운이 좋았던 것일까요? 아닙니다. 하나님이 복을 주신 것입니다! 그렇게 불어나기 시작한 재산은 갈수록 많아져서, 마침내 이삭은 '거부巨富'가 되었습니다.

이것 또한 아버지 아브라함의 데자뷰입니다. 이집트에 들어갈 때는 형편없었던 아브라함이 나올 때에는 어떻게 되었습니까? "가축과 은과 금이 풍부하였다"(13:2)라고 했습니다. 이삭도 그렇게 된 것입니다. 어쨌든 농사의 일이 발판이 되어 가축들도 더 많이 확보하게 되었고 또한 그 일을 돕는 종들도 더 많아지게 되었습니다. 하나님의 명령에 순종했더니 하나님께서 약속하신 대로 복을 내려주신 것입니다.

그러나 물질의 복은 또 다른 시험거리를 가져옵니다. 아브라함 때에는 조카 롯과의 사이에 문제가 생겼었지요. 이삭은 그랄 사람과 갈등을 겪게 됩니다. 그들이 이삭을 시기하여 아브라함 때에 파놓은 우물을 흙으로 메워버렸던 것입니다.

이 우물은 아브라함이 판 여러 우물 가운데 하나였습니다. 이삭이 기근을 피해서 그랄로 옮겨갔던 이유도 바로 이 우물 때문이었을 것입니다. 농사를 지을 생각을 하게 된 것도 이 우물로부터 물을 확보할 수 있었기 때문입니다. 그런데 그 우물을 그랄 사람이 파괴한 것입니다. 이런 악의적인 일의 배후에 아비멜렉이 있었다는 사실을 곧 알게 됩니다.

아비멜렉이 이삭에게 이르되 네가 우리보다 크게 강성한즉 우리를 떠나라(창
26:16).

농사는 유목과 달리 한 곳에 정착하여 오랫동안 지속해야 합니다. 이
삭은 이제 겨우 농사를 짓기 시작했습니다. 땅을 개간하여 밭을 만들고
곡식을 심었습니다. 물이 없으면 그 일도 계속할 수 없습니다. 게다가 블
레셋 왕으로부터 떠나라는 명령까지 받았습니다. 어떻게 해야 할까요?
그 모든 것을 두고 어디로 가서 무엇을 또 시작해야 할까요? 하나님이
주시는 복은 이렇게 끝나고 마는 것일까요?

게다가 브엘세바 계약은 또 어떻게 된 것일까요? 그들은 분명히 아브
라함의 우물 소유권을 인정해주었습니다. 물론 전임자가 한 약속이라고
하더라도, 한번 약속했으면 지키는 것이 당연한 일입니다. 그러나 그들
이 약속을 지키지 않는다고 해도 이삭으로서는 어떻게 할 수 있는 일이
없습니다. 하나님은 가나안의 모든 땅을 주시겠다고 약속하셨는데, 현실
은 모든 것을 두고 떠나야 합니다. 과연 하나님의 약속을 끝까지 신뢰할
수 있을까요?

이와 같은 '갈등'은 하나님의 약속에 대한 이삭의 믿음을 테스트하는
일이 되었습니다.

다시 시작하다

이때 이삭은 아비멜렉에게 저항하거나 그 일로 인해 하나님에게 불
평하지 않습니다. 그곳을 떠나서 다시 시작합니다.

17이삭이 그곳을 떠나 그랄 골짜기에 장막을 치고 거기 거류하며 18그 아버지 아
브라함 때에 팠던 우물들을 다시 팠으니 이는 아브라함이 죽은 후에 블레셋 사람

이 그 우물들을 메웠음이라. … 19이삭의 종들이 골짜기를 파서 샘 근원을 얻었더니 20그랄 목자들이 이삭의 목자와 다투어 이르되 이 물은 우리의 것이라 하매 이삭이 그 다툼으로 말미암아 그 우물 이름을 에섹이라 하였으며…(창 26:17-20).

이삭은 멀리 가지 않습니다. 근처의 그랄 골짜기로 갑니다. 그곳에는 아브라함 때에 파놓았던 우물이 있었습니다. 물론 아브라함이 죽고 난 후에 블레셋 사람들이 그 우물도 메워버렸지만, 다시 파기만 하면 됩니다. 그렇게 또다시 샘의 근원을 확보했습니다. 그런데 이번에는 그랄 목자들이 와서 시비를 겁니다. 자기들의 소유라고 억지를 부리는 것입니다. 어떻게 해야 할까요?

이삭은 그곳을 떠나서 또다시 시작합니다.

21또 다른 우물을 팠더니 그들이 또 다투므로 그 이름을 싯나라 하였으며 22이삭이 거기서 옮겨 다른 우물을 팠더니 그들이 다투지 아니하였으므로 그 이름을 르호봇이라 하여 이르되 이제는 여호와께서 우리를 위하여 넓게 하셨으니 이 땅에서 우리가 번성하리로다 하였더라(창 26:21-22).

그렇게 '에섹Esek'과 '싯나Sitnah'를 거쳐서 마침내 '르호봇Rehoboth'에 이르렀습니다. '다툼Quarrel'과 '비난Accusation'을 넘어서서 마침내 '활짝 트인 곳Wide-Open Spaces'에 다다르게 된 것입니다. 이삭은 그것을 하나님께서 하신 일로 고백합니다. "여호와께서 우리를 위하여 넓게 하셨으니 이 땅에서 우리가 번성하리로다!"

그렇습니다. 사람과 싸울 일이 아닙니다. 하나님의 약속을 믿을 일입니다. 그러면 넓은 땅을 허락해주십니다. 이와 같은 이삭의 행보는 블레셋 사람들과 아비멜렉에게도 하나님의 일하심을 증명해 보였습니다. 그는 공식 수행원들을 대동하고 브엘세바에 자리 잡은 이삭에게 찾아오니다. 마치 아브라함 때처럼 말입니다.

> 28그들이 이르되 여호와께서 너와 함께 계심을 우리가 분명히 보았으므로 우리
> 의 사이 곧 우리와 너 사이에 맹세하여 너와 계약을 맺으리라 말하였노라. 29너는
> 우리를 해하지 말라. 이는 우리가 너를 범하지 아니하고 선한 일만 네게 행하여
> 네가 평안히 가게 하였음이니라. 이제 너는 여호와께 복을 받은 자니라(창 26:
> 28-29).

적반하장賊反荷杖입니다. 그들이 이삭에게 어떤 일을 했는지 뻔히 아는
데, 선한 일만 행하여 평안히 가게 했다니요! 그러나 그들과 시시비비是是
非非를 가릴 일이 아닙니다. 중요한 것은 그들의 고백입니다. "여호와께서
너와 함께 계심을 우리가 분명히 보았노라" "이제 너는 여호와께 복을 받
은 자니라" 세상 사람들의 입을 통해서 이런 고백을 들을 수 있는 사람이
진정으로 하나님께 복을 받은 약속의 자녀입니다.

물론 그들과의 계약은 그리 오래가지 않을 것이 분명합니다. 그렇다
고 해도 실망할 필요가 없습니다. 약속의 자녀들은 어떤 경우에도 하나
님의 약속을 끝까지 붙드는 사람들이기 때문입니다.

* **묵상 질문**: 나는 하나님의 약속을 믿고 다시 시작할 수 있습니까?
* **오늘의 기도**: 우리가 인생의 위기를 만날 때에 하나님의 약속을 끝까지 신뢰
할 수 있게 하옵소서. 사람과의 싸움에서 이기려고 하지 않게 하시고, 오직 하
나님의 약속을 바라봄으로 이겨내게 하옵소서. 그리하여 세상 사람들로부터
하나님의 복을 받은 자라는 고백을 들을 수 있게 하옵소서. 예수님의 이름으
로 기도합니다. 아멘.

이삭의 가정 문제

읽을 말씀: 창세기 27:1-45

새길 말씀: 에서가 이르되 그의 이름을 야곱이라 함이 합당하지 아니하니이까. 그가 나를 속임이 이것이 두 번째니이다. 전에는 나의 장자의 명분을 빼앗고 이제는 내 복을 빼앗았나이다. 또 이르되 아버지께서 나를 위하여 빌 복을 남기지 아니하셨나이까(창 27:36).

지금까지 우리가 살펴본 이삭의 모습은 대단히 양호했습니다. 그는 '세월'과 '기근'과 '갈등'의 테스트에서 모두 아버지보다 더 좋은 성적을 거두었습니다. 그는 오랜 세월동안 믿음을 잃지 않고 약속의 자녀를 위해서 기도했습니다. 기근을 만났을 때도 약속의 땅을 떠나지 않고 끝까지 남아 있었습니다. 그리고 블레셋 사람들과 갈등을 겪을 때도 싸우려고 하지 않고 하나님의 약속을 붙들었습니다.

그리하여 마침내 블레셋 사람들의 입을 통해서 "여호와께 복을 받은 자"라는 진심 어린 고백을 들을 수 있었습니다. 진정한 의미에서 하나님께 복을 받은 '약속의 자녀'가 되었던 것입니다. 물론 죽음에 대한 두려움으로 인해 아내를 누이라고 속이는 아버지의 비겁함을 그대로 답습했지만, 전체적으로는 아브라함보다 훨씬 더 성숙한 신앙인의 모습을 보였다고 말할 수 있습니다.

그러나 이삭은 가정적으로 치명적인 문제를 가지고 있었습니다. 그것은 자식에 대한 '편애'였습니다. 이삭과 리브가는 에서와 야곱 형제 모두의 부모가 아니었습니다. 이삭은 에서의 아버지였고, 리브가는 야곱의 어머니였습니다. 어느 한쪽만을 일방적으로 사랑하는 그와 같은 부모의 편애는 결국 이삭의 가정에 큰 상처를 남기고 맙니다.

에서의 결혼

에서의 결혼은 그 불행의 서막을 알리는 일이 되었습니다.

> 34에서가 사십 세에 헷 족속 브에리의 딸 유딧과 헷 족속 엘론의 딸 바스맛을 아내로 맞이하였더니 35그들이 이삭과 리브가의 마음에 근심이 되었더라(창 26:34 -35).

에서는 뛰어난 체격조건을 갖춘 사냥꾼이었습니다. 집에서 조용히 지내는 야곱과는 비교가 되지 않습니다. 에서의 사나이다운 모습은 세상 사람들의 이목을 끌기에 충분했습니다. 특히 많은 여성이 그에게 호감을 가졌을 것입니다. 그가 마흔 살까지 결혼하지 않았던 것도 여자가 없었기 때문이 아닙니다. 그는 한 여자로 만족하지 못하고 한꺼번에 두 여자를 아내로 맞이합니다.

그들은 모두 가나안 땅에 살고 있던 헷 족속이었습니다. 여호와 하나님을 알지 못하는 사람들입니다. 그들이 이삭과 리브가의 마음에 '근심'

이 되었다고 하는데, 이에 해당되는 히브리어 '모라morah'는 사실 '근심' 정도가 아닙니다. '비통bitterness'이요 '큰 슬픔grief'이었습니다. 메시지 성경은 '가시thorns'가 되었다고 합니다. 에서는 자신의 결혼에 대해서 부모의 조언이나 허락을 전혀 구하지 않았습니다. 아니 그럴 필요가 없다고 생각했습니다. 부모의 축복을 필요하지 않는데, 하나님의 복에 대해서 생각이나 했겠습니까?

정말 심각한 문제는 에서의 결혼에 대해서 부모 중에 그 누구도 개입할 수 없었다는 사실입니다. 지금까지 이삭은 에서를 편애하기는 했지만 아버지 노릇을 제대로 하지는 못했습니다. 리브가는 야곱을 편애하느라 에서의 어머니 역할을 제대로 하지 못했습니다. 나중에 근심거리가 되고 난 후에 그들이 할 수 있는 일이란 아무것도 남아있지 않았습니다. 자식 농사에 실패하고 만 것입니다.

음모는 음모를 낳고

그렇지만 이삭은 자신의 축복권을 오직 에서를 위해서 사용하려고 했습니다.

> 1이삭이 나이가 많아 눈이 어두워 잘 보지 못하더니 맏아들 에서를 불러 이르되 내 아들아 하매 그가 이르되 내가 여기 있나이다 하니 2이삭이 이르되 내가 이제 늙어 어느 날 죽을는지 알지 못하니 3그런즉 네 기구 곧 화살통과 활을 가지고 들에 가서 나를 위하여 사냥하여 4내가 즐기는 별미를 만들어 내게로 가져와서 먹게 하여 내가 죽기 전에 내 마음껏 네게 축복하게 하라(창 27:1-4).

여기에 보면 이삭이 나이가 많아 눈이 어두워 잘 보지 못했다고 합니다. 이것은 노안이 왔다는 뜻이 아니라 시력을 아예 상실했다는 뜻입니다. 이때 이삭은 적어도 100세를 넘겼을 것입니다. 60세에 에서를 낳았는데 에서가 40세에 결혼했으니 말입니다. 그러나 실제로 이삭이 죽은 것은 180세였습니다(35:28). 그러니까 아무리 시력을 잃었다고는 해도 죽음을 걱정할 정도로 건강 상태가 나빴던 것은 아니었습니다. 그러나 이삭은 자신이 어느 날 갑자기 죽게 될지 모른다고 조급해하면서 서둘러서 장자를 축복하겠다고 합니다.

문제는 이삭이 그 일을 비밀리에 진행하려고 했다는 사실입니다. 본래 아버지가 자녀를 축복하는 일은 모든 가족이 함께 참여하여 치르는 공개적인 행사였습니다(창 49장). 그런데 이삭은 에서를 따로 조용히 불러서 그 일을 진행하려고 했던 것입니다. '내 마음껏'이라는 말에서 우리는 그 이유를 충분히 짐작할 수 있습니다. 이삭과 리브가 사이에 이 문제로 인한 갈등이 있었던 것이지요.

이삭은 축복하기에 앞서서 에서가 사냥해 온 고기를 먹고 싶어 했습니다. 사실 이삭이 에서를 편애하는 이유도 바로 그 때문이었습니다(25:28). 그러나 에서를 비밀리에 축복하려고 했던 이삭의 계획은 그의 조급증이 만들어낸 판단 착오요 큰 실수였습니다.

세상에 완벽한 비밀이란 없습니다. 리브가가 이야기를 엿들었습니다.

> 5이삭이 그의 아들 에서에게 말할 때에 리브가가 들었더니 에서가 사냥하여 오려고 들로 나가매 6리브가가 그의 아들 야곱에게 말하여 이르되 네 아버지가 네 형 에서에게 말씀하시는 것을 내가 들으니…(창 27:5-6).

여기에 보면 이삭은 '그의 아들 에서'에게 말합니다. 그와 대조적으로 리브가는 '그의 아들 야곱'에게 말합니다. 그들의 편향되어 있는 자식 사랑을 가장 잘 드러내고 있는 상징적인 표현입니다. 에서를 축복하려던 이삭의 계획은 야곱을 편애하고 있던 리브가에게 심각한 도전이 되었습니다. 비밀스럽게 시작한 이삭의 계획은 리브가의 마음에 또 다른 비밀스러운 계획을 낳았던 것입니다.

그녀는 하나님께 받은 신탁을 기억하고 있었습니다. 그러나 아마도 그 신탁에 대해서 남편과 이야기하지는 않았을 것으로 보입니다. 혼자만의 비밀로 간직해왔던 것이지요. 이삭이 에서에게 축복권을 행사하고 나면, 야곱에게는 하나님의 신탁이 이루어질 기회가 없어질 것이라 생각한 때문일까요. 리브가는 그 일에 적극적으로 개입할 결심을 합니다. 야곱에게 아버지의 계획을 알려주고 먼저 선수를 치기로 합니다.

8그런즉 내 아들아 내 말을 따라 내가 네게 명하는 대로 9염소 떼에 가서 거기서 좋은 염소 새끼 두 마리를 내게로 가져오면 내가 그것으로 네 아버지를 위하여 그가 즐기시는 별미를 만들리니 10네가 그것을 네 아버지께 가져다드려서 그가 죽기 전에 네게 축복하기 위하여 잡수시게 하라(창 27:8-10).

리브가의 계획은 에서가 사냥감을 가지고 돌아오기 전에 별미를 만들어서 야곱이 아버지에게 가지고 들어가게 하는 것입니다. 그래서 이삭으로부터 축복을 받아내는 것입니다. 말하자면 이삭을 속여서 장자가 받는 축복을 야곱이 받아내게 하겠다는 계획입니다. 리브가는 그것이 하나님의 신탁을 성취하는 방법이라고 생각했는지 모릅니다.

그러나 선한 목적은 반드시 선한 방법을 통해서 이루어져야 합니다. 게다가 축복은 사람이 할 수 있어도 복은 하나님만이 주실 수 있는 것입니다. 이삭이 제아무리 축복祝福을 한다고 하더라도, 실제로 복을 주시는 분은 하나님이시라는 사실을 리브가는 깨닫지 못했던 것입니다. 오히려 어떤 방법으로든 이삭으로부터 축복을 받아내기만 하면 된다고 생각했습니다.

이처럼 에서를 향한 이삭의 일방적인 편애와 야곱을 향한 리브가의 일방적인 편애가 서로 맞서면서, 이삭의 가정은 점점 더 음모와 속임수가 지배하는 혼돈의 세상이 되어가고 있었던 것입니다. 그들을 과연 '믿음의 조상'의 뒤를 이어가는 '약속의 자녀'라고 부를 수 있을까요? 지금 그들의 삶 속에는 하나님의 뜻이나 하나님으로부터 받은 소명은 전혀 찾아볼 수 없습니다. 단지 음모에 대항하는 또 다른 음모를 만들 뿐입니다.

야곱의 본색

처음에 야곱은 어머니의 속임수에 참여하는 것을 매우 꺼렸습니다.

> 11야곱이 그 어머니 리브가에게 이르되 내 형 에서는 털이 많은 사람이요 나는 매끈매끈한 사람인즉 12아버지께서 나를 만지실진대 내가 아버지의 눈에 속이는 자로 보일지라. 복은 고사하고 저주를 받을까 하나이다. 13어머니가 그에게 이르되 내 아들아 너의 저주는 내게로 돌리리니 내 말만 따르고 가서 가져오라(창 27:11-13).

본래 소심한 성격의 야곱은 어머니의 계획을 따르는 일에 소극적이었습니다. '복'은 고사하고 '저주'를 받게 될까봐 두려워했습니다. 그러나 리브가는 "너의 저주는 내게로 돌리라"(Let the curse fall on me!)고 합니다. 만일 이삭이 어쩌다 그 일을 알게 되어 저주하게 된다면, 그 저주를 자신이 받을 테니 걱정하지 말라는 것입니다.

과연 이것을 진정한 '자식 사랑'이라고 할 수 있을까요? 기껏해야 속임수를 장려하는 '눈먼 사랑'일 뿐입니다. 어쨌든 리브가의 적극적인 권면에 용기를 얻었는지, 야곱은 일단 어머니의 계획에 조연으로 참여하기 시작합니다. 그러나 시간이 지날수록 그의 역할은 점점 주연급으로 발전해갑니다.

18야곱이 아버지에게 나아가서 내 아버지여 하고 부르니 이르되 내가 여기 있노라. 내 아들아, 네가 누구냐. 19야곱이 아버지에게 대답하되 나는 아버지의 맏아들 에서로소이다. 아버지께서 내게 명하신 대로 내가 하였사오니 원하건대 일어나 앉아서 내가 사냥한 고기를 잡수시고 아버지 마음껏 내게 축복하소서(창 27:18-19).

드디어 사기꾼다운 야곱의 본색이 드러나는 장면입니다. 그는 자신의 목소리를 속이고, 자신의 정체성을 속이고, 자신이 하지도 않은 일을 했다고 하면서 거짓말을 늘어놓습니다. 심지어 하나님을 자신의 거짓말에 이용하기도 합니다.

이삭이 그의 아들에게 이르되 내 아들아 네가 어떻게 이같이 속히 잡았느냐. 그가 이르되 아버지의 하나님 여호와께서 나로 순조롭게 만나게 하셨음이니이다(창 27:20).

생각보다 일찍 돌아온 것을 이삭이 의심하자 하나님의 도움으로 순조롭게 사냥감을 잡았노라고 말합니다. 하나님의 이름으로 거짓 맹세를 하고 있는 것입니다. 계속되는 이삭의 의심에도 야곱은 천연덕스러운 연기를 이어갑니다.

이삭이 이르되 네가 참 내 아들 에서냐. 그가 대답하되 그러하니이다(창 27:24).

거짓말은 자꾸 하다 보면 점점 더 익숙해져서 마치 진짜인 것처럼 하게 되어있습니다. 야곱은 어느새 능숙하게 거짓말을 하는 사람이 되어있었던 것입니다. 그리고 마침내 야곱은 이삭의 축복을 받아냅니다.

이삭의 축복

이삭은 지금 장남 에서에게 축복하는 줄 알고 있습니다. 그러나 실제로는 야곱이 축복을 받고 있습니다. 그렇다면 그 축복의 효력은 과연 누구에게 임하게 될까 궁금합니다. 먼저 이삭이 어떤 내용으로 축복하는지 살펴보아야 하겠습니다.

> 28하나님은 하늘의 이슬과 땅의 기름짐이며 풍성한 곡식과 포도주를 네게 주시기를 원하노라. 29만민이 너를 섬기고 열국이 네게 굴복하리니 네가 형제들의 주가 되고 네 어머니의 아들들이 네게 굴복하며 너를 저주하는 자는 저주를 받고 너를 축복하는 자는 복을 받기를 원하노라(창 27:28-29).

하나님은 아브라함과 이삭에게 세 가지 복의 약속을 주셨습니다. '후손에 대한 약속'과 '땅에 대한 약속' 그리고 '복이 되는 약속'이었습니다. 특히 이삭은 하나님의 약속을 분명히 깨닫고 난 후에 이집트로 내려갈 계획을 포기하고 가나안 땅에 머물기로 했습니다. 그래서 하나님이 부어 주시는 엄청난 복을 받았습니다. 그랬다면 장자를 위한 축복에 하나님으로부터 받은 약속이 포함되어 있어야 마땅합니다. 과연 그랬을까요?

이삭은 먼저 '물질의 복'을 빕니다. 하나님이 하늘의 이슬과 땅의 기름짐과 풍성한 곡식과 포도주를 주시기를 원한다고 합니다(28절). 또한 '머리가 되는 복'을 빕니다. 만민의 섬김을 받고 형제들의 주가 되기를 원한다고 합니다(29절a). 그리고 마지막으로 그를 저주하는 자는 저주를 받고 축복하는 자는 복을 받기를 원한다고 합니다(29절b). 아버지로서 아들에게 마땅히 축복할 수 있는 내용입니다.

그러나 여기에는 후손이나 땅에 대한 하나님의 약속은 포함되어 있지 않습니다. 오직 '복이 되는 약속'에만 치중하고 있는 것으로 보입니다.

그것도 제한적입니다. 아브라함이나 자신에게 주신 하나님의 약속에서 가장 중요한 부분이 빠져있습니다. 그를 통해서 천하 만민이 복을 받게 된다는 약속입니다(12:3, 22:18, 26:4). 단지 물질의 복을 받고, 다른 사람들보다 높아지고, 사람들에게 축복을 받는 것만 강조하지, 그 복을 주시는 하나님의 기대와 목적이 빠져있는 것입니다.

만일 이삭이 평범한 집안의 아버지였다면 그것만으로도 충분한 축복이라고 할 수 있습니다. 그렇지만 그는 '약속의 자녀'입니다. 이 세상에서 하나님의 뜻을 펼쳐나가야 할 사람입니다. 그렇다면 하나님의 약속에 대한 깊은 이해가 있어야 합니다. 그래야 자녀에게 제대로 된 축복을 해줄 수 있습니다. 그러나 약속의 자녀다운 성찰이 조금도 보이지 않습니다. 단지 잘 먹고 잘살라는 축복만 해주고 있는 것입니다.

어쨌든 표면상으로는 야곱과 리브가의 작전이 성공했습니다. 어떻게든 에서에게 갈 축복을 가로챘으니 말입니다. 그러나 정말 축복을 가로챈 것일까요? 그것이 정말 하나님이 주시려는 복일까요? 이삭이 축복을 할 수는 있지만, 실제로 복을 주시는 분은 하나님이신데 말입니다. 인간적인 술수로 아버지의 축복을 받기는 했지만, 그것이 진정한 복이 되지는 못했습니다. 오히려 그 일로 인해서 혹독한 대가를 치러야만 했습니다.

에서의 분노

집안에서 이런 일이 벌어지고 있는지도 모르고 에서가 뒤늦게 사냥감을 가지고 돌아왔습니다. 그리고 별미를 만들어서 이삭에게 가져갑니다. 이삭은 그제야 야곱에게 속아서 그를 축복했다는 사실을 알게 됩니다.

33이삭이 심히 크게 떨며 이르되 그러면 사냥한 고기를 내게 가져온 자가 누구냐. 네가 오기 전에 내가 다 먹고 그를 위하여 축복하였은즉 그가 반드시 복을 받을 것이니라. 34에서가 그의 아버지의 말을 듣고 소리 질러 슬피 울며 아버지에게 이르되 내 아버지여 내게 축복하소서, 내게도 그리하소서(창 27:33-34).

에서는 본래 장자권을 우습게 여기고 멸시하던 사람이었습니다. 팥죽 한 그릇에 장자권을 팔아넘길 정도였습니다. 게다가 지금까지 살아오면서 아버지의 권위를 인정해본 적이 없습니다. 가장 중요한 결혼 문제도 부모와 아무런 상의 없이 제 마음대로 결정했습니다. 그런데 이제 와서 아버지로부터 축복을 받아야겠다고 하면서 울고불고하는 것은 사실 이율배반입니다. 앞뒤가 맞지 않습니다.

그러나 그게 세상 사람들의 심리입니다. 하나님은 믿지 않으면서 복 받는 것은 좋아하는 이중성입니다. 하나님과 상관없이 제멋대로 살면서 잘 되기를 바라는 도둑놈 심보입니다. 어쨌든지 간에 에서의 입장에서는 장자가 받아야 할 축복을 동생에게 빼앗긴 것입니다. 아니 동생이 그것을 가로채서 도둑질해간 것입니다. 그냥 둘 수는 없는 일입니다.

아버지가 오히려 그의 복수심을 부추깁니다.

35이삭이 이르되 네 아우가 와서 속여 네 복을 빼앗았도다. 36에서가 이르되 그의 이름을 야곱이라 함이 합당하지 아니하니이까. 그가 나를 속임이 이것이 두 번째 니이다. 전에는 나의 장자의 명분을 빼앗고 이제는 내 복을 빼앗았나이다…(창 27:35-36a).

'야곱'이라는 이름은 그가 태어날 때 형의 발꿈치를 잡았다고 해서 리브가가 붙여준 이름입니다. '발뒷꿈치Heel'라는 뜻입니다. 그것은 본래 애칭愛稱이었지 나쁜 의미를 가진 것은 아니었습니다. 그러나 에서에 의해서 '야곱'은 나쁜 뜻으로 해석되기 시작합니다. 자신의 발을 걸어 넘어뜨리는 사기꾼이라는 것입니다.

그러면서 자신의 '장자권'도 속임수로 빼앗았다고 하면서 야곱을 비난합니다. 그것은 사실이 아닙니다. 야곱이 빼앗은 것이 아니라 에서가 스스로 장자권을 넘겼습니다. 또 자신이 받을 '복'을 빼앗았다고 야곱을 비난합니다. 그것도 사실이 아닙니다. 단지 아버지가 속아서 그를 축복했을 뿐입니다. 그리고 실제로 아버지가 염두에 둔 사람은 에서였지, 야곱이 아니었습니다.

그러나 에서는 야곱에 대한 복수를 결심합니다.

그의 아버지가 야곱에게 축복한 그 축복으로 말미암아 에서가 야곱을 미워하여 심중에 이르기를 아버지를 곡할 때가 가까웠은즉 내가 내 아우 야곱을 죽이리라 하였더니…(창 27:41).

가인과 아벨의 이야기가 재현되고 있는 것처럼 보입니다. 형제 사이의 살인이 계획되고 있으니 말입니다. 그러나 에서의 분노가 과연 정당한 것일까요? 죽여야 할 만큼 야곱이 큰 죄를 지은 것일까요? 아닙니다. 그것은 단지 기분이 나쁜 일이었을 뿐입니다.

에서에게서 우리는 가인의 후손이었던 라멕을 봅니다. 기분이 나쁘다는 이유로 사람을 죽였다고 아내들에게 자랑하던 그 모습 말입니다 (4:23). 에서의 계획대로 복수가 진행되었다면 그 또한 자신의 아내들에게 그렇게 자랑했을 것입니다. 리브가가 에서의 혼잣말을 엿듣지 않았다면 정말 그런 일이 벌어졌을 것입니다. 리브가의 말처럼 하루에 자식 둘을 다 잃어버리는 비극이 벌어졌을지도 모릅니다(27:45).

아무리 좋게 해석하려고 해도 이것은 하나님을 믿는 가정의 모습이 아닙니다. 부모가 자녀를 편애하고, 장자에 대한 축복을 마치 음모를 꾸미듯이 비밀리에 계획하고, 그것을 또 다른 음모로 뒤집어버리고, 거짓말로 아버지를 속여 축복을 받아내고, 그것에 발끈하여 아우를 죽이겠다고 덤

버드는 이런 가정에서 과연 어떤 '약속의 자녀'를 기대할 수 있겠습니까?

이삭의 가정은 이 일로 인해서 혹독한 대가를 치러야 했습니다. 형제 살인의 비극은 벌어지지 않았지만 가족들은 뿔뿔이 흩어져야 했습니다. 이삭과 리브가는 그렇게 역사의 뒤안길로 조용히 사라지고 맙니다. 에서와 야곱은 증오의 앙금을 남긴 채 서로 헤어집니다. 만일 하나님이 그들의 인생 가운데 개입하지 않으셨다면, '약속의 자녀'는 이렇게 끝나고 말았을 것입니다. 이 세상을 구원하시려는 하나님의 계획은 좌절하고 말았을 것입니다.

참으로 다행스러운 것은, 하나님의 구원 계획은 인간의 신실함에 그 성패가 달려 있지 않다는 사실입니다. 하나님은 결코 실패하지 않으십니다. 약속하시고 그 약속을 친히 이루십니다. '믿음의 조상'이라 할 수 없는 사람을 그렇게 빚어 가십니다. '약속의 자녀'가 될 수 없는 사람들을 또한 그렇게 빚으셔서 사용하십니다. 사람들은 콩가루 집안의 혼돈을 만들어내지만, 하나님은 그 속에서도 창조의 질서를 회복하십니다. 그래서 창세기의 주인공은 사람이 아니라 하나님인 겁니다.

* **묵상 질문**: 나는 자녀들이 어떤 복을 받기를 원합니까?
* **오늘의 기도**: 믿음의 가정들이 무너지지 않게 하옵소서. 인간적인 술수나 속임수가 가정 안에 들어와 발붙이지 못하게 하옵소서. 서로를 하나님의 시선으로 바라보게 하시고, 서로를 향한 하나님의 뜻을 깨달아 그 위에 믿음의 가정을 세워나가게 하옵소서. 예수님의 이름으로 기도합니다. 아멘.

사닥다리 계약

새길 말씀: 야곱이 아침에 일찍이 일어나 베개로 삼았던 돌을 가져다가 기둥으로 세우고
그 위에 기름을 붓고 그 곳 이름을 벧엘이라 하였더라. 이 성의 옛 이름은
루스더라(창 28:18-19).

앞 장에서 우리는 이삭의 가정이 어떻게 무너지게 되었는지 살펴보
았습니다. 하나님을 믿는 가정이라고 해서 아무런 문제가 없는 것은 아
닙니다. 매사에 하나님을 포함하지 않으면 반드시 문제가 생기게 되어
있습니다. 이삭 가정의 가장 큰 문제는 아이러니하게도 부모의 자식 사
랑에서 시작되었습니다. 그 사랑이 한쪽으로 치우친 것이지요. 이삭은
에서의 아버지였고, 리브가는 야곱의 어머니였던 것입니다.

그와 같은 '편애偏愛'는 결코 하나님이 주시는 마음이 아닙니다. 오늘
날에도 좋아하는 사람끼리만 좋아하는 '편애'로 인해서 얼마나 많은 믿음
의 가정과 공동체가 갈라지고 또한 무너지는지 모릅니다. 인간적인 감정

으로 인해, 정치적인 견해로 인해, 사사로운 이익으로 인해 수많은 편애가 생겨나고 또한 그만큼의 다툼들이 만들어지고 있습니다.

하나님의 마음으로 돌이켜야 합니다. 아니 하나님께서 우리 인생 가운데 개입하도록 해야 합니다. 그래야 우리에게 희망이 있습니다. 이삭의 가정은 혹독한 대가를 치러야 했습니다. 가족들은 뿔뿔이 흩어지고, 쌍둥이 형제는 서로 원수가 되어 헤어졌습니다. 그것은 사실 어느 한 사람의 책임이라 말할 수 없습니다. 각자가 뿌린 대로 거두었을 뿐입니다. 모두 실패한 것입니다.

그러나 이제라도 하나님 안에서 다시 시작하면 됩니다. 그러면 얼마든지 회복될 수 있습니다. 야곱은 하나님 안에서 다시 시작했습니다. 반면 에서는 하나님과 상관없이 살기로 했습니다. 하나님이 리브가에게 예고하신 것처럼(25:23), 그들은 서로 다른 삶의 방식을 선택했던 것입니다. 그로 인해 그들의 운명은 극과 극으로 갈라지고 말았습니다.

야곱의 선택

야곱은 어머니의 고향으로 가서 다시 시작하기로 했습니다. 자발적으로 선택한 길은 아니었지만, 야곱은 그것을 받아들일 수밖에 없었습니다.

리브가가 이삭에게 이르되 내가 헷 사람의 딸들로 말미암아 내 삶이 싫어졌거늘 야곱이 만일 이 땅의 딸들 곧 그들과 같은 헷 사람의 딸들 중에서 아내를 맞이하면 내 삶이 내게 무슨 재미가 있으리이까(창 27:46).

여기에서 '헷 사람의 딸들'은 에서의 아내들을 가리킵니다. 리브가는 "그들로 인해 자신의 삶이 싫어졌다"라고 합니다. 이에 대한 메시지 성경의 표현이 아주 실감납니다. "I'm sick to death of these Hittite women"

헷 여자들이 아주 지긋지긋하다는 겁니다. 에서와 그의 아내들에 대한 리브가의 적대적인 감정이 진하게 묻어나는 말입니다. 그러면서 만일 야곱까지 그런다면 더 이상 살고 싶지 않다고 합니다.

물론 리브가는 야곱을 자신의 고향으로 도피시키려는 의도가 있었습니다. 그러나 그녀의 말은 아주 중요한 점을 지적하고 있습니다. 에서든지 야곱이든지 돕는 배필이 결정적으로 중요합니다. 믿음의 배우자를 만나지 않으면 약속의 자녀로 세워질 수 없습니다. 이삭은 그 점에 있어서 리브가의 말에 전적으로 동의합니다.

> 1 이삭이 야곱을 불러 그에게 축복하고 또 당부하여 이르되 너는 가나안 사람의 딸들 중에서 아내를 맞이하지 말고 2 일어나 밧단아람으로 가서 네 외조부 브두엘의 집에 이르러 거기서 네 외삼촌 라반의 딸 중에서 아내를 맞이하라(창 28:1-2).

여기에서 우리의 주목을 끄는 부분은 이삭이 자발적으로 야곱을 축복했다는 사실입니다. 그전에는 어떻게 했습니까? 비밀리에 에서에게만 축복하려고 했습니다. 그러다가 속아서 결국 야곱을 축복했지요. 그러니까 이 모든 불행은 사실 에서에 대한 이삭의 편애로부터 시작되었다고 해도 결코 지나친 말이 아닐 겁니다. 그런데 마지막 순간에 이삭은 다시 제자리를 찾았던 것입니다. 에서만의 아버지가 아니라 야곱의 아버지도 되기로 한 것입니다.

이삭은 그의 아버지 아브라함이 세워놓은 배우자 선택의 가이드라인을 그대로 따릅니다. 하나님을 알지 못하는 가나안 족속이 아니라 하나님을 믿는 집안에서 며느릿감을 구하기로 한 것입니다. 야곱의 혼사를 그렇게 하나님으로부터 시작할 수 있게 한 것입니다. 그러자 이삭은 비로소 제대로 된 축복을 할 수 있게 되었습니다.

3전능하신 하나님이 네게 복을 주시어 네가 생육하고 번성하게 하여 네가 여러 족속을 이루게 하시고 4아브라함에게 허락하신 복을 네게 주시되 너와 너와 함께 네 자손에게도 주사 하나님이 아브라함에게 주신 땅 곧 네가 거류하는 땅을 네가 차지하게 하시기를 원하노라(창 28:3-4).

앞에서 이삭이 장자를 염두에 두고 축복한 내용(창 27:28-29)과 비교해 보면 그 차이가 확연하게 드러납니다. 그때에는 그저 잘 먹고 잘 살라는 내용이 전부였습니다. 그러나 이제는 하나님께서 아버지 아브라함과 자신에게 주신 약속에 근거하여 '후손'과 '땅'과 '복'에 대한 내용을 모두 골고루 포함하여 축복합니다. 이것을 보더라도 우리는 이삭이 제 자리로 돌아왔다는 사실을 알 수 있습니다.

어쨌든 야곱은 난생처음으로 부모를 떠나서 객지 생활을 하게 되었습니다. 그것은 자신이 뿌린 대로 거둔 결과입니다. 거짓과 음모로 채워진 그동안의 삶에 대해 치러야 하는 대가입니다. 에서와의 관계는 여전히 해결되지 않은 상태입니다. 앞으로 어떤 일이 벌어질지 모릅니다. 그러나 최소한 야곱은 이삭의 축복을 통해서 하나님을 자신의 인생에 포함하기 시작했습니다. 그것이 중요합니다.

에서의 선택

야곱은 그렇게 자신의 길을 선택하여 떠났습니다. 그렇다면 에서는 과연 어떤 길을 선택하게 되었을까요?

6에서가 본즉 이삭이 야곱에게 축복하고 그를 밧단아람으로 보내어 거기서 아내를 맞이하게 하였고 또 그에게 축복하고 명하기를 너는 가나안 사람의 딸들 중에서 아내를 맞이하지 말라 하였고 … 8에서가 또 본즉 가나안 사람의 딸들이 그의 아버지 이삭을 기쁘게 하지 못하는지라(창 28:6-8).

야곱이 아버지의 축복을 받고 떠나는 모습을 보면서, 에서는 그제야 자신의 아내들이 아버지 이삭을 기쁘게 하지 못하고 있다는 사실을 깨닫게 되었습니다. 더 정확하게 표현하면 기쁘게 하지 못하는 정도가 아닙니다. 그들은 이삭과 리브가의 마음에 '근심'거리였고 '슬픔'거리였고 '가시'였습니다(26:35). 에서도 이제야 조금 철이 든 것일까요? 가족이 뿔뿔이 흩어지는 아픔을 겪으면서 부모의 마음을 조금 헤아리게 된 것일까요?

아닙니다. 그는 오히려 부모에게 더욱 큰 근심거리를 안겨주었습니다.

이에 에서가 이스마엘에게 가서 그 본처들 외에 아브라함의 아들 이스마엘의 딸이요 느바욧의 누이인 마할랏을 아내로 맞이하였더라(창 28:9).

에서는 이스마엘의 집을 찾아갔습니다. 이스마엘이 누구입니까? 아버지 이삭의 잠재적인 경쟁자입니다. 그런데도 에서는 제 발로 그 집을 찾아가서 이스마엘의 딸 마할랏을 아내로 맞아들였습니다. 말하자면 이스마엘의 사위가 되었던 것입니다. 무슨 이야기입니까? 아버지 이삭의 집안을 대적하는 자리에 서겠다는 뜻입니다. 하나님으로부터 시작하는 인생이 아니라, 이제부터 본격적으로 하나님으로부터 벗어나는 인생을 살겠다는 뜻입니다.

에서는 그렇게 '약속의 자녀'로부터 멀어지고 말았습니다. 하나님이 그를 버린 것일까요? 아닙니다. 부모가 그를 떠나게 만들었습니까? 아닙니다. 에서 자신이 그 길을 선택했습니다. 그 선택에 대해서 또한 에서 자신이 책임을 져야 할 것입니다.

사닥다리 환상

야곱은 하란을 향해서 출발했습니다. 어느 들판에서 노숙하게 되었습니다. 그곳에서 야곱은 평생 잊지 못할 경험을 합니다.

> 10야곱이 브엘세바에서 떠나 하란으로 향하여 가더니 11한 곳에 이르러는 해가 진지라. 거기서 유숙하려고 그 곳의 한 돌을 가져다가 베개로 삼고 거기 누워 자더니…(창 28:10-11).

야곱이 도착한 곳은 벧엘이었습니다. 브엘세바에서 이곳까지 120km가 넘습니다. 지금 야곱은 에서의 살해 위협을 피해서 도망가는 중입니다. 만일 쉬지 않고 달렸다면 하루 만에 도착할 수도 있었을 것입니다. 물론 '집사람'이었던 야곱에게는 쉽지 않은 일입니다. 그러나 목숨이 걸려있다면 불가능한 일도 아닙니다.

날은 저물었고 들판에서 돌을 베개 삼아 노숙하는 신세가 되었습니다. 몸도 마음도 지칠 대로 지쳐있습니다. 그 어디에도 기댈 데가 없습니다. 거짓과 속임수로 복을 획득하려다가 하루아침에 도망가는 신세가 된 것입니다. 지금까지 야곱의 인생에서 한 번도 경험해보지 못한 최악의 상황입니다.

바로 그때 하나님이 야곱을 찾아오셨습니다.

> 12꿈에 본즉 사닥다리가 땅 위에 서 있는데 그 꼭대기가 하늘에 닿았고 또 본즉 하나님의 사자들이 그 위에서 오르락내리락 하고 13또 본즉 여호와께서 그 위에 서서 이르시되…(창 28:12-13a).

야곱은 생애 처음으로 하나님의 임재를 체험합니다. 꿈에 보니 땅 위에 서 있는 사닥다리의 꼭대기가 하늘에 닿아있는 것입니다. 사닥다리 꼭대기 위에는 하나님이 서 계십니다. 그리고 하나님의 사자(使者)들이 사닥다리를 타고 오르락내리락합니다. 여기에서 '사닥다리'는 하나님과 사람 사이의 통로를 의미합니다. '사자들'은 하나님과 사람 사이의 메신저입니다. 하나님의 명령을 사람에게 전달하고, 사람의 간구를 하나님께 아뢰는 존재입니다.

이때 야곱이 먼저 하나님을 찾지는 않았습니다. 하나님이 먼저 야곱을 찾아오신 것입니다. 야곱에게 하실 말씀이 있으셨던 것입니다.

13... 나는 여호와니 너의 조부 아브라함의 하나님이요 이삭의 하나님이라. 네가 누워 있는 땅을 내가 너와 네 자손에게 주리니 14네 자손이 땅의 티끌같이 되어 네가 서쪽과 동쪽과 북쪽과 남쪽으로 퍼져나갈지며 땅의 모든 족속이 너와 네 자손으로 말미암아 복을 받으리라(창 28:13b-14).

아브라함과 이삭에게 나타났던 같은 하나님이 지금 야곱에게 나타나셨던 것입니다. 그런데 같은 하나님이라는 것을 어떻게 알 수 있을까요? 그것은 같은 약속의 말씀을 해주시는 걸 보면 알 수 있습니다. 만일 다른 신이었다면 다른 말을 했을 것입니다. 그러나 같은 하나님이시기에 같은 말씀을 하시는 것입니다.

하나님의 약속은 언제나 똑같습니다. '땅에 대한 약속'과 '후손에 대한 약속' 그리고 '복이 되는 약속'입니다. 야곱은 브엘세바의 집을 떠나기 전에 아버지 이삭을 통해서 이미 이와 같은 내용으로 축복을 받았습니다(창 28:3-4). 그랬기에 더더욱 야곱은 자신에게 나타난 분이 같은 하나님이라는 사실을 확신할 수 있었던 것입니다.

임마누엘 약속

그뿐만이 아닙니다. 하나님은 야곱에게 임마누엘_{immanuel}의 약속도 해주십니다.

> 내가 너와 함께 있어 네가 어디로 가든지 너를 지키며 너를 이끌어 이 땅으로 돌아오게 할지라. 내가 네게 허락한 것을 다 이루기까지 너를 떠나지 아니하리라 하신지라 (창 28:15).

"아노키 임마크"(anoki immak) "내가 너와 함께 있다!"(I am with you!) 이 약속은 앞에서 말씀하신 세 가지 약속과 함께 하나님께서 '약속의 자녀'에게 주시는 특별한 메시지입니다. 아브라함은 아비멜렉의 입을 통해서 이 말씀을 들었고(창 21:22), 이삭은 하나님으로부터 직접 들었습니다(창 26:3, 24). 야곱은 이 약속을 반복해서 듣게 될 것입니다(창 28:15, 31:3, 46:4). 창세기에 등장하는 족장들뿐만이 아닙니다. 앞으로 모세도, 여호수아도, 기드온도, 다윗도, 이사야도 모두 하나님으로부터 이 약속을 듣게 될 것입니다.

하나님이 야곱과 함께 계셔서 하실 일은 세 가지입니다. '보호'와 '회복'과 '완성'입니다. 지키시며, 돌아오게 하시며, 다 이루십니다. 하나님은 야곱에게 아무 것도 요구하지 않으십니다. 단지 일방적으로 약속해주실 뿐입니다. 그것은 노아와 '무지개 계약'을 맺으실 때의 모습이나 아브라함과 '횃불 계약'을 맺으실 때의 모습과 하나도 다르지 않습니다.

그런 의미에서 오늘 본문에는 계약(언약)이라는 말이 등장하지 않지만, 하나님께서 야곱과 계약을 맺으시는 장면으로 간주할 수 있습니다. 이 계약의 징표가 있다면 그것은 야곱의 꿈속에 등장했던 '사닥다리'일 것입니다. 이름하여 '사닥다리 계약'이 되는 것이지요. 이 '사닥다리 계약'

은 임마누엘 예언의 성취로 오신 예수 그리스도를 통해서 더욱 중요한 의미를 갖게 되었습니다.

주님은 나다나엘과의 대화에서 야곱의 사닥다리 계약을 언급하셨습니다.

> 또 이르시되 진실로 진실로 너희에게 이르노니 하늘이 열리고 하나님의 사자들이 인자 위에 오르락내리락 하는 것을 보리라 하시니라(요 1:51).

"천사들이 오르락내리락한다"는 이 말씀은 야곱이 벧엘에서 경험한 사건을 배경으로 하고 있습니다. 야곱이 꾼 꿈은 하늘이 열리고 사닥다리가 땅에서 하늘에 닿았는데 하나님의 사자가 그 위에서 오르락내리락 하는 것이었습니다. 그렇다면 예수님은 자신을 무엇에 비유하고 있는 것입니까? 그렇습니다. 바로 '사닥다리'에 비유하고 계시는 것입니다.

예수님은 참 하나님이요 또한 참 인간이십니다. 그래서 하늘과 땅을 연결하실 수 있으십니다. 하나님과 인간 사이의 중보자가 되셔서 막혔던 담을 허물어 버리시고 하나님과 인간의 관계를 회복시키실 수 있으십니다. 예수님이 그와 같은 '사닥다리'가 되기 위해서 이 땅에 오셨습니다. 그리고 '사닥다리'가 되기 위해서 높이 들리셨습니다. 그것이 바로 '십자가 사건'이었던 것입니다.

야곱은 이 세상을 구원하시려는 하나님의 원대한 계획이 지금 자신에게 직접 계시되고 있다는 사실을 조금도 눈치채지 못했습니다. 단지 인생에서 가장 힘들고 외로웠던 순간에 자신에게 찾아오신 하나님으로 인해 감격했을 뿐입니다. 그리고 이제부터 하나님으로부터 시작하는 인생을 살기로 결단했을 뿐입니다. 그런데 그렇게 드려진 초라한 인생이 결국 하나님의 구원을 이루어가는 거룩한 일에 사용되었던 것입니다.

야곱이 대단한 믿음을 가진 사람이었기 때문입니까? 그래서 하나님이 그를 특별히 사용하셨습니까? 아닙니다. 단지 그처럼 초라한 인생을 약속의 자녀로 빚으셔서 사용하시는 하나님이 위대하실 뿐입니다.

야곱의 서원

야곱은 환상에서 깨어나자마자 곧바로 하나님께 예배했습니다.

> 16야곱이 잠이 깨어 이르되 여호와께서 과연 여기 계시거늘 내가 알지 못하였도다. 17이에 두려워하여 이르되 두렵도다, 이곳이여. 이것은 다름 아닌 하나님의 집이요 이는 하늘의 문이로다 하고 18야곱이 아침에 일찍이 일어나 베개로 삼았던 돌을 가져다가 기둥으로 세우고 그 위에 기름을 붓고 19그곳 이름을 벧엘이라 하였더라. 이 성의 옛 이름은 루스더라(창 28:16-19).

야곱은 하나님이 여기 계시다는 사실을 깨닫고 갑자기 두려운 마음이 생겨났습니다. 사실 어제 잠자리에 들 때만해도 야곱에게는 큰 두려움이 있었습니다. 그것은 에서를 향한 두려움이었습니다. 자신의 목숨을 해칠지도 모른다는 두려움이었습니다. 그런데 하나님을 만나고 난 후에 야곱은 진정한 두려움을 가지게 되었습니다. 그것은 하나님에 대한 두려움, 즉 경외敬畏였습니다.

놀라운 것은 하나님을 두려워하게 되면 더이상 사람을 두려워하지 않게 된다는 사실입니다. 할아버지 아브라함이나 아버지 이삭은 사람을 두려워한 나머지 자신의 아내를 누이라고 속이지 않았습니까? 그것은 정말 두려워해야 할 자를 만나지 못했기 때문입니다. 야곱은 두려워해야 할 자를 만났습니다. 하나님을 만났습니다. 그 경험은 그의 인생을 송두리째 바꾸어놓았습니다.

야곱은 베개로 삼았던 돌을 기둥으로 세우고, 기름을 부어 성별聖別(합니다. 그곳을 자신의 인생을 새롭게 출발한 장소요 또한 약속의 땅으로 다시 돌아올 이정표로 삼았습니다. 그리고 그곳 이름을 '벧엘Bethel'이라고 불렀습니다. '하나님의 집beth-El'이라는 뜻입니다. 그리고 곧바로 야곱은 하나님께 서원을 합니다.

> 20야곱이 서원하여 이르되 하나님이 나와 함께 계셔서 내가 가는 이 길에서 나를 지키시고 먹을 떡과 입을 옷을 주시어 21내가 평안히 아버지 집으로 돌아가게 하시오면 여호와께서 나의 하나님이 되실 것이요 22내가 기둥으로 세운 이 돌이 하나님의 집이 될 것이요 하나님께서 내게 주신 모든 것에서 십분의 일을 내가 반드시 하나님께 드리겠나이다 하였더라(창 28:20-22).

우리말 '서원誓願'으로 번역된 히브리어는 '네데르neder'입니다. 영어로는 'VOW맹세, 서약'으로 번역합니다. 하나님께 자원하는 마음으로 헌신을 다짐하여 맹세하는 것을 말합니다. 성경에서 '서원'이 가장 먼저 등장하는 대목이 바로 오늘 본문입니다. 그러니까 야곱이 '서원'의 원조인 셈입니다.

야곱의 서원誓願은 세 가지입니다. 첫 번째는 평생 하나님만 섬기겠다는 맹세입니다. "여호와께서 나의 하나님이 되실 것입니다"(The LORD will be my God). 두 번째는 하나님의 집을 세워 예배하겠다는 맹세입니다. "이 돌이 하나님의 집이 될 것입니다"(This stone will be God's house). 그리고 세 번째는 십일조의 맹세입니다. "하나님께서 주신 모든 것에서 십분의 일을 반드시 드리겠습니다"(I will give you a tenth).

하나님은 자원하여 맹세한 '서원'은 반드시 지켜야 한다고 말씀하셨습니다(민 30:2). 그렇다면 야곱은 과연 그의 평생에 이 서원을 다 지켰을까요? 사람은 믿을 수 없는 존재입니다. 사람의 맹세 또한 믿을 수 없습니다. 야곱의 서원도 마찬가지였습니다. 그는 자신의 서원을 자주 잊어버렸습니다. 그래서 하나님이 때로 그의 서원을 상기시켜주셔야 했습니다(창 31:13).

만일 '사닥다리 계약'이 쌍방계약이었다면, 그래서 야곱의 신실함에 그 계약의 성패가 달려있었다면, 그 계약은 일찌감치 폐기되고 말았을 것입니다. 그러나 참으로 다행스럽게도 사닥다리 계약은 '쌍방계약'이 아니라 '일방계약'이었습니다. 하나님의 일방적인 사랑에 그 계약이 달려있습니다. 사람에게는 미쁨이 없을지라도 하나님은 미쁘신 분입니다. 하나님은 우리와의 계약을 반드시 지키시는 분입니다. 우리의 구원은 하나님에게 달려 있는 것입니다. 그래서 우리의 구원은 확실한 것입니다.

야곱은 세상적인 방법으로 축복을 획득하려고 했다가 그가 가진 모든 것을 잃어버렸습니다. 그는 땅을 잃어버렸지만 하늘을 발견했습니다. 그를 찾아오신 하나님을 만났습니다. 하나님으로부터 시작하는 인생을 살기로 했습니다. 앞으로 그의 결심이 흔들릴 때도 있고, 맹세를 지키지 못할 때도 있을 것입니다. 그러나 하나님은 끝까지 그를 붙들어주실 것입니다. 그를 약속의 자녀로 세워주실 것입니다.

이와 같이 변함없는 하나님의 사랑에 우리의 희망이 있습니다. 우리의 구원을 위하여 일하시는 하나님의 미쁘심에 우리의 희망이 있습니다.

* **묵상 질문**: 나는 지금 누구를 두려워하고 있습니까?
* **오늘의 기도**: 우리에게는 신실함이 없습니다. 쉽게 약속하지만 또한 쉽게 그 약속을 뒤집어버립니다. 우리 자신의 부족한 믿음에 희망을 걸지 않게 하시고, 오직 변함없는 하나님의 사랑에 우리의 모든 희망을 걸게 하옵소서. 예수님의 이름으로 기도합니다. 아멘.

새로운 환경, 낡은 사람

읽을 말씀: 창세기 29:1-30

새길 말씀: 야곱이 아침에 보니 레아라. 라반에게 이르되 외삼촌이 어찌하여 내게 이같

이 행하셨나이까. 내가 라헬을 위하여 외삼촌을 섬기지 아니하였나이까.

외삼촌이 나를 속이심은 어찌됨이니이까(창 29:25).

이삭의 가정은 풍비박산이 났습니다. 큰아들 에서는 집을 떠나 이스마엘의 사위가 되었습니다. 작은아들 야곱은 에서의 살해 위협을 피해 멀리 하란으로 도피했습니다. 브엘세바에 남게 된 이삭과 리브가는 그 후에 어떻게 되었을까요? 성경에는 그다음 행적이 나오지 않습니다. 단지 이삭이 180세의 나이로 죽었다는 이야기(창 35:29)와 리브가가 막벨라 굴에 장사되었다는 언급(창 49:31)이 전부입니다.

처음에 리브가가 야곱을 자신의 오라버니에게로 보낼 때만 해도, 에서의 분노가 어느 정도 잠잠해지고 나면 다시 불러올 계획이었습니다(27:45). 그러나 야곱이 하란에서 20년을 사는 동안 그런 일은 벌어지지

않았습니다. 물론 에서의 마음도 바뀌지 않았고, 무엇보다도 리브가가 그로부터 얼마 지나지 않아서 죽었기 때문입니다. 나중에 야곱이 가나안에 돌아온 후에 곧장 고향 집으로 내려가지 않았던 것도 바로 그 때문이었습니다. 집에 가보아야 그를 반겨줄 어머니가 없었던 것이지요.

어쨌든 야곱은 지금 고향 집을 떠나서 하란을 향해 가고 있는 중입니다. 그는 자신의 인생이 앞으로 그런 식으로 전개되리라고는 꿈에도 생각하지 못했습니다. 그저 잠시 동안 위기를 모면하면서 배우자를 얻은 후에 다시 고향으로 돌아올 수 있으리라 생각했습니다. 벧엘에서 만난 하나님도 '사닥다리 계약'을 통해서 그와 같은 확신을 갖게 해주셨습니다. 임마누엘의 약속을 통해서 다시 가나안 땅으로 돌아오게 하시겠다고 분명히 말씀하셨습니다.

그러나 야곱에게는 '약속과 다른 현실'이 기다리고 있었습니다. 할아버지 아브라함과 아버지 이삭이 통과해야 했던 똑같은 테스트가 야곱 앞에도 놓여있었던 것입니다. 그것은 하나님이 야곱을 약속의 자녀로 빚어가시기 위해서 꼭 필요한 과정이었습니다. 하나님은 물론 야곱에게 하신 약속을 결코 잊지 않으실 것입니다. 반드시 그 약속을 지키실 것입니다.

문제는 야곱입니다. 그 훈련의 과정을 잘 견뎌낼 수 있을까요? 아니 그 과정을 통과하면서 과연 약속의 자녀다운 모습을 갖추게 될까요? 아니면 그곳에서 결혼하여 자리를 잡고 난 후에, 자식들 낳으면서 지지고 볶으면서 살다가 아예 하나님의 약속을 잊어버리게 될까요?

하나님의 약속이 성취되기까지 아브라함에게 25년의 세월이 필요했습니다. 이삭에게는 20년간의 끈질긴 기도 생활과 기다림이 필요했습니다. 마찬가지로 야곱에게도 앞으로 20년간의 객지 생활이 필요합니다. 왜냐하면 '새로운 인격'은 하루아침에 만들어지지 않기 때문입니다. 속사람이 바뀌려면 또한 그만큼의 훈련 과정이 필요한 것입니다.

야곱의 달라진 모습

야곱은 벧엘에서 하나님의 임재를 경험한 감격을 안고 하란을 향해서 다시 발걸음을 재촉했습니다.

> 1야곱이 길을 떠나 동방 사람의 땅에 이르러 2본즉 들에 우물이 있고 그 곁에 양세 떼가 누워 있으니 이는 목자들이 그 우물에서 양 떼에게 물을 먹임이라…(창 29:1-2a).

우리말로는 "야곱이 길을 떠났다"로 번역되고 있지만, 히브리 원어를 직역하면 "Jacob lifted up his feet"가 됩니다. "발을 성큼성큼 들었다"라는 뜻입니다. 이것은 지금 야곱의 마음 상태가 어떤지를 잘 말해줍니다. 어젯밤에 벧엘에 도착하여 돌베개를 하고 잠들 때만 해도 자신의 처량한 신세에 대해 몹시 낙심해 있었습니다. 그러나 하나님의 임재를 경험하면서 하나님의 말씀으로 용기를 얻어서 다시 기운을 차리게 되었던 것입니다.

그는 '동방 사람의 땅the land of the eastern peoples'에 도착합니다. 마치 금방 도착한 것처럼 되어있지만, 제법 먼 여행의 길이었습니다. 이곳은 유프라테스강의 서쪽, 메소포타미아의 북쪽에 있는 하란 근처였습니다. 오래전에 아브라함의 종이 이삭의 배우자를 찾기 위해서 이곳에 왔을 때에도 우물에서 사람들을 만났습니다. 우물은 유목 문화 속에서 사랑방 같은 곳이었습니다. 야곱 역시 우물로 가서 사람을 만납니다.

그런데 야곱은 처음 만난 사람들과 스스럼없이 대화를 시작합니다.

> 4야곱이 그들에게 이르되 내 형제여 어디서 왔느냐. 그들이 이르되 하란에서 왔노라. 5야곱이 그들에게 이르되 너희가 나홀의 손자 라반을 아느냐. 그들이 이르되 아노라. 6야곱이 그들에게 이르되 그가 평안하냐. 이르되 평안하니라. 그의

딸 라헬이 지금 양을 몰고 오느니라(창 29:4-6).

우리가 알고 있는 야곱은 조용한 성격의 '집사람'이었습니다. 이렇게 처음 보는 사람들과 적극적으로 대화를 나누는 모습은 아주 생소합니다. 야곱은 거기에 있는 목자들에게 '내 형제여'라고 하면서 살갑게 다가갑니다. 물론 외삼촌 라반에 대한 정보를 얻기 위해서는 그렇게 적극적으로 나서야 합니다만, 야곱에게도 이런 구석이 있었나 싶습니다.

새로운 환경에 적응하여 살아가기 위해서 그 안에 감추어져 있던 생존본능이 작용하기 시작한 것일까요? 아니면 벧엘에서 만난 하나님의 경험이 그에게 새로운 용기를 주었던 것일까요? 야곱은 심지어 라반의 딸 라헬 앞에서는 '사나이다운 모습'을 드러내기까지 합니다.

9야곱이 그들과 말하는 동안에 라헬이 그의 아버지의 양과 함께 오니 그가 그의 양들을 치고 있었기 때문이더라. 10야곱이 그의 외삼촌 라반의 딸 라헬과 그의 외삼촌의 양을 보고 나아가 우물 아귀에서 돌을 옮기고 외삼촌 라반의 양 떼에게 물을 먹이고…(창 29:9-10).

우물 입구에는 큰 돌로 덮여 있어서, 목자들이 모두 모일 때까지 기다려야 했습니다. 왜냐하면 혼자서는 그 돌을 옮길 수가 없었기 때문입니다(29:8). 그런데 라헬이 양을 데리고 우물에 나타나자, 어디에서 그런 힘이 생겨났는지 모르지만, 야곱은 혼자 힘으로 그 돌을 옮깁니다. 그리고 손수 라헬의 양 떼에게 물을 먹여줍니다. 이전의 야곱에게서는 도무지 상상할 수 없는 모습입니다.

그리고 나서 라헬에게 자신의 정체를 밝힙니다.

11그가 라헬에게 입맞추고 소리 내어 울며 12그에게 자기가 그의 아버지의 생질이요 리브가의 아들 됨을 말하였더니 라헬이 달려가서 그 아버지에게 알리매 13 라반이 그의 생질 야곱의 소식을 듣고 달려와서 그를 영접하여 안고 입맞추며 자기 집으로 인도하여 들이니…(창 29:11-13a).

야곱은 라헬에게 자신이 리브가의 아들이라는 것을 밝히면서 소리 내어 웁니다. 야곱은 이전과 비교해서 육체적으로나 감정적으로 많이 달라졌습니다. 그를 바라보는 사람들의 시선도 고향에서와 달라졌을 것이 분명합니다. 야곱에게서 인간적인 매력을 발견하는 사람들도 있었을 것입니다.

라반의 제안

야곱은 외삼촌 라반의 집에 머물게 되었고, 마침내 외삼촌으로부터 중요한 제안을 받게 됩니다.

13… 야곱이 자기의 모든 일을 라반에게 말하매 14라반이 이르되 너는 참으로 내 혈육이로다 하였더라. 야곱이 한 달을 그와 함께 거주하더니 15라반이 야곱에게 이르되 네가 비록 내 생질이나 어찌 그저 내 일을 하겠느냐. 네 품삯을 어떻게 할 지 내게 말하라(창 29:13b-15).

야곱은 먼저 자기의 모든 일을 라반에게 말합니다. 왜 이곳까지 올 수밖에 없었는지 그 자초지종을 이야기했을 것입니다. 그러려면 부모 형제 사이의 갈등에 대해서도 털어놓아야 했을 것입니다. 또 이곳으로 오는 도중에 벧엘에서 하나님을 만난 일과 하나님으로부터 받은 약속에 대해서도 이야기했을 것입니다. 그리고 앞으로 자신의 계획과 소망에 대해서도 말했을 것입니다.

그 모든 말을 듣고 난 후에 라반은 이렇게 짤막하게 대답합니다. "너는 참으로 내 혈육이로다"(Surely you are my bone and my flesh). 이것은 아담이 처음으로 하와를 보았을 때 했던 바로 그 말입니다(창 2:23). 야곱을 자신의 가족으로 인정하여 맞아들이겠다는 뜻입니다.

야곱은 라반의 집에서 한 달을 함께 지냈습니다. 그러나 그냥 빈둥거리며 지내지는 않았습니다. 라반이 품삯을 주고서라도 야곱을 붙잡아 두고 싶은 마음이 생길 정도로 열심히 일했습니다. 라반이 야곱에게 제안합니다. "어찌 그저 내 일을 하겠느냐. 네 품삯을 어떻게 할지 내게 말하라." 말하자면 연봉의 액수를 제안하라는 것입니다.

고향 집에 있을 때에는 어머니 리브가의 치마폭에서만 지냈는데, 지금 야곱은 완전히 달라졌습니다. 그럴 수밖에 없는 것이, 여기는 자신의 집이 아닙니다. 아무리 외삼촌의 집이라지만 자신의 존재 가치를 증명해야 먹고 살 수 있습니다. 이때 야곱은 품삯 대신에 라헬과의 결혼 이야기를 꺼냅니다.

17레아는 시력이 약하고 라헬은 곱고 아리따우니 18야곱이 라헬을 더 사랑하므로 대답하되 내가 외삼촌의 작은딸 라헬을 위하여 외삼촌에게 칠 년을 섬기리이다. 19라반이 이르되 그를 네게 주는 것이 타인에게 주는 것보다 나으니 나와 함께 있으라. 20야곱이 라헬을 위하여 칠 년 동안 라반을 섬겼으나 그를 사랑하는 까닭에 칠 년을 며칠 같이 여겼더라(창 29:17-20).

야곱은 라헬과 결혼한다는 조건으로 7년을 섬기겠다고 합니다. 그것이 라반의 딸 중에서 아내를 맞이하라고 당부했던 아버지의 말씀에 따르는 일이었습니다. 또 그것이 야곱의 입장에서 생각해보아도 적당한 시간 계획이었습니다. 앞으로 7년 동안 열심히 일하고 나면 아내와 함께 고향으로 돌아갈 수 있을 것이라 생각했던 것입니다. 라반도 기꺼이 그 말에 동의했습니다. 야곱은 기쁜 마음으로 라반을 섬겼습니다. 7년을 마치 며칠처럼 여길 정도였습니다.

그렇게 야곱은 새로운 환경에서 새로운 마음가짐으로 새로운 생활을 시작했습니다. 그러나 야곱이 어울려서 살게 될 사람들은 전혀 새로운 종류의 사람들이 아니었습니다. 그들은 세상의 낡은 생활방식에 따라서 살아가는 낡은 사람들이었습니다. 그들은 하나님의 마음을 품고 야곱을 대하지는 않을 것입니다. 야곱이 새로운 마음으로 인생을 시작한다고 해서 세상이 갑자기 새롭게 바뀌는 것은 아닙니다.

특히 야곱이 미처 깨닫지 못하고 있는 것이 하나 있었습니다. 그것은 야곱이 지금 전적으로 의지하고 있는 라반의 사람 됨됨이였습니다. 라반은 야곱이 생각하고 있던 그런 사람이 아니었습니다. 야곱은 앞으로 7년 동안 열심히 일해서 라헬과 결혼하고 난 후에 곧바로 고향으로 돌아갈 꿈을 꾸고 있었지만, 라반의 생각은 달랐습니다. 가능한 한 오래 야곱을 공짜로 부려먹을 수 있는 데릴사위로 붙잡아 두려고 했습니다. 그들은 동상이몽同床異夢을 가지고 있었던 것입니다.

라반의 속임수

라반은 야곱보다 한 수 위였습니다. 그의 속임수는 그로부터 7년이 지난 후에 야곱의 결혼식 당일에 드러납니다.

> 21야곱이 라반에게 이르되 내 기한이 찼으니 내 아내를 내게 주소서. 내가 그에게 들어가겠나이다. 22라반이 그곳 사람을 다 모아 잔치하고 23저녁에 그의 딸 레아를 야곱에게로 데려가매 야곱이 그에게로 들어가니라(창 29:21-23).

라반은 약속대로 동네 사람들을 모아 혼인 잔치를 베풉니다. 그러나 라헬이 아니라 언니 레아를 신부로 만들어 들여보냅니다. 그것도 모르고 야곱은 첫날밤을 치릅니다. 그런데 이때 왜 라헬이 침묵하고 있었는지 궁금합니다. 라반과 야곱 사이의 비밀계약이었기 때문에 라헬이 몰랐을 수도 있습니다. 또는 아버지가 딸의 결혼을 결정하던 당시의 가부장제도에서는 마지막 순간에 아버지 마음대로 신부를 결정할 수 있었는지도 모릅니다.

그런데 실상은 야곱의 신부가 누가 될는지 당사자인 야곱만 빼놓고 모두 알고 있었습니다. 하객이었던 동네 사람들도, 신부였던 레아도, 심지어 신부의 동생이었던 라헬까지도 모두 다 알고 있었습니다. 한 사람을 바보로 만드는 것은 그렇게 쉬운 일입니다. 아버지를 감쪽같이 속였던 천하의 사기꾼 야곱이 그의 인생에서 가장 중요한 결혼에 사기를 당하고 있는 순간입니다.

야곱은 물론 외삼촌에게 거칠게 항의합니다.

> 야곱이 아침에 보니 레아라. 라반에게 이르되 외삼촌이 어찌하여 내게 이같이 행하셨나이까. 내가 라헬을 위하여 외삼촌을 섬기지 아니하였나이까. 외삼촌이 나를 속이심은 어찌됨이니이까(창 29:25).

야곱의 항의를 메시지 성경은 이렇게 표현합니다. "제게 무슨 일을 하신 겁니까? 제가 라헬을 얻겠다고 이 모든 기간을 일한 것이 아닙니까? 외삼촌은 어째서 저를 속이셨습니까?" Why did you cheat me? 이게 바로 믿었던 도끼에 발등 찍힌 격입니다. 한두 해가 아닙니다. 자그마치 7년 동안이나 야곱을 속여 온 겁니다. 그것도 모르고 야곱은 지난 7년 내내 설레는 마음으로 열심히 일을 해왔던 것입니다.

그런데 라반의 대답은 아주 단순합니다.

26라반이 이르되 언니보다 아우를 먼저 주는 것은 우리 지방에서 하지 아니하는 바이라. 27이를 위하여 칠 일을 채우라. 우리가 그도 네게 주리니 네가 또 나를 칠 년 동안 섬길지니라(창 29:26-27).

언니보다 아우가 먼저 시집가는 것은 이 동네의 법도가 아니라는 겁니다. 정말 그렇다면 야곱에게 미리 알려주었어야 마땅한 일입니다. 그런데 지난 7년 동안 아무 말도 해주지 않았습니다. 그것은 누가 뭐라고 해도 고의적인 사기詐欺입니다. 야곱은 7년 동안의 무임금 노동의 대가를 치르고 나서 '사기 결혼'을 당하고 있는 것입니다.

라반은 한 걸음 더 나아가서 야곱에게 역으로 제안을 합니다. 라헬과 결혼하고 싶다면 7년을 더 섬기라는 것입니다. 그러면 지금부터 일주일 후에 다시 결혼식을 치르게 해주겠다는 것입니다. 그것이 라반의 본심이었고 속셈이었습니다. 어떻게든 야곱을 붙잡아 두려는 것이 그의 본래 계획이었습니다. 그것도 자신의 딸들을 이용하고, 라헬을 향한 야곱의 사랑을 이용하여 그 계획을 실행하고 있는 것입니다.

이런 사람을 과연 여호와 하나님을 믿는 사람이라고 할 수 있을까요? 라반은 오래전에 아브라함의 종을 만났을 때 분명히 '여호와께 복을 받은 자'라고 하면서 인사를 건넸습니다(24:31). "이 일이 여호와께로 말미암았으니 좋다 나쁘다 말할 수 없다"(24:50)라고 고백했던 사람입니다. 그런데 이제 와서는 자기 친누이의 아들에게 결혼을 미끼로 사기를 치고 있는 것입니다. 이것을 우리는 어떻게 이해해야 할까요?

라반은 여호와 하나님에 대한 신앙이 있었던 게 확실합니다. 그러나 우리가 앞으로 살펴보겠지만 라반은 오직 하나님만 믿는 사람은 아니었습니다. 무엇보다도 그는 하나님으로부터 시작하는 인생을 사는 '약속의 자녀'가 아니었습니다. 낡은 생활방식에 젖어서 자신의 이익만을 추구하며 살아가는 낡은 사람이었을 뿐입니다. 라반이 그런 사람인 줄 야곱이 모르고 있었을 뿐입니다.

야곱의 침묵

그런데 이 대목에서 야곱은 더이상 라반과 다투려고 하지 않습니다. 그냥 조용히 라반의 제안을 받아들입니다.

> 28야곱이 그대로 하여 그 칠 일을 채우매 라반이 딸 라헬도 그에게 아내로 주고 29라반이 또 그의 여종 빌하를 그의 딸 라헬에게 주어 시녀가 되게 하매 30야곱이 또한 라헬에게로 들어갔고 그가 레아보다 라헬을 더 사랑하여 다시 칠 년 동안 라반을 섬겼더라(창 29:28-30).

이렇게 야곱이 침묵하는 이유가 궁금해집니다. 자신의 힘으로는 어쩔 수 없는 현실의 높은 벽을 인정하게 된 것일까요? 자신에게는 선택의 여지가 없다는 사실을 깨닫게 된 것일까요? 아니면 그만큼 라헬과의 결혼을 간절히 사모했기 때문일까요? 물론 야곱은 처음부터 라헬을 사랑했습니다. 아마도 우물에서 만났을 때 첫눈에 반했는지도 모릅니다. 만일 라헬을 사랑하지 않았다면 지난 7년 동안 그렇게 열심히 일하지 못했을 것입니다. 그리고 실제로 결혼한 후에도 야곱은 레아보다 라헬을 더 사랑했습니다.

그러나 그것만으로는 야곱의 침묵이 충분히 설명되지 않습니다. 야곱의 침묵에는 자신의 삶에 대한 깊은 성찰이 담겨있었습니다. 이 사건을 통해서 야곱은 자기 자신의 모습을 발견했던 것입니다. 자신도 어머니와 합작하여 아버지와 형을 속였습니다. 장자의 축복을 받겠다고 온갖 거짓말을 늘어놓았습니다. 결국 아버지로부터 축복은 받아냈지만 그것이 진정한 복이 되지는 않았지요. 오히려 그것으로 인해서 가정이 파괴

되었습니다. 가족관계가 어그러지고 모두 뿔뿔이 흩어지고 말았습니다.

그런데 어머니의 고향에 와서 이번에는 외삼촌과 그의 가족을 통해서 야곱 자신이 오히려 사기를 당한 것입니다. 철석같이 믿고 의지했던 사람들의 집단적인 사기에 속아 넘어간 피해자가 되고 만 것입니다. 그러고 나니까 자신이 속였던 아버지와 형이 겪었을 심한 분노와 절망과 탄식이 이제야 조금 이해가 되기 시작했습니다. 그 일이 얼마나 심각한 죄였는지 비로소 깨닫게 된 것입니다.

그렇다면 야곱은 지금 하나님의 벌을 받고 있는지도 모릅니다. 자신이 지은 죄에 대한 대가를 치르고 있는지도 모릅니다. 그것에 대해서 야곱이 무슨 할 말이 있겠습니까? 사도 바울은 말했습니다. "하나님은 업신여김을 받지 아니하시나니 사람이 무엇으로 심든지 그대로 거두리라"(갈 6:7). 야곱은 자신이 심은 대로 지금 거두고 있는 것입니다. 그러니 하나님으로부터 주어지는 벌을 그냥 달게 받는 수밖에요….

그런데 그렇게 생각하고 나면 또 다른 문제가 생겨납니다. 하나님과 맺은 '사닥다리 계약'은 무엇입니까? '임마누엘 약속'은 또 무엇입니까? 야곱이 어디로 가든지 지켜주시겠다고, 반드시 약속의 땅으로 돌아오게 하시겠다고 또한 그것을 이루실 때까지 떠나지 않겠다고 말씀하시던 그 모든 약속들은 어떻게 되는 것일까요? 이러한 복잡한 생각들이 야곱을 침묵하게 만들었던 것입니다.

우리의 실수와 죄는 하나님으로부터 용서받을 수 있지만, 그 대가는 반드시 치러야 합니다. 하나님의 용서가 우리가 뿌린 죄의 씨앗까지 송두리째 거두어가는 것은 아니기 때문입니다. 뿌린 대로 거두어야 합니다. 그것이 하나님이 정해놓으신 '수확의 법칙'입니다. 그러나 중요한 것은 하나님께서 그 일을 통해서 우리를 망하게 하지는 않으신다는 사실입니다. 오히려 우리를 약속의 자녀로 빚어 가시는 재료로 사용하십니다. 우리가 자초한 혼돈에서부터 창조의 질서를 세워 가십니다. 그것이 또한 하나님이 정해놓으신 '은혜의 법칙'입니다.

새로운 환경과 새로운 결심이 새로운 인생을 만드는 것이 아닙니다. 세상은 달라지지 않습니다. 다른 사람들은 그대로입니다. 오직 하나님의 은혜만이 낡은 생활방식을 새로운 생활방식으로 바꿀 수 있습니다. 앞으로 야곱은 자신이 지은 죄의 대가를 치르면서 또한 동시에 그를 회복하시는 하나님의 은혜를 깨닫게 될 것입니다. 그렇게 약속의 자녀가 되어 갈 것입니다.

* **묵상 질문**: 나는 '낡은 사람'입니까, '새 사람'입니까?
* **오늘의 기도**: 하나님의 은혜를 죄로부터 도피하는 수단으로 삼지 않게 하옵소서. 지은 죄가 있다면 겸손하게 벌을 받게 하시고, 우리를 망하게 하지 않으시는 하나님의 은혜를 믿음으로 바라보게 하옵소서. 그렇게 새로운 생활방식으로 살아가는 약속의 자녀가 되게 하옵소서. 예수님의 이름으로 기도합니다. 아멘.

야곱의 열두 아들

읽을 말씀: 창세기 29:31-30:24, 49:1-33

새길 말씀: 하나님이 라헬을 생각하신지라. 하나님이 그의 소원을 들으시고 그의 태를
여셨으므로 그가 임신하여 아들을 낳고 이르되 하나님이 내 부끄러움을 씻으
셨다 하고 그 이름을 요셉이라 하니 여호와는 다시 다른 아들을 내게 더하시기
를 원하노라 하였더라(창 30:22-24).

야곱은 자신의 본래 의도와 상관없이 한꺼번에 두 아내를 얻게 되었
습니다. 그것은 야곱을 자신의 집에 눌러 앉히려고 했던 외삼촌 라반의
계략이었습니다. 정당한 품삯을 지불하지 않으면서 또다시 야곱을 7년
더 부려먹으려는 심산이었습니다. 그러다 보면 자연스럽게 라반의 집에
눌러앉아 살게 될 것이라 생각한 것이지요. 라반의 계략은 일단 성공했
습니다. 야곱은 라반이 파놓은 함정에 꼼짝없이 갇히게 되었습니다. 분
명히 라반은 야곱보다 한 수 위였습니다.

그러나 라반이 모르는 게 있었습니다. 그것은 하나님의 생각이 그의

생각보다 훨씬 더 높다는 사실입니다. 야곱을 약속의 자녀로 빚어 가시려는 하나님의 계획이 지금 진행되고 있다는 사실입니다. 라반은 야곱의 인생을 손에 쥐고 자기 마음대로 흔들고 있다고 생각했겠지만, 오히려 그 자신의 인생이 하나님의 손에 쥐어져 있다는 사실을 깨닫지 못했습니다. 그리고 야곱의 침묵은 라반에 대한 항복의 표시가 아니라, 하나님의 인도하심에 대한 깊은 성찰의 표시였다는 사실을 알지 못했던 것입니다.

지금까지 살펴본 대로, 아브라함의 집안은 늘 불임의 문제와 씨름해 왔습니다. 아브라함은 25년 만에, 이삭은 20년 만에 기적적으로 자녀를 낳았습니다. 야곱은 어땠을까요? 만일 본래 야곱이 계획한대로 라헬하고만 결혼했다면, 그 또한 불임의 문제를 비켜갈 수 없었을 것입니다. 그러나 하나님은 라헬의 태를 닫아놓으시는 동안 레아의 태를 열어 많은 자녀를 낳게 하셨습니다. 그렇게 후손에 대한 약속을 이루어가셨습니다.

사랑 받지 못한 아내

처음부터 야곱은 레아에 대한 사랑의 감정이 없었습니다. 하나님은 바로 그 이유로 인해서 먼저 레아에게 자녀를 허락해주십니다.

> 31여호와께서 레아가 사랑 받지 못함을 보시고 그의 태를 여셨으나 라헬은 자녀가 없었더라. 32레아가 임신하여 아들을 낳고 그 이름을 르우벤이라 하여 이르되 여호와께서 나의 괴로움을 돌보셨으니 이제는 내 남편이 나를 사랑하리로다 하였더라(창 29:31-32).

레아는 야곱에게 사랑받는 아내가 아니었습니다. 그도 그럴 것이 야곱이 본래 결혼하려고 했던 사람이 아니었기 때문입니다. '사기 결혼'의 상대였으니 그에게 사랑의 감정이 생겨날 리가 없습니다. 그러나 그것은 사실 레아의 잘못이라 할 수 없습니다. 오히려 레아는 가부장제도의 희생물입니다. 아버지가 시키는 대로 할 수밖에 없었습니다. 게다가 남편이 자신을 사랑하지 않는다는 것을 뻔히 알면서도 같이 살아야 하니 그 삶이 얼마나 힘들고 괴로웠겠습니까?

그런데 아이러니하게도 하나님은 바로 그 이유 때문에 레아의 태를 열어주셨습니다. 하나님은 사랑받지 못하는 자를 특별히 돌보시는 분입니다. 하나님이 하갈과 이스마엘을 버리지 않으셨던 것도 바로 그 때문입니다. 게다가 레아는 하나님을 신실하게 믿고 있던 사람입니다. 하나님께 간절히 기도하여 아이를 낳습니다. 그리고 아이를 낳을 때마다 자신의 기도에 대한 하나님의 응답으로 받아들여 이름을 짓습니다.

맏아들은 '르우벤Reuben'이라 불렀습니다. "보라, 사내아이다!"(Look-It's-a-Boy!, MSG)라는 뜻입니다. 레아는 그 이름에 자신의 소망을 담았습니다. "여호와께서 나의 괴로움을 돌보셨으니 이제는 내 남편이 나를 사랑하리라." 레아의 목표는 오직 하나입니다. 일편단심 남편의 사랑을 얻는 것이었습니다. 이제 아들을 낳았으니 그 목표가 이루어질 것이라 기대한 것입니다.

그러나 여전히 남편은 레아를 사랑하지 않았습니다. 또 다시 둘째를 임신합니다.

> 그가 다시 임신하여 아들을 낳고 이르되 여호와께서 내가 사랑받지 못함을 들으셨으므로 내게 이 아들도 주셨도다 하고 그의 이름을 시므온이라 하였으며…(창 29:33).

이번에는 '시므온Simeon'이라 불렀습니다. "하나님이 들으셨다!"(God-Heard)는 뜻입니다. 역시 하나님께 기도하여 낳은 아이입니다. 그 이름 속에는 여전히 남편으로부터 사랑 받지 못하는 자신의 처지에 대한 안타

까움이 담겨있습니다. 자신의 부르짖음을 하나님이 들으시고 이 아들을 주셨다는 고백입니다.

> 그가 또 임신하여 아들을 낳고 이르되 내가 그에게 세 아들을 낳았으니 내 남편이
> 지금부터 나와 연합하리로다 하고 그의 이름을 레위라 하였으며…(창 29:34).

셋째 아들은 '레위Levi'입니다. '연합하다Join' 또는 '통하다Connect'라는 뜻입니다. 그만하면 이제 포기할 때도 되었는데, 레아는 여전히 남편을 향한 소망의 끈을 놓지 않고 있었습니다. 세 아들을 낳아주었으니 이제는 남편과 몸과 마음이 서로 연합하고 통하게 될 것이라 기대했습니다. 정말 그렇게 되었을까요?

> 그가 또 임신하여 아들을 낳고 이르되 내가 이제는 여호와를 찬송하리로다 하고
> 이로 말미암아 그가 그의 이름을 유다라 하였고 그의 출산이 멈추었더라(창
> 29:35).

넷째 아들은 '유다Judah'입니다. "하나님 찬양Praise-God"이라는 뜻입니다. 지금까지와는 사뭇 다른 분위기입니다. 늘 남편의 사랑과 관심에 목매달고 살아왔는데, 이제는 하나님을 찬양하겠다니 말입니다. 그가 바라던 소원을 다 이루었기 때문일까요? 아닙니다. 이때 레아는 남편으로부터 눈을 돌려 하나님을 바라보기 시작했습니다. 자신의 필요를 채우기 위해서만 기도하던 삶에서 하나님을 찬양하는 삶으로 초점을 돌렸던 것입니다.

그러자 '출산'이 멈추었다고 합니다. 더이상 아이를 생산하는 능력을 잃어버렸다는 뜻이 아닙니다. 남편에게 사랑을 요구하던 것을 멈추었다는 뜻입니다. 남편의 사랑을 우상으로 삼아왔던 삶을 포기하기로 마음먹었다는 뜻입니다. 그렇게 출산은 멈추었지만, 하나님을 향한 찬양이 비

로소 시작되었습니다. 레아는 남편의 사랑을 끝끝내 얻어내지 못했습니다. 그러나 영원하신 하나님의 사랑을 맛보며 살게 된 것입니다.

'미모'에 있어서는 라헬이 레아보다 월등하게 뛰어났습니다. 그러나 '믿음'에 있어서는 라헬이 레아를 감히 따라올 수 없었습니다. 하나님이 레아의 태를 열어서 자녀를 낳게 해주신 이유입니다.

사랑 받는 아내

레아가 야곱의 사랑을 받지 못하는 아내였다면, 그와 반대로 라헬은 처음부터 야곱의 사랑을 받았던 아내였습니다. 그런데 하나님은 라헬의 태를 닫으셨습니다. 거기에는 그럴만한 이유가 있었습니다.

> 1 라헬이 자기가 야곱에게서 아들을 낳지 못함을 보고 그의 언니를 시기하여 야곱에게 이르되 내게 자식을 낳게 하라. 그렇지 아니하면 내가 죽겠노라. 2 야곱이 라헬에게 성을 내어 이르되 그대를 임신하지 못하게 하시는 이는 하나님이시니 내가 하나님을 대신하겠느냐(창 30:1-2).

라헬은 남편의 사랑으로 만족하지 못했습니다. 그녀는 자신이 야곱의 아이를 낳지 못한다는 사실을 깨닫고 언니를 시샘하기 시작합니다. "내게 자식을 낳게 하라. 그렇지 아니하면 내가 죽겠노라." 메시지 성경의 표현이 실감납니다. "나도 아이를 갖게 해주세요. 그러지 않으면 (꽉) 죽어버리겠어요!"(Give me sons or I'll die!) 그런데 이것은 어느 날 한번 있었던 해프닝이 아닙니다. 레아가 네 아들을 낳는 동안 야곱과의 사이에서 일상적으로 반복되어온 일이었습니다.

여기에서 우리는 라헬이 어떤 사람이었는지 알게 됩니다. 그의 미모는 뛰어났는지 모르지만, 그의 성품은 미모와 정반대로 아주 형편없었습니다. 모난 성격에다가 극단적인 자살의 위협까지 함부로 내뱉는 사람이 었습니다. 라헬의 마음 바탕에는 '시기심'이 자리 잡고 있었습니다. '시기심猜忌心'이란 다른 사람이 잘 되는 꼴을 참아내지 못하는 마음입니다. 이삭이 잘 되는 것을 시기한 블레셋 사람들이 우물을 메우지 않았습니까?(26:14) 마찬가지로 라헬은 언니가 아이를 낳는 것을 참아내지 못했습니다. 그 분노와 미움을 남편에게 마구 쏟아부었던 것입니다.

야곱은 사실 라헬의 미모에 반해서 사랑하는 마음을 갖게 되었고 또한 결혼하려고 했습니다. 7년 동안 무임금 노동을 참아내며 라반을 섬긴 것도, 그 긴 시간을 마치 '며칠 같이' 여겼던 것도 바로 사랑 때문이었습니다(29:20). 라반의 속임수에 넘어가서 또다시 7년을 더 일하게 되었을 때에도 말하지 않고 받아들인 것도 바로 사랑 때문이었습니다. 그런데 그렇게 결혼하고 나서 보니까 라헬이 어떤 사람인지 비로소 알게 된 것이지요.

게다가 라헬에게는 무엇보다도 하나님에 대한 기본적인 신앙이 없었습니다. 자신에게 불임의 문제가 있다는 것을 알았을 때 믿음의 사람이라면 어떻게 해야 할까요? 하나님께 기도했어야 합니다. 리브가도 20년 동안 기도하면서 기다리지 않았습니까? 레아는 아이를 쑥쑥 낳으면서도 늘 하나님께 기도했습니다. 그런데 라헬에게는 하나님의 도움을 구하는 모습이 전혀 보이지 않습니다. 단지 남편 바가지 긁는 것이 전부였습니다.

그것도 한두 번이지, 계속되는 바가지를 참아낼 사람은 이 세상에 없습니다. 마침내 야곱은 화를 내면서 말합니다. "내가 하나님이라도 된다는 말이오? 내가 당신이 아이를 갖지 못하게 하기라도 했다는 말이오?"(메시지) 정말 그렇습니다. 생명을 잉태하게 하시는 분은 하나님이십니다. 만일 야곱에게 문제가 있었다면 레아가 어떻게 아이를 낳을 수 있었겠습니까? 그렇다면 라헬에게 분명히 문제가 있다는 뜻인데, 왜 남편을 탓하는 것일까요!

야곱이 레아를 통해서 계속 아이를 낳은 것이 조금 이해가 됩니다.

레아는 그런 식으로 야곱을 대하지 않았던 것이지요. 비록 남편으로부터 사랑을 받지 못했지만 말입니다. 그런데 만일 라헬이 아이를 쉽게 가졌더라면 어떻게 되었을까요? 이렇게까지 모난 성격의 소유자가 되지는 않았을까요? 아닙니다. 오히려 더 기고만장氣高萬丈해서 더욱 남편을 닦달했을 것입니다. 그것은 상황이 만들어준 성격이 아니라 타고난 성격이기 때문입니다. 하나님께서 라헬의 태를 열지 않으신 것에는 다 이유가 있었던 것입니다.

라헬의 요구

레아가 네 명의 아들을 낳는 동안 아들 하나도 얻지 못하자, 라헬은 예전에 사라가 아브라함에게 요구했던 똑같은 방법을 야곱에게 요구합니다.

3라헬이 이르되 내 여종 빌하에게로 들어가라. 그가 아들을 낳아 내 무릎에 두리니 그러면 나도 그로 말미암아 자식을 얻겠노라 하고 4그의 시녀 빌하를 남편에게 아내로 주매 야곱이 그에게로 들어갔더니 5빌하가 임신하여 야곱에게 아들을 낳은지라(창 30:3-5).

하나님의 약속을 기다리는 믿음이 없었을 때 사라가 아브라함에게 이런 방식을 요구했지요. 그리고 아브라함도 그 제안을 덥석 받았습니다. 그렇게 태어난 이스마엘과 아버지 이삭의 관계가 어떠했는지를 야곱은 잘 알고 있었습니다. 그러나 라헬의 요구를 감히 거절하지는 못했습니다. 그렇게 라헬의 종 빌하를 통해서 두 아들이 태어납니다.

6라헬이 이르되 하나님이 내 억울함을 푸시려고 내 호소를 들으사 내게 아들을 주셨다 하고 이로 말미암아 그의 이름을 단이라 하였으며 7라헬의 시녀 빌하가 다시 임신하여 둘째 아들을 야곱에게 낳으매 8라헬이 이르되 내가 언니와 크게 경쟁하여 이겼다 하고 그의 이름을 납달리라 하였더라(창 30:6-8).

라헬은 "하나님이 내 억울함을 푸시려고 내 호소를 들으셨다"라고 말합니다. 이 표현만 보면 라헬이 하나님께 열심히 기도해서 응답을 받은 것처럼 들립니다. 그러나 아닙니다. 왜냐하면 씨받이를 통해서 자녀를 얻는 것은 하나님의 뜻이 아니기 때문입니다. 그것은 사람이 고안해낸 인간적인 방법이지, 하나님의 방법은 아닙니다.

게다가 라헬이 억울하다고 하는데, 뭐가 그렇게 억울했을까요? 그동안 아이를 낳지 못한 것이 정말 그렇게 억울한 일일까요? 그것은 마치 하나님의 응답에 감사하는 말이 아니라 오히려 하나님을 탓하는 말처럼 들립니다. 무슨 뜻입니까? 하나님께 기도하지 않았다는 뜻입니다. 어쨌든 라헬은 그 아들에게 '단Dan'이라는 이름을 붙입니다. '변호Vindication'라는 뜻입니다. 자신의 억울함을 변호해주는 아들이라는 겁니다.

빌하가 낳은 둘째 아들에게는 아예 '납달리Naphtali'라는 이름을 붙입니다. '싸움Fight'이라는 뜻입니다. 언니와 싸워서 이겼다는 것입니다. 라헬은 그런 사람이었습니다. 매사를 경쟁과 싸움으로 이해했습니다. 왜요? 그 마음에 '시기심'으로 가득 채워져 있었기 때문입니다. 그래도 야곱은 라헬을 계속해서 사랑했을까요?

레아의 맞불

경쟁은 또 다른 경쟁을 낳는 법입니다. 라헬의 경쟁심은 그동안 조용하게 지내던 언니 레아의 마음에 경쟁심의 불을 지폈습니다.

9레아가 자기의 출산이 멈춤을 보고 그의 시녀 실바를 데려다가 야곱에게 주어 아내로 삼게 하였더니 10레아의 시녀 실바가 야곱에게서 아들을 낳으매 11레아가 이르되 복되도다 하고 그의 이름을 갓이라 하였으며, 12레아의 시녀 실바가 둘째 아들을 야곱에게 낳으매 13레아가 이르되 기쁘도다 모든 딸들이 나를 기쁜 자라 하리로다 하고 그의 이름을 아셀이라 하였더라(창 30:9-13).

레아는 본래 자식으로 남편 사랑을 얻으려고 애쓰던 여인이었습니다. 그러다가 유다를 낳은 후에는 마음을 바꾸어서 남편에 대한 기대를 내려놓고 하나님을 찬양하면서 살기로 했었지요. 그런데 라헬이 몸종을 통해서 자식을 낳는 것을 보면서 생각이 바뀌었습니다. 자신의 몸종 실바를 이용해서 맞불작전을 펼치기로 한 것입니다.

그렇게 실바가 낳은 아들이 '갓Gad'입니다. '행운Lucky'이라는 뜻입니다. 둘째는 '아셀Asher'이라고 했는데, '행복하다Happy'라는 뜻입니다. 앞에서 자신이 낳은 네 아들의 이름을 지을 때와 조금 다르지 않습니까? 어떤 점에서 다를까요? 이 대목에서는 하나님이 언급되지 않습니다. 무슨 이야기입니까? 하나님께 기도하지 않고 낳았다는 뜻입니다. 하나님과 상관없이 진행된 일입니다.

따라서 레아가 지금 두 아들을 통해서 기대하고 있는 것은 하나님이 주시는 '복'과 '기쁨'이 아닙니다. 다분히 인간적인 '행운'과 '행복'이었습니다. 라헬과의 경쟁에서 이기는 것을 즐거움으로 삼고 있다는 뜻입니다. 그렇게 레아도 점점 라헬을 닮아가고 있었던 것입니다.

아예 남편의 잠자리를 두고 뒷거래가 벌어지기도 했습니다. 레아의 큰아들 르우벤이 들에서 구한 '합환채合歡菜'를 라헬에게 건네주는 대신에 남편과 잠자리를 할 권리를 얻어낸 것입니다. 그렇게 해서 레아는 '교환했다Bartered'는 뜻의 '잇사갈Issachar'과 '존중Honor'이라는 뜻의 '스불론Zebulun'을 낳습니다. 그리고 제일 마지막에는 딸 '디나Dinah'를 낳게 됩니다.

이렇듯 서로의 약점을 이용하여 남편을 독점하려고 하는 레아와 라헬의 경쟁적인 다툼이 계속되는 동안, 야곱은 그저 아이를 생산해내는 기계처럼 되고 말았습니다. 아무 생각 없이 여자들이 하자는 대로 왔다 갔다 하는 꼭두각시가 되고 말았습니다. 야곱의 인생은 이렇게 여자들 틈바구니에서 아이들이나 생산해내며 지지고 볶으면서 살다가 끝나는 것일까요. 라반의 계략대로 여기 하란에 주저앉고 마는 것일까요?

그렇게 세월이 흐르는 동안 하나님은 도대체 무얼 하고 계셨던 것일까요? 하나님은 기다리고 계셨습니다. 야곱에게서 '약속의 자녀'가 태어나기를 기다리고 계셨습니다. 레아를 통해서 얻은 맏아들 르우벤은 후에 아버지의 침상을 더럽힌 죄로 장자권을 상실하고 맙니다(창 49:3-4). 그렇다면 라헬을 통해서 새로운 맏아들이 태어나야 합니다. 하나님은 바로 그때를 기다리고 계셨던 것입니다.

라헬의 아들

사실 라헬은 '자녀 낳기' 경쟁에서 레아에게 완전히 패하고 말았습니다. 레아가 몸종 실바를 통해서 얻은 두 아들을 포함하여 모두 9자녀를 낳는 동안, 라헬은 몸종 빌하를 통해서 달랑 두 아들만 얻었으니 말입니다. 게다가 라헬의 인간적인 결점들이 적나라하게 드러나고 말았습니다. 미모를 빼놓으면 나머지 부분에서 모두 형편없는 낙제 점수였습니다. 라헬에 대한 야곱의 사랑도 예전 같지 않았습니다. 그렇다면 라헬이 기댈 곳이 어디일까요?

²²하나님이 라헬을 생각하신지라. 하나님이 그의 소원을 들으시고 그의 태를 여셨으므로 ²³그가 임신하여 아들을 낳고 이르되 하나님이 내 부끄러움을 씻으셨다 하고 ²⁴그 이름을 요셉이라 하니 여호와는 다시 다른 아들을 내게 더하시기를

원하노라 하였더라(창 30:22-24).

불임의 문제를 안고 있던 라헬이 어떻게 아이를 갖게 되었을까요? 하나님이 그의 태를 여셨기 때문입니다. 그런데 왜 하나님이 갑작스럽게 그의 태를 여셨을까요? 그 이유가 무엇일까요? 두 가지입니다. 하나님이 라헬을 생각하셨습니다. 여기에서 "생각하셨다"라는 "기억하셨다"(God remembered Rachel)라는 뜻입니다. 그런데 왜 갑작스럽게 라헬을 기억하셨을까요? 라헬의 기도 때문입니다.

우리말로는 "하나님이 그의 소원을 들으시고 그의 태를 여셨다"라고 되어 있지만, 히브리어를 직역하면 "God listened to her and opened her womb"(ESV)가 됩니다. 라헬의 기도를 들으신listened to 것입니다. 그러고 나서 라헬의 태를 열었던opened 것입니다. 그렇다면 왜 하나님이 그동안 태를 닫아놓으셨을까요? 하나님은 무엇을 기다리셨을까요? 그렇습니다. 라헬의 기도를 기다리셨던 것입니다.

라헬은 하나님께서 자신의 수치를 씻어주셨다고 고백합니다. 빌하를 통해 아들을 얻었을 때에 억울함을 풀고 싸움에서 이겼다고 의기양양하여 말한 것과 비교하면, 많이 달라졌습니다. 자신의 부끄러움을 아는 사람이 되었으니 말입니다. 그러면서 자신이 낳은 아들에게 '요셉Joseph'이라는 이름을 붙입니다. '더하다Add'라는 뜻입니다. 라헬은 요셉 이외의 아들이 더해지기를 소원했습니다. 그러나 만일 그가 베냐민을 낳다가 죽게 될 것을 알았더라면(35:18) 과연 그렇게 구했을까요?

어쨌든 이처럼 야곱에게 열두 아들이 태어납니다. 후손에 대한 약속의 성취가 속도를 내는 모양새입니다. 아브라함 때 '하나'가 이삭 때 '둘'이 되고, 이제는 '열둘'이 되었으니 말입니다. 앞으로 이 '열둘'이 이집트에 들어갈 때 70명이 되고(46:26-27), 출애굽할 때 장정만 60만 명으로 늘어날 것입니다(출 12:37). 그렇게 하나님의 약속이 성취되어 가는 것입니다.

창세기를 읽으면 사람들의 이야기가 계속 이어집니다. 그들은 사랑하고 다투고, 믿고 의심하고, 결혼해서 자녀를 낳고, 죄를 짓고 또한 은혜를 경험합니다. 사람만 바뀌지 이야기는 비슷합니다. 그러나 그 이야기의 주인공은 사람이 아니라 하나님이십니다. 하나님은 지지고 볶으면서 살아가는 사람 중에서 '약속의 자녀'를 부르셔서, 이 세상을 창조하실 때에 시작하신 '그 일'을 계속 이루어가십니다.

지금도 우리의 삶을 통해서 하나님의 일하심이 계속되고 있는 것입니다.

* **묵상 질문**: 나는 하나님의 일에 어떻게 사용되고 있습니까?
* **오늘의 기도**: 매일 반복되는 일상일지라도 그 속에 하나님의 일하심이 있음을 기억하게 하옵소서. 우리 인생의 주인공은 우리 자신이 아니라 하나님이심을 인정하게 하옵소서. 그리하여 하나님의 일에 긍정적으로 사용되는 우리의 삶이 되게 하옵소서. 예수님의 이름으로 기도합니다. 아멘.

창세기 묵상 34

속이는 인생, 복 있는 인생

읽을 말씀: 창세기 30:25-31:55

새길 말씀: 라헬과 레아가 그에게 대답하여 이르되 우리가 우리 아버지 집에서 무슨 분깃이나 유산이 있으리요. 아버지가 우리를 팔고 우리의 돈을 다 먹어 버렸으니 아버지가 우리를 외국인처럼 여기는 것이 아닌가(창 31:14-15).

야곱이 이곳 하란에 와서 살기 시작한 지 어느덧 14년이라는 세월이 흘렀습니다. 첫 번째 7년은 라헬과 결혼하기 위해서 무임금으로 봉사한 기간이었습니다. 두 번째 7년은 라헬과 결혼한 대가를 치르기 위해서 역시 무임금으로 봉사한 기간이었습니다. 그동안 열심히 일했지만 실제로 야곱의 수중에 남은 것은 별로 없었습니다. 자녀들은 생겨났지만 가정이 평안하지는 않았습니다. 남편의 소유권을 서로 주장하는 아낙네들의 질투와 경쟁의 틈바구니에서 하루하루 피곤하게 살고 있습니다.

벧엘에서 '사닥다리 계약'을 맺으실 때 하나님이 약속해 주신 것은 과연 어떻게 되었을까요? 가나안 땅을 전부 주시겠다고 약속하셨지만, 실제로는 객지에서 근근이 먹고 살아가는 형편입니다. 자녀들을 많이 낳기는 했어도, 여전히 땅의 티끌 같이 되기에는 턱없이 부족합니다. 땅의 모든 족속이 야곱으로 말미암아 복을 받게 될 것이라 하셨지만, 지금까지 야곱이 한 일이라곤 외삼촌 라반의 배를 불려주는 것이 전부였습니다.

그렇다면 하나님은 지금 어디에서 무엇을 하고 계시는 것일까요? "아노키 임마크"(I'm with you!)라고 하셨지만, 그 어디에서도 하나님이 야곱과 함께 하시는 증거를 찾아볼 수가 없습니다. 벧엘 이후에 단 한 번도 야곱에게 직접 말씀하신 적이 없으셨습니다. 눈에 보이는 증거도 없고, 귀에 들리는 음성도 없으니 야곱은 어떻게 해야 할까요? 언제까지 여기에서 이렇게 살아야하는 것일까요?

약속과 다른 현실 앞에서 야곱의 고민은 점점 깊어질 수밖에 없었습니다. 14년의 계약 기간이 끝나자마자 야곱은 고향으로 돌아갈 결심을 합니다.

야곱의 결심

야곱은 자신의 결심을 라반에게 알립니다.

> 25라헬이 요셉을 낳았을 때에 야곱이 라반에게 이르되 나를 보내어 내 고향 나의 땅으로 가게 하시되 26내가 외삼촌에게서 일하고 얻은 처자를 내게 주시어 나로 가게 하소서. 내가 외삼촌에게 한 일은 외삼촌이 아시나이다(창 30:25-26).

야곱이 라반과 약속한 두 번째 7년이 다 되었을 무렵에, 요셉이 태어났습니다. 야곱은 라반에게 고향으로 돌아가게 해달라고 요청합니다. '외삼촌에게서 일하고 얻은 처자'와 함께 가게 해달라고 합니다. 이 말 속에는 은근슬쩍 가시가 돋쳐있습니다. 실제로 야곱이 지난 14년간 라반의 집에서 일하고 얻은 것이라고는 '처자妻子'밖에 없었기 때문입니다. 그 처자도 자신의 것이라 장담할 수 없습니다. 라반이 어떤 계략으로 빼앗을지도 모르는 일입니다. 그래서 이렇게 에둘러서 조심스럽게 이야기할 수밖에 없었던 것입니다.

라반의 계획은 야곱을 데릴사위로 삼아 영원히 부려먹는 것이었습니다. 게다가 그동안 불어난 가축과 재산을 관리하려면 더 많은 사람이 필요한데, 야곱을 통해 얻는 손자들을 이용하면 금상첨화입니다. 그러니 라반으로서는 야곱의 요청을 받아들일 수 없는 일입니다. 라반이 누구입니까? 천하의 사기꾼도 속일 수 있는 사람입니다. 이번에도 야곱을 주저앉히기 위해서 계략을 꾸밉니다.

27라반이 그에게 이르되 여호와께서 너로 말미암아 내게 복 주신 줄을 내가 깨달았노니 네가 나를 사랑스럽게 여기거든 그대로 있으라. 28또 이르되 네 품삯을 정하라. 내가 그것을 주리라(창 30:27-28).

라반이 말합니다. "여호와께서 너로 말미암아 내게 복 주신 줄을 내가 깨달았다." 여기에서 우리는 '여호와 하나님'을 들먹거린다고 해서 그것이 꼭 신실한 믿음을 증명하는 것은 아니라는 사실을 알아야 합니다. 라반은 결정적인 순간에 늘 버릇처럼 '여호와 하나님'을 언급합니다. 오래전에 아브라함의 종에게도 그랬고, 지금 야곱에게도 그렇습니다. 그러나 그것은 하나님의 이름을 자신의 계략에 이용하려는 의도요, 야곱을 자신의 수중에 묶어두려는 '립서비스'에 불과합니다.

그러면서 야곱이 품삯을 정하면 그것을 주겠다고 합니다. 이 말에 라반의 꿍꿍이속이 담겨있다는 사실을 우리는 이미 잘 알고 있습니다. 실제로 품삯을 챙겨줄 생각이 조금이라도 있었다면, 그동안의 공헌도를 고려해서 알아서 계산해주면 될 일입니다. 그런데 그것을 야곱에게 정하라고 떠넘기고 있는 것은, 단지 시간을 벌자는 심사이지요. 오히려 지금까지 일한 대가가 아니라 앞으로의 품삯을 정하자는 의도가 깔려있는 것입니다. 그럴듯하게 약속해놓더라도 나중에 번복하면 그만입니다. 라반이 여러 번 써먹은 수법입니다.

라반의 속임수

그러나 라반이 아무리 야곱보다 고단高段의 속임수를 가지고 있다고 하더라도, 지난 14년간의 경험을 통해서 야곱 또한 라반의 수법에 대해서 어느 정도 파악하고 있었습니다. 그냥 당하고 있을 수만은 없는 일이지요.

> 32오늘 내가 외삼촌의 양 떼에 두루 다니며 그 양 중에 아롱진 것과 점 있는 것과 검은 것을 가려내며 또 염소 중에 점 있는 것과 아롱진 것을 가려내리니 이 같은 것이 내 품삯이 되리이다. 33후일에 외삼촌께서 오셔서 내 품삯을 조사하실 때에 나의 의가 내 대답이 되리이다. 내게 혹시 염소 중 아롱지지 아니한 것이나 점이 없는 것이나 양 중에 검지 아니한 것이 있거든 다 도둑질한 것으로 인정하소서(창 30:32-33).

야곱은 기회를 놓치지 않고 이번에는 확실하게 자신의 요구 사항을 말합니다. 양이나 염소 중에서 얼룩지거나speckled 점이 있거나spotted 검은 것을 품삯으로 갖게 해달라고 한 것입니다. 그 당시 대다수 양은 흰색이었습니다. 염소 중에는 더러 검은 것도 있기는 했지만 아주 드물었습니다.

그러니까 야곱은 지금 지나치게 욕심을 부리고 있는 것이 아닙니다. 상식적인 선에서 자신의 품삯을 제안하고 있는 것입니다. 그렇게 확실하게 구분해놓아야 나중에 재산 분쟁이 생기지 않게 됩니다. 야곱의 상식적인 제안을 거절할 명분이 없습니다. 그렇다고 해서 순순히 넘겨줄 라반이 아니지요.

> 34라반이 이르되 내가 네 말대로 하리라 하고 35그날에 그가 숫염소 중 얼룩무늬 있는 것과 점 있는 것을 가리고 암염소 중 흰 바탕에 아롱진 것과 점 있는 것을 가리고 양 중에 검은 것들을 가려 자기 아들들의 손에 맡기고 36자기와 야곱의 사이를 사흘 길이 뜨게 하였고 야곱은 라반의 남은 양 떼를 치니라(창 30:34-36).

라반은 일단 그렇게 하겠노라 약속해놓고, 재빠르게 움직여서 야곱이 치던 가축 떼 중에서 얼룩지거나 점이 있거나 검은 것을 모두 골라내게 합니다. 그리고 자기의 아들들에게 그것을 몰고 가게 만듭니다. 사흘 길의 거리를 두게 합니다. 그렇게 해놓고 야곱에게 나머지 양 떼를 치라고 맡깁니다.

거기에는 물론 야곱이 품삯으로 요구한 것들은 하나도 남아있지 않았습니다. 앞으로는 어떨까요? 품삯을 얻게 될 가능성이 거의 없습니다. 먹고 살려면 그저 주어진 양 떼를 계속해서 치는 수밖에 없습니다. 그렇게 라반의 수중에 영원히 발이 묶이게 되었습니다. 야곱은 라반에게 또다시 당하고 만 것입니다.

정말 이럴 수는 없는 일입니다. 야곱은 라반의 사위 아닙니까? 라반의 두 딸들의 남편입니다. 그렇다면 어느 정도 먹고 살게 해주어야 맞지요. 야곱의 요구처럼 '자신의 집'을 세울 수 있도록 도와주어야 마땅한 일이지요(30:30). 지금까지의 수고를 조금이라도 생각해준다면 이렇게 대접하면 안 되는 일이지요.

라반은 그렇다손 치더라도, 하나님은 왜 이럴 때 가만히 계시는 것입니까? 하늘에서 벼락이라도 떨어지게 만드셔야지요.

야곱의 노력

그런데 어찌된 일인지, 이번에도 야곱은 라반과 싸우려고 하지 않습니다. 아무런 불평도 하지 않습니다. 그렇다고 해서 절망하거나 포기하지 않습니다. 나름대로의 방법을 찾아서 열심히 노력합니다. 그러나 보기에 너무 안쓰럽습니다.

> 37야곱이 버드나무와 살구나무와 신풍나무의 푸른 가지를 가져다가 그것들의 껍질을 벗겨 흰 무늬를 내고 38그 껍질 벗긴 가지를 양 떼가 와서 먹는 개천의 물구유에 세워 양 떼를 향하게 하매 그 떼가 물을 먹으러 올 때에 새끼를 배니 39가지 앞에서 새끼를 배므로 얼룩얼룩한 것과 점이 있고 아롱진 것을 낳은지라(창 30:37-39).

야곱이 요구한 품삯은 얼룩진 양과 점 있는 양과 검은 양이었습니다. 그런 양들이 태어나려면 수놈이나 암놈 중에 하나라도 그런 종류가 있어야 합니다. 그런데 실제로는 한 마리도 없습니다. 그렇다면 어떻게 해야 할까요?

야곱은 기발한 아이디어를 생각해냅니다. 양들이 번식하는 시기에 물을 먹으러 올 때, 물구유 앞에 껍질을 벗긴 나뭇가지를 세워두는 것입니다. 어미가 무엇을 보느냐에 따라서 새끼의 색깔이 결정된다고 야곱은 믿었던 것이지요. 그러나 그것은 생물학적으로 증명된 이론이 아닙니다. 단지 그렇게 될 것이라고 믿고 싶었던 것입니다. 말하자면 미신적인 믿음이었습니다.

그것은 마치 예수님 당시에 베데스다 못 주변에 모여든 사람들의 믿음과 같습니다(요 5:3-4). 그들은 천사가 가끔 못에 내려와 물을 움직이게 하는데, 그때 제일 먼저 들어가는 사람은 어떤 병이라도 낫는다고 믿었습니다. 지금 야곱도 마찬가지였습니다. 물에 빠진 사람이 지푸라기라도 잡는 심정으로 무엇이라도 해보려고 했던 것입니다. 그러나 그것은 팥죽 한 그릇으로 장자권을 사려고 한 것과 다르지 않습니다. 기발한 아이디 어이기는 하지만 아무런 구속력이 없었습니다.

그런데 그 노력이 통했던 것일까요? 놀랍게도 나뭇가지 앞에서 새끼를 배는 대로 얼룩진 양과 점 있는 양이 태어나는 것이 아닙니까! 그러자 이번에는 튼튼한 양과 약한 양을 구별하여 같은 방법을 사용합니다.

> 41 튼튼한 양이 새끼 밸 때에는 야곱이 개천에다가 양 떼의 눈 앞에 그 가지를 두어 양이 그 가지 곁에서 새끼를 배게 하고 42 약한 양이면 그 가지를 두지 아니하니 그렇게 함으로 약한 것은 라반의 것이 되고 튼튼한 것은 야곱의 것이 될지라(창 30:41-42).

물론 튼튼한 양에게서 튼튼한 새끼가 태어나고, 약한 양에게서 약한 새끼가 태어나는 것이 상식입니다. 그러나 튼튼한 양에게 껍질을 벗긴 가지를 보여준다고 해서 얼룩지거나 점이 있는 튼튼한 새끼가 태어난다고 생각하는 것은 전혀 상식적이지 않습니다. 그렇다면 이 일을 우리는 어떻게 이해해야 할까요?

어떤 사람들은 하나님이 야곱에게 이런 방법을 가르쳐주셨을 것이라 말합니다. 또는 버드나무나 살구나무나 신풍나무가 가지고 있는 어떤 특별한 향이 있어, 그 효과를 본 것이라 설명하기도 합니다. 그러나 성경이 말하려고 하는 것은 그런 이야기가 아닙니다. 아무리 미신적인 믿음일지라도 정성을 기울이기만 하면 소원이 이루어진다는 이야기를 하려는 것이 아닙니다. 야곱이 애쓰고 열심히 노력한 만큼 그의 계획대로 이루어졌다는 이야기가 아닙니다.

오히려 정반대입니다. 야곱이 한 것은 말도 안 되는 일입니다. 그것은 백번 해봐야 아무런 소용이 없는 일입니다. 그러나 하나님은 당신의 약속을 신실하게 지키신 것입니다. 껍질을 벗긴 나뭇가지를 세워두었기 때문이 아니라, 하나님께서 직접 역사하셔서 얼룩진 양과 점이 있는 튼튼한 양이 태어나게 하신 것입니다. 불가능한 조건과 환경 속에서도 하나님은 약속의 자녀에게 복을 부어주신 것입니다.

> 이에 그 사람이 매우 번창하여 양 떼와 노비와 낙타와 나귀가 많았더라(창 30:43).

단 6년 만에 하나님은 그렇게 야곱을 거부巨富로 만들어주셨습니다.

하나님의 명령

처음에 야곱은 자신의 요행수가 맞아떨어졌다고 생각했습니다. 그러나 그것이 아니라는 사실을 나중에 알게 됩니다.

> 여호와께서 야곱에게 이르시되 네 조상의 땅 네 족속에게로 돌아가라. 내가 너와 함께 있으리라 하신지라(창 31:3).

20년 만에 하나님이 드디어 야곱에게 나타나셨습니다. 그리고 조상의 땅으로 돌아가라고 하십니다. 그러면서 "내가 너와 함께 있으리라"라고 하십니다. 야곱은 아마도 벧엘에서의 약속을 떠올렸을 것입니다. 그때도 같은 말씀을 하셨지요. 그렇지만 지난 20년 동안 하나님이 함께 하신다는 증거가 전혀 보이지 않았습니다. 라반에게 계속 당하고 있을 때도 하나님은 등장하지 않으셨습니다.

그런데 이제 요행수로 먹고 살만해지니까 불쑥 나타나셔서, "내가 너와 함께 있으리라"라고 말씀하시면 어떻게 되는 겁니까? 그동안 하나님이 무얼 해주셨는데 또한 앞으로 무얼 해주시겠다는 겁니까? 야곱의 마음에 이런 질문들이 생겨났을 것입니다. 그러나 하나님은 이때 야곱의 궁금증을 확실하게 풀어주셨습니다.

후에 야곱은 그것을 라헬과 레아 앞에서 다음과 같이 밝힙니다.

11꿈에 하나님의 사자가 내게 말씀하시기를 야곱아 하기로 내가 대답하기를 여기 있나이다 하매 12이르시되 네 눈을 들어 보라. 양 떼를 탄 숫양은 다 얼룩무늬 있는 것, 점 있는 것과 아롱진 것이니라. 라반이 네게 행한 모든 것을 내가 보았노라. 13나는 벧엘의 하나님이라. 네가 거기서 기둥에 기름을 붓고 거기서 내게 서원하였으니 지금 일어나 이곳을 떠나서 네 출생지로 돌아가라 하셨느니라(창 31:11-13).

하나님이 야곱의 꿈으로 확실하게 보여주셨습니다. 야곱이 눈을 들어 보니까 양 떼를 탄 숫양이 모두 얼룩지고 점 있는 양들이었던 것입니다! 겉으로 볼 때는 흰색이었지만, 속으로는 얼룩지고 점 있는 양들이었던 것입니다. 이것은 생물학적으로도 증명될 수 있습니다. 흰색 양만 있다고 해서 반드시 흰색 새끼만 나오는 게 아닙니다. 열성과 우성이 결합되어 있는 경우에는 얼마든지 얼룩진 것이나 점박이가 나올 수 있습니다. 그것이 생명의 신비입니다. 거기에다가 하나님의 복이 더해진 것이지요. 나뭇가지 때문이 아닙니다.

그러면서 하나님은 라반이 야곱에게 행한 모든 것을 보았다고 말씀하십니다. 결혼을 미끼로 14년 동안 무임금으로 봉사하게 만들 때도 하나님은 보고 계셨습니다. 앞에서는 품삯을 정하라고 해놓고 뒤로 가서는 딴짓을 할 때도 하나님은 보고 계셨습니다. 하나님은 언제나 야곱과 함께 계셨던 것입니다. 이제는 돌아갈 때가 되었기에 하나님께서 엄청난 복을 부어주신 것입니다. 그러니 돌아가라고 하십니다. 내가 너와 함께 있겠다고 하십니다.

야곱의 귀향

그러나 라반이 가만히 있지 않을 것이 분명합니다. 어떻게 해야 할까요? 야곱은 우선 아내들에게 솔직하게 이야기하기로 합니다.

> 6그대들도 알거니와 내가 힘을 다하여 그대들의 아버지를 섬겼거늘 7그대들의 아버지가 나를 속여 품삯을 열 번이나 변경하였느니라. 그러나 하나님이 그를 막으사 나를 해치지 못하게 하셨으며… 9하나님이 이같이 그대들의 아버지의 가축을 빼앗아 내게 주셨느니라(창 31:6-9).

라반이 품삯과 관련해서 야곱을 속인 일이 한두 번이 아니었습니다. 열 번이나 품삯을 변경했다고 합니다. 물론 야곱이 불리한 쪽으로 조건을 변경했을 것입니다. 그러나 그럴 때마다 하나님이 개입하셔서 막아주시고, 오히려 야곱에게 유리한 결과를 얻게 하셨다는 것이지요. 야곱은 지금 확실히 알고 있습니다. 이 모든 일에 하나님의 일하심이 있었다는 사실을 말입니다. 그러자 이 이야기를 듣고 있던 야곱의 아내들도 적극적으로 동의합니다.

> 14라헬과 레아가 그에게 대답하여 이르되 우리가 우리 아버지 집에서 무슨 분깃이나 유산이 있으리요. 15아버지가 우리를 팔고 우리의 돈을 다 먹어버렸으니 아버지가 우리를 외국인처럼 여기는 것이 아닌가. 16하나님이 우리 아버지에게서 취하여 가신 재물은 우리와 우리 자식의 것이니 이제 하나님이 당신에게 이르신 일을 다 준행하라(창 31:14-16).

라헬과 레아도 그동안 아버지 라반에 대해서 많은 불만을 가지고 있었다는 사실이 적나라하게 드러납니다. "아버지가 우리를 팔고 우리의 돈을 다 먹어버렸다"라는 말이 충격적입니다. 본래 아버지가 지참금을 받으면 그중 일부는 딸에게 돌려주는 것이 당시의 관습이었습니다. 그것을 가리켜서 '딸의 분깃'이라고 표현합니다. 그조차도 라반은 자기의 소유로 만들어버린 것입니다. 라반의 탐욕이 어느 정도였는지 잘 알 수 있는 대목입니다.

무엇이든 뿌린 대로 거두는 법입니다. 물질의 탐욕으로 인해 라반은 딸들의 마음을 잃어버리고 말았습니다. 드디어 야곱은 두 아내와 가족들을 모두 데리고 하란을 떠납니다.

> 17야곱이 일어나 자식들과 아내들을 낙타들에게 태우고 18그 모은 바 모든 가축과 모든 소유물 을 이끌고 가나안 땅에 있는 그의 아버지 이삭에게로 가려 할새 19그때에 라반이 양털을 깎으러 갔으므로 라헬은 그의 아버지의 드라빔을 도둑질하고 20야곱은 그 거취를 아람 사람 라반에게 말하지 아니하고 가만히 떠났더라(창 31:17-20).

라반이 양털을 깎으러 간 틈을 타서 야곱은 비밀리에 출발합니다. 그러나 그 많은 가축을 데리고 빠른 속도로 이동할 수는 없습니다. 결국 라반에게 그 일이 알려지고 추격을 받게 됩니다. 그런데 여기에서 우리의 주목을 끄는 것은, 라헬이 아버지의 '드라빔'을 도둑질했다는 사실입니다. '드라빔teraphim'이란 일종의 '가족 수호신household idol'입니다.

대개는 주머니 속에 넣을 정도의 사이즈입니다. 가문의 상속권을 상징하는 용도로 사용되었던 우상입니다. 라반이 그렇게 필사적으로 추격한 것도 바로 그 이유 때문으로 보입니다. 물론 하나님께서 그의 꿈에 나타나셔서 야곱을 해치지 못하도록 막아주셨습니다(31:24). 그리고 라헬의 속임수에 넘어가서 결국 드라빔을 찾지 못한 채, 야곱과 불가침 계약을 맺고 돌아가야 했습니다(31:43-55).

여기에서 우리는 라반이 여호와 하나님을 믿는 사람이기는 했지만, 여호와 하나님만 섬기는 사람은 아니었다는 사실을 확인하게 됩니다. 좋게 말하면 혼합종교를 가지고 있었던 것이지요. 필요에 따라서는 얼마든지 섬김의 대상도 바꾸고 삶의 방식도 바꾸는 것입니다. 그가 물질에 대한 탐욕을 극대화시킬 수 있었던 것도 바로 그 때문이었습니다.

라헬이 드라빔을 훔쳐온 진짜 의도가 무엇인지 우리는 알 수 없습니다. 아버지를 골탕 먹이려고 했을 수도 있고, 아니면 행운을 가져다주는 우상으로 생각했을 수도 있습니다. 무엇이 되었든지 간에 야곱이 인지하지 못하는 사이에 야곱의 집안으로 우상이 몰래 들어오고 있었다는 사실입니다. 우리는 그것을 심각하게 받아들여야 합니다. 왜냐하면 하나님이 가장 싫어하시는 것이 바로 우상숭배이기 때문입니다.

어쨌든 라반의 계략과 끈질긴 방해 공작에도 야곱은 20년 만에 고향으로 돌아올 수 있었습니다. 라반은 '속이는 인생'이었지만, 야곱은 '복 있는 인생'이었습니다. 이 세상에서는 '속이는 인생'이 성공할 것 같지만, 아닙니다. '복 있는 인생'이 성공하게 되어 있습니다. 왜냐하면 진정한 복은 하나님으로부터 오는 것이기 때문입니다.

* **묵상 질문**: 나는 '복 있는 인생'을 살고 있습니까?
* **오늘의 기도**: 그동안 우리는 약속과 다른 현실 앞에서 너무나 쉽게 믿음의 길을 포기했습니다. 우리를 용서하옵소서. 우리의 눈과 귀에 아무런 증거가 없을지라도, 하나님의 약속을 끝까지 붙들 수 있게 하옵소서. 이 세상은 '속이는 인생'으로 가득하지만, 우리는 '복 있는 인생'으로 살아가게 하옵소서. 예수님의 이름으로 기도합니다. 아멘.

창세기 묵상 35

야곱과 에서의 화해

읽을 말씀: 창세기 32:1-33:20

새길 말씀: 야곱은 홀로 남았더니 어떤 사람이 날이 새도록 야곱과 씨름하다가 자기가
야곱을 이기지 못함을 보고 그가 야곱의 허벅지 관절을 치매 야곱의 허벅지
관절이 그 사람과 씨름할 때에 어긋났더라(창 32:24-25).

야곱은 두 가지 목적을 가지고 하란으로 갔습니다. 하나는 배우자를
만나기 위해서입니다. 이삭은 "외삼촌 라반의 딸 중에서 아내를 맞이하
라"(28:2)라고 했습니다. 그리고 실제로 그 일은 넘치도록 달성했습니다.
두 아내와 두 첩까지 얻었으니 말입니다. 다른 하나는 에서의 분노를 잠
시 피하는 것입니다. 리브가는 "형의 분노가 풀리거든 사람을 보내어 거
기서 불러올 것이라"(27:45)라고 약속했습니다. 그러나 실제로 이 일은 이
루어지지 않았습니다. 어머니는 돌아가셨고, 에서의 분노는 아직 사그라
지지 않았습니다.

하란을 떠나서 고향으로 돌아오는 것도 야곱에게는 쉬운 일이 아니

었습니다. 라반의 계략에 번번이 속아 넘어가서 주저앉아 지낸 세월이 자그마치 20년입니다. 그러나 그러는 동안 하나님은 넘치도록 복을 부어주셨고, 마침내 고향으로 돌아올 수 있게 하셨습니다. 재산도 제법 많이 모았고 자식들도 많이 낳았습니다. 이제 금의환향錦衣還鄕하는 일만 남았습니다. 그렇지만 야곱의 마음은 편하지 않았습니다. 아직 해결되지 않은 문제가 남아 있었기 때문입니다. 형 에서와 화해하는 일입니다.

이것은 야곱의 생애에서 가장 중요한 일이었습니다. 그의 인생에서 가장 힘든 순간이었고 또한 그런 만큼 가장 놀라운 은혜를 체험하게 됩니다. 바로 이때 그 유명한 '얍복강 씨름사건'이 벌어집니다. 우리에게 아주 익숙한 이야기이긴 하지만 또 그렇기에 제대로 읽어내지 못하는 부분이 참 많이 있습니다.

사람들은 이 이야기를 야곱의 노력에 초점을 맞추어 읽어왔습니다. 야곱이 얼마나 간절히 하나님께 매달렸는지를 강조해왔습니다. 그러나 그와 같은 '인간적인 요인the human factor'에 주목하는 동안, 우리는 정작 성경이 이야기하고 싶어 하는 '하나님의 요인the God factor'을 놓쳐왔습니다. 성경은 처음부터 끝까지 '인간의 노력'이 아니라 '하나님의 일하심'에 주목하고 있기 때문입니다.

'화해'는 사람의 지혜로 해결될 수 있는 문제가 아닙니다. 인간적인 노력이나 방법은 오히려 문제를 더 복잡하게 만듭니다. 진정한 화해는 오직 하나님만이 만들어내실 수 있습니다. 하나님은 야곱과 에서가 서로 원수가 되어 헤어지던 때부터 그들의 삶에 개입하셨습니다. 그리고 지난 20년 동안 준비시키셔서 이 결정적인 순간에 다시 만나게 하신 것입니다.

그렇다면 우리가 주목해야 할 것은 '사람의 일'이 아니라 '하나님의 일'입니다. 사람들이 만들어낸 혼돈과 무질서에서 창조의 질서와 본래의 관계를 회복하시는 하나님에게 주목해야 하는 것입니다.

하나님의 동행

하나님은 야곱의 불안한 마음을 알고 계셨습니다. 그래서 그에게 먼저 찾아오셨습니다.

> ¹야곱이 길을 가는데 하나님의 사자들이 그를 만난지라. ²야곱이 그들을 볼 때에 이르기를 이는 하나님의 군대라 하고 그 땅 이름을 마하나임이라 하였더라(창 32:1-2).

야곱은 지금까지 '하나님의 사자malak elohim'를 두 번 만났습니다. 한 번은 벧엘에서였고(28:12), 다른 한 번은 하란에서였습니다(31:11). 두 번 모두 꿈에서 만났습니다. 그러나 이번에는 다릅니다. 꿈이 아니라 현실에서 만난 것입니다. 게다가 야곱이 요청하지 않았습니다. 하나님이 먼저 찾아오셨습니다. 야곱에게 특별히 하신 말씀도 없었습니다. 그냥 만나주시기만 했을 뿐입니다.

무슨 뜻입니까? 벧엘에서 약속하셨던 '아노키 임마크'(I'm with you!)를 확인시켜 주고 계시는 것입니다. 하나님이 지금 야곱과 함께 가고 있다는 것을 실제로 보여주신 것입니다. 그 '무언의 메시지'가 지금 야곱에게 가장 필요했습니다. 그만큼 야곱의 마음이 불안하고 두려웠다는 뜻입니다.

야곱은 '하나님의 사자'를 가리켜서 '하나님의 군대God's camp'라고 부릅니다. 우리말 '군대'라고 번역된 '마카네machaneh'를 바로 뒷부분에서는 '떼'로 번역하고 있습니다(7, 8절). 그러니까 하나님의 군대가 떼를 이루어 야곱과 함께 움직이고 있는 모습을 발견한 것이지요. 마치 아람 군대를 두려워하던 엘리사의 사환이 눈을 떠서 도단 성을 둘러싸고 있던 불말과 불병거를 발견한 것과 같습니다(왕하 6:17).

이 일에 감격한 야곱은 그곳의 이름을 '마하나임Mahanaim'이라고 부릅니다. '두 개의 캠프dual of machaneh'라는 뜻입니다. 하나는 '하나님의 캠프'요 다른 하나는 '야곱의 캠프'입니다. 하나님의 군대가 그들과 함께 움직이고 있으니, 그 얼마나 든든하겠습니까?

야곱의 두려움

하나님의 동행을 확인한 후에 용기를 얻은 야곱은 형 에서에게 전갈을 보냅니다.

> 3야곱이 세일 땅 에돔 들에 있는 형 에서에게로 자기보다 앞서 사자들을 보내며 4그들에게 명령하여 이르되 너희는 내 주 에서에게 이같이 말하라. 주의 종 야곱이 이같이 말하기를 내가 라반과 함께 거류하며 지금까지 머물러 있었사오며 5내게 소와 나귀와 양 떼와 노비가 있으므로 사람을 보내어 내 주께 알리고 내 주께 은혜 받기를 원하나이다 하라 하였더니…(창 32:3-5).

야곱은 그동안의 거취를 알리면서, "내 주께 은혜받기를 원한다"고 합니다. 이 말은 자신의 잘못을 시인하며 에서의 용서를 구한다는 뜻입니다. 에서와의 관계를 회복하고 싶다는 뜻입니다. 그런데 야곱의 말을 자세히 들여다보면, 마치 은혜를 돈으로 사려고 하는 것처럼 보입니다. 자신에게 얼마나 많은 소와 나귀와 양 떼와 노비가 있는지를 언급하고 있으니 말입니다. 이것이 과연 에서와의 관계를 회복하는 일에 얼마나 도움이 될까요?

아니나 다를까 야곱이 보냈던 전령은 그의 기대와 전혀 다른 소식을 가지고 돌아옵니다.

> 사자들이 야곱에게 돌아와 이르되 우리가 주인의 형 에서에게 이른즉 그가 사백

명을 거느리고 주인을 만나려고 오더이다(창 32:6).

이 말씀은 두 가지 해석이 가능합니다. 하나는 야곱의 귀향 소식을 어떻게 알게 되었는지 모르지만, 에서가 이미 4백 명의 부하를 데리고 야곱을 향해 오고 있더라는 것입니다. 물론 환영하기 위해서가 아니라 복수하기 위해서입니다. 다른 해석은 야곱이 보낸 전령의 말을 듣고 에서가 분노하게 된 것입니다. 야곱의 '돈 자랑'이 오히려 부작용을 일으킨 셈입니다. 전자의 경우였더라도 전령의 말은 '불에 기름 붓는 격'이 되었을 게 분명합니다.

무엇이 되었든지 야곱의 시도는 오히려 문제를 악화시키는 결과를 빚고 말았습니다. 다급해진 야곱은 이제 살 궁리를 합니다.

> 7야곱이 심히 두렵고 답답하여 자기와 함께 한 동행자와 양과 소와 낙타를 두 떼로 나누고 8이르되 에서가 와서 한 떼를 치면 남은 한 떼는 피하리라 하고…(창 32:7-8).

자신의 소유를 두 떼로 나누어 두었습니다. 최악의 경우에 한 떼를 잃어버리더라도 다른 떼를 건질 수 있도록 한 것입니다. 어쩌면 '마하나임', 즉 '두 개의 캠프'에서 아이디어를 얻었는지도 모릅니다. 그렇다면 정말 문제입니다. 하나님의 군대를 염두에 두지 않고 있다는 뜻이기 때문입니다. 야곱은 위기의 순간에 하나님의 방법보다 사람의 방법을 먼저 선택하고 있었던 것입니다. 그런 다음에 야곱은 하나님께 기도합니다.

> 9야곱이 또 이르되 내 조부 아브라함의 하나님, 내 아버지 이삭의 하나님 여호와여 주께서 전에 내게 명하시기를 네 고향, 제 족속에게로 돌아가라. 내가 네게 은혜를 베풀리라 하셨나이다. … 11내가 주께 간구하오니 내 형의 손에서, 에서의

손에서 나를 건져내시옵소서. 내가 그를 두려워함은 그가 와서 나와 내 처자들을 칠까 겁이 나기 때문이니이다(창 32:9, 11).

그러나 이것은 엄밀한 의미에서 하나님의 '도움을 구하는 기도'라고 할 수 없습니다. 오히려 하나님에게 '책임을 떠넘기는 기도'입니다. 야곱은 하란에서 받은 하나님의 명령을 언급합니다. 하나님은 야곱에게 고향으로 돌아가라고 하셨지요. 그러면서 에서의 손에서 건져달라고 합니다. 무슨 뜻입니까? 하나님의 명령에 순종하여 와서 이런 일이 벌어졌으니, 모두 하나님 책임이라는 겁니다.

게다가 야곱은 에서가 두렵다고 합니다. 자기와 처자들을 칠까봐 겁이 난다고 합니다. 20년 전으로 거슬러 올라가 볼까요. 에서를 피해서 도망가던 길에 벧엘에서 하나님을 만난 후에 뭐라고 했습니까? "두렵도다, 이곳이여"(28:16). 하나님을 두려워하게 되면 사람을 두려워하지 않게 된다고 했지요. 그런데 지금은 뭐라고 말합니까? 에서가 두렵다고 합니다. 사람이 두렵다는 것은 하나님에 대한 두려움이 사라졌다는 뜻입니다.

야곱의 작전

야곱은 밤새도록 머리를 굴려가면서 위기를 모면할 작전을 세웁니다.

13야곱이 거기서 밤을 지내고 그 소유 중에서 형 에서를 위하여 예물을 택하니 14암염소가 이백이요 숫염소가 이십이요 암양이 이백이요 숫양이 이십이요 15젖 나는 낙타 삼십과 그 새끼요 암소가 사십이요 황소가 열이요 암나귀가 이십이요 그 새끼 나귀가 열이라(창 32:13-15).

우선 야곱은 에서에게 '예물' 즉 '선물' 공세를 펼치기로 했습니다. 말로는 '선물'이지만 실제로는 '뇌물'입니다. 그 물량이 엄청납니다. 그것도 한 묶음으로 주지 않고 여러 떼로 나누어 전달되도록 합니다.

> 16그것을 각각 떼로 나누어 종들의 손에 맡기고 그의 종에게 이르되 나보다 앞서 건너가서 각 떼로 거리를 두게 하라 하고 17그가 또 앞선 자에게 명령하여 이르되 내 형 에서가 너를 만나 묻기를 네가 누구의 사람이며 어디로 가느냐 네 앞의 것은 누구의 것이냐 하거든 18대답하기를 주의 종 야곱의 것이요 자기 주 에서에게로 보내는 예물이오며 야곱도 우리 뒤에 있나이다 하라…(창 32:16-18).

한꺼번에 주는 것보다 세 떼로 나누어 주는 것이 훨씬 더 많아 보입니다. 그러면서 야곱은 에서를 만나서 할 말을 종들에게 자세히 일러둡니다. 물론 일차적으로는 에서에게 뇌물 공세를 펼치고 있지만, 여차하면 도피할 수 있는 시간을 벌려고 하는 계산도 여기에 깔려 있습니다. 물론 얼마든지 생각할 수 있는 사람의 방법입니다.

그러나 하나님께 도와달라고 기도했다면 도움을 기다려야 하고, 하나님께 책임지라고 기도했으면 실제로 하나님이 책임지도록 해야지요. 야곱은 그러지 않습니다. 기도한 것과 상관없이 자신이 고안해낸 방법으로 문제를 해결하려고 하는 것입니다. 야곱의 기대는 엄청난 규모의 뇌물로 인해서 에서의 감정을 누그러뜨리는 것입니다. 그리고 난 후에 만나면 문제가 해결될 것으로 생각하고 있는 것이지요(32:20). 정말 그렇게 될까요?

얍복강의 씨름

야곱은 모든 준비를 마쳤습니다. 그러나 여전히 마음이 놓이지 않았습니다. 왜냐하면 그것은 사람의 계획이었기 때문입니다. 만일 그것이 하나님이 주신 계획이었다면 그렇게 불안하고 초조하지 않았을 것입니다. 어쨌든 야곱은 한밤중에 두 아내와 두 여종과 열한 아들을 모두 얍복 나루를 건너게 만듭니다. 그리고 뒤에 혼자 남아있습니다. 바로 이 대목에서 천사와 씨름하는 장면이 나옵니다.

24야곱은 홀로 남았더니 어떤 사람이 날이 새도록 야곱과 씨름하다가 25자기가 야곱을 이기지 못함을 보고 그가 야곱의 허벅지 관절을 치매 야곱의 허벅지 관절이 그 사람과 씨름할 때에 어긋났더라(창 32:24-25).

이 장면의 정확한 의미를 이해하기 위해서, 우리는 몇 가지 사실을 확실히 해두어야 합니다. 우선 이 씨름은 야곱이 시작한 것이 아닙니다. '어떤 사람'이 나타나서 야곱을 붙들고 씨름하기 시작했습니다. 물론 '어떤 사람'은 사람의 모습을 한 '천사'말라크 엘로힘였습니다.

그런데 왜 천사가 이때 갑자기 나타나서 야곱을 붙들고 씨름하기 시작했을까요? 왜냐하면 야곱이 도망할 생각이 있었기 때문입니다. 그것이 뒤에 혼자 남아있었던 진짜 이유입니다. 그러니까 사실은 야곱이 밤새도록 천사를 붙들고 있었던 것이 아니라, 천사가 날이 샐 때까지 야곱을 도망가지 못하게 붙들고 있었던 것입니다.

그 다음에 "천사가 야곱을 이기지 못했다"라는 표현을 곱씹어보아야 합니다. 만일 이 씨름을 야곱이 시작했다면, 천사가 야곱을 이기려면 어떻게 해야 할까요? 야곱을 뿌리치고 떠나가면 됩니다. 그게 어려울까요? 야곱을 뿌리치는 것은 식은 죽 먹기입니다. 그러나 이 씨름은 천사가 시작한 것입니다. 그렇다면 야곱을 이기지 못한다는 말은 무슨 뜻일까요? 무엇인가 천사가 야곱에게 요구하는 것이 있었는데, 야곱이 말을 듣지 않는다는 뜻입니다.

그래서 야곱의 허벅지 관절을 친 것입니다. 많은 사람은 이 장면에서 야곱이 허벅지 관절이 어긋난 상태에서도 끝까지 천사를 놓아주지 않는 것으로 생각하려고 합니다만, 사실은 정반대입니다. 오히려 허벅지 관절이 어긋났기 때문에 야곱은 천사를 더욱 붙들 수밖에 없었습니다. 그렇게 하려고 천사가 야곱의 관절을 친 것입니다.

> 26그가 이르되 날이 새려하니 나로 가게 하라. 야곱이 이르되 당신이 내게 축복하지 아니하면 가게 하지 아니하겠나이다. 27그 사람이 그에게 이르되 네 이름이 무엇이냐. 그가 이르되 야곱이니이다. 28그가 이르되 네 이름을 다시는 야곱이라 부를 것이 아니요 이스라엘이라 부를 것이니 이는 네가 하나님과 및 사람들과 겨루어 이겼음이니라(창 32:26-28).

여기에서도 날이 새오는 것을 보고 천사가 조급한 마음으로 떠나려고 한다고 사람들은 생각하지만, 아닙니다. 신적인 존재는 날이 새기 전에 사라져야 한다는 고정관념이 바로 미신적인 생각입니다. 오히려 야곱의 운명을 가르는 날이 드디어 밝아온 것입니다. 오늘 야곱은 에서와 만나서 담판을 지어야 합니다. 천사에게 시간이 없는 것이 아니라, 오히려 야곱에게 시간이 없는 겁니다. 지금까지 천사가 야곱을 붙들고 있었던 것은 그의 입에서 어떤 말이 나오기를 기다렸던 것입니다. 그것이 무엇일까요?

그렇습니다. "나를 축복해 주십시오!"(베락타니, beraktani)입니다. 하나님의 복이 필요하다는 고백입니다. 야곱은 자기를 축복하지 않으면 가지 못하게 하겠다고 큰소리칩니다. 그러나 허벅지 관절이 어긋난 주제에 누가 누구를 가지 못하게 합니까? 오히려 천사가 붙들어주지 않으면 야곱은 지금 제대로 서있을 수도 없는 형편입니다. 어쨌든 야곱은 마지막 순간에 절박한 심정으로 하나님께 축복해 달라고 절규했던 것입니다. 바로 이 절규를 듣기 위해서 천사가 밤새도록 야곱을 붙들고 있었던 것입니다.

이 말이 나오자마자 기다렸다는 듯이 야곱에게 '이스라엘'이라는 새로운 이름을 주십니다. 새로운 이름에는 새로운 정체성과 새로운 약속이 담겨있습니다. '야곱'은 본래 리브가가 붙여준 애칭이었습니다(25:26). 에서가 그것을 나쁜 뜻으로 해석했지요(27:36). 그러나 하나님은 그에게 완전히 다른 이름을 주신 것입니다. 그런데 여기에서 '이스라엘'을 "하나님과 겨루어 이겼다"는 의미로 성급하게 해석하려고 덤벼들지 마십시오. 이 세상에 하나님과 겨루어 이길 수 있는 사람은 하나도 없습니다.

우리말 성경은 "이는 네가 하나님과 및 사람들과 겨루어 이겼다"라고 되어 있지만, 히브리원어로는 "네가 하나님과 겨루었고, 사람들에게 이겼다"(You have struggled with God, and you have prevailed with men)로 되어 있습니다. 그러니까 하나님과는 씨름을 했고 사람들에게는 이긴 것입니다.

야곱이 먼저 하나님과 씨름하지 않았습니다. 오히려 하나님이 씨름을 시작하셨습니다. 그리고 끝까지 야곱을 붙들어 주셨습니다. 그래서 사람들을 이길 수 있도록 세워주신 것입니다. 그런 의미에서 '이스라엘'을 'God-Wrestler하나님과 씨름한 자'로 풀이하고 있는 메시지 성경의 표현이 아주 적절한 것이라 하겠습니다.

하나님의 일하심

그렇게 얍복강 씨름사건은 끝났습니다. 사람들은 이때 야곱에게 엄청난 변화가 생겼을 것으로 기대하지만, 그것도 천만의 말씀입니다. 기껏해야 다리를 절게 된 것이 전부입니다.

> 그가 브니엘을 지날 때에 해가 돋았고 그의 허벅다리로 말미암아 절었더라(창 32:31).

야곱이 얍복강에서 하나님과 씨름하는 사건을 평가절하하려는 것이 아닙니다. 단지 '하나님과 씨름한 자'로 이름이 바뀌었다고 해서 갑작스럽게 야곱의 인간적인 본성이 180도 달라지지 않는다는 사실을 우리는 인정해야 한다는 뜻입니다. 계속되는 이야기를 읽어보면 알 수 있습니다.

> ¹야곱이 눈을 들어 보니 에서가 사백 명의 장정을 거느리고 오고 있는지라. 그의 자식들을 나누어 레아와 라헬과 두 여종에게 맡기고 ²여종과 그들의 자식들은 앞에 두고 레아와 그의 자식들은 다음에 두고 라헬과 요셉은 뒤에 두고 ³자기는 그들 앞에서 나아가되 몸을 일곱 번 땅에 굽히며 그의 형 에서에게 가까이 가니…
> (창 33:1-3).

야곱은 밤새도록 천사와 씨름하느라고 도망갈 수 있는 기회를 놓쳤습니다. 이제 날은 밝았고 어쩔 수 없이 에서를 대면해야 합니다. 그러나 야곱의 계산하는 버릇은 그대로입니다. 서열序列과 경중輕重에 따라서 가족들을 배치합니다. 제일 앞에는 여종들과 그 자식들을 두고, 그다음에는 레아와 그 자식들을 둡니다. 그리고 제일 뒤에 라헬과 요셉을 남겨둡니다. 여차해서 자기가 죽임을 당하면 도망갈 수 있도록 하기 위해서입니다. 마지막 순간까지 인간적인 방법을 고안해 내려고 하는 야곱의 본성은 조금도 달라지지 않았던 것입니다.

그런데 야곱에게 달라진 모습이 있었지요. 다리를 절게 되었다는 것입니다. 그는 일곱 번 몸을 땅에 굽히며 형에게 다가갑니다. 상대방에게 자신을 낮추는 겸손의 몸짓입니다. 에서는 지난 20년 동안 복수의 칼을 갈아왔습니다. 이제 그 칼을 휘두를 수 있는 기회가 찾아왔습니다. 자, 이제 과연 어떤 일이 벌어질까요?

에서가 달려와서 그를 맞이하여 안고 목을 어긋맞추어 그와 입맞추고 서로 우니

라(창 33:4).

야곱이 절뚝거리면서 오는 것을 보자, 에서는 부하들을 뒤에 남겨두고 혼자 달려옵니다. 우리는 에서가 야곱을 죽이려고 달려오는 것으로 생각하지요. 그런데 에서는 야곱을 끌어안습니다. 목을 어긋맞고 입을 맞춥니다. 그리고 20년간의 증오의 세월을 뒤로하고, 퍼질러 앉아서 그만 엉엉 웁니다.

도대체 어떻게 된 일일까요? 에서는 야곱을 환영하기 위해서 오지 않았습니다. 야곱에게 복수하기 위해서 나왔습니다. 야곱도 그것을 잘 알고 있었습니다. 그렇다면 지금 갑자기 에서에게 무슨 일이 일어난 것일까요? 다리를 절뚝거리며 다가오는 야곱을 보는 순간 에서에게 그만 눈물이 쏟아졌던 것입니다. 칼을 움켜쥐었던 손에 힘이 빠졌습니다. 그동안 가져왔던 서운한 감정도, 미워했던 생각도 다 사라졌습니다. 그렇게 서로 부둥켜안고 울게 되었던 것입니다.

이것이 하나님께서 일하시는 방법입니다. 어떤 분들은 야곱이 얍복강에서 천사와 죽기 살기로 씨름하면서 간절히 구했기 때문에 그런 복을 받았다고 말합니다. 그래서 우리도 야곱처럼 하나님과 겨루어 이기고 하나님의 마음을 바꾸면 어떤 문제도 해결될 수 있을 것이라 말합니다. 그것은 성경을 제대로 읽지 못한 겁니다. '인간적인 요인'만 찾으려고 했기 때문에 다다를 수밖에 없는 한계입니다.

성경은 하나님의 말씀입니다. 성경에서 우리가 찾아야 할 것은 그와 같은 '인간적인 요인'이 아니라 '하나님의 요인'입니다. 하나님의 일하심을 발견해야 합니다. 야곱이 하나님과 겨루어 이겼다고요? 아닙니다. 하나님이 야곱을 끝까지 포기하지 않고 붙들어 주신 겁니다. 천사가 도무지 야곱을 이길 수 없어서 허벅지 관절을 쳤다고요? 아닙니다. 에서의 마음을 바꾸시려고 그렇게 하신 겁니다. 바로 그것이 화해와 구원을 위해서 일하시는 하나님의 방법입니다.

* **묵상 질문**: 나는 하나님과 겨루어 이기려고 하지 않습니까?
* **오늘의 기도**: 지금도 우리를 포기하지 않고 붙들어주시는 하나님을 만나게 하옵소서. 인간적인 방법과 노력에만 의존해오던 우리의 삶을 십자가 앞에 모두 내려놓게 하시고, 이제부터는 오직 하나님의 은혜와 하나님의 일하심에 주목하며 살아가게 하옵소서. 예수님의 이름으로 기도합니다. 아멘.

벧엘로 올라가라!

읽을 말씀: 창세기 33:18-35:29

새길 말씀: 하나님이 야곱에게 이르시되 일어나 벧엘로 올라가서 거기 거주하며 네가 네

형 에서의 낯을 피하여 도망하던 때에 네게 나타났던 하나님께 거기서 제단을

쌓으라 하신지라(창 35:1).

앞 장에서 우리는 야곱과 에서가 극적으로 화해하는 장면을 살펴보 았습니다. 화해의 손을 먼저 내민 사람은 야곱이었습니다. 그러나 돈으 로 은혜를 사려고 하다가 오히려 관계가 더 나빠지고 말았습니다. 만일 얍복강에서 천사가 야곱을 붙들고 씨름하지 않았다면, 그는 혼자 야반도 주夜半逃走하고 말았을 것입니다. 만일 천사가 야곱의 허벅지 관절을 치지 않았다면, 우리는 에서의 눈에서 긍휼의 눈물이 흐르는 모습을 볼 수 없 었을 것입니다.

그 눈물은 야곱과 에서의 관계를 회복시켜주는 하나님의 일하심이었 습니다. 하나님은 그렇게 야곱과의 약속을 지키셨습니다. 벧엘에서 '사닥

다리 계약'을 맺으면서 하나님은 세 가지 약속을 하셨지요. 야곱과 함께 있어 어디로 가든지 지켜주며, 이 땅으로 다시 돌아오게 하며, 약속한 것이 다 이루어지기까지 떠나지 않겠다고 말씀하셨습니다(28:15). '보호'와 '회복'과 '완성'의 약속입니다. 그 모든 약속을 다 이루어주신 것입니다.

그때 야곱도 세 가지 서원으로 하나님의 약속에 화답했습니다. 여호와께서 나의 하나님이 되실 것이라는 맹세와 벧엘에 세운 돌이 하나님의 집이 될 것이라는 맹세 그리고 하나님께서 주신 모든 것에서 십분의 일을 드리겠다는 맹세였습니다(28:21-22). 하나님은 약속을 지키셨는데, 야곱은 과연 자신이 맹세한 그 서원들을 다 지켰을까요? 하나님은 당신의 약속을 결코 잊지 않으시지만 사람들은 너무나 쉽게 잊어버립니다. 그 점에 있어서는 야곱이나 우리나 다를 것이 하나도 없습니다.

약속의 자녀로 온전히 세워지기 위해서는 하나님과의 약속을 지키는 훈련을 받아야 합니다. 그런데 이 말을 오해하지 마십시오. 약속을 지키는 훈련은 구원을 위한 전제 조건이 아닙니다. 우리는 오직 하나님의 은혜로 구원받습니다. 야곱이 가나안 땅으로 돌아올 수 있었던 것은 오직 하나님의 은혜입니다. 해묵었던 형 에서와의 관계가 회복될 수 있었던 것도 하나님의 은혜였습니다.

성공하여 돌아온 것이 전부가 아닙니다. 하나님은 야곱을 '약속의 자녀'로 세우기를 원하십니다. '믿음의 조상' 아브라함을 이어가는 '믿음의 후손'으로 빚어지기를 원하십니다. 하나님의 은혜를 체험함으로써 야곱은 조금씩 변화되기 시작했지만, 약속의 자녀가 되기에는 아직도 갈 길이 멉니다. 약속의 자녀가 되려면 그 무엇보다도 하나님과의 약속을 중요하게 여길 줄 알아야 합니다. 하나님과의 약속을 잊어버리면서 어떻게 '약속의 자녀'라 할 수 있겠습니까?

엘-엘로헤-이스라엘

야곱과 에서는 증오의 해묵은 앙금을 모두 털어냈습니다. 에서는 야곱 일행을 보호해주겠다고 자청하여 나서지만(33:12) 야곱은 그 제안을 완곡히 사양합니다. 에서가 거주하고 있는 세일로 뒤따라가겠노라고 하면서 형을 돌려보냅니다(33:14). 그러나 본래 야곱에게는 형을 따라갈 생각이 없었습니다. 왜냐하면 야곱이 돌아가야 할 곳은 가나안 땅이었기 때문입니다. 그는 숙곳을 거쳐서 세겜으로 향합니다.

> 18야곱이 밧단아람에서부터 평안히 가나안 땅 세겜 성읍에 이르러 그 성읍 앞에 장막을 치고 19그가 장막을 친 밭을 세겜의 아버지 하몰의 아들들의 손에서 백 크시타에 샀으며 20거기에 제단을 쌓고 그 이름을 엘엘로헤이스라엘이라 불렀더라(창 33:18-20).

야곱이 '평안히' 가나안 땅 세겜 성읍에 이르렀습니다. 이것은 다분히 야곱의 서원을 암시하는 말입니다. 그때 야곱이 이렇게 말했지요. "내가 평안히 아버지 집으로 돌아가게 하시오면…"(28:21). 그의 말처럼 야곱은 평안히 가나안 땅으로 돌아왔습니다. 그러나 '아버지 집'으로 돌아가려고 하지는 않았습니다.

당시 이삭은 헤브론에 있었습니다(35:27). 이삭의 어머니 사라가 마지막까지 헤브론에 살다가 막벨라 굴에 장사되었지요(23:2, 19). 만일 야곱이 '아버지 집'으로 돌아갈 생각을 처음부터 하고 있었다면, '백 크시타qesi-tah'라는 적지 않은 돈을 지불하면서 이곳 세겜에서 굳이 땅을 구입하려고 하지는 않았을 것입니다. 야곱은 왜 아버지 집으로 가려고 하지 않았을까요?

그것은 어머니 리브가의 죽음과 관련이 있습니다. 아버지와의 껄끄러운 관계도 한몫했을 것입니다. 20년 전 아버지의 집을 떠날 때만해도, 이삭은 에서의 아버지였지 야곱의 아버지는 아니었기 때문입니다. 그러니 야곱으로서는 어머니도 없는 집으로 돌아갈 이유가 없었습니다. 형과의 관계는 회복되었지만 아버지와의 관계는 아직 회복되지 못했던 것입니다. 가나안 땅에 돌아왔다고 전부가 아닙니다. 아직도 하나님이 하실 일이 참 많이 남아 있습니다.

야곱이 세겜에 땅을 구입한 것은 제단을 쌓기 위한 것으로 보입니다. 그 제단에 '엘-엘로헤-이스라엘El-Elohe-Israel'이라는 이름을 붙입니다. '이스라엘의 하나님, 엘'이라는 뜻입니다. 그것은 하나님과의 약속 때문입니다. 벧엘에서 서원할 때에 첫 번째 맹세가 무엇이었습니까? '여호와께서 나의 하나님이 되실 것'(28:21)이라고 했습니다. 그런데 야곱의 이름은 얍복강 사건을 통해서 '이스라엘'로 바뀌었지요. 그러니까 '엘로헤-이스라엘' 즉 '이스라엘의 하나님'은 곧 '야곱의 하나님'을 의미하는 것입니다.

이 모든 상황을 살펴볼 때, 야곱은 이곳 세겜에서 계속 머무를 계획이었습니다. 아버지 집으로 돌아갈 생각도 없었고, 벧엘로 올라갈 생각도 없었습니다. 세겜을 제2의 고향 삼아서 목축업이나 하면서 그렇게 오래오래 살 생각이었습니다. 그러나 그것은 어디까지나 야곱의 생각이었지, 하나님의 생각은 아닙니다. 매사에 하나님을 포함하지 않으면 반드시 문제가 생기게 되어있습니다.

세겜의 비극

그 문제는 야곱의 외동딸 디나에게서 시작되었습니다.

1레아가 야곱에게 낳은 딸 디나가 그 땅의 딸들을 보러 나갔더니 2히위 족속 중 하몰의 아들 그 땅의 추장 세겜이 그를 보고 끌어들여 강간하여 욕되게 하고 3그

마음이 깊이 야곱의 딸 디나에게 연연하며 그 소녀를 사랑하여 그의 마음을 말로 위로하고 4그의 아버지 하몰에게 청하여 이르되 이 소녀를 내 아내로 얻게 하여 주소서 하였더라(창 34:1-4).

디나는 '그 땅의 딸들'을 보러 나갔습니다. 또래 친구를 찾아 나간 것이지요. 새로운 문화는 누구에게나 큰 유혹입니다. 그런데 그만 추장the ruler 세겜의 눈에 띄었고, 강제로 부끄러운 일을 당한 것입니다. 물론 그 후에 세겜은 적극적으로 디나와 결혼하기를 원했습니다. 그러나 그것은 올바른 순서도, 정당한 방법도 아닙니다. 세겜은 본래 그런 사람이었습니다. 자기가 원하는 것은 무엇이든 해도 괜찮다고 생각하는 전형적인 인물이었습니다. 지금까지도 그런 식으로 살아왔고 앞으로도 그럴 것입니다. 불행하게도 디나가 그런 인물에게 걸려들어 욕을 본 것입니다.

이 일에 대해서 야곱이 어떤 반응을 보였을까요?

5야곱이 그 딸 디나를 그가 더럽혔다 함을 들었으나 자기의 아들들이 들에서 목축하므로 그들이 돌아오기까지 잠잠하였고 6세겜의 아버지 하몰은 야곱에게 말하러 왔으며 7야곱의 아들들은 들에서 이를 듣고 돌아와서 그들 모두가 근심하고 심히 노하였으니…(창 34:5-7).

야곱은 아무 말도 하지 않습니다. 들에서 돌아온 아들들이 몹시 흥분하면서 분노를 억누르지 못하고 있는데도, 야곱은 잠잠합니다. 세겜의 아버지 하몰이 찾아와서 결혼 이야기를 꺼내면서 이제부터 서로 통혼通婚하고 매매賣買하면서 잘 지내자고 제안할 때에도, 야곱은 입 다물고 있습니다. 심지어 디나를 욕보였던 장본인 세겜이 직접 찾아와서 사과는 한 마디하지 않고 혼수와 예물이 얼마가 되었든지 다 주겠다고 할 때도 야곱은 잠잠합니다. 한마디 말도 하지 않습니다.

야곱이 몹시 화가 났기 때문일까요? 그래서 지금 속으로 분노를 삭이고 있었던 것일까요? 아닙니다. 야곱은 아버지로서 책임을 회피하고 있었던 것입니다. 그 문제에 개입하려고 하지 않았던 것입니다. 그저 방관자처럼 지켜볼 뿐이었습니다. 왜 그럴까요? 왜냐하면 지금까지 자녀 문제에 대해서 책임 있게 개입해본 적이 한 번도 없었기 때문입니다. 그동안 열심히 돈만 벌어다 주었지 아버지 노릇을 제대로 해본 적이 없었던 것입니다. 이럴 때 아버지로서 어떻게 해야 할지 몰랐던 것이지요.

아버지가 나서지 않는다면 누가 나서야 할까요? 디나의 오빠들이 직접 나섭니다.

14야곱의 아들들이 그들에게 말하되 우리는 그리하지 못하겠노라. 할례 받지 아니한 사람에게 우리 누이를 줄 수 없노니 이는 우리의 수치가 됨이니라. 15그런즉 이같이 하면 너희에게 허락하리라. 만일 너희 중 남자가 다 할례를 받고 우리 같이 되면 16우리 딸을 너희에게 주며 너희 딸을 우리가 데려오며 너희와 함께 거주하여 한 민족이 되려니와 17너희가 만일 우리 말을 듣지 아니하고 할례를 받지 아니하면 우리는 곧 우리 딸을 데리고 가리라(창 34:14-17).

세겜에 살고 있던 히위 족속에게 할례를 요구한 것입니다. 남자들이 모두 할례를 받으면 그들의 제안처럼 통혼도 하고 매매도 하면서 한 민족이 될 수 있겠지만, 만일 할례를 받지 않는다면 절대로 그럴 수 없다고 단호하게 말합니다. 그러나 우리는 잘 압니다. 디나의 오빠들은 그들과 통혼할 생각이 전혀 없었습니다. 그들의 제안을 들어주는 척하면서 오히려 복수를 하려는 음모를 꾸미고 있었을 뿐입니다. 그런데 여기 어디에도 아버지 야곱이라는 존재는 눈에 뜨이지 않습니다.

세겜 사람들은 야곱 아들들의 제안을 받아들입니다. 그리고 마침내 비극적인 사건이 벌어집니다.

25제삼일에 아직 그들이 아파할 때에 야곱의 두 아들 디나의 오라버니 시므온과 레위가 각기 칼을 가지고 가서 몰래 그 성읍을 기습하여 그 모든 남자를 죽이고 26칼로 하몰과 그의 아들 세겜을 죽이고 디나를 세겜의 집에서 데려오고 27야곱의 여러 아들이 그 시체 있는 성읍으로 가서 노략하였으니 이는 그들이 그들의 누이를 더럽힌 까닭이라(창 34:25-27).

작은 비극이 큰 비극을 낳은 것입니다. 할례를 요구해놓고는 가장 고통스러울 때에 기습 공격하여 모든 남자를 죽입니다. 그것은 하나님을 믿으라고 해놓고 죽이는 것과 다르지 않습니다. 물론 추장 세겜의 행위는 그 어떤 변명으로도 결코 정당화될 수 없는 범죄입니다. 그러나 이처럼 살인과 노략질로 복수하는 것 역시 그 어떤 명분으로도 결코 정당화될 수 없는 범죄입니다. 악을 또 다른 악으로 갚는 것에 불과합니다.

아버지의 부재(不在)

야곱의 아들들이 누구입니까? 그들은 어떤 상황에서도 하나님께 예배하는 아벨의 후손입니다. 세겜에 도착해서도 '엘-엘로헤-이스라엘' 제단을 쌓고 하나님께 예배하지 않았습니까? 그들은 아브라함과 이삭과 야곱으로 이어지는 '믿음의 후손'들입니다. 그들은 '약속의 자녀'로 부름을 받았습니다. 그 자손이 땅의 티끌처럼 많아져서 사방으로 퍼져나가, 땅에 사는 모든 족속이 그들을 통해서 복을 받도록 부름을 받은 사람들입니다.

그런데 동생의 복수를 하겠다고 하면서 백배, 천배로 원수를 갚아버리면 어떻게 합니까? 그것이 과연 정의를 세우는 일일까요? 그들이 정말 약속의 자녀들일까요? 문제는 그 일에 대해서 올바른 태도와 선택을 가르쳐야 할 사람이 그 집에 보이지 않는다는 사실입니다.

누가 그것을 가르쳐야 합니까? 그것은 누구의 책임입니까? 물론 아버지 책임입니다. 야곱이 그 일을 해야 합니다. 왜냐하면 야곱은 하나님으로부터 직접 소명 받았기 때문입니다. 하나님이 왜 그들을 택하시고 왜 복을 주시려고 하는지 그 이유를 알고 있는 사람이기 때문입니다.

그동안 입을 다물고 있던 야곱은 엄청난 비극이 벌어지고 나서야 침묵을 깹니다.

> 30야곱이 시므온과 레위에게 이르되 너희가 내게 화를 끼쳐 나로 하여금 이 땅의 주민 곧 가나안 족속과 브리스 족속에게 악취를 내게 하였도다. 나는 수가 적은즉 그들이 모여 나를 치고 나를 죽이리니 그러면 나와 내 집이 멸망하리라. 31그들이 이르되 그가 우리 누이를 창녀 같이 대우함이 옳으니이까(창 34:30-31).

그런데 야곱이 하는 말이라고는 시므온과 레위를 책망하는 것이었습니다. "너희가 내게 화를 끼쳤다." 야곱의 관심은 오로지 자기 자신의 안위에만 있습니다. '내가' 화를 당하게 될까 봐, 그들이 '나를' 죽이게 될까 봐, '나와 내 집'이 망하게 될까 봐 그것을 걱정합니다. 그렇다면 그동안 입 다물고 잠잠히 있었던 것은 '자식의 문제'는 '자신의 문제'가 아니라고 생각했기 때문일까요?

그것이야말로 아버지로서 아주 무책임한 태도입니다. 그런 아버지의 말을 아들들이 가만히 듣고 있을 리가 없습니다. "그렇다면 우리 누이를 창녀처럼 대하는 자를 가만히 두라는 말입니까?" 야곱의 집에는 열한 명이나 되는 아들들이 생겼지만, 그들을 약속의 자녀로 세워가는 아버지다운 아버지가 없었습니다. 믿음의 후손을 키워내는 아버지 노릇을 하는 사람이 없었던 것입니다. 야곱이 가나안 땅에 돌아왔다고 해서 끝난 이야기가 아닙니다.

하나님의 명령

바로 이때 하나님께서 보다 못해 개입하십니다.

> 하나님이 야곱에게 이르시되 일어나 벧엘로 올라가서 거기 거주하며 네가 네 형 에서의 낯을 피하여 도망하던 때에 네게 나타났던 하나님께 거기서 제단을 쌓으 라 하신지라(창 35:1).

하나님은 야곱에게 "벧엘로 올라가라!"라고 명령하십니다. 사실 이 명령은 여기가 처음이 아닙니다. 하나님께서 하란에서 야곱에게 나타나 셨을 때에도 "나는 벧엘의 하나님이라"(31:13)고 말씀하시면서 거기로 돌 아가라고 명령하셨습니다.

'벧엘'이 어디입니까? 야곱이 형의 살해 위협을 피해서 도망가다가 하 나님을 만난 곳입니다. 사닥다리 환상을 통해서 하나님의 임재를 경험한 곳입니다. 하나님의 약속을 받고 또한 하나님께 서원한 곳입니다. 야곱 자신이 '벧엘' 즉 '하나님의 집Beth-El'이라고 이름을 붙인 바로 그곳입니다 (28:19). 그곳으로 올라가라는 것입니다.

왜 그래야 합니까? 그것이 야곱의 서원이었기 때문입니다. 그는 "내 가 기둥으로 세운 이 돌이 하나님의 집이 될 것이라"(28:22a)고 맹세했습 니다. 무슨 이야기입니까? '벧엘'을 말 그대로 '하나님의 집'이 되게 하겠 다는 맹세입니다. 그곳의 돌기둥으로 하나님의 집을 짓고 거기에서 하나 님께 예배하면서 살겠다는 맹세입니다.

하나님의 집을 세우려면 돈이 있어야 합니다. 그래서 야곱은 십일조 의 맹세를 했던 것입니다. "하나님께서 내게 주신 모든 것에서 십 분의 일을 내가 반드시 하나님께 드리겠습니다!"(28:22b) 그것이 바로 20년 전 에 야곱이 서원했던 하나님으로부터 시작하는 인생이었습니다.

벧엘에 오기 전에 그는 세상적인 방법으로 축복을 획득하려고 했다가 모든 것을 잃어버렸었습니다. 그러나 이곳 벧엘에서 그를 찾아오신 하나님을 만났습니다. 땅의 것은 모두 잃어버렸지만 벧엘에서 야곱은 하늘을 발견했습니다. 그리고 하나님으로부터 시작하는 인생을 살기로 결심한 것입니다. 그런데 하나님이 부어주신 복을 받아서 20년 만에 가나안 땅으로 무사히 돌아왔는데, 기껏 세겜에 땅을 사고 거기에 눌러앉으려고 했던 것입니다. 그러고도 적당히 잘 먹고 잘 살 줄 알았겠지요.

아닙니다. 약속했으면 약속한 대로 살아야 해요. 하나님으로부터 시작하는 인생을 살기로 했으면 그렇게 살아야 해요. 벧엘에 하나님의 집을 짓기로 했으면 그렇게 해야 되는 것입니다. 세월이 흘렀다고 상황이 달라졌다고 현실과 적당히 타협해서 아무 데나 눌러앉아서 살면 안 되는 것입니다. 아무 데서나 사니까 자꾸 문제가 생겨나지요. 벧엘로 올라가서, 하나님의 집으로 올라가서, 하나님으로부터 시작해야 하는 것입니다.

영적인 장자권

하나님의 말씀을 듣고 야곱은 정신이 번쩍 들었습니다. 그제야 믿음의 가장으로서 야곱은 자신의 자리를 찾게 됩니다.

2야곱이 이에 자기 집안 사람과 자기와 함께 한 모든 자에게 이르되 너희 중에 있는 이방 신상들을 버리고 자신을 정결하게 하고 너희들의 의복을 바꾸어 입으라. 3우리가 일어나 벧엘로 올라가자. 내 환난 날에 내게 응답하시며 내가 가는 길에서 나와 함께 하신 하나님께 내가 거기서 제단을 쌓으려 하노라…(창 35:2-3).

야곱은 가족들에게 당당하게 요구합니다. "너희 중에 있는 이방 신상들을 버리라!" 라헬이 아버지의 '드라빔'을 몰래 도둑질해서 가져왔지요

(31:19). 라헬만 그런 줄 알았는데, 그게 아니었습니다. 야곱과 함께 나온 사람들 중에 이방 신상을 챙겨 온 사람들이 많이 있었습니다. 그리고 야곱은 처음부터 그 사실을 알고 있었습니다! 단지 지금까지 아무 말도 하지 않았을 뿐입니다. 마치 디나의 문제가 불거졌을 때처럼 말입니다.

그러나 이제는 달라졌습니다. 침묵하고 있으면 안 됩니다. 하나님으로부터 시작하는 인생을 살려면 하나님이 가장 싫어하시는 우상을 제거해야 합니다. 그래야 벧엘에 올라가서 하나님께 제대로 된 예배를 드릴 수 있습니다. 야곱은 한 집안의 아버지로서 또한 신앙의 가장으로서 가족들에게 당당하게 요구했던 것입니다. 그렇게 '영적인 장자권'이 야곱에게 회복되었던 것입니다.

그런데 지금까지 한 번도 그래 본 적이 없었는데, 지금 와서 갑자기 그런다고 해서 가족들이 야곱의 말에 순순히 따르게 될까요?

> 4그들이 자기 손에 있는 모든 이방 신상들과 자기 귀에 있는 귀고리들을 야곱에게 주는 지라. 야곱이 그것들을 세겜 근처 상수리나무 아래에 묻고 5그들이 떠났으나 하나님이 그 사면 고을들로 크게 두려워하게 하셨으므로 야곱의 아들들을 추격하는 자가 없었더라(창 35:4-5).

영적인 장자권이 회복되면 자연스럽게 영적인 리더십이 생겨나게 되어 있습니다. 하나님께서 그렇게 만들어주십니다. 가족들은 야곱의 명령에 순종했습니다. 이방 신상들과 우상의 형상으로 만든 귀고리들을 모두 모아서 세겜 땅에 묻어버리고 떠났습니다. 그랬더니 야곱이 걱정했던 일들이 일어나지 않았습니다. 아무도 야곱의 아들들을 추격하지 않았습니다. 그 이유가 무엇일까요? 하나님이 그들을 크게 두려워하게 하셨기 때문입니다.

야곱은 가족들과 함께 벧엘로 올라가서 제단을 쌓습니다. 그곳을 '엘 벧엘'이라고 부릅니다(35:7). '벧엘의 하나님'이라는 뜻입니다. 야곱 인생의 황금기는 바로 이때부터 시작되었던 것입니다.

집집마다 열심히 돈 벌어다 주는 아버지는 많이 있는데 가정에서 영적인 리더십을 발휘하는 아버지는 그리 많지 않습니다. 교회마다 믿음의 가장들은 많이 있는데, 영적인 장자권을 가지고 있는 가장들은 그리 많지 않습니다. 자녀들을 세상에서 성공하는 '육신의 자녀'를 만드는 부모들은 많이 있는데, 그들을 '믿음의 후손'으로 '약속의 자녀'로 세워가는 부모들은 그리 많지 않습니다.

모두 벧엘로 올라가야 합니다. 하나님이 다스리는 집을 세워야 합니다. 환난 날에 응답하신 하나님께 예배하는 가정이 되어야 합니다. 하나님으로부터 시작하는 인생을 살기 시작해야 합니다.

* **묵상 질문**: 나는 가족들과 함께 벧엘로 올라가고 있습니까?
* **오늘의 기도**: 세상과 적당히 타협하여 살면서도 잘 될 줄 알았습니다. 하나님과의 약속을 잊어버리고도 괜찮을 줄 알았습니다. 그런데 아니었습니다. 우리의 어리석음을 용서하옵소서. 더 늦기 전에 우리 가정에 영적인 장자권이 회복될 수 있게 하옵소서. 예수님의 이름으로 기도합니다. 아멘.

꿈꾸는 사람 요셉

읽을 말씀: 창세기 36:1-38:30

새길 말씀: 요셉이 그들에게 이르되 청하건대 내가 꾼 꿈을 들으시오. 우리가 밭에서 곡식 단을 묶더니 내 단은 일어서고 당신들의 단은 내 단을 둘러서서 절하더이다 (창 37:6-7).

지금까지 우리는 창세기에 등장하는 아브라함과 이삭과 야곱, 세 족 장들의 '신앙의 여정the journey of faith'에 대해서 살펴보았습니다. 그들은 모 두 완벽과는 거리가 먼 사람들이었습니다. 비슷한 상황에서 비슷한 고민 에 빠지고 비슷한 실수를 저지르곤 했습니다. 그러나 하나님은 그들을 포기하지 않으시고 끝까지 붙들어주셨습니다. 그래서 그들을 믿음의 조 상으로, 약속의 후손으로 세워 가셨습니다.

그들의 생애에서 하나님의 은혜를 경험했던 가장 중요한 장면이 하 나씩 나옵니다. 아브라함은 물론 모리아 땅에서 이삭을 바치려고 했을 때입니다(22장). 그곳에서 그는 '여호와 이레' 즉 '그것까지도 보시는 하나님'을 만나게 됩니다. 그 사건을 통해서 하나님은 한편으로는 아브라함의 믿음을 테스트하면서, 다른 한편으로는 인류 구원을 위한 당신의 계획을 계시하셨지요.

이삭의 경우는, 그랄 땅에서 하나님의 복을 받는 장면일 것입니다(26장). 그는 블레셋 사람들의 집요한 방해에도 계속 우물을 팝니다. 그래서 '에섹Esek'과 '싯나Sitnah'를 거쳐서 마침내 '르호봇Rehoboth', 즉 '활짝 트인 곳 Wide-Open Spaces'에 이르게 됩니다. 그리고 아비멜렉으로부터 '너는 여호와께 복을 받은 자'라는 고백을 듣게 되지요.

자, 그렇다면 야곱의 인생에서 가장 중요한 장면은 무엇일까요? 많은 분들이 '얍복강 씨름사건'을 떠올릴 것입니다(32장). 물론 그것은 야곱의 생애에 극적인 전환점을 만들어낸 사건임에 틀림없습니다. 그러나 그보다는 가족들과 함께 벧엘로 올라가서 '엘 벧엘' 제단을 쌓는 이야기가 훨씬 더 중요한 의미가 있습니다(35장). 왜냐하면 그것이 바로 야곱의 '영적인 장자권'이 세워지는 장면이었기 때문입니다.

그런데 창세기는 그들의 신앙적인 절정기에서 이야기를 끝내지 않습니다. 그 이후의 삶에 드리워진 어두운 그림자를 있는 그대로 기록합니다. 아브라함은 노년에 아내 사라와 아들 이삭과의 관계에 큰 어려움을 겪었습니다. 이삭의 가정도 부모의 편애로 인해서 가족들이 뿔뿔이 흩어지는 아픔이 있었지요. 야곱의 경우도 마찬가지입니다. 그렇게 그다음 세대로 '신앙의 여정'이 계속 이어지고 있는 것입니다.

야곱의 아픔들

야곱이 가족들과 함께 벧엘로 올라갔을 때 그의 나이는 환갑을 넘긴 후였습니다. 이집트의 총리가 된 요셉의 초청을 받아서 이집트로 내려갔을 때가 130세였습니다(47:9). 이 기간이 야곱의 인생에 있어서 신앙의 꽃을 활짝 피우던 시기였습니다. 물론 그에게 어려운 일이 없었던 것은 아닙니다. 여러 가지 아픔을 겪어야 했습니다. 그래도 야곱은 크게 흔들리지 않았습니다. 오히려 신앙으로 그것을 극복해냈던 것입니다.

이 기간 동안 야곱은 두 번의 사별死別을 겪어야 했습니다. 아내 라헬의 죽음(35:19)과 아버지 이삭의 죽음(35:29)이 그것입니다. 라헬이 난산의 고통을 겪고 난 후에 죽으면서 낳은 아들 이름을 '베노니Ben-Oni'라고 불렀지요. '나의 슬픔의 아들son of my sorrow'이라는 뜻입니다. 그러자 야곱은 그 이름을 곧바로 '베냐민Benjamin'으로 바꿉니다. '오른손의 아들son of the right hand'라는 뜻입니다. 부정적인 의미를 긍정적인 의미로 바꾸어준 것입니다(35:18). 그것은 야곱이 긍정적인 사람이 되었다는 뜻입니다.

그리고 나서 야곱은 아버지 이삭이 살고 있던 헤브론으로 내려갑니다(35:27). 아버지를 속이고 고향을 떠난 후에 처음으로 다시 아버지를 만나게 된 것이지요. 라헬과 사별한 후에 오랫동안 아내 없이 혼자 지내는 아버지가 마음에 밟혔던 것으로 보입니다. 그렇게 야곱은 마침내 아버지와의 관계를 회복했습니다. 그리고 아버지가 돌아가셨을 때는 얍복강 사건을 통해서 관계를 회복했던 형 에서와 함께 장례를 모십니다(35:29). 그렇게 이삭의 가정은 무너진 관계를 완전히 복원합니다. 그 중심에 바로 야곱이 있었던 것입니다.

자녀들의 문제도 있었습니다. 레아를 통해서 얻은 장남 르우벤이 야곱의 또 다른 아내였던 빌하와 동침하는 불상사가 벌어집니다(35:22). 그 이야기를 듣고서도 야곱은 자신이 직접 나서서 르우벤을 책망하거나 복수하려고 하지 않습니다. 오히려 하나님께 그 일을 맡깁니다(49:2-4). 이렇게 야곱은 허물을 알면서도 덮어주는 성숙한 사람이 되었던 것입니다.

야곱에게 가장 큰 아픔을 안겨준 일은, 라헬을 통해서 얻은 아들 '요셉의 실종사건'이었습니다. 이 사건은 요셉이 17세가 되던 해에 벌어졌습니다(37:2). 야곱이 가족들과 함께 '엘 벧엘'의 제단을 쌓은 지 겨우 10

년 정도 지났을 때입니다. 라헬의 죽음도 야곱에게는 참아내기 힘든 일이었지만, 요셉의 실종과는 감히 비교할 수 없습니다.

야곱은 요셉의 피 묻은 채색옷을 보고 악한 짐승에게 찢겨서 죽임을 당했다고 확신합니다. 그래서 자신의 옷을 찢고 굵은 베로 허리를 묶고 오래도록 애통합니다. 그러면서 이렇게 말합니다. "나는 내 아들의 죽음을 슬퍼하면서 무덤으로 가련다"(창 37:35, 메시지). 차라리 죽고 싶다는 겁니다. 그 정도로 참아내기 힘든 슬픔을 겪었던 것입니다.

이 사건이 일어난 것은 야곱이 아버지 이삭과 함께 지내던 때였습니다(37:1). 아버지와의 관계를 회복하고 헤브론에 터를 잡고 살기 시작한 지 얼마 지나지 않았을 때였던 것입니다. 사실 이때가 야곱의 생애에서 최고의 황금기였습니다. 모든 가족관계는 회복되었습니다. 어려운 일은 다 지나갔습니다. 자녀들은 모두 성장하였고 나름대로 역할들을 잘하고 있습니다. 이제는 아무 걱정할 일이 없다 생각했는데, 그만 요셉을 잃어버린 것입니다.

이것은 야곱에게 큰 시험거리가 되었습니다. 그러나 아무리 불행한 일일지라도 하나님의 눈으로 보면 얼마든지 축복의 통로가 될 수 있습니다. 따지고 보면 이 세상에서 일어나는 불행한 일들은 사람들이 자초한 것이 대부분입니다. 요셉의 실종사건도 알고 보면 사실 야곱이 뿌린 대로 거둔 것입니다. 그런데 하나님은 그 아픔을 통해서도 오히려 구원의 역사를 만들어내시는 것입니다. 그렇기에 창세기의 주인공은 족장들이 아닙니다. 하나님이십니다.

요셉의 성품

이렇게 창세기는 야곱의 이야기에서 요셉의 이야기로 넘어갑니다. 요셉은 족장의 역사와 출애굽의 역사를 이어주는 다리 역할을 하는 사람입니다. 만일 요셉이 없었다면 야곱의 가족들이 이집트로 이주하지도 않았을 것이고, 그로부터 400년 후에 출애굽의 역사도 만들어지지 않았을 것입니다. 만일 출애굽이 없었다면 이스라엘이라는 나라가 만들어지지도 않았을 것이고, 아브라함과 이삭과 야곱에게 주신 약속들이 성취되지도 않았을 것입니다.

그런 의미에서 요셉은 하나님의 구원사에서 결정적인 역할을 하는 사람입니다. 그러나 요셉 이야기에 있어서도 주인공은 요셉이 아니라 하나님이십니다. 하나님이 그의 생애를 통해서 이루어 가시는 구원의 역사입니다.

요셉은 아버지 야곱으로부터 특별한 사랑을 받는 아들이었습니다.

> … 요셉이 십칠 세의 소년으로서 그의 형들과 함께 양을 칠 때에 그의 아버지의 아내들 빌하와 실바의 아들들과 더불어 함께 있었더니 그가 그들의 잘못을 아버지에게 말하더라(창 37:2).

여기에서 우리는 야곱의 아들들이 두 그룹으로 나누어져 있었다는 사실을 알게 됩니다. 첫 번째 그룹은 레아를 통해서 얻은 아들들이었고, 두 번째 그룹은 그 나머지 즉 빌하와 실바를 통해서 얻은 아들들이었습니다. 요셉은 이 두 번째 그룹에 속해있었습니다. 빌하와 실바는 레아와 라헬의 몸종이었습니다. 말하자면 아버지의 첩들입니다.

그러나 그런 그룹에 묶여 있었다는 것이 요셉에게는 아무런 문제가 되지 않았습니다. 어머니 없는 설움도 그에게 전혀 상처가 되지 않았습니다. 앞으로 이 점을 우리는 꼭 기억하고 있어야 합니다.

요셉은 "형들의 잘못을 아버지에게 말했다"라고 합니다. 우리는 대뜸 '고자질'을 생각하게 되지만, 그런 뜻이 아닙니다. '고자질'은 자신에게 돌아올 반사이익을 계산하여 하는 행동입니다. 형들을 깎아내림으로써 요셉이 얻어낼 것이 무엇이 있었을까요? 아무것도 없습니다. 왜냐하면 요셉은 이미 아버지의 특별한 사랑을 받고 있었기 때문입니다.

따라서 이 표현을 통해서 우리는 오히려 거짓말을 하지 못하는 요셉의 정직한 성품을 알게 됩니다. 그리고 아버지와의 막힘없는 관계를 또한 알게 됩니다. 어떤 이야기든 스스럼없이 할 수 있는 그런 관계였던 것이지요. 그렇지만 요셉에 대한 아버지의 특별한 사랑과 요셉의 정직한 성품은 다른 형제들에게 시기심을 불러일으켰습니다.

> 3요셉은 노년에 얻은 아들이므로 이스라엘이 여러 아들들보다 그를 더 사랑하므로 그를 위하여 채색옷을 지었더니 4그의 형들이 아버지가 형들보다 그를 더 사랑함을 보고 그를 미워하여 그에게 편안하게 말할 수 없었더라(창 37:3-4).

편애偏愛가 만들어내는 차별差別의 상처에 대해서 우리는 이미 이삭과 리브가의 이야기를 통해서 살펴보았습니다. 사실 야곱의 생애는 부모의 편애가 만들어낸 상처를 극복하는 과정이었다고 말할 수 있습니다. 그런데 정작 야곱 자신이 지금 요셉을 편애하고 있는 것입니다.

물론 야곱의 마음이 이해가 됩니다. 그가 얼마나 라헬을 사랑했는지 또한 어머니 없이 자라야 하는 요셉에 대해서 얼마나 마음이 쓰였을지 충분히 이해할 수 있습니다. 그러나 '편애'는 어디까지나 '편애'입니다. 잘못된 것입니다. 그것은 불행을 만들어내는 씨앗입니다. 앞으로 어떤 일이 벌어질지 뻔히 보이지 않습니까?

아나나 다를까 다른 형제들은 야곱을 미워했습니다. "그에게 편안하게 말할 수 없었다"고 합니다. NIV 성경은 "They could not speak a kind word to him"이라고 번역합니다. 친절한 말을 할 수 없었다는 뜻입니다. 메시지 성경은 아예 "They wouldn't even speak to him"이라고 풀이합니다. 말조차 건네지 않았다는 겁니다.

그런데 정작 요셉에게는 그런 상황이 아무런 상처가 되지 않았습니다. 눈치가 없어서가 아닙니다. 요셉의 본래 성품이 그랬던 것입니다. 바로 그 점을 성경은 강조하여 이야기하고 있습니다.

요셉의 꿈

이와 같은 요셉의 성품은 자신의 꿈을 가감 없이 솔직하게 말하는 모습을 통해서도 그대로 드러납니다.

> 5요셉이 꿈을 꾸고 자기 형들에게 말하매 그들이 그를 더욱 미워하였더라. 6요셉이 그들에게 이르되 청하건대 내가 꾼 꿈을 들으시오. 7우리가 밭에서 곡식 단을 묶더니 내 단은 일어서고 당신들의 단은 내 단을 둘러서서 절하더이다. 8그의 형들이 그에게 이르되 네가 참으로 우리의 왕이 되겠느냐 하고 그의 꿈과 그의 말로 말미암아 그를 더욱 미워하더니…(창 37:5-8).

어떻게 보면 철이 없는 것 같기도 합니다. 아무리 꿈이라지만 이런 이야기를 듣고 좋아할 사람이 어디에 있겠습니까. 그러나 요셉은 숨기지 않고 그대로 말합니다. 왜냐하면 요셉 자신에게는 아주 특별한 꿈이었기 때문입니다. 나중에 알게 되겠지만, 이것은 하나님이 주신 꿈이었습니다. 요셉은 정직하고 상처 없는 사람이었습니다. 그러니 꿈 이야기를 주저할 이유가 없는 것이지요.

물론 형들은 요셉의 꿈 이야기로 인해 더욱 요셉을 미워하게 되었습니다. 아마도 아버지의 일방적인 편애를 믿고 잘난 척한다고 생각했을 것입니다. 그러나 형들이 그렇게 판단한다고 해서 요셉이 실제로 그런 사람이라는 뜻은 아닙니다. 그리고 형들의 오해 또한 하나님의 일하심에 포함되어 있었다는 사실을 나중에 알게 될 것입니다.

그런데 설상가상이라고 요셉은 또 다른 꿈 이야기를 털어놓습니다.

9요셉이 다시 꿈을 꾸고 그의 형들에게 말하여 이르되 내가 또 꿈을 꾼즉 해와 달과 열 한 별이 내게 절하더이다 하니라. 10그가 그의 꿈을 아버지와 형들에게 말하매 아버지가 그를 꾸짖고 그에게 이르되 네가 꾼 꿈이 무엇이냐. 나와 네 어머니와 네 형들이 참으로 가서 땅에 엎드려 네게 절하겠느냐. 11그의 형들은 시기하되 그의 아버지는 그 말을 간직해 두었더라(창 37:9-11).

이번에는 아버지가 나서서 꾸짖을 정도였습니다. 상식적으로 이해할 수 없는 이야기이기 때문입니다. 그러나 형들은 요셉을 시기했지만, 아버지는 그 말을 마음속에 간직해 두었습니다. 마치 예수님의 이야기와 같습니다. 명절 때 예루살렘에 올라갔다가 예수님을 잃어버린 부모가 찾아다니다가 예루살렘 성전에서 만나게 되자, 예수님이 "내가 내 아버지의 집에 있어야 될 줄을 알지 못하셨습니까?"라고 말했습니다. 모두들 무슨 뜻인지 깨닫지 못했지만, 어머니는 마음에 두었지요(눅 2:51).

사람들은 자신이 이해할 수 없으면 상대방더러 틀렸다고 말합니다. 그러나 이해할 수 없다고 해서 그것을 틀렸다고 말할 수는 없는 일입니다. 단지 내가 이해하지 못할 뿐입니다. 요셉은 지금 하나님이 주신 꿈을 이야기하고 있습니다. 사람들은 하나님의 꿈을 결코 온전하게 이해할 수 없습니다. 그렇다고 해서 무조건 틀렸다고 하면 안 되지요. 만일 그것이 하나님의 꿈이라면 언젠가 실제로 이루어질 수도 있습니다. 야곱은 그 점을 생각하게 되었던 것입니다. 지금 이해하지 못하더라도 마음에 간직해 두면 언젠가 이해할 수 있을 때가 오는 법입니다.

이 대목에서 우리는 하나님이 주시는 꿈에 대해서 생각하지 않을 수 없습니다. '하나님의 꿈'과 사람들이 말하는 이른바 '개꿈'을 어떻게 구분할 수 있을까요? '하나님의 꿈'은 세월이 지날수록 더욱 분명해집니다.

그러나 '개꿈'은 금방 잊어버리게 됩니다.

'하나님의 꿈'은 반복해서 꾸게 됩니다. 요셉이 꾸었던 '곡식 단의 꿈'이나 '해, 달, 별들의 꿈'도 그렇고, 앞으로 파라오가 꾸게 될 '살진 소, 파리한 소의 꿈'과 '충실한 이삭, 마른 이삭의 꿈'도 역시 마찬가지입니다. 형식은 달라도 내용은 같습니다. 그러나 '개꿈'은 일회성입니다.

또한 하나님의 꿈은 공개적으로 말하지 않을 수가 없습니다. 예레미아 선지자는 하나님의 말씀을 말하지 않으면 "마음이 불붙는 것 같아서 답답하여 견딜 수 없다"(렘 20:9)라고 했습니다. 하나님의 꿈은 그렇게 선포하게 되어 있습니다. 그리고 마침내 하나님의 때가 되면 그 꿈이 반드시 이루어집니다. 실제로 요셉의 꿈은 그대로 현실이 되었습니다. 요셉의 꿈을 틀렸다고 비판하고 오해하고 미워하는 형들이 틀렸던 것이지요.

요셉 실종사건

드디어 요셉 실종사건이 벌어지게 됩니다. 이 사건은 아버지가 요셉을 심부름 보내는 일로 시작됩니다.

> 12그의 형들이 세겜에 가서 아버지의 양 떼를 칠 때에 13이스라엘이 요셉에게 이르되 네 형들이 세겜에서 양을 치지 아니하느냐. 너를 그들에게로 보내리라. 요셉이 아버지에게 대답하되 내가 그리하겠나이다. 14이스라엘이 그에게 이르되 가서 네 형들과 양 떼가 다 잘 있는지를 보고 돌아와 내게 말하라 하고 그를 헤브론 골짜기에서 보내니 그가 세겜으로 가니라(창 37:12-14).

지금 야곱은 헤브론에 머물고 있습니다. 야곱은 세겜에서 양 떼를 치던 형들의 근황을 알아오라고 요셉을 보냅니다. 세겜에 있던 형들은 아마도 레아를 통해서 얻은 아들들이었을 것입니다. 맏아들 르우벤을 비롯해서 시므온이나 유다가 그 속에 포함되어 있습니다. 그들은 라헬의 아들이었던 요셉에 대해서 '라이벌 의식'을 가지고 있었습니다.

특히 르우벤이 더욱 그랬을 것입니다. 왜냐하면 그가 지은 죄로 인해서 아버지 눈 밖에 났다고 생각하고 있었기 때문입니다. 만일 장자권이 그에게 주어지지 않는다면, 그때는 요셉에게로 넘어가게 되어 있습니다. 그러니 요셉을 눈엣 가시처럼 여겼을 것이 분명한 일입니다.

요셉이 그것을 몰랐을까요? 물론 알고 있었을 것입니다. 그러나 요셉은 아버지의 명령이 떨어지자마자 순종합니다. 사실 헤브론에서 세겜까지는 제법 먼 거리입니다. 하루 이틀에 다다를 수 있는 거리가 아닙니다. 게다가 세겜에 가보았더니 형들이 도단으로 옮겼다는 사실을 알게 됩니다 (37:17). 거기까지 군이 찾아갈 필요가 없지만 요셉은 아버지가 부탁한 대로 형들을 찾을 때까지 찾아다녔던 것입니다. 요셉은 그런 사람이었습니다.

헤브론으로부터 아주 먼 곳에 있는 들판에서 형들은 뜻밖에도 요셉이 오는 것을 발견했습니다. 언제나 사람이 없는 한적한 들판이 문제입니다. 가인이 동생 아벨을 죽인 곳도 들판이었습니다. 들판은 인간의 죄성이 가장 잘 드러나는 곳입니다.

> 18요셉이 그들에게 가까이 오기 전에 그들이 요셉을 멀리서 보고 죽이기를 꾀하여 19서로 이르되 꿈꾸는 자가 오는도다. 20자, 그를 죽여 한 구덩이에 던지고 우리가 말하기를 악한 짐승이 그를 잡아먹었다 하자. 그의 꿈이 어떻게 되는지를 우리가 볼 것이니라 하는지라(창 37:18-20).

그들은 요셉의 꿈을 미워했습니다. 요셉을 죽이려고 했습니다. 그러면서 "그의 꿈이 어떻게 되는지 보자"라고 말합니다. 그런데 그들이 알지 못하는 것이 있습니다. 그것은 요셉의 꿈이 아니었습니다. 그 꿈은 하나님이 주신 꿈입니다. 하나님의 꿈을 대적하면 하나님을 대적하는 자가 됩니다. 그것을 몰랐습니다.

이때 뜻밖에도 르우벤이 나서서 그 계획을 막습니다.

> 21르우벤이 듣고 요셉을 그들의 손에서 구원하려 하여 이르되 우리가 그의 생명
> 은 해치지 말자. 22르우벤이 또 그들에게 이르되 피를 흘리지 말라. 그를 광야 그
> 구덩이에 던지고 손을 그에게 대지 말라 하니 이는 그가 요셉을 그들의 손에서
> 구출하여 그의 아버지에게로 돌려보내려 함이었더라(창 37:21-22).

르우벤이 이렇게 나선 이유가 무엇일까요? 장남으로서의 책임감이
발동했을지도 모릅니다. 만일 형제 사이에 살인사건이 발생한다면 가장
연장자였던 자신에게 그 책임이 돌아올 것이기 때문입니다. 아니면 요셉
을 구함으로써 아버지의 첩과 동침했던 자신의 실수를 만회하는 기회로
삼으려고 했을 수도 있습니다. 일단은 르우벤의 말대로 따르기로 했습니
다. 그러나 르우벤이 자리를 비운 사이에 큰일이 벌어집니다.

> 25그들이 앉아 음식을 먹다가 눈을 들어 본즉 한 무리의 이스마엘 사람들이 길르
> 앗에서 오는데 그 낙타들에 향품과 유향과 몰약을 싣고 애굽으로 내려가는지라.
> 26유다가 자기 형제에게 이르되 우리가 우리 동생을 죽이고 그의 피를 덮어둔들
> 무엇이 유익할까. 27자 그를 이스마엘 사람들에게 팔고 그에게 우리 손을 대지
> 말자. 그는 우리의 동생이요 우리의 혈육이니라 하매 그의 형제들이 청종하였더
> 라(창 37:25-27).

이번에는 유다가 나서서 요셉을 팔아버리자고 제안한 것입니다. 죽이
는 것보다 팔아넘기는 것이 유익하다는 유다의 제안에 모두 동의합니다.
혈육에 대한 정 때문이 아니라, 경제적인 이유 때문에 설득이 된 것입니
다. 그렇게 요셉은 이집트로 팔려갔고, 형들은 요셉의 채색옷을 이용하여

아버지를 속입니다. 아이러니하게도 야곱은 새끼 염소로 아버지를 속였는데, 정작 자신은 염소피로 자식들에게 속임당한 것입니다.

그렇게 또다시 야곱의 집안에 죄의 고통이 시작되었습니다. 야곱은 요셉의 죽음으로 인해 평생 슬퍼하며 지내야 했습니다. 그리고 요셉의 형들은 동생을 팔아넘기고 아버지를 속인 죄의식으로 평생 마음 졸이며 지내게 되었습니다. 아브라함 가정도 그렇고, 이삭의 가정도 그렇고 또한 야곱의 가정까지 어쩌면 그렇게 판박이인지 모릅니다. 그러나 그것이 우리 모두의 현실입니다. 그 문제를 해결하기 위해서 예수 그리스도가 오셔야 했던 것입니다.

우리는 요셉의 생애에서 장차 오실 예수 그리스도의 모습을 봅니다. 어떤 상황에서도 결코 상처를 받지 않는 모습도 그렇고, 하나님의 꿈을 품고 있다는 이유로 사람들에게 오해받는 모습도 그렇고, 형제들에게 배신당하여 은 이십에 팔리는 것도 비슷합니다. 지금 요셉은 억울하게 고난 받는 종이 되겠지만, 장차 그를 통해서 야곱의 가족들이 구원을 받게 될 것입니다. 그 일을 통해서 인류를 구원하는 하나님의 일하심이 드러나게 될 것입니다.

* **묵상 질문**: 나는 쉽게 상처를 받는 사람입니까?
* **오늘의 기도**: 하나님의 꿈을 품고 있다는 이유로 사람들로부터 오해받는 것을 두려워하지 않게 하옵소서. 오히려 당당하게 하나님의 꿈을 선포하고 그 일에 동역하는 사람이 되게 하옵소서. 예수님의 이름으로 기도합니다. 아멘.

신실한 종 요셉

읽을 말씀: 창세기 39:1-40:23

새길 말씀: 여호와께서 요셉과 함께 하시므로 그가 형통한 자가 되어 그의 주인 애굽
사람의 집에 있으니 그의 주인이 여호와께서 그와 함께 하심을 보며 또 여호
와께서 그의 범사에 형통케 하심을 보았더라(창 39:2-3).

요셉의 이야기를 살펴보면서 우리는 지금까지의 족장들과는 무언가
다른 모습을 발견하게 됩니다. 형제들의 시기를 받으면서도 결코 상처받
지 않는 해맑은 성품이나 아버지의 말씀에 기꺼이 순종하는 태도나 하나
님이 주신 꿈을 당당하게 선포하고 또한 소중하게 여기는 요셉의 모습은
족장들의 부전자전父傳子傳의 고리를 끊어낼 가능성을 우리에게 보여줍니
다. 실제로 그는 악순환의 고리를 끊어낸 아주 특별한 사람이 되었습니다.

물론 요셉은 완벽하지 않습니다. 이 세상에 완벽한 사람이란 없습니
다. 그러나 '믿음의 조상' 4대 만에 그래도 가장 괜찮은 '믿음의 후손'이 이
렇게 등장하고 있는 것입니다. 믿음은 위기의 순간에 더욱 빛나게 되어있
습니다. 요셉의 믿음은 형제들의 손에 의해 종으로 팔려간 곳에서 더욱

빛을 발합니다. 그리하여 진정한 믿음이란 상황이나 환경이 아니라 하나님과의 올바른 관계에 기초하고 있다는 사실을 우리에게 보여줍니다.

신분의 변화

요셉은 아버지 야곱으로부터 특별한 사랑을 받고 자라난 아들이었습니다. 그러나 형제들의 시샘으로 하루아침에 종으로 팔리는 신세가 되고 말았습니다. 그 일은 요셉에게 적지 않은 충격을 주었을 것이 분명합니다.

> 요셉이 이끌려 애굽에 내려가매 바로의 신하 친위대장 애굽 사람 보디발이 그를 그리로 데려간 이스마엘 사람의 손에서 요셉을 사니라(창 39:1).

요셉은 지금 자신의 인생에서 가장 급격한 변화를 경험하고 있습니다. '아들'의 신분에서 '노예'의 신분으로 바뀌었습니다. '반유목민 문화'의 환경에서 '도시 문화'의 환경으로 바뀌었습니다. 자의에 의한 '자발적'인 의사결정에서 타의에 의한 '강제적'인 의사결정으로 바뀌었습니다. 이제 겨우 열일곱 살인데, 그 어린 나이에 이 모든 일을 겪어야 했던 것입니다. 무엇보다도 형들에 대한 배신감을 극복하는 것이 가장 힘든 일이었을 것입니다.

요셉은 파라오의 신하 친위대장 보디발Potiphar에게 종으로 팔렸습니다. '파라오의 신하an officer of the Pharaoh'는 정부의 관리를 의미합니다. 그리고 '친위대장the captain of the guard'은 이집트 파라오의 경호를 총책임지는 아주 중요한 자리입니다. 보디발의 집에 감방이 딸려 있었던 것도 바로 그 때문입니다. 그런데 왜 하필이면 그렇게 중요한 사람의 집에 요셉이 종으로 팔려가게 된 것일까요?

이것은 하나님의 섭리와 인도하심이 아니면 설명할 수 없는 일입니다. 사실 가나안 땅은 이집트 왕국에서 볼 때 변방이었습니다. 그렇게 중요한 곳이 아닙니다. 요셉은 그 변방 중에서도 변두리로 떠돌며 살던 그저 평범한 집안의 평범한 소년입니다. 그런데 어느 날 갑작스럽게 이집트 왕국으로 들어왔습니다. 이집트 왕국 중에서도 가장 중심지로 삶의 자리를 옮겨온 것입니다. 비록 종의 신분이었지만 말입니다.

요셉의 형들은 그렇게 될 줄 상상이나 했을까요? 단지 시기심과 미움으로 팔아넘겼을 뿐입니다. 사실은 요셉을 없애버리고 싶었습니다. 요셉이 망하는 꼴을 보고 싶었습니다. 요셉의 꿈이 이루어지지 않는 것을 보고 싶었습니다. 그런데 하나님은 요셉을 파라오의 왕궁 곁으로 옮겨놓으셨습니다. 이집트 왕국에서 가장 중요한 역할을 하는 사람의 집으로 들어가게 하셨습니다. 그것이 하나님의 일하심입니다. 하나님은 그렇게 악을 선으로 바꾸십니다. 모든 것이 합력하여 선을 이루게 하십니다.

형통한 자

그런데 이때 요셉은 하나님이 자신의 삶에 개입하고 계시다는 사실을 느끼고 있었을까요? 아마도 그런 생각을 할 겨를이 없었을 것입니다. 당장에 자신에게 주어진 생소한 역할을 감당하느라 정신이 없었을 것입니다. 아는 사람이 하나도 없는 곳에 종으로 팔려 와서 누군가를 섬기면서 살아야 합니다. 그것은 요셉이 난생 처음 해보는 일입니다. 그러나 하나님이 요셉과 함께 하셔서 아주 잘 하게 하셨습니다.

2여호와께서 요셉과 함께 하시므로 그가 형통한 자가 되어 그의 주인 애굽 사람의 집에 있으니 3그의 주인이 여호와께서 그와 함께 하심을 보며 또 여호와께서 그의 범사에 형통하게 하심을 보았더라(창 39:2-3).

여기에 보면 '형통'이라는 말이 두 번씩이나 사용됩니다. 우리말 '형통 亨通'이란 모든 일이 뜻대로 잘 되어 가는 것을 의미합니다. 생각하고 계획하면 그대로 된다는 것입니다. 이에 해당되는 히브리어 '촬라크tsalach'도 그와 비슷합니다. 영어로는 'prosper번창하다' 또는 'be successful성공하다'로 번역되는 말입니다.

그러니까 요셉이 '형통한 자'가 되었다는 것은, 그가 하는 일마다 잘 되었다는 이야기입니다. 그것은 마치 이삭이 그랄 땅에서 처음으로 농사를 짓던 때와 같습니다. '초보 농사꾼'이었지만 그해에 백배의 결실을 거두었지요. 마찬가지입니다. 요셉도 어린 나이에 '초보 종'이 되었지만 무엇을 하든지 술술 풀려서 잘하게 되었던 것입니다. 그 이유가 무엇이라고 했습니까?

그렇습니다. 하나님이 요셉과 함께 하셨기 때문입니다. 그런데 우리의 주목을 끄는 부분은, "그의 주인이 여호와께서 그와 함께 하심을 보았다"는 말씀입니다. 보디발은 이집트 사람입니다. 그가 여호와 하나님에 대해서 알 리가 없습니다. 이집트에서 국가가 공인하고 있는 신들만 해도 수십 개입니다. 여호와 하나님은 거기에 끼어있지도 못합니다. 그런데 어떻게 "여호와 하나님이 요셉과 함께 하시는 것을 보았다"고 말할 수 있을까요?

그것은 요셉이 어떤 일을 해낼 때마다 늘 여호와 하나님께 감사하고 찬양했기 때문입니다. 주인으로부터 칭찬을 받을 때마다 요셉은 여호와 하나님께 그 영광을 돌렸던 것입니다. 그래서 보디발은 '여호와'라는 신이 요셉과 함께 하면서, 그가 하는 일마다 잘 되게 해주신다는 사실을 알게 되었던 것이지요. 그가 여호와 하나님을 믿게 되었다는 뜻이 아닙니다. 단지 요셉이 여호와 하나님을 신실하게 믿고 있다는 사실을 알게 된 것이지요.

마침내 보디발은 요셉에게 중요한 직책을 맡깁니다.

4요셉이 그의 주인에게 은혜를 입어 섬기매 그가 요셉을 가정 총무로 삼고 자기의 소유를 다 그의 손에 위탁하니 5그가 요셉에게 자기의 집과 그의 모든 소유물을 주관하게 한 때부터 여호와께서 요셉을 위하여 그 애굽 사람의 집에 복을 내리시므로 여호와의 복이 그의 집과 밭에 있는 모든 소유에 미친지라(창 39:4-5).

"요셉이 그의 주인에게 은혜를 입었다"는 말은 "주인의 눈에 들었다"(Joseph found favor in his eyes)는 뜻입니다. 요셉은 본래 상처가 없는 사람이었습니다. 비록 종의 신분이었지만 그것으로 인해 주눅 들지 않았습니다. 언제나 자신감이 넘치는 행동과 어떤 일이든지 하나님께 영광을 돌리는 겸손한 모습과 모든 일을 깔끔하게 처리하는 능력까지 구비하였으니, 어떻게 주인의 눈에 들지 않을 수가 있었겠습니까?

보디발은 요셉에게 '가정 총무personal attendant'라는 역할을 맡깁니다. 주인을 대신하여 가정 내의 대소사大小事를 처리하는 책임을 맡긴 것입니다. 그냥 허드렛일 정도가 아닙니다. 주인의 모든 소유물을 관리하게 했습니다. 그랬더니 하나님께서 보디발의 집에 복을 내리셔서 점점 더 부자가 되게 하셨습니다. 누구 때문입니까? 요셉 때문입니다. 하나님이 요셉을 위하여 그렇게 하신 것입니다.

바로 이것이 '복이 되는 복'입니다. 요셉으로 말미암아 다른 사람들이 복을 받게 되는 것입니다. 아브라함과 이삭과 야곱에게 거듭 약속하신 세 가지 복 중에서 마지막 세 번째 복입니다. 그 복을 요셉에게도 부어주셨던 것입니다.

정욕의 시험

그런데 요셉은 단지 일만 잘하는 사람이 아니었습니다.

주인이 그의 소유를 다 요셉의 손에 위탁하고 자기가 먹는 음식 외에는 간섭하지
아니하였더라. 요셉은 용모가 빼어나고 아름다웠더라(창 39:6).

가정 총무 역할이 주어질 정도가 되었으니 요셉은 지금 20대 중반의
나이에 들어섰을 것입니다. 그는 여러모로 매력적인 청년이었습니다. 성
실한 자세에다 뛰어난 능력에다 준수한 용모까지 갖추었으니 말입니다.
요셉은 모든 사람이 좋아할 만한 그런 캐릭터입니다. 그런데 이것은 큰
장점일 수 있지만, 그와 동시에 시험거리일 수도 있습니다. 특히 하나님
을 믿는 사람들에게는 더더욱 그렇습니다.
　아니나 다를까 요셉은 주인의 아내로부터 유혹을 받게 됩니다.

7그 후에 그의 주인의 아내가 요셉에게 눈짓하다가 동침하기를 청하니 8요셉이
거절하며 자기 주인의 아내에게 이르되 내 주인이 집안의 모든 소유를 간섭하지
아니하고 다 내 손에 위탁하였으니 9이 집에는 나보다 큰 이가 없으며 주인이 아
무것도 내게 금하지 아니하였어도 금한 것은 당신뿐이니 당신은 그의 아내임이
라. 그런즉 내가 어찌 이 큰 악을 행하여 하나님께 죄를 지으리이까(창 39:7-9).

　요셉은 두 가지 이유를 들어 안주인의 유혹을 거절합니다. 하나는 자
신을 믿고 모든 소유를 맡겨준 주인을 배신할 수 없다는 이유입니다. 다
른 하나는 하나님께 죄를 지을 수 없다는 이유입니다. 바로 이것이 하나
님으로부터 시작하는 인생에게서 발견할 수 있는 특징입니다. 매사에 하
나님을 포함하여 생각하고, 선택하고, 행동하는 것입니다. 요셉은 칭찬
을 받을 때도 하나님을 포함시켰지만 유혹을 받을 때도 하나님을 포함시
켰습니다. 그래서 유혹을 이겨낼 수 있었던 것입니다.
　그러나 안주인의 유혹은 끈질기게 계속되었습니다.

여인이 날마다 요셉에게 청하였으나 요셉이 듣지 아니하여 동침하지 아니할 뿐
더러 함께 있지도 아니하니라(창 39:10).

일회성으로 끝나는 시험은 없습니다. 한번 유혹을 거절했다고 그것
으로 끝나지 않습니다. 매일 거절할 준비를 해야 합니다. 요셉은 유혹을
거절하는 방법을 잘 알고 있었습니다. 듣지도 않고 함께 있지도 않는 것
입니다. 귀를 기울여 듣기 시작하면 넘어가게 되어있습니다. 조금이라도
틈을 보이면 또한 넘어가게 되어있습니다. 따라서 아예 접촉점을 만들지
않는 것이 상책입니다.

그러나 여기에는 특별한 용기가 필요합니다. 거절에 따른 불이익을 감
수할 준비가 되어있어야 합니다. 실제로 요셉에게 그런 일이 닥쳐옵니다.

정직의 대가

안주인의 유혹을 뿌리치다가 요셉은 억울한 누명을 쓰게 됩니다. 옷
을 버려두고 황급하게 그 자리를 피했는데, 안주인은 오히려 그것을 범
죄의 증거로 둔갑시켜 버렸던 것입니다. 그 이야기가 주인에게 들어갔
고, 결국 요셉은 옥에 갇히는 신세가 되었습니다.

19그의 주인이 자기 아내가 자기에게 이르기를 당신의 종이 내게 이같이 행하였
다 하는 말을 듣고 심히 노한지라. 20이에 요셉의 주인이 그를 잡아 옥에 가두니
그 옥은 왕의 죄수를 가두는 곳이었더라…(창 39:19-20a).

보디발은 자신의 아내가 요셉을 모함하고 있을 것이라고는 꿈에도
생각하지 못했습니다. 그렇게 해서 종이었던 요셉이 배은망덕하게도 나
쁜 짓을 하려다 실패한 놈이 되고 말았습니다. 요셉의 입장에서는 신앙

의 양심에 따라서 정직하게 살았을 뿐인데, 억울하게 누명을 쓰고 옥에 갇히게 된 것입니다.

만일 옥살이를 하는 것이 정직의 대가라면 과연 신앙의 양심에 따라서 산다는 것이 무슨 의미가 있을까요? 차라리 나쁜 짓을 하다가 벌을 받는 것이 낫지 않을까요? 아마 요셉에게도 이런 생각이 생겼을 것입니다.

그러나 요셉은 상처가 없는 사람이었습니다. 억울하게 옥살이를 하게 되었지만 그로 인해 상처받지 않았습니다. 요셉은 옥에 갇힌 후에도 지금까지 살아오던 방식대로 늘 신앙의 양심에 따라 정직하게 살았습니다.

> 20… 요셉이 옥에 갇혔으나 21여호와께서 요셉과 함께 하시고 그에게 인자를 더하사 간수장에게 은혜를 받게 하시매 22간수장이 옥중 죄수를 다 요셉의 손에 맡기므로 그 제반 사무를 요셉이 처리하고 23간수장은 그의 손에 맡긴 것을 무엇이든지 살펴보지 아니하였으니 이는 여호와께서 요셉과 함께 하심이라 여호와께서 그를 범사에 형통하게 하셨더라(창 39:20b-23).

요셉이 보디발의 집에 처음 왔을 때처럼, 하나님은 옥에 갇힌 요셉에게 은혜를 더하셨습니다. 지난번에는 '보디발의 눈에 들게' 하시더니, 이번에는 '간수장의 눈에 들게'(favor in the eyes of the prison warden) 하셨습니다. 간수장은 요셉에게 제반 사무를 다 맡기고 전혀 간섭하지 않았습니다. 하나님께서 요셉과 함께 하셔서 그가 하는 일마다 최선의 결과를 낳게 해주셨기 때문입니다.

그런데 이 대목에서 우리는 "범사에 형통한다"라는 말을 곱씹어볼 필요가 있습니다. 우리가 생각하고 마음먹은 대로 모든 일이 술술 풀려갈 때 또는 우리가 생각지도 않았던 좋은 일들이 마구 생겨날 때 우리는 "범사에 형통한다"라고 합니다. 그러나 요셉의 경우는 사실 그와 정반대입니다. 그가 형들에게 배신당하여 종으로 팔릴 것을 상상이나 했겠습니까? 억울한 누명을 쓰고 옥살이를 하게 될 것을 예상이나 했겠습니까? 생각지도 않았던 나쁜 일들이 자꾸 그에게 벌어지고 있는 것입니다.

그래도 요셉을 가리켜서 과연 '범사에 형통한 자'라고 말할 수 있을까요? 차라리 '범사에 지지리도 운이 없는 자'라고 해야 하지 않을까요? 아무리 주인에게 인정받는다고 하더라도 종의 신분이 달라지지는 않습니다. 아무리 간수장에게 귀여움을 받는다고 하더라도 죄수의 신분이 달라지지는 않습니다. 그렇다면 성경은 왜 "여호와께서 그를 범사에 형통하게 하셨다"고 말씀하고 있는 것일까요?

앞에서 '형통亨通'이란, 모든 일이 '뜻대로' 잘 되어 가는 것을 의미한다고 했습니다. 자, 그런데 누구의 뜻일까요? 누구의 뜻대로 잘 된다는 것일까요? 만일 요셉이 마음먹은 뜻대로 잘 되는 것이 '형통'이었다면, 그가 이렇게 종으로 팔려오거나 억울하게 옥살이를 해서는 안 됩니다. 그러나 하나님의 뜻대로 잘 되는 것이라면 얼마든지 그럴 수 있습니다. 왜냐하면 하나님은 어떤 상황도 축복의 재료로 사용하실 수 있는 분이기 때문입니다.

그렇다고 해서 하나님이 일부러 요셉을 종이 되게 만들었다거나, 옥에 갇히게 만들었다고 말하면 안 됩니다. 그것은 인간의 죄가 만들어낸 고통입니다. 형들이 요셉을 미워하고 죽이려고 한 것은 사실 아버지의 편애가 만들어낸 것입니다. 그러나 하나님은 요셉을 이곳 보디발의 집으로 보내셨습니다. 요셉의 억울한 옥살이는 보디발 아내의 정욕 때문에 생긴 일입니다. 그러나 하나님은 옥에서도 은혜를 입게 하셨습니다. 그리고 더욱 빠른 구원의 길을 준비하셨습니다.

따라서 '믿음의 후손'은 반드시 범사에 형통하게 되어있습니다. 때로 억울한 일을 당하고 극심한 어려움에 처한다 할지라도 결국 그들을 향한 하나님의 뜻대로 이루어지기 때문입니다. 그러니 사람을 비난할 일이 아닙니다. 오직 하나님을 신뢰하고 기다릴 뿐입니다. 요셉에게 상처가 없었던 것은 바로 그 때문이었습니다.

파라오의 두 관원

요셉의 구원을 위한 하나님의 일하심은 파라오의 왕궁에서 일하던
두 관원이 옥에 갇히는 사건을 통해서 드러납니다.

> 1그 후에 애굽 왕의 술 맡은 자와 떡 굽는 자가 그들의 주인 애굽 왕에게 범죄한지
> 라. 2바로가 그 두 관원장 곧 술 맡은 관원장과 떡 굽는 관원장에게 노하여 3그들
> 을 친위대장의 집 안에 있는 옥에 가두니 곧 요셉이 갇힌 곳이라. 4친위대장이
> 요셉에게 그들을 수종들게 하매 요셉이 그들을 섬겼더라. 그들이 갇힌 지 여러
> 날이라(창 40:1-4).

'술 맡은 자the cupbearer'와 '떡 굽는 자the baker'는 파라오가 가장 신뢰하는
측근 중의 측근입니다. 왜냐하면 당시에는 왕을 독살하려는 시도가 빈번
하게 일어났기 때문입니다. 대부분 술과 음식을 통해서 그 시도가 이루
어지기 때문에, 파라오는 가장 신뢰할만한 사람을 그 일의 책임자로 세
웁니다. 그런데 이 두 관리가 동시에 옥에 갇힌 겁니다. 아마도 파라오를
시해弑害하려는 모종의 사건이 벌어졌던 것으로 보입니다.

그들은 파라오의 고위 관리였기 때문에 친위대장의 집 안에 있는 옥
으로 보내졌습니다. 이곳에 누가 있었습니까? 그렇습니다. 요셉이 있었
습니다. 요셉은 친위대장의 직접적인 지시를 받고 그들의 수종을 들게
되었습니다. 하나님을 믿지 않는 사람들은 이것을 '우연의 일치'라고 말
할 겁니다. 그러나 하나님을 믿는 사람들에게 '우연의 일치'란 없습니다.

만일 요셉이 이곳에 갇히지 않았다면 어떻게 그들을 만날 수 있었겠
습니까. 그렇습니다. 만일 우리가 기대하지 않았던 일이 일어난다면, 오

히려 그 일을 통해서 일하시는 하나님을 기대해야 하는 것입니다.

5옥에 갇힌 애굽 왕의 술 맡은 자와 떡 굽는 자 두 사람이 하룻밤에 꿈을 꾸니 각기 그 내용이 다르더라. … 8그들이 그에게 이르되 우리가 꿈을 꾸었으나 이를 해석할 자가 없도다 요셉이 그들에게 이르되 해석은 하나님께 있지 아니하니이까 청하건대 내게 이르소서(창 40:5-8).

요셉의 섬김은 마음의 근심까지도 헤아리는 것이었습니다. 그가 의무적으로 그 일을 하지 않았다는 증거입니다. 이것이 하나님을 섬기는 사람들의 섬기는 모습입니다. 진정한 섬김은 마음의 문을 열게 합니다. 그들은 자신들이 꾸었던 꿈 이야기를 털어놓게 됩니다. "해석은 하나님께 있습니다"라는 요셉의 말이 그들의 마음을 움직였습니다.

요셉은 매사에 그렇게 하나님을 포함하는 사람이었습니다. 칭찬을 들을 때도, 유혹을 받을 때도, 사람들이 마음을 열었을 때도 그는 언제나 하나님을 포함시켰습니다. 요셉은 두 관원의 꿈을 듣습니다. 그리고 곧바로 해석해줍니다. 어떻게 그럴 수 있었을까요? 요셉은 하나님의 영에 감동된 사람이었기 때문에(41:38), 꿈을 들으면 곧바로 해석했던 것입니다. 실제로 요셉의 해석대로 떡 맡은 관원장은 사흘 후에 처형당했고, 술 맡은 관원장은 사흘 후에 복권되었습니다.

그러나 그것으로 끝이었습니다. 술 맡은 관원장은 자신을 기억해 달라는 요셉의 부탁을 잊어버렸습니다(40:23). 그 일이 요셉에게 상처가 되었을까요? 사람은 믿어보아야 아무 소용없다고 하면서 낙심하게 되었을까요? 아닙니다. 요셉은 상처가 없는 사람입니다. 그런 일로 상처받는 사람이 아닙니다. 왜냐하면 요셉은 사람들을 믿고 의지하는 사람이 아니라 사람들을 통해서 일하시는 하나님을 믿고 의지하는 사람이었기 때문입니다.

* **묵상 질문**: 나의 믿음은 상황에 따라서 왔다 갔다 하지 않습니까?

* **오늘의 기도**: 우리의 믿음은 지나치게 상황에 의존하는 것이었습니다. 다른 사람에게 실망하여 상처받을 때마다 우리의 믿음도 흔들렸습니다. 믿음의 후손으로서 우리의 정체성을 분명히 세우게 하시고, 언제나 범사에 형통하게 하시는 하나님의 일하심을 끝까지 신뢰할 수 있게 하옵소서. 예수님의 이름으로 기도합니다. 아멘.

이집트 총리가 된 요셉

읽을 말씀: 창세기 41:1-57

새길 말씀: 바로가 그의 신하들에게 이르되 이와 같이 하나님의 영에 감동된 사람을 우리
가 어찌 찾을 수 있으리요 하고… 너는 내 집을 다스리라 내 백성이 다 네
명령에 복종하리니 내가 너보다 높은 것은 내 왕좌뿐이니라(창 41:38-40).

　　요셉의 이야기를 읽다 보면, 누가복음 19장에 기록되어 있는 '열 므나
의 비유'를 떠올리게 됩니다. 주인이 먼 나라로 가면서 열 명의 종들에게
각각 한 므나를 주면서 장사하라고 했지요. 나중에 돌아와서 결산을 하
면서 한 므나로 열 므나를 남긴 종에게 주인은 이렇게 말합니다. "네가
지극히 작은 것에 충성하였으니 열 고을 권세를 차지하라"(눅 19:17). 여
기에서 우리는 두 가지 메시지를 발견할 수 있습니다.

　　우선 주인의 관심은 '능력'이 아니라 '충성'에 있었다는 사실입니다.
주인에게 중요한 것은 한 므나로 얼마나 많은 이익을 남겼는가가 아닙니
다. 오히려 지극히 작은 것에 충성했다는 이유로 그 종을 칭찬하십니다.

다섯 므나를 남긴 종도 마찬가지입니다. 왜냐하면 충성의 대상은 '돈'이 아니라 '주인'이기 때문입니다. 아무리 작은 것일지라도 주인이 맡겨주셨기 때문에 그것에 충성하는 것이지요. 그러니까 결국 주인과 올바른 관계를 맺고 있는 종이 작은 일에도 충성할 수 있는 것입니다. 이것이 첫 번째 메시지입니다.

두 번째는 작은 것에 충성한 종에게 주인은 그가 남긴 이익금을 보상으로 주지 않았다는 사실입니다. 오히려 '열 고을 권세'를 허락해주셨습니다. 다시 말해서 열 개의 도시를 다스릴 수 있도록 해 주셨다는 것입니다. 그 도시들을 '소유'로 허락해 준 것이 아닙니다. 단지 다스릴 수 있는 '권세'를 주신 것입니다. 무슨 뜻입니까? 그가 가지고 있는 능력을 발휘할 수 있는 기회를 주신 것입니다. 다섯 므나를 남긴 종도 마찬가지입니다. 칭찬은 똑같지만 다스리는 도시의 숫자는 다릅니다.

이 비유는 요셉의 이야기에 그대로 적용됩니다. 요셉은 작은 것에 충성하는 사람이었습니다. 집에서는 아버지가 맡긴 일에 충성했습니다. 보디발의 집에서 가정 총무로 있을 때나, 억울하게 누명을 쓰고 옥에 갇혔을 때도 역시 마찬가지였습니다. 상황은 바뀌었지만 그의 정체성은 바뀌지 않았습니다. 언제나 성실하고 정직하게 일했습니다.

왜냐하면 그는 하나님에게 충성하는 사람이었기 때문입니다. 요셉의 충성이 검증된 후에 하나님은 그의 능력을 발휘할 수 있도록 이집트 왕국을 다스리고 또한 섬길 수 있는 권세와 기회를 허락해주신 것입니다.

파라오의 꿈

요셉에게 그 기회가 주어진 것은 파라오의 꿈으로부터 시작됩니다.

1만 이 년 후에 바로가 꿈을 꾼즉 자기가 나일강 가에 서 있는데 **2**보니 아름답고 살진 일곱 암소가 강가에서 올라와 갈밭에서 뜯어먹고 3그 뒤에 또 흉하고 파리한 다른 일곱 암소가 나일강가에서 올라와 그 소와 함께 나일강가에 서 있더니 4그 흉하고 파리한 소가 그 아름답고 살진 일곱 소를 먹은지라…(창 41:1-4).

2년이 지났습니다. 술 맡은 관원장이 복권된 뒤로부터 만 2년이 지난 것입니다. 그러나 요셉의 상황은 달라지지 않았습니다. 여전히 노예와 죄수의 신분으로 옥에서 다른 죄수들을 섬기고 있었습니다. 이제 요셉의 나이가 서른 살이 되었습니다. 옥에 갇혀 있는 상황에서 그에게 무슨 꿈이 있었을까요? 어렸을 때 하나님께서 보여주셨던 '곡식 단의 꿈'이나 '해, 달, 별들의 꿈'을 여전히 간직하고 있었을까요?

우리는 요셉의 속마음을 다 파악할 수는 없습니다. 확실한 것은 요셉이 여전히 주어진 일에 충성하고 있었다는 사실입니다. 만일 요셉이 '술 맡은 관원장'의 선처에 구원의 희망을 걸고 있었다면 아마도 크게 실망했을 것이고, 이렇게 성실하게 일하지 못했을 것입니다. 그러나 요셉의 태도나 마음가짐에 전혀 변화가 없는 것은 그가 하나님을 신뢰하고 있었기 때문입니다. 그래서 작은 일에도 계속해서 충성할 수 있었던 것입니다.

파라오가 꾼 꿈은 일곱 마리 살진 암소가 그 뒤에 나온 일곱 마리 마른 소에게 잡아먹히는 내용이었습니다. 이것은 하나님이 주신 꿈이었습니다. 그것을 어떻게 알 수 있을까요? '하나님의 꿈'은 반복해서 꾸게 되기 때문입니다. 형식은 다르지만 내용이 같은 꿈을 또다시 꾸게 됩니다.

5다시 잠이 들어 꿈을 꾸니 한 줄기에 무성하고 충실한 일곱 이삭이 나오고 6그 후에 또 가늘고 동풍에 마른 일곱 이삭이 나오더니 7그 가는 일곱 이삭이 무성하고 충실한 일곱 이삭을 삼킨지라. 바로가 깬즉 꿈이라. 8아침에 그의 마음이 번민하여 사람을 보내어 애굽의 점술가와 현인들을 모두 불러 그들에게 그의 꿈을 말하였으나 그것을 바로에게 해석하는 자가 없었더라(창 41:5-8).

이번에는 '소'가 아니라 '일곱 이삭'의 꿈을 꾸었습니다. 처음에는 잘 여문 이삭 일곱 개가 자라납니다. 그런데 그다음에는 동풍에 바싹 마른 이삭 일곱이 자라더니 앞에 자란 이삭들을 삼켜버리는 것입니다. 우리는 이미 그것이 무엇을 의미하는지 잘 알고 있기에 전혀 궁금하지 않습니다. 그러나 만일 그 뜻을 모르고 있다면 얼마나 답답하겠습니까? 거기다가 불길한 생각까지 들었을 것입니다. 파라오가 그랬습니다.

그는 아침에 일어나자마자 이집트의 점술가들magicians과 현인들wise men 을 모두 소집합니다. 그리고 자신의 꿈 이야기를 들려주고 해석하라고 합니다. 그러나 해석할 수 있는 사람이 아무도 없었습니다. 하나님의 꿈 은 사람의 지혜로 해석할 수 없습니다. 요셉이 파라오의 관원장들에게 말한 것처럼, 하나님의 꿈에 대한 해석은 오직 하나님께 있습니다(40:8).

술 맡은 관원장

바로 이 대목에서 드디어 술 맡은 관원장이 등장합니다.

9술 맡은 관원장이 바로에게 말하여 이르되 내가 오늘 내 죄를 기억하나이다. 10 바로께서 종들에게 노하사 나와 떡 굽는 관원장을 친위대장의 집에 가두셨을 때 에 11나와 그가 하룻밤에 꿈을 꾸죽 각기 뜻이 있는 꿈이라. 12그 곳에 친위대장 의 종 된 히브리 청년이 우리에게 함께 있기로 우리가 그에게 말하매 그가 우리의 꿈을 풀되 그 꿈대로 각 사람에게 해석하더니 13그 해석대로 되어 나는 복직되고 그는 매달렸나이다(창 41:9-13).

파라오의 꿈으로 인해 왕궁에 한바탕 큰 소동이 벌어지자 그제야 술 맡은 관원장이 요셉을 기억하게 되었습니다. 그는 파라오에게 나와서 이렇게 말합니다. "내가 오늘 내 죄를 기억하나이다" 그러면서 2년 전에 옥에 갇혔을 때의 이야기를 꺼냅니다. 그런데 그가 말한 '죄'가 무엇을 의미할까요? 만일 옥에 갇힌 죄를 의미하는 것이라면 그는 이렇게 풀려날 수 없었을 것입니다. 죄가 있었다면 그때 죽었어야 마땅합니다.

따라서 이것은 파라오에게 지은 죄가 아니라, 요셉과의 약속을 지키지 못한 죄를 가리키는 말입니다. 그래서 NIV 성경은 "Today I am reminded of my shortcomings"라고 표현합니다. 자신의 결점을 상기하게 되었다는 뜻입니다. 그게 무엇입니까? 요셉에게 빚진 것을 그동안 까맣게 잊어버리고 있었던 것입니다.

엄밀한 의미에서 그것은 술 맡은 관원의 건망증 탓이 아닙니다. 오히려 하나님께서 가장 좋은 때를 기다리셨다고 해야 합니다. 혹시라도 술 맡은 관원이 서둘러서 요셉을 어떻게든 옥에서 빼내 자유인이 되게 만들었다면, 이때 파라오를 만날 수 없었을 것입니다. 그러니 요셉을 옥에 그대로 두신 것에도 분명 하나님의 뜻이 있는 것입니다.

어쨌든 요셉은 파라오 앞에 서게 되었습니다.

14이에 바로가 사람을 보내어 요셉을 부르매 그들이 급히 그를 옥에서 내 놓은지라. 요셉이 곧 수염을 깎고 그의 옷을 갈아입고 바로에게 들어가니 15바로가 요셉에게 이르되 내가 한 꿈을 꾸었으나 그것을 해석하는 자가 없더니 들은즉 너는 꿈을 들으면 능히 푼다 하더라. 16요셉이 바로에게 대답하여 이르되 내가 아니라 하나님께서 바로에게 편안한 대답을 하시리이다(창 41:14-16).

파라오의 기대는 요셉의 꿈 해석을 듣는 것이었습니다. 그러나 요셉은 분명하게 말합니다. "내가 아니라 하나님께서 파라오에게 편안한 대답을 하시리이다" 꿈을 해석할 수 있는 분은 자신이 아니라 하나님이시라는 선언입니다. 옥에 갇혀 있던 두 관리장에게 말한 것과 다르지 않습니다. 정직한 사람은 상대방에 따라서 대답이 달라지지 않습니다. 믿음의 사람은 어떤 상황에서도 하나님을 높입니다.

우리말 '편안한 대답'을 KJB 성경은 'an answer of peace평화의 대답'으로 풀이합니다. 이것이 무슨 뜻일까요? "꿈보다 해몽이 좋다"는 말처럼, 귀에 듣기 좋은 말로 해석하여 들려주겠다는 그런 뜻이 아닙니다. 그런다고 해서 '마음의 평화'가 오지 않습니다. 오히려 마땅히 들어야 할 정확한 대답을 들어야 진정한 평화가 찾아오는 것입니다.

요셉의 꿈 해석

요셉은 파라오의 꿈 이야기를 듣고 난 후에 곧바로 그 꿈을 해석해 줍니다.

> 25요셉이 바로에게 아뢰되 바로의 꿈은 하나라. 하나님이 그가 하실 일을 바로에게 보이심이니이다. 26일곱 좋은 암소는 일곱 해요 일곱 좋은 이삭도 일곱 해니 그 꿈은 하나라. 27그 후에 올라온 파리하고 흉한 일곱 소는 칠 년이요 동풍에 말라 속이 빈 일곱 이삭도 일곱 해 흉년이니 28내가 바로에게 이르기를 하나님이 그가 하실 일을 바로에게 보이신다 함이 이것이라(창 41:25-28).

요셉의 꿈 해석에는 주저함이 없습니다. 왜냐하면 꿈을 들으면 곧바로 해석하였기 때문입니다. 그 이유는 후에 파라오가 신하들에게 솔직하게 고백한 말에 잘 설명되어 있습니다. 요셉은 하나님의 영에 감동된 사람이었기 때문입니다(41:38).

파라오가 꾼 꿈은 두 개였지만 내용은 하나였습니다. 앞으로 하나님이 하실 일에 대한 것이었습니다. 하나님이 하실 일이 무엇일까요? 요셉은 '7년 대풍년'에 이은 '7년 대흉년'을 이야기합니다. 그러나 사실 그것은 앞으로 하나님이 하실 일에 비하면 아무 것도 아닙니다. 하나님은 그보다 훨씬 더 원대한 계획을 가지고 계십니다.

하나님의 계획은 요셉을 세우셔서 이집트를 구원하시고 나아가서 야곱과 그의 가족들을 구원하시는 것입니다. 그리고 장차 이스라엘을 구원하시고 이 세상을 구원하실 것입니다. 요셉은 하나님의 꿈에 감히 자신을 포함할 생각을 하지 못하고 있습니다. 그렇지만 하나님은 그의 꿈에 요셉을 포함하고 계셨던 것입니다.

7년 대풍년 뒤에 7년 대흉년이 닥칠 것이라는 해석만으로도 바로의 꿈은 이미 어느 정도 충분히 설명되었습니다. 그것이 전부는 아닙니다. 진정한 꿈의 해석은 대안까지 제시할 수 있는 것이어야 합니다.

> 32바로께서 꿈을 두 번 겹쳐 꾸신 것은 하나님이 이 일을 정하셨음이라. 하나님이 속히 행하시리니 33이제 바로께서는 명철하고 지혜 있는 사람을 택하여 애굽 땅을 다스리게 하시고 34바로께서는 또 이같이 행하사 나라 안에 감독관을 두어 그 일곱 해 풍년에 애굽 땅의 오분의 일을 거두되 35그들로 장차 올 풍년의 모든 곡물을 거두고 그 곡물을 바로의 손에 돌려 양식을 위하여 각 성읍에 쌓아 두게 하소서. 36이와 같이 그 곡물을 이 땅에 저장하여 애굽 땅에 임할 일곱 해 흉년에 대비하시면 땅이 이 흉년으로 말미암아 망하지 아니하리이다(창 41:32-36).

요셉은 이 일을 하나님께서 속히 행하실 것을 말하면서, 대안을 제시합니다. 그것은 명철하고 지혜 있는 지도자를 택하여 세우라는 것입니다. 그리고 풍년 때 흉년을 대비하라는 것입니다. 아주 구체적인 방법까지 제시합니다. 풍년 때 20%의 세금을 거두고 그것을 각 성읍에 쌓아두게 하라는 것입니다. 그것은 중앙 정부의 재산 증식의 수단이 아니라 오직 각 성읍에 필요한 양식을 비축해두려는 목적임을 분명히 합니다. 이렇게 하면 흉년이 온다고 하더라도 망하지 않을 것이라고 말합니다.

이 대목에서 우리는 진정한 지도자의 모습에 대해서 생각하지 않을 수 없습니다. 이 세상에는 세 가지 종류의 지도자가 있습니다. 하나는 무조건 비판하고 불평하는 사람입니다. 다른 하나는 그 반대로 무조건 괜찮다고 말하는 사람입니다. 정말 필요한 지도자는 문제를 정확하게 인식하고 그 대안을 말할 수 있는 사람입니다.

대안을 가지고 있지 않다면 차라리 비판하지 않는 것이 낫습니다. 비판만 하는 사람이 지도자가 되면 그 공동체는 아무런 희망이 없습니다. 그렇다면 지금 이집트 왕국에 필요한 지도자는 과연 누구일까요?

신분의 변화

요셉의 대안은 한 마디도 틀린 말이 없었습니다. 파라오는 요셉의 말에 감동하여 즉시 그 자리에서 그를 이집트의 총리로 세웁니다.

> 37바로와 그의 모든 신하가 이 일을 좋게 여긴지라. 38바로가 그의 신하들에게 이르되 이와 같이 하나님의 영에 감동된 사람을 우리가 어찌 찾을 수 있으리요 하고 39요셉에게 이르되 하나님이 이 모든 것을 네게 보이셨으니 너와 같이 명철하고 지혜 있는 자가 없도다. 40너는 내 집을 다스리라. 내 백성이 다 네 명령에 복종하리니 내가 너보다 높은 것은 내 왕좌뿐이니라(창 41:37-40).

요셉의 말에 감동받은 사람은 사실 파라오만이 아니었습니다. 그의 모든 신하도 요셉의 꿈 해석과 대안을 좋게 여깁니다. 파라오는 요셉을 가리켜서 "하나님의 영에 감동된 사람"이라고 표현합니다. 히브리 원어를 직역하면 'one in whom is the spirit of God'(하나님의 영이 그 속에 있는 사람)이 됩니다. 메시지 성경이 이를 잘 표현합니다. "이 사람처럼 그 안에 하나님의 영이 있는 사람을 어디서 찾을 수 있겠소?"

파라오가 이렇게 말하는 것은 그가 여호와 하나님을 잘 알고 있거나 믿고 있어서가 아닙니다. 요셉이 처음부터 하나님을 포함하여 말해왔기 때문입니다. 하나님께서 편안한 답을 주실 것이라고 했고, 하나님께서 하실 일들은 이러저러한 것이라고 하면서, 그 대안을 제시했습니다. 파라오로서 그 하나님이 누구인지 잘 모르지만 요셉에게 그 하나님의 영이 있다는 것은 틀림없는 사실로 받아들일 수밖에 없었습니다. 그러니 이 모든 일을 대비하고 처리할 수 있는 적임자가 누구일까요? 요셉 외에 다른 사람은 없는 것이지요.

지금 요셉이 어떤 사람입니까? 그는 노예요 죄수입니다. 그러나 하루 아침에 이집트 왕국을 치리하는 총리가 되었습니다. 하나님이 하시는 일은 그렇게 놀랍습니다.

> 41바로가 또 요셉에게 이르되 내가 너를 애굽 온 땅의 총리가 되게 하노라 하고 42자기의 인장 반지를 빼어 요셉의 손에 끼우고 그에게 세마포 옷을 입히고 금 사슬을 목에 걸고 43자기에게 있는 버금 수레에 그를 태우매 무리가 그의 앞에서 소리 지르기를 엎드리라 하더라. 바로가 그에게 애굽 전국을 총리로 다스리게 하였더라(창 41:41-43).

파라오는 자신을 대신하여 다스린다는 상징적인 의미로 '인장 반지sig-net ring'를 그에게 끼워줍니다. 귀족들이 입는 세마포 옷과 금 사슬을 목에 걸어줍니다. 또한 이집트 왕의 제2 인자가 타고 다니는 '버금 수레the second chariot'에 태웁니다. 그리고 사람들에게 "엎드리라!"라고 명령합니다. 요셉에게 보여주셨던 '곡식 단의 꿈'이나 '해, 달, 별들의 꿈'이 드디어 이루어지고 있는 것입니다.

요셉의 결혼

한 걸음 더 나아가서 이번에는 파라오가 직접 나서서 요셉을 결혼시 킵니다.

> 44바로가 요셉에게 이르되 나는 바로라. 애굽 온 땅에서 네 허락이 없이는 수족을 놀릴 자가 없으리라 하고 45그가 요셉의 이름을 사브낫바네아라 하고 또 온의 제 사장 보디베라의 딸 아스낫을 그에게 주어 아내로 삼게 하니라. 요셉이 나가 애굽 온 땅을 순찰하니라(창 41:44-45).

파라오는 요셉에게 권력을 위임합니다. 심지어 요셉의 허락 없이는 '수족手足을 놀릴 자가 없을 것'이라고 말합니다. 히브리 원어를 직역하면 'no one will lift hand or foot'(손발을 들 자가 아무도 없다)가 됩니다. 요 셉의 권위나 명령을 거역하거나 이의를 제기할 사람이 없을 것이며, 요 셉이 무엇을 말하든지 그대로 실행될 것이라는 뜻입니다.

파라오는 요셉의 이름을 '사브낫바네아Zaphnath-paaneah'라고 부릅니다. 그 정확한 의미를 알 수는 없습니다. 그러나 '비밀을 드러내는 사람revealer of secrets' 또는 '땅의 구원자saviour of the land' 정도로 추측합니다. 파라오는 '온 On'이라는 도시의 제사장 보디베라Potipherah의 딸을 요셉의 아내로 삼게 합 니다. '온'에는 태양신 '라Ra'의 신전이 있었는데, 따라서 보디베라는 태양 신을 섬기던 제사장이었을 것입니다.

당시에는 파라오에게도 제사장 직분이 있었습니다. 대다수 귀족은 그들이 섬기던 신들의 제사장 역할도 했습니다. 따라서 요셉이 새로운 신분에 어울리는 사람이 되려면 제사장의 딸과의 결혼이 필수적이었습 니다. 이 결혼은 요셉에게 큰 도전이 되었을 것이 분명합니다. 우상을 섬 기는 아내와 살아야 하기 때문입니다.

그러나 파라오가 이미 인정했듯이 요셉은 여호와 하나님의 영에 감동된 사람이었습니다. 여호와 하나님에 대한 자신의 믿음을 어디에서나 숨기지 않고 드러냈습니다. 태양신 제사장의 딸과 결혼했지만, 그렇다고 해서 요셉이 하나님에 대한 믿음을 포기한 것은 아닙니다. 오히려 아내에게 적극적으로 하나님을 소개하고 가르쳤을 것이 분명합니다. 요셉이 직접 이름을 지은 자녀들의 이름을 보면 그것을 알 수 있습니다.

요셉은 장남에게 '므낫세Manasseh'라는 이름을 붙입니다(41:51). '잊다Forget'라는 뜻입니다. 하나님께서 모든 고난과 아버지의 집을 잊게 해주셨다는 것입니다. '고난'은 지금까지 요셉이 겪어왔던 어려움을, '아버지 집'은 고향에 대한 그리움homesick을 의미합니다. 둘째는 '에브라임Ephraim'이라고 부릅니다(41:52). '갑절의 번성Double Prosperity'이라는 뜻입니다. 하나님께서 요셉이 수고한 땅에서 번성하게 해주셨다는 것입니다.

이처럼 요셉은 아들들의 이름을 지을 때도 하나님을 포함했습니다. 그것은 지금까지 그가 늘 해오던 일이었습니다. 물론 요셉은 앞으로 전개될 하나님의 계획에 대해서는 잘 알지 못합니다. 단지 하나님의 도움으로 이집트에서 성공하게 되었다는 것을 감사하고 있을 뿐입니다.

어쨌든 그렇게 요셉은 이집트를 다스리는 총리가 되었습니다. 취임하자마자 그는 이집트 온 땅을 순찰하며 자신이 해야 할 일을 합니다. 7년 대풍년이 들었을 때는 파라오에게 제안한 것처럼 곡물을 거두어 각 성에 저장해둡니다(41:48). 그랬더니 쌓아 둔 곡식이 '바다 모래 같이 심히 많아서' 나중에는 그 수를 헤아리는 것조차 포기해야 할 정도였습니다(41:49).

7년 대풍년이 끝나자 이번에는 7년 대흉년이 시작되었습니다. 백성들이 먹을 것을 달라고 부르짖자 파라오는 "요셉에게 가서 그가 일러 주는 대로 하라"(41:55)고 합니다. 요셉은 비축해두었던 식량을 이집트 백성들에게 팔았습니다. 다른 나라에서도 식량을 구하기 위해서 많은 사람이 이집트로 왔습니다. 이집트와 파라오의 위상이 높아졌고, 그에 따라서 요셉의 위상도 높아졌습니다. 이집트는 요셉으로 인해 복을 받게 된 것입니다.

그러나 그와 같은 극심한 기근을 통해서 야곱의 집을 통째로 이집트로 옮기시려는 하나님의 계획이 실행되고 있다는 사실을 알아채는 사람은 아직까지 하나도 없었습니다. 그 계획은 일찍이 아브라함과 횃불 계약을 맺으면서 약속하셨습니다(15:13). 그 일이 지금 이루어지고 있다는 것을 요셉 자신도 모르고 있었습니다. 그렇게 자신의 인생이 족장의 역사와 출애굽의 역사가 이어지는 다리가 되고 있다는 사실을 모르고 있었던 것입니다.

굳이 다 알아야 할 필요는 없습니다. 하나님의 계획을 모두 알아야만 하나님께 쓰임 받는 것은 아닙니다. 잘 몰라도 얼마든지 하나님께 쓰임 받을 수 있습니다. 단지 우리는 매사에 하나님을 포함하며 살기만 하면 됩니다. 그것으로 충분합니다.

* **묵상 질문**: 나는 모든 일에 하나님을 포함하고 있습니까?
* **오늘의 기도**: 다른 사람보다 높아져야만 위대한 인생이 아니라, 하나님께 쓰임 받는 인생이 위대하다는 것을 알게 하옵소서. 하나님의 계획을 모두 아는 사람을 하나님이 사용하시는 것이 아니라, 매사에 하나님을 포함하는 사람을 하나님의 계획을 이루는 일에 사용하신다는 사실 또한 깨닫게 하옵소서. 예수님의 이름으로 기도합니다. 아멘.

죄의 용서, 관계의 회복

읽을 말씀: **창세기 42:1-48:22, 50:1-26**

새길 말씀: 당신들이 나를 이곳에 팔았다고 해서 근심하지 마소서. 한탄하지 마소서.
하나님이 생명을 구원하시려고 나를 당신들보다 먼저 보내셨나이다. … 그런
즉 나를 이리로 보낸 이는 당신들이 아니요 하나님이시라…(창 45:5, 8).

지난 40일 동안 우리는 창세기 말씀을 묵상해왔습니다. 그러면서 '창
세기'는 단순히 이 세상이 창조되던 때의 기록이 아니라, 오히려 태초부
터 하나님이 시작하신 일에 대한 기록이라는 사실을 알게 되었습니다.
'창세기'는 하나님께서 이 세상을 만드신 이유와 인간을 창조하신 목적에
주목합니다. 하나님이 세워놓은 창조의 질서가 인간의 불순종으로 말미
암아 파괴된 현실과 그것을 다시 회복하기 위하여 여전히 일하고 계시는
하나님의 구원을 이야기합니다.

하나님이 세워놓은 창조의 질서를 세 가지의 관계로 풀어서 설명했
습니다. '하나님과의 관계', '다른 사람과의 관계' 그리고 '자연(물질)과의

관계'가 그것입니다. 이 중에서 가장 중요한 것은 물론 하나님과의 관계입니다. 하나님과의 관계단절이 다른 사람들과의 관계나 자연과의 관계 파괴로 이어지기 때문입니다. 원역사原歷史 이야기를 통해서 우리는 그 사실을 확인할 수 있었습니다.

이 세상을 구원하기 위한 하나님의 일하심이 실제로 시작되고 있는 족장사族長史 이야기를 살펴보면서, 본래의 상태로 회복되기 가장 힘든 관계는 바로 '다른 사람과의 관계'라는 사실을 알게 되었습니다. 하나님과의 관계는 하나님의 부르심에 응답함으로써 얼마든지 회복될 수 있었습니다. 족장들이 하나님의 약속을 붙들지 못할 때도 더러 있었지만, 그 때마다 오히려 하나님이 그들을 붙들어주셨습니다. 그와 더불어 물질과의 관계도 자연스럽게 회복되었습니다. 어떤 방식으로든 하나님이 복을 부어주셨기 때문입니다.

그렇지만 다른 사람과의 관계는 조금 복잡합니다. 그것은 말 그대로 '다른 사람'과의 관계이기 때문입니다. 내가 아무리 어떤 사람과 바른 관계를 맺으려고 애써도, 만일 그 사람이 역시 나와 같은 마음을 품지 않는다면 아무 소용없습니다. 하나님 앞에 내가 죄인이듯이 그 사람 역시 죄인입니다. 죄의 문제가 함께 해결되지 않는다면, 어느 한쪽만의 노력으로는 관계를 회복할 수 없는 일입니다.

믿음의 조상으로 부름을 받은 아브라함도 노년에 아내 사라와의 관계와 아들 이삭과의 관계를 끝끝내 온전히 회복하지 못했습니다. 이삭의 경우도 자식 편애의 죄가 만들어낸 가족관계의 파괴로 인해서 얼마나 오랫동안 고통을 받아야 했는지 모릅니다. 야곱도 마찬가지였습니다. 아버지와 형의 관계를 회복하는 일에 어려움을 겪었을 뿐만 아니라, 자신의 편애가 만들어낸 자녀들 사이의 시기심으로 사랑하는 아들 요셉을 잃어버리고 살아야 했습니다.

요셉은 과연 어땠을까요? 지금까지 살펴본 대로 요셉은 본래 상처가 없는 사람이었습니다. 아니 상처를 쉽게 받지 않는 사람이었습니다. 매사에 하나님을 포함하며 살았고, 어떤 상황에서도 약속의 자녀라는 정체성을 잃어버리지 않았습니다. 결국 이집트의 총리가 되어서 그의 능력을 마음껏 펼쳐볼 수 있는 기회를 잡았습니다. 그로 인해서 이집트가 극심한 기근으로부터 구원받을 수 있었습니다.

그러나 요셉에게도 해결되어야 할 평생의 숙제가 하나 남아 있습니다. 그것은 다른 형제들과의 관계 회복입니다. 요셉이 자신을 팔아넘긴 형들에 대해서 복수의 칼을 갈고 있었던 것은 아니라고 하더라도, 형들과의 관계를 회복하는 것은 쉽지 않은 일이었을 것입니다. 만일 하나님께서 개입하지 않으셨다면, 형들과의 관계를 회복할 기회조차 얻지 못했을 것입니다.

하나님은 한편으로는 아브라함과 맺은 횃불 계약의 약속을 성취하시면서, 다른 한편으로는 요셉이 형들과의 관계를 회복할 수 있도록 기회를 주셨습니다.

형들과의 재회

7년 대흉년 기간 동안 가나안 땅에도 극심한 기근이 있었습니다. 야곱은 양식을 구하기 위해서 아들들을 이집트로 보내야 했습니다. 그때 요셉의 아우 베냐민은 함께 보내지 않습니다(42:4). 요셉에 대한 야곱의 편애가 이제는 베냐민에게로 옮겨간 것입니다. 그렇게 나머지 열 명의 아들들이 모두 이집트로 내려갔고, 거기서 이집트의 총리가 되어있는 요셉을 만나게 됩니다.

6때에 요셉이 나라의 총리로서 그 땅 모든 백성에게 곡식을 팔더니 요셉의 형들이 와서 그 앞에서 땅에 엎드려 절하매 7요셉이 보고 형들인 줄을 아나 모르는 체하고 엄한 소리로 그들에게 말하여 이르되 너희가 어디서 왔느냐. 그들이 이르되 곡물을 사려고 가나안에서 왔나이다. 8요셉은 그의 형들을 알아보았으나 그들은 요셉을 알아보지 못하더라(창 42:6-8).

형들은 요셉을 알아보지 못하고 그 앞에 엎드려 절합니다. 요셉에게 주신 하나님의 꿈이 이루어지는 순간입니다(37:7, 9). 요셉은 형들을 한 눈에 알아보지만, 마치 모르는 사람 대하듯이 엄하게 말합니다. 만일 요셉이 형들에 대한 복수심을 품고 있었다면 이때가 절호의 기회입니다.

그래서였을까요. 요셉은 그들을 정탐꾼으로 몰아붙여서 삼 일 동안 옥에 가둡니다. 그러고 나서 한 사람만 남겨두고 나머지는 돌아가서 막내를 데려오라고 합니다. 그렇게 해서 그들의 말이 진실이며 또한 정탐꾼이 아니라는 사실을 증명하라고 합니다. 그러자 요셉이 그들의 말을 알아듣고 있다는 사실을 모르고 형들은 다음과 같이 서로 말합니다.

21그들이 서로 말하되 우리가 아우의 일로 말미암아 범죄하였도다. 그가 우리에게 애걸할 때에 그 마음의 괴로움을 보고도 듣지 아니하였으므로 이 괴로움이 우리에게 임하도다. 22르우벤이 그들에게 대답하여 이르되 내가 너희에게 그 아이에 대하여 죄를 짓지 말라고 하지 아니하였더냐. 그래도 너희가 듣지 아니하였느니라. 그러므로 그의 핏값을 치르게 되었도다…(창 42:21-22).

그들은 자신의 죄를 시인하며 그 죗값을 치르고 있다고 고백합니다. 여기에서 우리는 요셉의 형들이 그동안 겉으로 드러내지는 않았지만 속으로는 모두 깊은 죄책감에 시달려왔다는 사실을 알게 됩니다. 그러나 맏형 르우벤은 다른 형제들을 비난합니다. 물론 그가 나서서 요셉을 죽이려고 하던 형제들을 막은 것은 사실이지만 그렇다고 해서 그에게 책임이 전혀 없다 할 수는 없습니다. 요셉이 짐승에게 죽은 것처럼 아버지를 속이는 일에 그 또한 참여했기 때문입니다. 르우벤도 사실 공범이었습니다.

만일 요셉이 형들에 대한 복수를 생각하고 있었다면, 바로 이 대목에서 자신의 정체를 밝히고 나서야 합니다. 그러나 요셉은 그러지 않습니다. 내실로 들어가서 혼자 웁니다(42:24). 형들이 자신의 죄를 고백하는 이야기를 들으면서 오히려 요셉은 그들을 용서할 마음을 품게 되었던 것입니다. 그렇습니다. 자신의 죄를 솔직하게 고백할 때에 용서받습니다. 하나님으로부터든지, 사람으로부터든지…. 죄의 고백 없이는 죄의 용서가 없고, 죄의 용서 없이는 관계의 회복 또한 없습니다.

요셉은 형들의 죄책감을 알게 되었지만, 친동생 베냐민을 직접 만나 보고 싶었습니다. 그러기 위해서 시므온을 인질로 잡아두고 나머지는 집으로 돌려보냅니다. 베냐민을 데려오면 놓아주겠다고 하면서 말입니다. 그러나 베냐민을 이집트로 데려오는 것은, 아버지 야곱을 고려해보면 사실상 거의 불가능한 일이었습니다.

유다의 설득

아나나 다를까 야곱은 펄쩍 뛰면서 베냐민을 절대로 보낼 수 없다고 합니다.

> 그들의 아버지 야곱이 그들에게 이르되 너희가 나에게 내 자식들을 잃게 하도다.
> 요셉도 없어졌고 시므온도 없어졌거늘 베냐민을 또 빼앗아 가고자 하니 이는 다
> 나를 해롭게 함이로다(창 42:36).

자식이 죽으면 부모의 가슴에 묻는다고 하지요. 요셉의 실종사건은 야곱의 마음에 큰 상처를 남겼습니다. 그것은 하나의 트라우마가 되어서 또 다른 상실에 대한 공포심을 갖게 만들었습니다. 앞서 다른 아들들을

이집트로 보낼 때 베냐민을 보내지 않은 것도 바로 그 때문입니다. 그러나 이번에 베냐민을 보내지 않는다면 어떻게 됩니까? 시므온을 잃어버리게 됩니다. 아버지 야곱으로서는 이러지도 저러지도 못하는 진퇴양난입니다.

이때 장남 르우벤이 또다시 나섭니다.

> 37르우벤이 그의 아버지에게 말하여 이르되 내가 그를 아버지께로 데리고 오지 아니하거든 내 두 아들을 죽이소서. 그를 내 손에 맡기소서. 내가 그를 아버지께로 데리고 돌아오리이다. 38야곱이 이르되 내 아들은 너희와 함께 내려가지 못하리니 그의 형은 죽고 그만 남았음이라…(창 42:37-38a).

르우벤의 말은 참 거칩니다. 아버지에 대한 배려의 마음이 조금도 없습니다. 물론 자신이 베냐민을 확실하게 책임지겠다는 뜻으로 한 말이기는 하지만, 만일 약속을 지키지 못하면 자신의 두 아들을 죽이라는 것이 도대체 무슨 말입니까? 야곱에게 아들 베냐민을 잃어버리면 그 대신 손자들을 죽이라는 것밖에 더 됩니까? 그것이 이 상황에 맞는 말인가요? 야곱은 더욱 강하게 거부합니다.

그러자 이번에는 유다가 나섭니다.

> 8유다가 그의 아버지 이스라엘에게 이르되 저 아이를 나와 함께 보내시면 우리가 곧 가리니 그러면 우리와 아버지와 우리 어린 아이들이 다 살고 죽지 아니하리이다. 9내가 그를 위하여 담보가 되오리니 아버지께서 내 손에서 그를 찾으소서. 내가 만일 그를 아버지께 데려다가 아버지 앞에 두지 아니하면 내가 영원히 죄를 지리이다(창 43:8-9).

베냐민을 책임지고 데려오겠다는 뜻은 똑같은데 유다의 말은 르우벤과 많이 다릅니다. 이 일은 가족들 모두가 살기 위해서 꼭 필요하다는 점을 강조합니다. 그리고 만일 약속을 지키지 못하면 자신이 영원히 죄를 지겠다고 합니다. 손자를 죽이라고 하면서 큰소리치는 르우벤의 말과는 결이 아주 다릅니다.

마침내 야곱은 자신의 고집을 내려놓습니다. 여기에는 그동안 베냐민만을 감싸고돌았던 자신의 삶에 대한 반성이 담겨있습니다. 지금 이집트에 인질로 잡혀있는 시므온도 베냐민처럼 자기 아들입니다. 그리고 양식을 구하지 못하면 여기 가나안 땅에 있는 다른 가족들이 꼼짝없이 굶어죽을 형편입니다. 그런데도 베냐민을 보내지 않겠다고 고집한다면 그것이야말로 여러 사람에게 큰 죄를 짓는 것입니다.

> 13네 아우도 데리고 떠나 다시 그 사람에게로 가라. 14전능하신 하나님께서 그 사람 앞에서 너희에게 은혜를 베푸사 그 사람으로 너희 다른 형제와 베냐민을 돌려보내게 하시기를 원하노라. 내가 자식을 잃게 되면 잃으리로다(창 43:13-14).

야곱은 자신의 고집을 내려놓으면서 동시에 하나님의 도우심과 은혜를 소망합니다. 이를 뒤집어보면 지금까지는 하나님을 바라보지 않았다는 뜻이 됩니다. 그래서 베냐민을 자신의 보호영역에서 내놓지 않으려고 했던 것입니다. 여기에는 아마도 요셉을 잃어버린 것에 대한 죄책감이 작용하고 있는 것으로 보입니다. 왜냐하면 야곱 자신이 요셉을 심부름 보냈기 때문입니다. 지난 20여 년 동안 베냐민을 옆에 끼고 살았던 것은 똑같은 실수를 반복하고 싶지 않아서였습니다.

이제는 선택의 여지가 없습니다. 설혹 베냐민을 잃게 되는 한이 있더라도 내어줄 수밖에 없습니다. 야곱은 마치 아브라함이 이삭을 하나님께 바치는 것과 같은 심정으로 베냐민을 자신의 품에서 내려놓고 있는 것입니다. 그러나 야곱이 깨닫지 못하는 것이 있습니다. 그것은 베냐민이 자신의 품속에 있는 것보다 하나님의 품속에 들어가는 것이 훨씬 더 안전하다는 사실입니다.

오늘날에도 집집마다 자녀들을 과잉보호하는 부모들이 참 많이 있습니다. 모두 이 점을 반드시 기억해야 합니다. 부모의 품속보다 하나님 품속이 훨씬 더 안전하다는 것을 인정해야 합니다.

형제간의 재상봉

베냐민과 함께 이집트로 돌아간 야곱의 아들들은 뜻밖에도 이집트 총리의 집으로 식사 초대를 받게 됩니다. 그 자리에서 요셉은 드디어 동생 베냐민을 만납니다.

> 29요셉이 눈을 들어 자기 어머니의 아들 자기 동생 베냐민을 보고 이르되 너희가 내게 말하던 너희 작은 동생이 이 아이냐 그가 또 이르되 소자여 하나님이 네게 은혜 베푸시기를 원하노라 30요셉이 아우를 사랑하는 마음이 복받쳐 급히 울 곳을 찾아 안방으로 들어가서 울고 31얼굴을 씻고 나와서 그 정을 억제하고 음식을 차리라 하매… 34요셉이 자기 음식을 그들에게 주되 베냐민에게는 다른 사람보다 다섯 배나 주매 그들이 마시며 요셉과 함께 즐거워하였더라(창 43:29-31, 34).

요셉이 그동안 형들에 대한 복수심을 불태우고 있었던 것은 아니었음이 분명해집니다. 그는 어떻게든 형들과의 화해를 모색하고 있었습니다. 요셉의 눈물이 그것을 증명합니다. 지난번에 형들이 죄를 고백하는 말을 듣고도 요셉은 울었고, 지금 베냐민을 만난 자리에서도 눈물을 억제하지 못합니다.

이제 마지막 테스트가 하나 남아 있습니다. 그것은 베냐민에 대한 형들의 생각을 확인하는 것입니다. 과거 자신에게 그랬듯이 베냐민을 시기하고 미워하지는 않는지 확인해볼 필요가 있었습니다. 요셉은 베냐민의 식량 자루에 은잔을 몰래 집어넣게 하고 보냅니다. 그리고 쫓아가서 베냐민을 체포하여 데려오게 합니다. 물론 다른 형들도 당황하여 같이 따라올 수밖에 없었지요. 요셉은 베냐민만 남겨두고 모두 집으로 돌아가라고 말합니다. 마치 오래전에 그들이 요셉을 팔아넘기던 때와 비슷한 상황을 연출하고 있는 것입니다.

이때 유다가 나서서 말합니다.

> 22우리가 내 주께 말씀드리기를 그 아이는 그의 아버지를 떠나지 못할지니 떠나면 그의 아버지가 죽겠나이다. … 30아버지의 생명과 아이의 생명이 서로 하나로 묶여 있거늘 이제 내가 주의 종 우리 아버지에게 돌아갈 때에 아이가 우리와 함께 가지 아니하면 31아버지가 아이의 없음을 보고 죽으리니 이같이 되면 종들이 주의 종 우리 아버지가 흰 머리로 슬퍼하며 스올로 내려가게 함이니이다(창 44:22, 30-31).

아버지의 생명과 아이의 생명이 하나로 묶여 있다는 말이 아주 감동적입니다. 그리고 그것은 사실이었습니다. 유다는 아버지 야곱의 마음을 너무나도 잘 알고 있었습니다. 베냐민 없이 집으로 돌아가면 그것은 곧 아버지를 돌아가시게 만드는 일이 되리라는 것을 알고 있었습니다. 그렇다면 어떻게 할 것인가?

> 이제 주의 종으로 그 아이를 대신하여 머물러 있어 내 주의 종이 되게 하시고 그 아이는 그의 형제들과 함께 올려 보내소서(창 44:33).

자신이 베냐민을 대신하여 죄를 달게 받겠다는 겁니다. 유다가 아버지 야곱에게 맹세한 그대로입니다. 만일 베냐민을 데려오지 못하면 "영원히 그 죄를 지겠다"(43:9)고 약속했지요. 아버지와 베냐민을 살리기 위해서, 자신이 대신 그 죄를 지고 벌을 받겠다는 유다의 말에 요셉은 감동하지 않을 수 없었습니다. 자기를 은 20에 팔아넘기던 그때 유다의 모습이 아니었습니다.

요셉은 더이상 마음을 억제하지 못하고 자신의 정체를 밝힙니다.

> [1]요셉이 시종하는 자들 앞에서 그 정을 억제하지 못하여 소리 질러 모든 사람을 자기에게서 물러가라 하고 그 형제들에게 자기를 알리니 그때에 그와 함께한 다른 사람이 없었더라. [2]요셉이 큰 소리로 우니 애굽 사람에게 들리며 바로의 궁중에 들리더라(창 45:1-2).

베냐민을 위해 목숨을 내놓는 유다의 모습 앞에서 요셉은 더 이상 자신을 감출 수 없었습니다. 형제들에게 자기를 알리며 큰 소리로 울었습니다. 요셉은 감격하여 기쁨의 울음을 터뜨렸지만, 형제들은 요셉과 같이 울 수 없었습니다. 그들이 지은 죄 때문에 오히려 두려운 마음을 갖게 되었습니다. 그러자 요셉은 그들을 위로합니다.

> [5]당신들이 나를 이곳에 팔았다고 해서 근심하지 마소서. 한탄하지 마소서. 하나님이 생명을 구원하시려고 나를 당신들보다 먼저 보내셨나이다. … [8]그런즉 나를 이리로 보낸 이는 당신들이 아니요 하나님이시라. 하나님이 나를 바로에게 아버지로 삼으시고 그 온 집의 주로 삼으시며 애굽 온 땅의 통치자로 삼으셨나이다(창 45:5, 8).

형들이 요셉을 노예로 팔아넘긴 것은 '객관적인 사실'입니다. 요셉은 그 사실에 근거하여 얼마든지 형들을 복수할 수 있었습니다. 그런다고 해서 누가 뭐라고 그럴 수도 없습니다. 그러나 그렇게 해서는 형들과의 관계를 회복할 수 없습니다. 요셉은 지금까지 늘 그래왔듯이 이 결정적인 장면에 하나님을 포함합니다. 하나님께서 생명을 구원하기 위하여 자신을 먼저 이곳에 보내셨다는 것입니다. 그것이 또한 '신앙적인 사실'입니다.

'객관적인 사실'에 기초하여 시시비비를 규명한다고 용서와 화해가 만들어지지 않습니다. 오히려 '신앙적인 사실'에 기초한 '신앙적인 해석'이 관계의 회복을 만들어내는 것입니다. 그제야 비로소 형들은 요셉과 함께 입맞추고 서로 안고 울게 되었습니다(45:15). 얍복강가에서 야곱과 에서가 경험했던 화해의 사건이 바로 이곳 이집트에서 똑같이 재현되고 있는 것입니다.

'형제간의 재상봉'은 곧바로 '부자간의 재상봉'으로 이어졌습니다.

29요셉이 그의 수레를 갖추고 고센으로 올라가서 그의 아버지 이스라엘을 맞으며 그에게 보이고 그의 목을 어긋맞춰 안고 얼마 동안 울매 30이스라엘이 요셉에게 이르되 네가 지금까지 살아 있고 내가 네 얼굴을 보았으니 지금 죽어도 족하도다(창 46:29-30).

이때 야곱의 나이가 130세였습니다(47:9). 그리고 이집트 땅에 17년을 거주하다가 147세에 죽음을 맞이합니다(47:28). 평생 잃어버린 줄로만 알았던 요셉을 다시 만나게 된 것만 해도 참 좋은 일이지만 이집트의 총리가 된 아들 덕분에 야곱의 모든 가족이 그 어려운 시기에 이집트에서 가장 좋은 고센 땅에서 살게 됩니다. 그리고 하나님이 야곱에게 약속하신 것처럼, 이곳에서 지내는 4백 년 동안 '큰 민족'을 이루어 다시 약속의 땅으로 가게 될 것입니다(46:3-4).

그렇게 하나님은 아브라함과 이삭과 야곱에게 주셨던 '후손에 대한 약속'과 '땅에 대한 약속'을 이루실 것입니다. 그리고 예수 그리스도께서 약속의 씨로 이 땅에 오심으로써 그를 믿는 모든 사람이 구원을 받게 되는 '복이 되는 약속'이 이루어질 것입니다. 또 역사의 종말에 주님이 재림하실 때에 하나님의 나라가 마침내 완성될 것입니다. 그와 같은 하나님의 일하심이 시작되고 있는 곳이 바로 '창세기'인 것입니다.

인류 구원을 위한 하나님의 원대한 꿈이 이루어지는 동안, 아브라함의 믿음을 이어가는 모든 약속의 후손들은 그들의 개인적인 삶을 통해서 족장들이 걸어갔던 '신앙의 여정'을 반복하게 될 것입니다. 때로는 깨어진 관계로 인해 고통당할 것이며, 때로는 하나님 안에서 관계를 회복하는 기쁨을 맛보게 될 것입니다. 그런 의미에서 '창세기'는 앞으로 오고 오는 모든 믿음의 세대를 위한 '신앙생활의 교과서'라고 할 수 있습니다.

창세기에 기록된 족장들처럼 우리도 완벽한 인생이 아닙니다. 때로 실수하고 잘못된 선택을 하고 평생 그 대가를 치르면서 살아가기도 합니다. 그러나 하나님의 은혜가 족장들에게 부어졌듯이, 우리에게도 똑같은 은혜가 부어집니다. 그 은혜 안에서 서로의 죄를 회개하고 또한 서로 용서하며, 다시금 관계를 회복하며 사는 것이 우리 인생입니다. 좁게는 가정 안에서, 넓게는 믿음의 공동체를 통해서 그와 같은 구원의 은혜를 체험하며 살아야 하는 것입니다.

이 세상에 사는 모든 사람은 선한 일을 하든지, 나쁜 일을 하든지 하나님께서 행하시는 '그 일'에 어떤 방식으로든 참여할 수밖에 없습니다. 여기에 그 누구도 예외일 수는 없습니다. 하나님을 대적하든지, 하나님과 동역하든지 해야 합니다. 따라서 우리는 하나님이 행하시는 '그 일' 안에서 우리의 바른 자리를 찾아야 합니다. 하나님으로부터 시작하는 인생을 한 걸음 한 걸음 걸어야 합니다. 그러다보면 많이 부족하지만 하나님의 뜻이 이 땅에 이루어지는 일에 우리도 사용될 수 있을 것입니다.

하나님이 우리를 그렇게 '약속의 자녀'로 빚어 가실 것을 확신합니다.

* **묵상 질문**: 나는 누군가의 죄를 용서해준 적이 있습니까?

* **오늘의 기도**: 우리를 흙에서 빚어내신 하나님께서 또한 우리를 하나님의 형상으로 만드셨음을 믿습니다. 하나님을 우리 삶의 기초로 삼아, 그 위에 우리 인생의 집을 세워나가게 하옵소서. 그리하여 언젠가 하나님이 완성하실 그 나라에 잘 어울리는 아름다운 보석으로 빚어지게 하옵소서. 예수님의 이름으로 기도합니다. 아멘.

성경의 첫 단추를 꿰다!

주안에서 사랑하는 성도님들에게

올해의 사순절은 코로나 바이러스와 함께 시작하고 또한 그와 함께 끝나는 것처럼 보입니다. 매년 진행해왔던 영적인 밭갈이를 제대로 할 수 없었습니다. 그래도 우리가 할 수 있는 만큼은 해야겠기에 '사순절 특새'를 '사순절 묵상'으로 바꾸고, '창세기 40일 묵상'의 길을 걸어왔습니다. 많은 성도님이 영상을 통해서 참여해주셨습니다.

그렇지만 함께 모여 예배하고 기도하는 것과는 비교할 수 없습니다. 예년에는 매일 새벽을 깨우며 하나님 앞에 나오는 성도님들을 보면서 용기를 얻곤 했는데, 그러지 못하니까 정말 힘들었습니다. 그래도 끝까지 달려올 수 있었던 것은 오직 하나님의 은혜입니다. 제 부족함을 아시는 하나님께서 언제나 필요한 만큼의 말씀을 묵상할 수 있게 하셨습니다. 그리고 이렇게 또다시 부활의 아침을 맞이하게 된 것입니다.

30년간 목회를 해오면서 언젠가 '창세기'와 '로마서' 그리고 '요한계시록'을 반드시 묵상하리라 다짐했습니다. 성경의 모든 책이 다 귀하지만, 이 세 권의 책은 '하나님의 일하심'에 대한 맥을 짚어주게 하는 산봉우리 같은 말씀이기 때문입니다. 지난 사순절 특새를 통해서 이미 '로마서'와 '요한계시록'을 살펴보았습니다. 그러고 나서 올해 드디어 '창세기'를 묵상하게 된 것입니다. 성경의 첫 단추를 제일 마지막에 꿴 셈입니다.

처음부터 다시 찬찬히 살펴보았습니다. 책으로 만들어내기 위해서는 여기저기 손보아야 할 부분이 많이 있었습니다. 40일 내내 씨름해오던 말씀인데 그것을 또다시 읽어야 한다고 생각하니 마음이 썩 내키지는 않았습니다. 그러나 주저함도 잠시였습니다. 일단 읽기 시작하니까 마치 처음 접하는 말씀처럼 금방 깊숙이 빠져들었습니다. 그다음 내용이 궁금해져서 고쳐야 할 부분을 놓쳐버리고 그냥 넘어갈 때도 있었습니다.

그러면서 확실히 알게 되었습니다. 이것은 제가 만들어낸 작품이 아닙니다. 저는 그저 하나님이 부어주신 마음을 따라 매일 말씀을 묵상했을 뿐입니다. 말씀의 맥이 잡히지 않을 때도 더러 있었습니다. 그 말씀이 왜 하필 그 자리에 놓여있는지 도무지 알 수 없을 때도 있었습니다. 본문이 전달하려고 하는 메시지를 발견하기 위해서 백 번, 이백 번 거듭 반복해서 읽었습니다. 다른 번역을 무수히 찾아보았습니다. 말씀의 의미를 깨닫게 해달라고 하나님께 기도하지 않을 수 없었습니다.

그러면서 문득 스쳐 지나가는 한 마디의 메시지를 발견했을 때 얼마나 기뻤는지 모릅니다. 정말 하늘을 날아갈 것 같았습니다. 그 모든 과정을 다시 살펴보면서 하나님이 저에게 꼭 필요한 만큼의 은혜를 부어주셨다는 사실을 새삼 확인할 수 있었습니다.

창세기 묵상을 마치고 나서 몇몇 성도님이 설교 노트에 다음과 같은 소감을 남겨주셨습니다.

창세기 묵상을 하신다고 말씀하셨을 때 조금 실망했습니다. 다 알고 있는 내용이기 때문입니다. 그러나 제 생각이 빗나갔다는 사실을 첫날 묵상에서부터 깨달았습니다. 나를 약속의 자녀로 빚어 가시는 하나님의 일하심이 창세전부터 지금까지 계속되고 있다는 사실에 감탄을 금할 수 없습니다. 저에게 창세기 묵상은 오늘로 끝이 아니라 다시 시작입니다. _ 정○○ 권사 야곱의 외삼촌 라반은 '하나님을' 믿었지만 '하나님만' 섬기는 사람은 아니었다는 말씀은 저에게 두려움과 충격이었습니다. 우리 가정은 어떨까? 믿음의 가정을 이루어가려고 노력하고 있지만, 정말 우리 가정은 하나님만 섬기고 있을까 돌아보았습니다. 앞으로도 흔들리지 않고 계속해서 하나님만 섬기는 우리 가정이 되길 소망합니다. _ 임OO 집사

창세기를 통해서 내가 믿는 하나님이 누구인지를 알게 되었습니다. 하나님은 나를 향해 사랑과 기대를 아끼지 않으신다는 사실을 믿습니다.… 그 기대를 저버리는 나를 다시 발견합니다. '하라'하면 하고 '하지 말라'하면 하지 않는 것이 동행인데, 왜 나는 늘 반대일까요. 속으로 불신앙의 웃음을 지을 때가 얼마나 많은지요. 나의 연약함을 회개합니다. _ 이OO 전도사

이번 묵상을 통해 하나님이 먼저이시고, 기초이시고, 우선이시며 용서와 사랑의 하나님이 우리를 위해 일하시고 계심을 느낄 수 있었습니다. 하나님의 창조 질서가 내 삶에 회복되어, 마침내 하나님 나라의 보석으로 빚어질 수 있기를 간절히 소망합니다." _ 강OO 집사

"누군가의 죄를 용서해 준 적이 있느냐?"는 마지막 묵상질문에 저는 답을 할 수 없었습니다. 아직도 너그러이 사람들을 용서하지 못하기 때문입니다. 뾰족하게 모난 돌 같은 제 마음을 주님이 평평히 다듬으시기를 기도할 뿐입니다. _ 노OO 권사

아담과 하와가 선악과를 먹고 나서 부끄러움을 알게 된 것처럼, 창세기의 진정한 내용을 그동안 깨닫지 못한 것에 대한 부끄러움이 밀려왔습니다. 하지만 세상의 질서를 세우시고 또한 회복시키는 하나님의 섭리는 그 부끄러움을 상쇄하고도 남는 감동으로 다가왔습니다. _ 천OO 권사

그 외에도 많은 분이 창세기 묵상의 소감을 남겨주셨습니다. 손때 묻은 설교 노트를 살펴보면서 문득 제가 참으로 행복한 목사라는 생각이 들었습니다. 하나님의 말씀을 함께 묵상하고 또한 함께 나눌 수 있는 성도님들이 이렇게 많이 계시니 말입니다. 계속해서 그렇게 행복하게 목회하기를 간절히 소망합니다. 또 하나님께서 앞으로 저에게 어떤 말씀을 묵상하게 하실지 사뭇 기대가 됩니다.

2020년 4월 12일
창세기 40일 묵상의 길을 마치며
그리스도의 종 한강중앙교회 담임목사 유 요 한